Der Einstellungstest zur
Ausbildung im öffentlichen Dienst

Kurt Guth   Marcus Mery   Andreas Mohr

Der Einstellungstest zur Ausbildung im öffentlichen Dienst

Eignungstests im nichttechnischen Dienst

Kurt Guth / Marcus Mery / Andreas Mohr
Der Einstellungstest zur
Ausbildung im öffentlichen Dienst
Eignungstests im nichttechnischen Dienst

Ausgabe 2016

3. Auflage

Herausgeber: Ausbildungspark Verlag,
Gültekin & Mery GbR, Offenbach, 2016.

Umschlaggestaltung: SB Design, bitpublishing

Bildnachweis: Archiv des Verlages
Illustrationen: bitpublishing
Grafiken: bitpublishing, SB Design
Lektorat: Virginia Kretzer

Bibliografische Information der Deutschen National-
bibliothek –
Die Deutsche Nationalbibliothek verzeichnet diese
Publikation in der Deutschen Nationalbibliografie;
detaillierte bibliografische Daten sind im Internet
über http://dnb.dnb.de abrufbar.

Gedruckt auf chlorfrei gebleichtem Papier

© 2016 Ausbildungspark Verlag
Bettinastraße 69, 63067 Offenbach
Printed in Germany

Satz: bitpublishing, Schwalbach
Druck: Grafisches Centrum Cuno, Calbe ⊘
         Ausbildungspark Verlag, Offenbach ○

ISBN 978-3-941356-21-4 (PM)
ISBN 978-3-941356-22-1 (CD)

1151 – AP NTD 1 – 6a14

Inhaltsverzeichnis

Beliebt und breit gefächert: Der öffentliche Dienst

Öffentlicher Dienst: So heißt nicht nur der größte Arbeitgeber Deutschlands, sondern auch der vielfältigste. Tag für Tag ziehen seine über 4,6 Millionen Mitarbeiter Steuern ein und zahlen Sozialgelder aus, beraten Bürger und verfolgen Verbrecher, löschen Brände, führen Archive, entsorgen den Müll und anderes mehr. Berufseinsteigern bieten sich zahlreiche Karrieremöglichkeiten – und interessante Perspektiven. Zu den Vorteilen einer Tätigkeit im öffentlichen Auftrag zählen zum Beispiel die Vereinbarkeit von Familie und Beruf, der gemeinschaftliche Nutzen und ein weitgehend krisenfester Arbeitsplatz. Vor allem Beamte müssen sich weder über Stellenkürzungen noch über die Höhe ihrer Renten Gedanken machen, denn der Staat sorgt für seine Bediensteten, indem er sie rechtlich und finanziell absichert.

Das Klischee von muffigen Büros, in denen behäbige Sachbearbeiter verstaubte Akten aus Regalreihen ziehen, hat längst ausgedient. Der öffentliche Dienst versteht sich als moderner Dienstleister, der sich Bürgernähe, Qualität und Wirtschaftlichkeit auf die Fahnen geschrieben hat.

Hart, aber gerecht: Das Einstellungsverfahren

Die hohe Attraktivität der Branche führt zu einer großen Zahl an Bewerbern. Um die geeigneten Kandidaten herauszufiltern, setzen die Behörden auf standardisierte Eignungstests. Auf dem Prüfstand stehen das Allgemeinwissen, die Belastbarkeit, die intellektuelle Leistungsfähigkeit und weitere stellenbezogene Qualifikationen. Grundsätzlich gilt: Eine Tätigkeit in der Bundes-, Landes- oder Kommunalverwaltung erfordert Sprachgefühl, Ausdrucksvermögen und logisch-analytischen Scharfsinn, verbunden mit einer ausgeprägten Dienstleistungsorientierung. Nicht zu vergessen die grundlegenden Rechenfertigkeiten.

Natürlich geht es nur selten so dramatisch zu wie in manchen Auswahlverfahren der Berufsfeuerwehr, bei denen nur die besten drei bis fünf Prozent der Kandidaten die ersehnte Stelle bekommen. Dennoch sind die Auswahlprozeduren des öffentlichen Dienstes selten einfach – aber immer fair. Die öffentliche Hand ist verpflichtet, transparente und gerechte Verfahren durchzuführen. Ein willkürliches Zuschanzen von Stellen nach Lust und Laune darf es beim Staat nicht geben; für ihn zählen allein Eignung, Befähigung und fachliche Leistung, so will es das Grundgesetz. Für Bewerber heißt das: prinzipiell gleiche Chancen für alle. Auf die richtige Vorbereitung kommt es an.

Gut vorbereitet mit diesem Prüfungspaket

Wissen Sie genau, wie der öffentliche Dienst aufgebaut und wofür er zuständig ist? Wenn nicht, dann schlagen Sie nach im Kapitel „Was macht der öffentliche Dienst?". Was erwartet Sie in den Auswahltests der verschiedenen Dienststellen und Laufbahnen, und wie bereiten Sie sich optimal darauf vor? Die Antworten finden Sie im Kapitel „Die Testinhalte der Behörden im Überblick". Dieses Prüfungspaket bietet Ihnen nicht nur zahlreiche originale Prüfungsfragen aus den Einstellungstests des öffentlichen Dienstes, sondern auch kommentierte Lösungen und ausführliche Bearbeitungshinweise.

Nehmen Sie sich die Zeit, die Musterprüfungen mitsamt den Lösungskommentaren konzentriert durchzuarbeiten. Damit haben Sie alles zur Hand, was Sie brauchen, um Ihren Einstellungstest im öffentlichen Dienst sicher zu meistern.

Dieses Prüfungspaket ...

¬ bereitet Sie gezielt auf Ihren Eignungstest im öffentlichen Dienst vor.

¬ enthält fünf Musterprüfungen.

¬ bietet Ihnen die bestmögliche Prüfungssimulation.

¬ bekämpft die Prüfungsangst – denn das beste Mittel gegen Prüfungsstress und Unsicherheit ist eine gezielte Vorbereitung.

¬ vermittelt das notwendige Wissen.

¬ bringt Ihre Allgemeinbildung auf den neuesten Stand und frischt Ihr prüfungsrelevantes Schulwissen auf.

¬ steht für eine Prüfung ohne böse Überraschungen!

Viele zusätzliche Prüfungsfragen und Informationen finden Sie auf unserer Homepage www.ausbildungspark.com. Im Büchershop stehen Ihnen außerdem weitere Publikationen zu Bewerbungs- und Auswahlverfahren in verschiedensten Branchen bereit.

Eine gute Vorbereitung und viel Erfolg in der Prüfung wünscht

Ihr Ausbildungspark-Team

Kontakt

Ausbildungspark Verlag
Kundenbetreuung
Bettinastraße 69
63067 Offenbach

Telefon: (069) 40 56 49 73
Telefax: (069) 43 05 86 02
E-Mail: kontakt@ausbildungspark.com
Internet: www.ausbildungspark.com

Einführung

Was macht der öffentliche Dienst?

Was ist überhaupt der öffentliche Dienst? Grob gesagt, umfasst er alle Einrichtungen, die der Staat zur Erfüllung seiner Aufgaben unterhält: vom Finanzamt bis zur Schulverwaltung, von den Bundesministerien bis zur Müllabfuhr. Die Beschäftigten des öffentlichen Dienstes sind der verlängerte Arm der Obrigkeit. In manchen Bereichen braucht der Staat besonders loyale Staatsdiener, denen er weitreichende Rechte verleihen, aber auch bestimmte Pflichten auferlegen kann. So entstand das Berufsbeamtentum.

Die Grundlagen des Beamtentums

Schon vor knapp 5.000 Jahren zogen Beamte im alten Ägypten Steuern ein, fällten Gerichtsurteile und überwachten Bauvorhaben. Somit setzten sie die Anweisungen ihres Pharaos um, dem sie Gehorsam versprachen. Im Gegenzug wurden sie vom Staat entlohnt und erhielten nach dem Ende ihrer Dienstzeit oft eine gut bezahlte Priesterstelle als „Rente". Im antiken Griechenland galt die Loyalität der Beamten dann nicht mehr einem Herrscher, sondern den Gesetzen. Später im Mittelalter waren Beamte jedoch wieder vor allem Diener ihrer Fürsten.

Erst im Preußen des 18. Jahrhunderts erkannte man erneut die Vorzüge einer am Staatswohl orientierten Verwaltung. Aus Fürstendienern wurden Staatsdiener, verpflichtet der öffentlichen Ordnung und Sicherheit. Zudem schuf Preußen zu Beginn des 19. Jahrhunderts ein effizientes, mehrgliedriges Verwaltungssystem mit regionalen Provinzverwaltungen. Höhere Beamte erhielten die heute üblichen gesetzlichen Sicherheiten: etwa die Garantie zur Beschäftigung auf Lebenszeit, den Schutz vor willkürlicher Entlassung und den Anspruch auf Altersversorgung. Diese Absicherung sollte (und soll) Beamte sowohl von politischem Druck unabhängig machen als auch von der gelegentlichen Annahme kleiner „Geschenke" abhalten. Damit waren die Grundlagen des deutschen Berufsbeamtentums gelegt.

Der öffentliche Dienst heute

Viele andere deutsche Staaten folgten dem preußischen Vorbild, doch der endgültige Durchbruch des modernen Beamtenwesens ließ auf sich warten. Die Beamten des deutschen Kaiserreichs (1871–1918) wurden immer noch auf den Kaiser eingeschworen; mit der Weimarer Demokratie konnten sie sich nie wirklich anfreunden. Im Dritten Reich legten sie ihren Eid auf Adolf Hitler ab und waren größtenteils zuverlässige Stützen des Regimes – wer sich nicht anpassen wollte, wurde entlassen. Nach dem Ende des Zweiten Weltkriegs war zunächst umstritten, ob man am Berufsbeamtentum festhalten sollte. Die Befürworter setzten sich schließlich durch.

Seitdem hat nicht nur die Zahl der Beamten, sondern auch die der tarifbeschäftigten Arbeiter und Angestellten im öffentlichen Dienst stark zugenommen. Viele fordern, diese unterschiedlichen Arbeitsverhältnisse zu vereinheitlichen, oft verbunden mit Klagen über eine vermeintlich ausgeuferte Bürokratie. Doch bei aller berechtigten Kritik: Schon allein der Föderalismus, also die Eigenständigkeit der 16 Bundesländer, erfordert einen großen Verwaltungsapparat. Daher nämlich gibt es in jedem Bundesland eigene Verwaltungssysteme, zusätzlich zu den kommunalen Institutionen und den Bundeseinrichtungen. Orientierung im Behördenwirrwarr liefert die folgende Grafik:

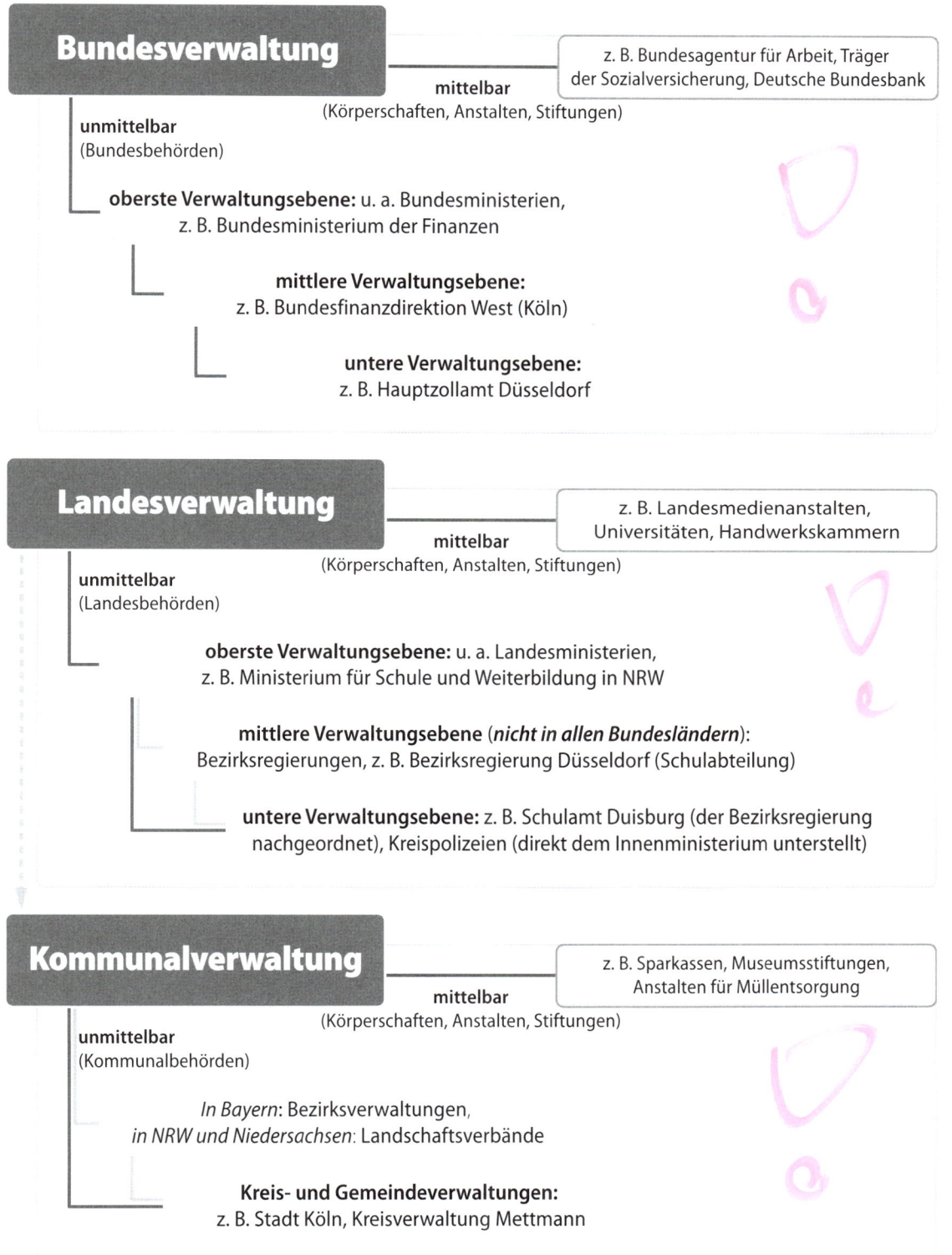

Bundesverwaltung

mittelbar
(Körperschaften, Anstalten, Stiftungen)
— z. B. Bundesagentur für Arbeit, Träger der Sozialversicherung, Deutsche Bundesbank

unmittelbar
(Bundesbehörden)

oberste Verwaltungsebene: u. a. Bundesministerien, z. B. Bundesministerium der Finanzen

mittlere Verwaltungsebene: z. B. Bundesfinanzdirektion West (Köln)

untere Verwaltungsebene: z. B. Hauptzollamt Düsseldorf

Landesverwaltung

mittelbar
(Körperschaften, Anstalten, Stiftungen)
— z. B. Landesmedienanstalten, Universitäten, Handwerkskammern

unmittelbar
(Landesbehörden)

oberste Verwaltungsebene: u. a. Landesministerien, z. B. Ministerium für Schule und Weiterbildung in NRW

mittlere Verwaltungsebene (*nicht in allen Bundesländern*): Bezirksregierungen, z. B. Bezirksregierung Düsseldorf (Schulabteilung)

untere Verwaltungsebene: z. B. Schulamt Duisburg (der Bezirksregierung nachgeordnet), Kreispolizeien (direkt dem Innenministerium unterstellt)

Kommunalverwaltung

mittelbar
(Körperschaften, Anstalten, Stiftungen)
— z. B. Sparkassen, Museumsstiftungen, Anstalten für Müllentsorgung

unmittelbar
(Kommunalbehörden)

In Bayern: Bezirksverwaltungen, *in NRW und Niedersachsen*: Landschaftsverbände

Kreis- und Gemeindeverwaltungen: z. B. Stadt Köln, Kreisverwaltung Mettmann

Bundes-, Landes- und Kommunalverwaltung

Das Grundgesetz definiert die Bundesrepublik Deutschland als föderales Staatswesen. Der Staat wird also nicht zentral von der Hauptstadt aus regiert und verwaltet, sondern die 16 Bundesländer handeln in bestimmten Bereichen eigenverantwortlich. Jedes Bundesland verfügt daher über eine eigene Regierung, eigene Ministerien, eine eigene Polizei, eigene Steuermittel und vieles mehr. Wie die Aufgabenverteilung zwischen dem Bund (der Bundesverwaltung) und den Ländern im Einzelnen auszusehen hat, ist gesetzlich genau geregelt.

Obwohl die Kommunen (Landkreise, Städte und andere Gemeinden) generell abhängiger vom Land sind als das Land vom Bund, dürfen auch sie festgelegte Funktionen in Eigenregie übernehmen: Verordnungen erlassen, bestimmte Abgaben erheben usw.

Mit fast 2,4 Millionen Beschäftigten stellen die Landesverwaltungen den Löwenanteil des Personals im unmittelbaren öffentlichen Dienst. Damit liegen sie weit vor den kommunalen Ämtern und Behörden mit 1,4 Millionen Angehörigen und den Bundeseinrichtungen mit 500.000 Mitarbeitern.

Die Verwaltungsebenen

Jedes der Verwaltungssysteme – Bundes-, Landes- und Kommunalverwaltung – ist jeweils in mehrere Ebenen unterteilt. Schließlich kann sich keine einzelne Instanz um alles kümmern, von der Gesetzgebung bis hin zum Brief an den Bürger. Wie kommt beispielsweise die Bundesverwaltung an ihre Energiesteuer? Diese Aufgabe wird vom Finanzministerium an die mittlere und von dort aus an die untere Ebene weiterdelegiert. Je weiter man die Hierarchieleiter hinabsteigt, desto kleiner wird der jeweilige Zuständigkeits- und Verantwortungsbereich. Die „oben" ausgearbeiteten allgemeinen Grundsätze werden „unten" ganz konkret an die Bürger weitergegeben – sehen Sie sich das Schaubild an. Für unser Beispiel heißt das, die Energiesteuer wird vom zuständigen Hauptzollamt eingetrieben und nach „oben" weitergeleitet. An der Verwaltungsspitze freut sich der Finanzminister: Das Energiesteuer-Gesetz, ausgearbeitet von einem seiner Vorgänger, zahlt sich aus.

Mittelbare und unmittelbare Verwaltung

Alle grau unterlegten Bereiche zählen zur unmittelbaren Verwaltung, das heißt: Die zugehörigen Behörden sind ein direkter Bestandteil des staatlichen Verwaltungsapparats. Daneben gibt es den mittelbaren Verwaltungsbereich (in der Grafik weiß), der vom Staat mehr oder weniger unabhängig ist. Dazu zählen Körperschaften, Anstalten und Stiftungen; im Falle der mittelbaren Bundesverwaltung beispielsweise die Bundesagentur für Arbeit, die Träger der gesetzlichen Renten- oder Krankenversicherung und die Stiftung Preußischer Kulturbesitz. Wer hier arbeitet, ist meist kein Beamter, sondern als Angestellter über einen Tarifvertrag im öffentlichen Dienst beschäftigt.

Die Einstellungstests im öffentlichen Dienst

Stellensuche und Bewerbung

Die Einladung zum Auswahlverfahren setzt auch im öffentlichen Dienst erst einmal Stellenrecherche und Bewerbung voraus. Welche Behörden aktuell Ausbildungs- und Studienplätze ausschreiben, das können Sie auf vielen Wegen in Erfahrung bringen: etwa durch Zeitungslektüre, im Internet oder bei der Bundesagentur für Arbeit. Im Regelfall sollte Ihre Bewerbung schon ein gutes Jahr vor dem Ausbildungsbeginn beim Stellenanbieter eintreffen.

Ihre Bewerbungsunterlagen sind – abgesehen von eventuellen Vorabtelefonaten – normalerweise das erste Lebenszeichen, das Ihr möglicher zukünftiger Arbeitgeber von Ihnen erhält. Die Dokumente sollten einen dementsprechend seriösen Eindruck machen. Verknickte Loseblattsammlungen mit Kaffeeflecken, in denen das Abschlusszeugnis fehlt, lassen den Personalverantwortlichen erschaudern und führen meist direkt zur Absage. Vor allem im Beamtenverhältnis bedeutet der Eintritt in den öffentlichen Dienst eine langjährige Bindung von Arbeitgeber und -nehmer. Eine sorgfältige Personalauswahl ist da selbstverständlich. Für den Aufbau der Bewerbungsmappe und die Gliederung von Anschreiben, Lebenslauf & Co. gelten bestimmte Richtlinien – übrigens auch bei Online-Bewerbungen, die mittlerweile vielerorts akzeptiert werden.

> Alles Wichtige zu den Themen Stellensuche, Bewerbung, Vorstellungsgespräch und Assessment Center im öffentlichen Dienst finden Sie in unserem Handbuch **„Die Bewerbung zur Ausbildung im öffentlichen Dienst"** (ISBN 978-3-941356-11-5).

Die Beamten-Laufbahnen

Wer ins Beamtenverhältnis einsteigt, tut dies je nach Berufs- und Bildungsqualifikation in einem bestimmten Karriereweg, einer sogenannten Laufbahn. Traditionell unterscheidet man hier in den einfachen, mittleren, gehobenen und höheren Dienst.

Im einfachen Dienst gibt es aufgrund der gestiegenen Anforderungen heute nur noch wenige Stellen, die in der Regel keine behördeninterne Ausbildung voraussetzen. Mögliche Einsatzfelder sind zum Beispiel der Botendienst, die Hausverwaltung, Post- und Kurierstellen oder der Hausordnungsdienst. Im mittleren Dienst liegt der Schwerpunkt auf praktischen und unterstützenden Aufgaben. Im gehobenen Dienst übernimmt man bereits leitende Funktionen, was Führungsqualitäten und ein ausgeprägtes Kommunikationsvermögen erfordert. Erst recht gilt das natürlich für den höheren Dienst, die Laufbahngruppe der „Manager" der öffentlichen Hand.

Einige Bundesländer haben ihr Karrieresystem inzwischen reformiert: Bayern unterteilt nun in durchnummerierte Qualifikationsebenen, Hamburg in Laufbahnabschnitte und Rheinland-Pfalz in Einstiegsämter. In Bremen, Mecklenburg-Vorpommern, Niedersachsen, Sachsen, Sachsen-Anhalt und Schleswig-Holstein gibt es mittlerweile zwei Laufbahngruppen mit jeweils zwei Einstiegsämtern.

Alternative Laufbahnnamen

¬ **Mittlerer Dienst:** 2. Einstiegsamt/2. Einstiegsebene der Laufbahngruppe 1, Laufbahnabschnitt I, 2. Qualifikationsebene, 2. Einstiegsamt

¬ **Gehobener Dienst:** 1. Einstiegsamt/1. Einstiegsebene der Laufbahngruppe 2, Laufbahnabschnitt II, 3. Qualifikationsebene, 3. Einstiegsamt

¬ **Höherer Dienst:** 2. Einstiegsamt/2. Einstiegsebene der Laufbahngruppe 2, Laufbahnabschnitt III, 4. Qualifikationsebene, 4. Einstiegsamt

Wer veranstaltet Auswahltests?

Die Bundesverwaltung

In der Bundesverwaltung arbeiten insgesamt rund 500.000 Beamte und Angestellte. Der Großteil von ihnen (etwa 80.000) ist in der Bundeswehrverwaltung tätig, gefolgt von der der Bundespolizei (43.000 Angehörige) und der Bundesfinanzverwaltung (43.000 Mitarbeiter, darunter 34.000 Zollbeschäftigte). Der mittelbare Teil der Bundesverwaltung umfasst Einrichtungen wie die Bundesagentur für Arbeit, die Deutsche Rentenversicherung Bund und andere Sozialversicherungsträger. Werfen Sie einen Blick auf das Schaubild am Anfang des Einführungskapitels, um die aufgeführten Dienststellen in die Verwaltungshierarchie einordnen zu können.

Nicht alle Behörden, Körperschaften, Anstalten und Stiftungen bilden selbst aus und organisieren eigene Einstellungsverfahren. Auf Bundesebene findet sich mit dem Bundesverwaltungsamt ein großer zentraler Ausbilder, der den Personalnachwuchs vieler Bundeseinrichtungen auswählt und qualifiziert (siehe *Allgemeine Innere Verwaltung*).

Die Landes- und Kommunalverwaltungen

Der personalstärkste Verwaltungsbereich auf Länderebene ist das Bildungswesen: Von 2,4 Millionen Landesbeschäftigten arbeiten knapp 850.000 an allgemeinbildenden oder beruflichen Schulen und gut 500.000 an Hochschulen. Es folgen die Polizeien (266.000) sowie die Gerichte und Staatsanwaltschaften (134.000). Im Kommunalbereich entfallen die meisten Stellen auf die Innere Verwaltung (280.000), auf die Kinder-, Jugend- und Familienhilfe (236.000) sowie auf das Ressort Sicherheit und Ordnung (127.000).

Eine erste Orientierung für die Anforderungen der Länder und Kommunen ermöglichen die Bestimmungen in Bayern. Das zweitgrößte deutsche Bundesland organisiert die Auswahlprozeduren nämlich zentral, hier führen (fast) alle Einstellungswege im mittleren und gehobenen Dienst über den bayerischen Landespersonalausschuss. Dieser organisiert die Einstellungsverfahren sowohl für den Freistaat Bayern als auch für die kommunalen Behörden, also für die Landesministerien und Landschaftsverbände genauso wie für die Bezirks- und Stadtverwaltungen.

Prüfungsinhalte des schriftlichen Tests im mittleren nichttechnischen Dienst in Bayern sind:

¬ Sprachbeherrschung (Rechtschreibung, Grammatik, Textanalyse)

¬ Fähigkeit zur Textgestaltung: formal und sprachlich korrekte Darstellung eines Sachverhalts

¬ logisch-schlussfolgerndes Denken

¬ Allgemeinbildung: Erdkunde, Geschichte (Schwerpunkte 20. und 21. Jahrhundert), Wirtschaft und Recht (Grundlagen), staatsbürgerliche Kenntnisse

Im gehobenen nichttechnischen Dienst stehen auf dem Plan:

¬ Sprachbeherrschung (Rechtschreibung, Grammatik, Textanalyse)

¬ Verfassen einer Abhandlung

¬ Allgemeinbildung: Erdkunde, Geschichte, Wirtschaft und Recht, staatliche und politische Grundlagen Bayerns, der Bundesrepublik Deutschland und der Europäischen Union, zeitgeschichtliche Ereignisse in Kultur und Politik

Die Testinhalte der Behörden im Überblick

Die Ausbildungsgänge im öffentlichen Dienst bauen auf den Fähigkeiten und Kenntnissen auf, die Sie während Ihrer Schulzeit erworben haben. Daher sind Zeugnisnoten ein wichtiges Auswahlkriterium. Aber nicht das einzige: Denn die Zensuren verraten nicht alles über den tatsächlichen Leistungsstand eines Bewerbers, sie sagen nichts aus über die genauen Anforderungen der besuchten Schule oder den Anspruch der Lehrer. Daher setzt auch die öffentliche Hand auf standardisierte Einstellungstests, in denen die Qualifikationen ihrer zahlreichen Bewerber einheitlich, fair und vergleichbar überprüft werden. Wer dabei gut abschneidet, kann dadurch sogar schlechtere Schulnoten ausgleichen.

Im Folgenden finden Sie typische Prüfungsinhalte aus den schriftlichen Tests aller Verwaltungsbereiche. Die Zusammenstellung umfasst vor allem die mittlere und gehobene Beamtenlaufbahn, bezieht aber auch den höheren Dienst und viele Angestelltenberufe der öffentlichen Verwaltung mit ein. Die Auswahl ist nicht vollständig; Details zu den Testverfahren erfahren Sie bei Ihrem Einstellungsberater. Alles Wichtige zu sämtlichen Etappen des Bewerbungsverfahrens – beispielsweise zum Vorstellungsgespräch, zur amtsärztlichen Untersuchung oder zum Assessment Center mit Postkorbübungen und Präsentationen – finden Sie in unserem Handbuch „Die Bewerbung zur Ausbildung im öffentlichen Dienst".

> Zur intensiven Vorbereitung auf die Auswahltests für den Vollzugsdienst bei den Landespolizeien und der Bundespolizei empfehlen wir unser Prüfungspaket **„Der Eignungstest / Einstellungstest zur Ausbildung bei der Polizei"** (ISBN 978-3-941356-25-2).

Allgemeine Innere Verwaltung

Die Allgemeine Innere Verwaltung umfasst Tätigkeitsfelder wie die Personalverwaltung, das Haushalts- und Rechnungswesen, das Controlling oder die allgemeine Amtsorganisation. Diese Aufgaben übernehmen Sachbearbeiter in den verschiedensten Einrichtungen auf Bundes-, Landes- und Kommunalebene – von den Ministerien bis hin zu den Landrats-, Statistik-, Standes- und Bauämtern. In den Dienststellen der Bundesländer und insbesondere der Gemeinden arbeitet man als „Innerer Verwalter" generell sehr bürgernah.

Die zentrale Ausbildungsstelle für die Allgemeine Innere Verwaltung des Bundes ist das Bundes-verwaltungsamt, das auch die Auswahlverfahren veranstaltet. Im mittleren Dienst lauten die Prüfungsinhalte:

¬ Rechtschreibung
¬ Rechenfähigkeit
¬ Allgemeinwissen
¬ eine zweistündige schriftliche Ausarbeitung

Das Studium für den gehobenen Dienst findet an der Fachhochschule des Bundes für öffentliche Verwaltung statt. Der schriftliche Auswahltest prüft:

¬ Sprachbeherrschung
¬ Englischkenntnisse
¬ Rechenfähigkeit
¬ Konzentrations- und Leistungsfähigkeit (auch unter Zeitdruck)
¬ berufsbezogenes Wissen, z. B. in den Bereichen Politik, Gesellschaft, Wirtschaft
  und Geschichte

Im Landes- und Kommunalbereich können Sie sich auf ähnliche Schwerpunkte einstellen. Darüber hinaus kommen bei Ländern und Gemeinden oft regionalbezogene Fragestellungen vor: Was wissen Sie über die Stadt, den Landkreis oder das Bundesland, in dem Sie sich bewerben?

Eine Ausbildung in der Allgemeinen Inneren Verwaltung ebnet generell auch den Zugang zur **Hochschul-**, **Polizei-**, **Forst-** und **Sozialverwaltung**. Nur Bayern und Sachsen haben für die beiden letztgenannten Bereiche gesonderte Ausbildungsgänge eingerichtet.

Archive

In staatlichen Archiven wird aufbewahrt, was heute und morgen die Neugier von Forschern, Journalisten und interessierten Bürgern wecken könnte: beispielsweise Urkunden, Akten, Bildmaterial und digitale Daten. Die Arbeit im Archivdienst ist sowohl beim Bund (Bundesarchiv, Geheimes Staatsarchiv Preußischer Kulturbesitz) als auch in den zahlreichen Landesarchiven und kommunalen Archiven möglich.

Archivare sichten den Bestand an Archivgütern, bewerten und klassifizieren ihn und machen ihn interessierten Personen zugänglich. Dabei nutzen sie moderne Informations- und Datenverarbeitungstechnologien. Trainieren Sie zur Vorbereitung auf den Test besonders Ihr logisch-systematisches Denken, Ihr kulturelles Wissen und Ihr Sprachverständnis.

Auswärtiges Amt

Das deutsche Außenministerium beschäftigt über 11.000 Mitarbeiter, darunter das Botschaftspersonal rund um den Globus. Sie alle tragen dazu bei, dass das Amt seinen Kernaufgaben erfolgreich nachkommen kann: nämlich der Gestaltung der deutschen Außenpolitik und der Pflege der internationalen Beziehungen der Bundesrepublik. Der schriftliche Test für den mittleren Auswärtigen Dienst beinhaltet:

¬ einen 30-minütigen Englischtest (Grammatik, Satzbau, Wortschatz, Sprachbeherrschung)

¬ einen 4-stündigen Test mit Aufgaben zu Konzentrations- und Merkfähigkeit, logischem und visuellem Denken, Rechtschreibung, Allgemeinwissen, Geografie- und IT-Kenntnissen

Im gehobenen Auswärtigen Dienst umfasst der Test:

¬ einen Englischtest sowie einen Sprachtest in Französisch oder einer anderen Amtssprache der Vereinten Nationen (jeweils 45-minütig). Geprüft werden Grammatik, Satzbau, Wortschatz und Sprachbeherrschung

¬ einen 4-stündigen Test mit Aufgaben zu Konzentrations- und Merkfähigkeit, logischem und visuellem Denken, Rechtschreibung, Allgemeinwissen, Geografie- und IT-Kenntnissen

Im höheren Auswärtigen Dienst umfasst der Test:

¬ einen Englischtest sowie einen Sprachtest in Französisch oder einer anderen Amtssprache der Vereinten Nationen

¬ Kenntnisse des Völker-, Europa- und Staatsrechts, der Wirtschaftswissenschaften, der Geschichte und der Politik

¬ Aufgaben zu Konzentrations- und Merkfähigkeit, logischem und visuellem Denken, Rechtschreibung, Allgemeinwissen, Geografie- und IT-Kenntnissen (90 Minuten)

¬ die Analyse eines außen- oder außenwirtschaftspolitischen Themas; Zeitansatz ca. 60 Minuten

Bibliotheken

Bibliothekare erwerben Bücher, Zeitschriften oder Online-Texte, katalogisieren die Werke in verschiedenen Sprachen und machen sie der Öffentlichkeit zugänglich. Sie arbeiten beispielsweise an Bibliotheken des Landes oder an kommunalen Stadtbibliotheken. Im Mittelpunkt steht die Dienstleistung für den Kunden, sei es durch Datenbankrecherchen oder Bibliotheksführungen.

Der Umgang mit PC-Anwendungen und Datenbanksystemen ist im Bibliotheksdienst – der auf Bundesebene seit 2009 zum „sprach- und kulturwissenschaftlichen Dienst" zählt – selbstverständlich. Wir empfehlen: Schulen Sie Ihre Sprachfertigkeiten und Ihr kulturelles Verständnis. Im gehobenen Dienst können außerdem Fremdsprachenkenntnisse vorausgesetzt und im Auswahlverfahren überprüft werden.

Bundesagentur für Arbeit

Die Bundesagentur für Arbeit – oder einfach auch Arbeitsagentur – zählt mit über 100.000 Beschäftigten zu den größten Einrichtungen der öffentlichen Hand. Die Agentur vermittelt Arbeitssuchende im gesamten Bundesgebiet und zahlt Erwerbslosen das Arbeitslosengeld aus. Doch sie bringt nicht nur Arbeitnehmer und Arbeitgeber zusammen, sondern bildet auch selbst aus, nämlich Fachangestellte für Arbeitsmarktdienstleistungen und Fachinformatiker. Darüber hinaus bietet sie die Bachelor-Studiengänge „Arbeitsmarktmanagement" und „Beschäftigungsorientierte Beratung und Fallmanagement" an. Der schriftliche Auswahltest beinhaltet:

¬ Sprachbeherrschung, Ausdrucksvermögen

¬ Rechenfähigkeit

¬ Allgemeinwissen (Wirtschaft, Politik und Gesellschaft, Kunst und Kultur)

¬ logisches und visuelles Denkvermögen

Bundesfinanzverwaltung/Zoll

Die Finanzverwaltung des Bundes umfasst Stellen, die sich mit der Erhebung und dem Einzug der Bundessteuern beschäftigen. Dazu gehören unter anderem das Bundesfinanzministerium und das Bundeszentralamt für Steuern; die personalstärkste Teilbehörde ist jedoch die Bundeszollverwaltung. Das 3-stündige schriftliche Auswahlverfahren für den mittleren Zolldienst beinhaltet:

¬ Sprachbeherrschung (Grundfähigkeiten, Textverständnis, Rechtsvorschriften anwenden)
¬ Rechenfähigkeit (mathematische Grundregeln, Dreisatz-/Vergleichsrechnung, Prozent- und Zinsrechnung)
¬ Allgemeinwissen
¬ eine Erörterung

Der 4-stündige Test im gehobenen Zolldienst beinhaltet:

¬ Sprachbeherrschung (Grundfähigkeiten, Textverständnis, Rechtsvorschriften anwenden)
¬ Rechenfähigkeit (mathematische Grundregeln, Dreisatz-/Vergleichsrechnung, Prozent- und Zinsrechnung, lineare Funktionen)
¬ Allgemeinwissen
¬ eine Erörterung

Bundeskriminalamt

Das Bundeskriminalamt (BKA) unterstützt die Polizeien der Bundesstaaten, vor allem bei der länderübergreifenden Verbrechensbekämpfung. Das BKA koordiniert die Arbeit der Landesbehörden, bietet ihnen zentrale Informations- und Ermittlungsnetzwerke und steht im ständigen Austausch mit internationalen Polizeistellen. Ausgebildet werden unter anderem Beamte im Verwaltungsdienst und im Kriminaldienst. Testinhalte sind:

¬ Sprachbeherrschung (Rechtschreibung, Satzergänzung)
¬ Rechenfähigkeit
¬ logisches und visuelles Denkvermögen (Wortanalogien und sprachliche Gemeinsamkeiten, Zahlenreihen, Figurenauswahl, Würfelaufgaben, Matrizen)
¬ Konzentration

Bundesnachrichtendienst

Der Bundesnachrichtendienst (BND) ist der deutsche Auslands-Geheimdienst. Er beschafft und analysiert Informationen über den internationalen Terrorismus, über Drogen- und Waffengeschäfte, Geldwäsche, Schleuserei und andere kriminelle Vorgänge, die die Sicherheitsinteressen der Bundesrepublik bedrohen.

Der BND bildet Bewerber im mittleren Dienst und im gehobenen Dienst aus, für den es einen eigenen Studiengang an der Fachhochschule des Bundes gibt. Die Mitarbeiter des BND sind im In- und Ausland tätig. Bereiten Sie sich also schwerpunktmäßig auf Fragen zu Politik, Kultur und Fremdsprachen vor. Arbeiten Sie zudem an Ihrem logischen Denken und Ihrem Ausdrucksvermögen – diese Fähigkeiten sind beim BND zum Verfassen von Analysen, Protokollen und Berichten gefragt.

Bundespolizei

Die Polizei des Bundes ging 2005 aus dem ehemaligen Bundesgrenzschutz (BGS) hervor. Ihre Zuständigkeiten sind breit gefächert: Sie sichert als Bahnpolizei den Schienenverkehr, ist Teil der deutschen Küstenwache und übernimmt Luftsicherheitsaufgaben an vielen deutschen Flughäfen. Außerdem bekämpft sie die grenzüberschreitend organisierte Kriminalität, sichert wichtige Amtsgebäude des Bundes und Verfassungsorgane. Der Einstellungstest im mittleren Polizeivollzugsdienst prüft:

¬ Sprachbeherrschung (Rechtschreibung, Grammatik, Wortflüssigkeit, Textanalyse)
¬ Konzentrationsfähigkeit
¬ Englischkenntnisse
¬ Allgemeinwissen

Im gehobenen Polizeivollzugsdienst umfasst der Test:

¬ Intelligenztest (Sprachbeherrschung, Konzentrations- und Leistungsfähigkeit)
¬ Englischkenntnisse
¬ schriftliche Ausdrucksfähigkeit (Kurzaufsatz)
¬ Allgemeinwissen

Bundeswehrverwaltung

Der Verwaltungsbereich der Bundeswehr gliedert sich seit der jüngsten Strukturreform in die Abteilungen „Infrastruktur, Umweltschutz und Dienstleistungen", „Ausrüstung, Informationstechnik und Nutzung" und „Personal". In allen drei Ressorts arbeiten Beamte des mittleren und gehobenen Verwaltungsdienstes: Sie übernehmen unter anderem Aufgaben im Liegenschaftsmanagement sowie im Beschaffungs-, Haushalts- und Personalwesen. Auch Verwaltungsfachangestellte und Kaufleute für Büromanagement werden in der Bundeswehrverwaltung gebraucht und ausgebildet.

Berufsübergreifend sind die generellen Anforderungen an Verwaltungskräfte bei der Bundeswehr weitgehend ähnlich: Die Bearbeitung des Schriftverkehrs setzt gutes Deutsch voraus, buchhalterische Aufgaben erfordern Rechenfähigkeiten. Im mittleren und gehobenen Verwaltungsdienst besteht der Auswahltest aus einer psychologischen Eignungsfeststellung, ergänzt um eine Aufsatzbearbeitung (mittlerer Dienst) bzw. eine verwaltungsbezogene Themenbearbeitung (gehobener Dienst). Im Einzelnen spielen, abgestimmt auf das Berufsbild, folgende Aufgabenkategorien eine Rolle:

¬ Sprachbeherrschung (Rechtschreibung, Grammatik)
¬ Ausdrucksvermögen (Aufsatz)
¬ Mathematik, Logik
¬ Konzentrations- und Leistungsvermögen
¬ berufsbezogenes Wissen
¬ IT-Kenntnisse
¬ fremdsprachliche Kompetenzen erwünscht (Englisch und/oder Französisch)

Deutsche Bundesbank

Die Bundesbank hütet die Währungsreserven der Bundesrepublik und ist Teil des europäischen Systems der Zentralbanken. Sinn und Zweck ihres Handelns ist die Preisstabilität und die wirtschaftliche Kontinuität in Deutschland und der Euro-Zone. Die Bundesbank bietet nicht nur gewerbliche Ausbildungen und Studiengänge an, sondern auch den Einstieg in die Beamtenlaufbahn des Bankdienstes. Die schriftliche Prüfung im mittleren Bankdienst beinhaltet:

¬ Aufgaben zu Rechen- und Sprachbeherrschung, Allgemeinwissen, Konzentrationsfähigkeit, visuellem und logischem Denkvermögen; Zeitvorgabe 3–5 Stunden
¬ eine Erörterung (Zeitvorgabe 30 Minuten): vollständige, adäquate und strukturierte Bearbeitung eines Themas unter Beachtung von Rechtschreibung und Grammatik

Die schriftliche Prüfung im gehobenen Bankdienst beinhaltet:

¬ Aufgaben zu Rechen- und Sprachbeherrschung, Allgemeinwissen, Konzentrationsfähigkeit, visuellem und logischem Denkvermögen; Zeitvorgabe 3–5 Stunden
¬ eine Erörterung (Zeitvorgabe 30 Minuten): vollständige, adäquate und strukturierte Bearbeitung eines Themas unter Beachtung von Rechtschreibung und Grammatik
¬ einen einstündigen Englischtest

Die schriftliche Prüfung im höheren Bankdienst beinhaltet:

¬ Aufgaben zu Rechen- und Sprachbeherrschung, Allgemeinwissen, Konzentrationsfähigkeit, visuellem und logischem Denkvermögen; Zeitvorgabe 1–2,5 Stunden
¬ eine Erörterung (Zeitvorgabe 1 Stunde): vollständige, adäquate und strukturierte Bearbeitung eines Themas unter Beachtung von Rechtschreibung und Grammatik
¬ einen einstündigen Englischtest

Deutsche Rentenversicherung

Die Deutsche Rentenversicherung kümmert sich um die Ansprüche der gesetzlich rentenversicherten Arbeitnehmer in Deutschland. Hinter dem Namen „Deutsche Rentenversicherung" verbergen sich mehrere eigenständige Körperschaften; die größte davon – die Deutsche Rentenversicherung Bund – ist zugleich als einzige bundesweit aufgestellt. Möglich ist hier die Ausbildung zum Fachinformatiker oder Sozialversicherungsfachangestellten, mit Fach- oder allgemeiner Hochschulreife kann man außerdem das 3-jährige duale Bachelor-Studium „Sozialversicherungsrecht" aufnehmen. Im schriftlichen Auswahltest geht es um:

¬ Sprachbeherrschung (Rechtschreibung, Grammatik, Textverständnis, Wortbedeutungen)
¬ Rechenfähigkeit
¬ Allgemeinwissen
¬ Konzentrations- und Leistungsfähigkeit (Sachbearbeitung, Bürofertigkeiten)
¬ logische Schlussfolgerungen

Finanzverwaltung / Steuerverwaltung der Länder

Die Begriffe „Finanzverwaltung" und „Steuerverwaltung" beziehen sich meist auf dieselben Behörden. Nur gelegentlich meint man damit verschiedene Verwaltungsbereiche – dann zieht man den Trennstrich wie folgt: Die Finanzverwaltung ist dafür zuständig, den Beamten und Tarifbeschäftigten des öffentlichen Dienstes pünktlich ihre Gehälter auszuzahlen, Kindergeld zuzuteilen und Reisespesen abzurechnen. Die Steuerverwaltung berechnet die Steuern für Unternehmen und Privatpersonen, stellt Bescheide aus, kontrolliert die Zahlungsmoral und berät Bürger in Steuerfragen.

Eine Tätigkeit in der Finanz- bzw. Steuerverwaltung setzt zum einen voraus, die einschlägigen Bestimmungen zu verstehen – zum anderen sollte man die eigenen Fachkenntnisse auch verständlich vermitteln können. Ohne gute Sprach- und Rechenfähigkeiten, verbunden mit einem Faible für Wirtschafts- und Rechtsthemen, dürfte das schwerfallen. Bereiten Sie sich schwerpunktmäßig auf die Testbereiche Mathematik, Sprachbeherrschung, logisch-systematisches Denken und auf den Umgang mit Gesetzestexten vor.

Justizverwaltung

Die Angehörigen der Justizverwaltung arbeiten an Gerichten und Staatsanwaltschaften, wo sie Richtern und Staatsanwälten unter die Arme greifen. Dabei zählen Aufgeschlossenheit, soziale Intelligenz und ein gutes Ausdrucksvermögen: Man steht im direkten Kontakt zu Bürgerinnen und Bürgern, oft in sehr sensiblen Angelegenheiten. Im höheren Dienst nimmt man darüber hinaus eigenständig Rechtshandlungen vor, etwa Eintragungen ins Grundbuch.

Einen Einblick in die typischen Testinhalte erlaubt der Prüfungskatalog der saarländischen Justizverwaltung, die für den mittleren Dienst unter anderem voraussetzt:

¬ Sprachbeherrschung (Rechtschreibung, Grammatik)
¬ mathematische Fertigkeiten
¬ grundlegende Allgemeinbildung (insbesondere Politik und Wirtschaft, Geschichte, Erdkunde, Recht und Staatsbürgerkunde)
¬ logisch-schlussfolgerndes Denken
¬ schreibtechnische Fähigkeiten (mindestens 150 Anschläge/Minute)

Für den gehobenen Justizdienst zählen:

¬ Sprachbeherrschung (Rechtschreibung, Grammatik, Ausdrucks- und Argumentationsvermögen)
¬ Rechenfähigkeit
¬ Verständnis von wirtschaftlichen, sozialen und rechtspolitischen Zusammenhängen
¬ logisch-systematisches Denken und Handeln
¬ Planungs- und Organisationsgeschick
¬ IT-Kenntnisse

Justizvollzugsdienst

Die Beamten des Justizvollzugsdienstes arbeiten in Justizvollzugsanstalten (JVAs), also in Haftanstalten, in denen Straftäter eine gerichtlich angeordnete Freiheitsstrafe verbüßen müssen. Im mittleren Justizvollzugsdienst führt man Personalakten und bearbeitet Formulare, beaufsichtigt die Insassen und bewertet ihr Verhalten. Im höheren Dienst plant und optimiert man die organisatorischen Abläufe oder wirkt im Personalmanagement mit.

Ein wesentlicher Teil des Berufsalltags besteht aus der Bearbeitung des anfallenden Schriftverkehrs – gute Sprachkenntnisse sind unerlässlich. Wir raten, auch in Mathematik gut vorbereitet zu sein: Rechenfertigkeiten zählen, um Abrechnungen korrekt erstellen, prüfen und begleichen zu können. Schulen Sie außerdem Ihr staatsbürgerliches Wissen.

Polizeien der Länder

Abgesehen von der *Bundespolizei* und dem *Bundeskriminalamt* ist das Polizeiwesen in Deutschland Ländersache. Folgerichtig gibt es bundesweit 16 Landespolizeien und ebenso viele unterschiedliche Auswahlverfahren und Ausbildungsordnungen. Die Bestandteile der ungefähr 3–4-stündigen Auswahltests sind jedoch im Allgemeinen relativ ähnlich. In der Regel handelt es sich dabei um kombinierte Sprach- und Intelligenzprüfungen, die zum Teil oder vollständig am PC absolviert werden. Übliche Inhalte sind:

¬ Sprachbeherrschung (Rechtschreibung, Grammatik, Sprachgefühl, ggf. Diktat)
¬ Ausdrucks- und Argumentationsvermögen (Aufsatz, Erörterung)
¬ logisches Denken (Sprachlogik, Flussdiagramme, Matrizen und Reihen, Datenanalyse)
¬ Allgemeinwissen (Politik und Gesellschaft, Interkulturelles Wissen, Verständnis wirtschaftlicher, sozialer und rechtlicher Zusammenhänge)
¬ Konzentrations- und Leistungsfähigkeit (Gedächtnisübungen, Such- und Zählaufgaben)

Steuerverwaltung

Siehe *Bundesfinanzverwaltung* sowie *Finanzverwaltung / Steuerverwaltung der Länder*

Sozialversicherung

Das Fundament des deutschen Sozialstaats bilden die Träger der Sozialversicherung. Dazu gehören unter anderem die gesetzlichen Krankenkassen, die *Deutsche Rentenversicherung* und die Berufsgenossenschaften, die gesetzlichen Unfallversicherer. Als weitgehend unabhängige Körperschaften des öffentlichen Rechts, die sich selbst verwalten, zählen die meisten Sozialversicherungsträger zum mittelbaren öffentlichen Dienst.

In allen Zweigen der Sozialversicherung kümmern sich Sozialversicherungsfachangestellte um die Belange der Versicherten. Die menschennahe Arbeit an der Schnittstelle zu den Bürgerinnen und Bürgern verlangt nach gutem Sprachvermögen, Konfliktfähigkeit, analytischem Scharfsinn und einem ausgeprägten Servicedenken. Anspruchsprüfungen und Abrechnungen erfordern obendrein Zahlensicherheit. Bei alldem kommt es auf Zuverlässigkeit und Sorgfalt an – und auf die nötige Diskretion im Umgang mit vertraulichen Kundendaten.

Sozialverwaltung

Versorgungsämter, Landeswohlfahrtsverbände und ähnliche Einrichtungen bilden das System der kommunalen bzw. bundesstaatlichen Sozialverwaltung. Hier finden Menschen finanzielle und beratende Hilfe, die aufgrund persönlicher oder gesellschaftlicher Härtefälle auf Unterstützung angewiesen sind: zum Beispiel Arbeitslose, Behinderte, Kranke und Pflegebedürftige.

Spezielle Laufbahnausbildungen für die Sozialverwaltung gibt es nur in Bayern (mittlerer und gehobener Dienst) und Sachsen (gehobener Dienst). Die übrigen Bundesländer qualifizieren den Nachwuchs für ihre Sozialverwaltungen anderweitig, etwa über eine Ausbildung in der *Allgemeinen Inneren Verwaltung*. Die Anforderungen sind hier wie dort zum Großteil ähnlich: Beratungsgespräche und anfallende Schreibarbeiten erfordern Kommunikationsgeschick und Ausdrucksvermögen, Buchhaltungsaufgaben und Kassengeschäfte setzen rechnerische Sicherheit voraus. Darüber hinaus sind logisches Denken und Konzentrationsfähigkeit gefragt.

Verfassungsschutz

Das Bundesamt für Verfassungsschutz ist ein deutscher Inlands-Nachrichtendienst, der Personen und Vereinigungen überwacht, die die demokratische Grundordnung der Bundesrepublik gefährden. Die Bundesbehörde wird auch von sich aus aktiv; hauptsächlich verwertet und koordiniert sie jedoch die Arbeit der 16 Landesbehörden für Verfassungsschutz, die dem Innenminister des jeweiligen Bundeslandes unterstehen. Die Landesbehörden bilden in der Regel nicht selbst aus, sondern übernehmen Beamte der Landespolizeien. Inhalte des schriftlichen Tests beim Verfassungsschutz des Bundes sind:

¬ Beantwortung eines Fragenkatalogs
¬ Verfassen einer kurzen Ausarbeitung
¬ Sprachtests in Deutsch und Englisch

Zoll

Siehe *Bundesfinanzverwaltung*

Die gezielte Vorbereitung

Welche Aufgabentypen gibt es?

Die Einstellungstests des öffentlichen Dienstes schöpfen aus einem großen Reservoir an Aufgaben verschiedenster Kategorien: Sprachbeherrschung, Wissen, Erinnerungs- und Konzentrationsvermögen, Mathematik, logisches und visuelles Denkvermögen. Je nach Stellenzuschnitt werden aus diesem Fundus unterschiedliche Aufgaben ausgesucht. Viele Fragen sind nach dem Multiple-Choice-Prinzip durch Ankreuzen der richtigen Lösung zu beantworten, bei anderen – vor allem im sprachlichen Bereich – müssen Sie mehr oder weniger umfangreiche Antworten selbst formulieren.

Die „Sprachbeherrschung"

In der öffentlichen Verwaltung sind Sprachkompetenzen unentbehrlich: Denn hier bekommen Sie es mit komplizierten Vorschriften zu tun, die Sie umsetzen dürfen, Sie fassen schwierige Sachverhalte zusammen, führen Akten, verfassen Dokumente im Namen Ihres Amtes und beraten Bürger – mündlich und schriftlich. Häufig werden die grundlegenden Rechtschreib- und Grammatikkenntnisse mithilfe eines Diktats geprüft. Daneben stehen oft Auswahl- oder Einsetzübungen auf dem Plan, bei denen die richtigen Schreibweisen, Satzzeichen, Präpositionen oder Konjunktionen zu bestimmen sind. Manchmal wird das übrigens auch in einer Fremdsprache verlangt.

Der Sprachteil prüft ...

¬ Rechtschreibung und Grammatik

¬ Sprachverständnis

¬ Ausdrucksfähigkeit, Wortschatz

¬ evtl. Fremdsprachenkenntnisse

Über die einwandfreie Beherrschung der sprachlichen Grundregeln hinaus ist – vor allem in gehobenen Laufbahnen – oft ein hohes Maß an Textverständnis und Ausdrucksvermögen erwünscht. Im textanalytischen Teil kann es darum gehen, Rechtsvorschriften auf eine vorgegebene Situation anzuwenden. Oder Sie erhalten den Auftrag, die Kernaussagen eines längeren Texts wiederzugeben. Unter „Textanalyse" ist also nicht die weitläufige Interpretation eines Schriftstücks zu verstehen, sondern die kurze Antwort auf präzise Fragen. Als Königsdisziplin im Bereich der schriftlichen Ausdrucksfähigkeit gilt das Verfassen von Kurzaufsätzen (Erörterungen und Abhandlungen): Hier gilt es, eine vorgegebene Fragestellung logisch strukturiert, sprachlich flüssig und unter Beachtung möglichst aller relevanten Aspekte zu erläutern, um schließlich ein gut begründetes Fazit zu ziehen. Natürlich zählen auch dabei Rechtschreibung und Grammatik.

Der Themenbereich „Wissen"

Dieser Abschnitt testet zum einen die Allgemeinbildung – ein kaum überschaubares Themenfeld: „Ernste" Gebiete wie Politik, Geschichte und Wirtschaft fallen ebenso darunter wie Kunst, Literatur, Geografie und Sport. Zum anderen stehen berufsbezogene Vorkenntnisse im Fokus. Beide Wissensgebiete besitzen im öffentlichen Dienst eine große Schnittmenge in Form der Staatsbürgerkunde: Dazu gehören vor allem politische, historische, (inter-)kulturelle, wirtschaftliche und rechtliche Zusammenhänge mit Bezug zu Deutschland und Europa. Bei Tests auf Gemeinde- oder Landesebene rücken kommunale und bundesstaatliche Belange mit in den Vordergrund.

Der Wissensteil testet ...

¬ Allgemeinwissen: Politik und Gesellschaft, Wirtschaft, Geschichte, Kultur, Geografie ...

¬ Fachbezogenes Wissen: Branche, Beruf und Behörde

Welche Schwerpunkte im Wissensbereich genau gelegt werden, hängt stark von der Einstellungsbehörde ab. Klar, dass beispielsweise das Auswärtige Amt besonderen Wert auf die deutsche Außenpolitik legt, während in der Düsseldorfer Stadtverwaltung eher lokale Angelegenheiten und Bürgernähe zählen. Machen Sie sich also schlau über den Zuständigkeitsbereich Ihrer Dienststelle, über Befugnisse und Tätigkeitsprofile.

Dieses Buch liefert einen Querschnitt gängiger Fragen aus verschiedenen Bildungsbereichen. Studieren Sie die Lösungskommentare, um sich intensiver in die Materie einzuarbeiten. Ihr Gegenwartswissen halten Sie durch Zeitunglesen, Nachrichtensendungen, Internetquellen auf dem Laufenden – bleiben Sie am Ball.

Das „Erinnerungs- und Konzentrationsvermögen"

Konzentrationstests beziehen sich auf die Fähigkeit, ein gewisses Arbeitspensum auch unter Zeitdruck bewältigen zu können, ohne dabei den Kopf zu verlieren. Entscheidend ist dabei die Kombination von Geschwindigkeit und Gründlichkeit – oder auf den Punkt gebracht: die Arbeitseffizienz.

Besonders anspruchsvoll sind die Aufgaben an sich bisweilen nicht. Häufig heißt es, ziemlich banale Informationen zu überprüfen oder auf eine bestimmte Art miteinander zu verknüpfen. Der p/q-Test beispielsweise – auch in seinen Spielarten als O/Q-Test oder b/d-Test bekannt – besteht aus nichts anderem als ziemlich eintönigen Buchstabenfolgen, in denen Sie die Anzahl aller „p"s bestimmen sollen. Bei anderen Aufgabenstellungen verknüpfen Sie zahlencodierte Begriffe oder sortieren Akten in ein Ablagesystem ein. Aber unterschätzen Sie die Aufgaben nicht: Das Zeitlimit sorgt für Stress. Halten Sie die Bearbeitungszeiten ein, die in den Musterprüfungen vorgegeben sind, um Ihre Arbeitsgeschwindigkeit realistisch einschätzen zu lernen.

Der Konzentrations- und Erinnerungsteil enthält ...

¬ Kombinationsaufgaben: z. B. Akten sortieren

¬ Such- und Zählaufgaben: z. B. p/q-Test, Original und Abschrift

¬ Erinnerungsaufgaben: Text- und Bildinformationen einprägen und wiedergeben

Ein anderer Aspekt der Konzentrationsleistung ist das Erinnerungsvermögen. Dazu werden Ihnen Inhalte vorgestellt – Auszüge aus einer Personalakte mit biografischen Daten, ein Unfallbericht, eine Verkehrssituation oder Ähnliches –, die Sie sich einprägen sollen. Anschließend müssen Sie diesbezügliche Fragen richtig beantworten, wobei Ihnen enge Zeitgrenzen das Leben zusätzlich schwer machen können.

Die „Mathematik"

Ohne Mathe-Kenntnisse wären die Beschäftigten des öffentlichen Dienstes ziemlich aufgeschmissen: Sie wären weder in der Lage, Abrechnungen zu prüfen, noch könnten sie die Höhe von Steuern oder Sozialleistungen korrekt bestimmen. Die öffentliche Hand stünde also unter Umständen schnell mit leeren Taschen da – oder die Bürgerinnen und Bürger.

Der Mathematikteil beinhaltet ...

¬ Grundrechenarten

¬ Maße und Einheiten umrechnen

¬ Zins- und Prozentrechnung

¬ Textaufgaben (mit Dreisatz)

¬ Diagrammanalyse

¬ Gleichungen und Funktionen

In bestimmten Verwaltungsbereichen werden die Rechenfertigkeiten besonders gründlich überprüft. Der Zoll beispielsweise konfrontiert Bewerber schon im mittleren Dienst mit Dreisatz-, Prozent- und Zinsrechnungen, im gehobenen Dienst kommen noch lineare Funktionen hinzu. Andernorts reicht wiederum bereits die sichere Handhabung der Grundrechenarten. Konkret kann es etwa darum gehen, Maßeinheiten umzurechnen, fehlende Rechenzeichen zu ergänzen, kleinere Rechnungen im Kopf durchzuführen oder das Ergebnis größerer Operationen per Überschlag zu schätzen.

Bringen Sie zur Vorbereitung auf jeden Fall Ihr Schulwissen noch einmal gründlich auf Vordermann. Wer sich mit Mathe etwas schwerer tut, muss die Flinte übrigens nicht gleich ins Korn werfen: Die Testaufgaben sind im Allgemeinen ziemlich ähnlich, so dass sich die typischen Vorgehensweisen und Lösungswege sehr gut einüben lassen.

Das „logische Denkvermögen"

Logik ist die Lehre des vernünftigen Folgerns. So griffig diese Definition klingt, so vielschichtig zeigt sich das logische Denkvermögen in der Praxis – und so unverzichtbar ist es, logisch denken und urteilen zu können. Die Fähigkeit, komplexe Sachlagen zu überblicken und verschiedene Handlungsalternativen systematisch zu durchdenken, wird nahezu überall gebraucht: für außenpolitische Analysen im Auswärtigen Dienst ebenso wie zur Katalogerstellung im Bibliotheksdienst. Um diese Kompetenz zu testen, gibt es unterschiedliche Aufgabentypen, in denen Buchstaben, Wörter, Sätze, Zahlen, grafische Muster und/oder Diagramme vorkommen.

Der Logikteil besteht aus ...

¬ Sprachlogik: Wortanalogien, Oberbegriffe, Sprichwörter ...

¬ Informationen kombinieren, Schlüsse ziehen

¬ Ergänzungsaufgaben: Reihen und Matrizen vervollständigen

Häufig gilt es, zwischen den verschiedenen Elementen abstrakte Zusammenhänge zu erkennen. Sprachlogische Fragen etwa fordern dazu auf, Analogien herzustellen: Ast verhält sich zu Baum wie Rad zu was? Eine mögliche Antwort wäre hier Auto, da das Rad ebenso ein Bestandteil des Autos ist, wie der Ast zum Baum gehört. An anderer Stelle finden Sie zu vorgegebenen Bezeichnungen den jeweils passenden Oberbegriff, bestimmen gegensätzliche bzw. gleichbedeutende Wortpaare, setzen Buchstaben- oder Zahlenreihen richtig fort oder ziehen aus vorgegebenen Informationen plausible Schlussfolgerungen.

Das „visuelle Denkvermögen"

Aufgaben zum visuellen Denkvermögen konfrontieren Sie häufig mit Faltvorlagen, die Sie (im Geiste) zu dreidimensionalen Körpern zusammenbasteln können – nur zu welchen? Nicht weniger strapaziös sind Würfelaufgaben, bei denen nach allerlei (imaginären) Dreh- und Kippvorgängen diejenigen Oberflächen des Würfels skizziert werden sollen, die am Ende aus der Frontalperspektive sichtbar sind. Praktische Intelligenz ist gefragt! Erst recht, wenn Sie es mit technischen Schaubildern zu tun bekommen, verbunden mit der Aufforderung, die dargestellte Konstruktion zu analysieren.

Das visuelle Denkvermögen umfasst ...

¬ Räumliche Vorstellungskraft: Flächen und Körper

¬ Technisches Verständnis: praktische Intelligenz

¬ Abstraktionsfähigkeit: Muster und Figuren

Im Grenzbereich zum logischen Denkvermögen finden sich Aufgaben zu grafischen Formen und Mustern. Nutzen Sie Ihr Abstraktionsvermögen, um herauszufinden, nach welchen „Bauanleitungen" verschiedene Figuren und Reihen konstruiert sind – im Notfall helfen Ihnen die Lösungskommentare dieses Buchs. Wer einmal einen Blick für Körper und Flächen entwickelt hat, profitiert noch lange im Nachhinein davon: Der Trainingseffekt im Bereich der räumlichen Auffassungsgabe setzt schnell ein und ist sehr nachhaltig.

Der Testablauf

Mit der Einladung zum Einstellungstest sind Sie Ihrem Wunschberuf einen großen Schritt näher gekommen. Nun beginnt die Vorbereitungsphase. Inzwischen wissen Sie natürlich schon ein wenig darüber, was Sie im Auswahltest erwartet: die Kontrolle der vorausgesetzten Kenntnisse und Kompetenzen ebenso wie die Überprüfung berufsrelevanter persönlicher Fähigkeiten. Wie aber läuft das Procedere konkret ab?

Die Prüfungssituation

Der Tag der Wahrheit ist endlich gekommen; Sie und Ihre Mitbewerber sammeln sich vor dem Prüfungsraum. Aufgeregt wird der eine oder andere von fiesen Trickfragen und unlösbaren Kniffeleien berichten – das meiste davon sind Gerüchte, die ganz und gar auf Hörensagen beruhen. Zwar werden Sie mit Sicherheit auf unbekannte Fragen stoßen und wahrscheinlich in der vorgegebenen Zeit nicht alle korrekten Lösungen finden. Das müssen Sie aber auch nicht, da nur ein bestimmter Prozentsatz der Maximalpunktzahl nötig ist, um den Test zu bestehen. Außerdem sind auch die unbekannten Aufgaben nach eingängigen Schemas aufgebaut, die Ihnen dank der Bearbeitung des vorliegenden Prüfungspakets ziemlich vertraut vorkommen dürften.

Nachdem alle Bewerber zum Test erschienen sind, wird Sie der Prüfer begrüßen, sich kurz vorstellen und dann die Einzelheiten des Testablaufs klären: welche Hilfsmittel zugelassen sind – z. B. Taschenrechner und Lineal –, welche Zeitvorgaben es gibt usw. Fragen Sie schon vorher nach, welche Hilfsmittel Sie von zu Hause mitbringen dürfen oder sollen; Stift und Papier werden meist gestellt.

Bei der Zeiteinteilung gibt es unterschiedliche Vorgehensweisen: Wenn der Prüfer Ihnen nur eine feste Bearbeitungsdauer für den gesamten Test nennt, dürfen Sie normalerweise hin- und herspringen, besonders unangenehmen Aufgaben ausweichen und zum nächsten Aufgabenteil übergehen, wenn Sie wollen. Es kann aber auch vorkommen, dass der Prüfer Sie Schritt für Schritt durch den Test begleitet und Ihnen genau sagt, wann und wie lange Sie einen bestimmten Bereich bearbeiten sollen. Blättern Sie in diesem Fall nicht einfach zu anderen Abschnitten um – im Extremfall könnte das zu Ihrer Disqualifikation führen.

Ihr Fahrplan für die schriftliche Prüfung

► Fragen Sie frühzeitig nach: Welche Hilfsmittel (z. B. Taschenrechner) dürfen Sie benutzen? Welche Materialien (Stift, Papier, Lineal …) müssen Sie mitbringen, welche werden Ihnen gestellt?

► Verschieben Sie Ihren Prüfungstermin bei schwereren Erkrankungen.

► Erscheinen Sie ausgeschlafen und pünktlich, planen Sie genügend Zeitreserve für Verzögerungen ein. Aber vergessen Sie das Frühstück nicht: Wer mit nüchternem Magen in die Prüfung geht, baut schneller ab und ist weniger leistungsfähig.

► Folgen Sie den Erklärungen der Prüfungsleiter aufmerksam. Nur so erfahren Sie, wie der Test abläuft und wie Sie dabei vorgehen müssen.

► Studieren Sie die allgemeinen Bearbeitungshinweise sorgfältig, klären Sie eventuelle Verständnisfragen nach Möglichkeit vor Testbeginn.

► Behalten Sie die Uhr im Auge und teilen Sie sich Ihre Zeit gut ein.

► Achten Sie jederzeit auf Hinweise Ihrer Prüfungsleiter.

► Wenn ein „Blackout" droht: durchatmen, einen Schluck Wasser trinken und erst einmal leichtere Aufgaben in Angriff nehmen.

► Lesen Sie jede Aufgabenstellung gründlich durch und halten Sie sich an vorgegebene Bearbeitungswege.

► In Multiple-Choice-Tests werden falsche Antworten in der Regel nicht bestraft. Setzen Sie auch dann ein Kreuz, wenn Sie nicht ganz sicher sind – einen Versuch ist es wert. (Achtung: Wenn mehrere richtige Lösungen anzugeben sind, gibt es für falsche Kreuze Abzüge!)

► Lassen Sie sich nicht aus der Ruhe bringen. Die Tests sind so konzipiert, dass kaum jemand im vorgegebenen Zeitrahmen alle Aufgaben korrekt lösen kann.

► Anstatt an einer Aufgabe zu verzweifeln, gehen Sie lieber zur nächsten über. Mit den übersprungenen Fragen können Sie sich – begonnen mit der leichtesten – noch zum Schluss beschäftigen.

► Planen Sie etwas Zeit ein, um Ihre Lösungen auf Flüchtigkeitsfehler und andere kleine Patzer zu kontrollieren.

► Korrigieren Sie falsche Antworten stets eindeutig und nachvollziehbar.

Richtig lernen

Welche Fragen in Ihrem Auswahltest konkret gestellt werden, das könnten Ihnen nur die Prüfer selbst erzählen – und die werden es nicht tun. Trotzdem können Sie sich auf alle Prüfungsinhalte gut vorbereiten: zum einen, indem Sie Ihre Wissensbasis erweitern, verschiedene Aufgabentypen und Lösungswege kennen lernen; zum anderen, indem Sie sich an die Prüfungssituation und den Testablauf gewöhnen. Aber auch das Lernen selbst will gelernt sein. Mit den richtigen Methoden fällt die Vorbereitung leichter.

Informationen sammeln. Bringen Sie mehr über Ihren anvisierten Arbeitgeber und den angestrebten Beruf in Erfahrung: Studieren Sie Prospekte und Broschüren, nutzen Sie Tage der offenen Tür, recherchieren Sie im Internet, kontaktieren Sie Ihren Ansprechpartner im Unternehmen. Eventuell erfahren Sie so auch noch einige zusätzliche Details über den Testablauf und die Prüfungsinhalte. Fragen kostet nichts!

Bildung verbreitern. Eine gute Allgemeinbildung bringt in jedem Einstellungstest Vorteile. Informieren Sie sich daher über das aktuelle Zeitgeschehen. Möglichkeiten dafür gibt es viele, ob via Internet, Radio, Fernsehen oder Presse. Wer sich kein Zeitungsabonnement leisten will, findet in öffentlichen Bibliotheken Exemplare aller großen Tageszeitungen zur Gratis-Lektüre.

Pausen einplanen. In der Vorbereitungsphase von früh bis spät zu büffeln und dann noch die Nacht zum Tag zu machen, ist nicht besonders effektiv. Gönnen Sie sich ausreichend Schlaf und regelmäßige Verschnaufpausen. Bewährt hat sich die Einteilung in Lernblöcke: nach 30 Arbeitsminuten 5 Minuten abschalten, alle 90 Minuten für eine Viertelstunde pausieren, nach jeweils vier Stunden 1–2 Stunden unterbrechen.

Die Testsimulation mit diesem Prüfungspaket

Das vorliegende Prüfungspaket ist so konzipiert, dass Sie den schriftlichen / computergestützten Einstellungstest realistisch simulieren und seinen Ablauf wirklichkeitsnah nachvollziehen können. Wir empfehlen Ihnen folgende Vorgehensweise zur effektiven Vorbereitung:

¬ Legen Sie sich einen Taschenrechner, einen Bleistift und Papier bereit.

¬ Bearbeiten Sie eine Prüfung immer erst vollständig, bevor Sie die Antworten und Lösungshinweise in diesem Buch nachschlagen. Überspringen Sie keine Kapitel.

¬ Folgen Sie den Bearbeitungshinweisen und halten Sie sich an die angegebenen Zeitvorgaben.

¬ Vergleichen Sie Ihre Leistungen in den verschiedenen Prüfungen. Machen Sie sich Ihre Fortschritte bewusst, aber finden Sie auch heraus, in welchen Bereichen eventuell noch Schwachstellen liegen.

¬ Nutzen Sie das Lösungsbuch, um Ihr Verständnis der Testaufgaben zu vertiefen und einzelne Themen intensiver aufzuarbeiten.

Zur Einordnung der Ergebnisse: Um Ihr Abschneiden in einer Prüfung oder im Gesamttest einzuschätzen, können Sie sich an folgende Richtwerte halten: 50–60 % richtig gelöste Aufgaben gelten gemeinhin als ausreichend, 60–70 % als befriedigend, 70–85 % als gut und höhere Werte als hervorragend – erfahrungsgemäß schafft das allerdings kaum jemand.

Dieses Lösungsbuch liefert Ihnen zu jeder Frage sowohl die korrekte Antwort als auch umfangreiche Bearbeitungshinweise und ausführlich kommentierte Lösungswege. Nehmen Sie sich die Zeit, das Prinzip der Aufgaben vollständig zu verstehen, bevor Sie weiterarbeiten. So gehen Sie gut gerüstet in Ihre Einstellungsprüfung!

Wir wünschen Ihnen viel Erfolg!

Prüfung · Teil 1

Sprachbeherrschung

Diktat

Bearbeitungszeit 20 Minuten

Um das Diktat zu üben, lassen Sie sich den folgenden Text bitte Satzteil für Satzteil vorlesen. Werten Sie Ihre Abschrift im Abgleich mit der Vorlage sorgfältig aus (vergessen Sie dabei nicht die Zeichensetzung). Insgesamt sollten Sie nicht mehr als 10 Fehler begehen – je weniger, desto besser.

Das Grundgesetz: Fundament der deutschen Demokratie

Wozu braucht man überhaupt einen Staat, wodurch legitimiert er sich? Eine häufig herangezogene Antwort stammt vom englischen Staatstheoretiker Thomas Hobbes, der im Kern wie folgt argumentierte: Wenn jeder selbst für seine Freiheit und Sicherheit verantwortlich wäre, gerieten diese Existenzparameter in Gefahr, denn es käme zum Kampf aller gegen alle, bei dem schließlich die Gewalttätigsten die Oberhand behielten. Also übertragen die Bürger die Verantwortung für ihre Sicherheit dem Staat, der das Gewaltmonopol übernimmt, allgemeine Grundregeln des Zusammenlebens festlegt und diese durchsetzt.

Der grundlegende Katalog von Regeln, Werten und Ordnungsvorstellungen ist in Deutschland das Grundgesetz. Darin sind die Leitlinien des Staatsprinzips niedergelegt: Demokratie, Republik, Rechts- und Sozialstaatlichkeit, Föderalismus sowie die Gewaltenteilung in Legislative, Exekutive und Judikative. Das Grundgesetz lässt sich in mehrere Hauptteile untergliedern. Auf die Präambel, eine Art Vorwort, folgt der erste Hauptabschnitt mit den Artikeln 1 bis 19, in denen die Grundrechte behandelt werden. Die weiteren Abschnitte widmen sich primär dem Staatsorganisationsrecht, also den Bestimmungen zum Aufbau, zur Funktion und zur Aufgabenverteilung der Staatsorgane.

Doch von den nüchternen Paragrafen (*alternativ: Paragraphen*) einmal abgesehen: Eine Demokratie lebt natürlich erst durch die aktive Teilhabe ihrer mündigen Bürger. Auch vor diesem Hintergrund erweist sich das am 23. Mai 1949 in Kraft getretene Grundgesetz als hochaktuell. Immer wieder entzünden sich politische Kontroversen an der Auslegung und Änderung verschiedener Bestimmungen.

1. **Bitte beginnen Sie jetzt mit dem Diktat.**

Sprachbeherrschung

Schriftliche Erörterung (Pro und Contra)

Diese Aufgabe prüft Ihr Ausdrucksvermögen und Ihre Argumentationsfähigkeit.

In einer Erörterung müssen Sie meist zu einer gesellschaftsrelevanten Frage Stellung beziehen. Wird eine dialektische Erörterung gefordert, sind dazu die jeweiligen Vor- und Nachteile, die Pros und Contras, darzustellen und gegeneinander abzuwägen.

In der Regel folgen Pro-und-Contra-Erörterungen einem festen Schema:

¬ **Einleitung:** Geben Sie einen knappen Überblick über die zu behandelnde Problematik. Bei einer kurzen Erörterung reicht es, die Fragestellung in einem vollständigen Satz wiederzugeben.

¬ **Hauptteil:** Führen Sie aus, welche Argumente für oder gegen die in der Fragestellung aufgestellte Behauptung bzw. den genannten Sachverhalt sprechen. Untermauern Sie die Argumente gegebenenfalls mit Beispielen und handeln Sie die Pros und Contras jeweils als einzelnen Block ab, ohne die Standpunkte zu vermischen oder zu beurteilen. Trotzdem sollten Sie bereits jetzt wissen, für welche Position Sie sich entscheiden: Nennen Sie geschickterweise zuerst die Argumente des Standpunkts, den Sie nicht vertreten, und dann erst diejenigen, mit denen Sie eher übereinstimmen.

¬ **Schluss:** Nachdem Sie alle relevanten Argumente eher neutral aufgeführt haben, wägen Sie sie nun gegeneinander ab. Welches Argument ist unter welchen Umständen besonders tragfähig, welches rückt eher in den Hintergrund? Ziehen Sie schließlich ein nachvollziehbares Fazit, in dem Sie Ihre gut begründete Meinung präsentieren. Sie müssen sich dabei nicht eindeutig auf eine Seite schlagen, sondern können auch einen ausgewogenen Kompromiss formulieren.

Hinweis

Bei linearen Erörterungen – die sich häufig auf Fragestellungen mit „warum" oder „wie" beziehen – greift das Pro-und-Contra-Schema nicht: Hier müssen Sie geradlinig argumentieren.

Schriftliche Erörterung (Pro und Contra)   *Bearbeitungszeit 20 Minuten*

2.   Verfassen Sie nun bitte eine kurze Erörterung zum Thema „Sollten Lehrer Beamte sein?".

Sie haben dafür 20 Minuten Zeit. Um Ihre Gedanken zu ordnen, können Sie die einzelnen Argumente zunächst nach ihrer Wichtigkeit stichwortartig in eine Pro-und-Contra-Tabelle einsortieren. Und nicht vergessen: Auch auf korrekte Rechtschreibung und einen sauberen Schreibstil kommt es an.

Argumentationshilfe

Zu 2.

pro:

¬ Materielle Absicherung der Beamten gewährleistet ihre Unabhängigkeit und Neutralität.

¬ Nicht der Beamtenstatus, sondern schlechte Ausstattung verringert Leistungsmotivation.

¬ Absicherung von angestellten Lehrern (Lohnnebenkosten: Beiträge des Arbeitgebers zur Renten-, Arbeitslosen-, Krankenversicherung) kostet den Staat viel Geld.

¬ Lehrer übernehmen hoheitliche Aufgaben: staatlicher Erziehungsauftrag, Vergabe von Abschlüssen …

¬ Als Beamte sind Lehrer zu Verfassungstreue und politischer Neutralität verpflichtet.

¬ Angestellte dürfen streiken, Arbeitskämpfe würden auf dem Rücken der Schüler ausgetragen.

contra:

¬ Starre Beförderungsregeln, abgesicherte Karrieren verringern den Ehrgeiz der Lehrer.

¬ Materielle Absicherung der Beamten (Pensionen, Krankengeld) ist teuer.

¬ Lehrer übernehmen keine unmittelbar hoheitlichen Aufgaben, die sich durch ein klares Über-/Unterordnungsverhältnis auszeichnen wie z. B. bei der Polizei.

¬ In vielen ostdeutschen Bundesländern ist das Angestelltenverhältnis bereits die Regel.

¬ Angestellte Lehrer sind flexibler, können ihre Dienststelle einfacher wechseln.

¬ Verbeamtung von Lehrern ist ein Überbleibsel früherer Zeiten.

Sprachbeherrschung

Richtige Schreibweise   *Bearbeitungszeit 5 Minuten*

Im Folgenden geht es darum, für die angegebenen Wörter die richtigen Schreibweisen zu bestimmen.

Schreiben Sie bitte zu jedem Wort die richtige Schreibweise in das leere Kästchen, falls das vorgegebene Wort falsch geschrieben ist.

Wort	*Richtige Schreibweise*	*Wort*	*Richtige Schreibweise*
3. Sympatie		12. Schiffahrt	
4. Thymian		13. exklusif	
5. Rhytmus		14. Emmotion	
6. Operazion		15. Höhr-Nerv	
7. Sekreteriat		16. efektiv	
8. defeckt		17. seid Stunden	
9. Atheist		18. Lokomotieve	
10. Democratie		19. Kulans	
11. Tip		20. ungläubig	

Lösung

Zu 3.
Sympatie : Sympathie

Zu 4.
Thymian : –

Zu 5.
Rhytmus : Rhythmus

Zu 6.
Operazion : Operation

Zu 7.
Sekreteriat : Sekretariat

Zu 8.
defeckt : defekt

Zu 9.
Atheist : –

Zu 10.
Democratie : Demokratie

Zu 11.
Tip : Tipp

Zu 12.
Schiffahrt : Schifffahrt

Zu 13.
exklusif : exklusiv

Zu 14.
Emmotion : Emotion

Zu 15.
Höhr-Nerv : Hörnerv

Zu 16.
efektiv : effektiv

Zu 17.
seid Stunden : seit Stunden

Zu 18.
Lokomotieve : Lokomotive

Zu 19.
Kulans : Kulanz

Zu 20.
ungläubig : –

Sprachbeherrschung

Rechtschreibung

Bearbeitungszeit 2 Minuten

Bei diesen Aufgaben geht es darum, das Wort mit der richtigen Schreibweise zu erkennen.

Beantworten Sie bitte die folgenden Aufgaben, indem Sie jeweils den richtigen Buchstaben markieren.

21.
- A. Pietet
- B. Pietät
- C. Piätät
- D. Piätet
- E. Keine Antwort ist richtig.

22.
- A. Atraktivität
- B. Attraktivität
- C. Atracktivität
- D. Atraktiwität
- E. Keine Antwort ist richtig.

23.
- A. Physiognomie
- B. Physiegnomie
- C. Fysiognomie
- D. Physiogromie
- E. Keine Antwort ist richtig.

24.
- A. Kolateralschaden
- B. Kolaterallschaden
- C. Kollateralschaden
- D. Kolatteralschaden
- E. Keine Antwort ist richtig.

25.
- A. Zeremonnie
- B. Zerremonie
- C. Zäremonie
- D. Zeremonie
- E. Keine Antwort ist richtig.

26.
- A. Stalakmitten
- B. Stalagmiten
- C. Stalakmiten
- D. Stalakmieten
- E. Keine Antwort ist richtig.

27.
- A. Grafik
- B. Graffik
- C. Grafig
- D. Grafick
- E. Keine Antwort ist richtig.

28.
- A. Hallogen
- B. Halogeen
- C. Halogen
- D. Hallogeen
- E. Keine Antwort ist richtig.

29.
- A. Manuskrippt
- B. Manusskript
- C. Mahnuskript
- D. Manuskript
- E. Keine Antwort ist richtig.

30.
- A. Spinnenphobie
- B. Spinnenfobie
- C. Spinnenpfobie
- D. Spinnenfobbie
- E. Keine Antwort ist richtig.

Lösung

Zu 21.
B. Pietät

Zu 22.
B. Attraktivität

Zu 23.
A. Physiognomie

Zu 24.
C. Kollateralschaden

Zu 25.
D. Zeremonie

Zu 26.
B. Stalagmiten

Zu 27.
A. Grafik

Zu 28.
C. Halogen

Zu 29.
D. Manuskript

Zu 30.
A. Spinnenphobie

Sprachbeherrschung

Rechtschreibung Lückentext

Bearbeitungszeit 4 Minuten

Bei diesen Aufgaben geht es darum, das Wort mit der richtigen Schreibweise zu erkennen, welches die Lücke sinnvoll ergänzt.

Beantworten Sie bitte die folgenden Aufgaben, indem Sie jeweils den richtigen Buchstaben markieren.

31. Sie liebt alle Blumen, aber am liebsten mag sie _____.

    A. Karamell
    B. Kamelen
    C. Kamelien
    D. Kamele
    E. Keine Antwort ist richtig.

32. Dieser Massagesessel ist genial! Die _____ der Massage lässt sich stufenlos regeln.

    A. Intensivität
    B. Intenzität
    C. Intensität
    D. Indensität
    E. Keine Antwort ist richtig.

33. Für den Erfolg eines Films ist es wichtig, dass sich die Zielgruppe mit der Hauptfigur _____ kann.

    A. ersetzen
    B. identifizieren
    C. kennenlernen
    D. verstehen
    E. Keine Antwort ist richtig.

34. Für optimale Heilungschancen ist es notwendig, frühzeitig die richtige _____ anzuwenden.

    A. Therapie
    B. Therapeuten
    C. Therapien
    D. Therapeut
    E. Keine Antwort ist richtig.

35. Ausreichend Tageslicht ist _____ für körperliches und seelisches Wohlbefinden.

    A. unergiebiger
    B. unersetzliche
    C. unersättliches
    D. unerlässlich
    E. Keine Antwort ist richtig.

36. Die Würde des _____ ist unantastbar.

    A. Kindes
    B. Mannes
    C. Menschen
    D. Angestellten
    E. Keine Antwort ist richtig.

37. Im Laufe der _____ entstanden die verschiedenen Tierarten.

    A. Evolution
    B. Evaluation
    C. Evolutionen
    D. Evollution
    E. Keine Antwort ist richtig.

38. Jede _____ ist anders als die vorherige.

    A. Generationen
    B. Generations
    C. Generation
    D. Generelle
    E. Keine Antwort ist richtig.

39. Mit einer _____ Umfrage wird versucht, die öffentliche Meinung zu ermitteln.

    A. repressente
    B. repräsenten
    C. repräsentativen
    D. repräsentative
    E. Keine Antwort ist richtig.

40. Würdest du mehr lernen, dann _____ du mehr!

    A. wusste
    B. wusstest
    C. wüsstest
    D. wissest
    E. Keine Antwort ist richtig.

Lösung

Zu 31.

C. Kamelien

Dieser Satz verlangt nach einem Wort im Akkusativ Plural. Inhaltlich passt nur Antwort C. Kamelien sind subtropische Pflanzen und in Europa als Zierpflanzen verbreitet.

Zu 32.

C. Intensität

Die richtige Lösung ist C „Intensität", alle anderen Antworten sind falsch geschrieben.

Zu 33.

B. identifizieren

Die richtige Lösung lautet B, alle anderen Antworten passen grammatisch und inhaltlich nicht.

Zu 34.

A. Therapie

Gesucht wird hier ein feminines Wort im Singular. Die einzige Möglichkeit ist daher A „Therapie".

Zu 35.

D. unerlässlich

Inhaltlich sinnvoll und grammatisch passend ist hier nur Antwort D „unerlässlich".

Zu 36.

C. Menschen

Rein grammatikalisch betrachtet wären alle vier Antworten möglich. Dass die Formulierung im Grundgesetz der Bundesrepublik Deutschland „Die Würde des Menschen ist unantastbar" lautet, sollte allerdings jeder wissen.

Zu 37.

A. Evolution

Antwort B ergibt inhaltlich keinen Sinn, da Evaluation „Bewertung" bedeutet. Antwort D ist falsch geschrieben. Das gesuchte Wort „Evolution" gibt es nur im Singular, damit fällt auch Antwort C weg.

Zu 38.

C. Generation

Nach „jede" muss ein Wort im Singular stehen, das trifft nur auf Antwort C „Generation" zu.

Zu 39.

C. repräsentativen

Das gesuchte Adjektiv muss im Dativ Singular stehen. Korrekt ist Antwort C.

Zu 40.

C. wüsstest

Das Verb muss im Konjunktiv II stehen, also ist Antwort C die richtige Lösung.

Sprachbeherrschung

Lückentext ergänzen

Bearbeitungszeit 5 Minuten

In diesen Aufgaben geht es darum, das Wort mit der richtigen Schreibweise zu erkennen, welches die Lücke sinnvoll ergänzt.

Beantworten Sie bitte die folgenden Aufgaben, indem Sie jeweils den richtigen Ausdruck in das Kästchen eintragen.

41. das, dass

    Es ist schön, [   ] du kommen konntest!

42. wiederstanden, widerstanden

    Er hat der Versuchung [   ] .

43. morgen Abend, Morgen abend

    Können wir uns [   ] treffen?

44. folgende, Folgende

    Das [   ] solltest du dir gut merken.

45. bescheid, Bescheid

    Sag mir [   ] , wenn du fertig bist!

46. Quäntchen, Quentchen

    Mit einem [   ] Glück wird es schon klappen.

47. Tip, Tipp

    Ein Bekannter hat mir einen guten [   ] gegeben.

48. Litfaßsäule, Litfasssäule

Treffen wir uns an der [_____] ?

49. platziert, plaziert

Er hat das Geschenk mitten im Raum [_____] .

50. paar, Paar

Ich hätte gern ein [_____] Brötchen.

51. numeriert, nummeriert

Wir haben alle Teile [_____] .

52. symphatisch, sympathisch

Sie waren sich einfach nicht [_____] .

53. schuld, Schuld

Du bist [_____] , dass wir nicht fertig geworden sind!

54. Greuel, Gräuel

Spinnen sind ihr ein [_____] .

55. todkrank, totkrank

Der Opa ist [_____] .

Lösung

Zu 41.
Es ist schön, *dass* du kommen konntest!

Zu 42.
Er hat der Versuchung *widerstanden* .

Zu 43.
Können wir uns *morgen Abend* treffen?

Zu 44.
Das *Folgende* solltest du dir gut merken.

Zu 45.
Sag mir *Bescheid* , wenn du fertig bist!

Zu 46.
Mit einem *Quäntchen* Glück wird es schon klappen.

Zu 47.
Ein Bekannter hat mir einen guten *Tipp* gegeben.

Zu 48.
Treffen wir uns an der *Litfaßsäule* ?

Zu 49.
Er hat das Geschenk mitten im Raum *platziert* .

Zu 50.
Ich hätte gern ein *paar* Brötchen.

Zu 51.
Wir haben alle Teile *nummeriert* .

Zu 52.
Sie waren sich einfach nicht *sympathisch* .

Zu 53.
Du bist *schuld* , dass wir nicht fertig geworden sind!

Zu 54.
Spinnen sind ihr ein *Gräuel* .

Zu 55.
Der Opa ist *todkrank* .

Sprachbeherrschung

Groß- und Kleinschreibung   *Bearbeitungszeit 5 Minuten*

Bei diesen Aufgaben geht es darum, die richtige Schreibweise zu erkennen.

Beantworten Sie bitte die folgenden Aufgaben, indem Sie jeweils den richtigen Buchstaben markieren.

56.

- A. Das muss jeder einzelne für sich am besten wissen.
- B. Das muss jeder Einzelne für sich am besten wissen.
- C. Das muss jeder einzelne für sich am Besten wissen.
- D. Das muss jeder Einzelne für sich am Besten wissen.
- E. Keine Antwort ist richtig.

57.

- A. Jeder Dritte wurde krank.
- B. Jeder dritte wurde krank.
- C. Jeder Dritte wurde Krank.
- D. Jeder dritte wurde Krank.
- E. Keine Antwort ist richtig.

58.

- A. Alle Angeklagten Demonstranten wurden, wie vom Ankläger gefordert, verurteilt.
- B. Alle angeklagten Demonstranten wurden, wie vom Ankläger gefordert, verurteilt.
- C. Alle angeklagten Demonstranten wurden, wie vom ankläger gefordert, verurteilt.
- D. Alle Angeklagten Demonstranten wurden, wie vom ankläger gefordert, verurteilt.
- E. Keine Antwort ist richtig.

59.

- A. Sie war bei Jung und Alt gleichermaßen beliebt.
- B. Sie war bei jung und alt gleichermaßen beliebt.
- C. Sie war bei jung und Alt gleichermaßen beliebt.
- D. Sie war bei Jung und alt gleichermaßen beliebt.
- E. Keine Antwort ist richtig.

60.

- A. Es bleibt alles beim Alten.
- B. Es bleibt alles beim alten.
- C. Es bleibt Alles beim Alten.
- D. Es bleibt Alles beim alten.
- E. Keine Antwort ist richtig.

61.

- A. Das muss Jeder wissen.
- B. Das muss jeder wissen.
- C. Das muss Jeder Wissen.
- D. Das muss jeder Wissen.
- E. Keine Antwort ist richtig.

62.

    A. Er hatte noch etwas Anderes einstecken.

    B. Er hatte noch etwas anderes einstecken.

    C. Er hatte noch Etwas Anderes einstecken.

    D. Er hatte noch Etwas anderes einstecken.

    E. Keine Antwort ist richtig.

63.

    A. Das einzige, was richtig wäre, ist zu schweigen.

    B. Das Einzige, was richtig wäre, ist zu schweigen.

    C. Das einzige, was Richtig wäre, ist zu schweigen.

    D. Das Einzige, was Richtig wäre, ist zu schweigen.

    E. Keine Antwort ist richtig.

64.

    A. In der Besprechung wurde Verschiedenes behandelt.

    B. In der Besprechung wurde verschiedenes behandelt.

    C. In der besprechung wurde Verschiedenes behandelt.

    D. In der besprechung wurde verschiedenes behandelt.

    E. Keine Antwort ist richtig.

65.

    A. Die Untersuchung ergab nichts Neues.

    B. Die Untersuchung ergab nichts neues.

    C. Die Untersuchung ergab Nichts Neues.

    D. Die Untersuchung ergab Nichts neues.

    E. Keine Antwort ist richtig.

Lösung

Zu 56.

B. Das muss jeder Einzelne für sich am besten wissen.

Substantivierte unbestimmte Zahladjektive (der „Einzelne") werden großgeschrieben. Im Ausdruck „am besten" stellt „besten" die Steigerungsform von „gut" dar und wird als Adjektiv kleingeschrieben.

Zu 57.

A. Jeder Dritte wurde krank.

Substantivierte Grund- und Ordnungszahlen (der „Dritte") werden großgeschrieben.

Zu 58.

B. Alle angeklagten Demonstranten wurden, wie vom Ankläger gefordert, verurteilt.

Substantive („Ankläger") werden großgeschrieben, Partizipien („angeklagten") schreibt man klein.

Zu 59.

A. Sie war bei Jung und Alt gleichermaßen beliebt.

Paarformeln („Jung und Alt"), die zur näheren Bestimmung von Personen dienen, werden großgeschrieben.

Zu 60.

A. Es bleibt alles beim Alten.

Substantivierte Adjektive (beim „Alten") werden großgeschrieben.

Zu 61.

B. Das muss jeder wissen.

Unbestimmte Fürwörter (Indefinitpronomen) wie „jeder" werden auch bei substantivischem Gebrauch meist kleingeschrieben.

Zu 62.

B. Er hatte noch etwas anderes einstecken.

Unbestimmte Fürwörter (Indefinitpronomen) wie „anderes" werden auch bei substantivischem Gebrauch meist kleingeschrieben.

Zu 63.

B. Das Einzige, was richtig wäre, ist zu schweigen.

Substantivierte unbestimmte Zahladjektive (das „Einzige", jeder „Einzelne") werden großgeschrieben.

Zu 64.

A. In der Besprechung wurde Verschiedenes behandelt.

Substantivierte Adjektive („Verschiedenes") werden großgeschrieben.

Zu 65.

A. Die Untersuchung ergab nichts Neues.

Substantivierte Adjektive („Neues") werden großgeschrieben.

Sprachbeherrschung

Kommasetzung   *Bearbeitungszeit 7 Minuten*

Bei diesen Aufgaben geht es darum, die richtige Kommasetzung zu erkennen.

Beantworten Sie bitte die folgenden Aufgaben, indem Sie jeweils den richtigen Buchstaben markieren.

66.

A. Herr Mayer fragt bei Kollegen Freunden und Verwandten nach Beispielen, die er in seinem Buch verwenden kann.

B. Herr Mayer fragt bei Kollegen, Freunden, und Verwandten nach Beispielen, die er in seinem Buch verwenden kann.

C. Herr Mayer fragt bei Kollegen, Freunden und Verwandten nach Beispielen die er in seinem Buch verwenden kann.

D. Herr Mayer fragt bei Kollegen, Freunden, und Verwandten nach Beispielen, die er in seinem Buch, verwenden kann.

E. Keine Antwort ist richtig.

67.

A. Soziale Kompetenz meint die Fähigkeit, auf andere Menschen zuzugehen, Kontakte herzustellen und mit anderen zusammenzuarbeiten.

B. Soziale Kompetenz meint die Fähigkeit auf andere Menschen zuzugehen, Kontakte herzustellen und mit anderen zusammenzuarbeiten.

C. Soziale Kompetenz meint die Fähigkeit, auf andere Menschen zuzugehen Kontakte herzustellen und mit anderen zusammenzuarbeiten.

D. Soziale Kompetenz meint die Fähigkeit, auf andere Menschen zuzugehen, Kontakte herzustellen, und mit anderen zusammenzuarbeiten.

E. Keine Antwort ist richtig.

68.

A. Ein wichtiger Aspekt, der die Konzentration eines Menschen beeinflussen kann, ist Übung.

B. Ein wichtiger Aspekt der die Konzentration eines Menschen beeinflussen kann ist Übung.

C. Ein wichtiger Aspekt der die Konzentration eines Menschen beeinflussen kann, ist Übung.

D. Ein wichtiger Aspekt, der die Konzentration eines Menschen beeinflussen kann ist Übung.

E. Keine Antwort ist richtig.

69.

A. Sicherlich kann nicht immer alles berücksichtigt werden da das Leben sehr komplex ist.
B. Sicherlich kann nicht immer alles berücksichtigt werden, da das Leben sehr komplex ist.
C. Sicherlich, kann nicht immer alles berücksichtigt werden da das Leben sehr komplex ist.
D. Sicherlich kann nicht immer, alles berücksichtigt werden, da das Leben sehr komplex ist.
E. Keine Antwort ist richtig.

70.

A. Man weiß, dass der Mensch in der Lage ist viele unerwartete Dinge zu tun.
B. Man weiß, dass der Mensch in der Lage ist, viele unerwartete Dinge zu tun.
C. Man weiß dass der Mensch in der Lage ist viele unerwartete Dinge zu tun.
D. Man weiß dass der Mensch in der Lage ist, viele unerwartete Dinge zu tun.
E. Keine Antwort ist richtig.

71.

A. Wie Sie bereits wissen, muss Ihre Bewerbungsmappe ansprechend und vollständig sein, damit Sie Ihre Chancen auf eine Einstellung erhöhen können.
B. Wie Sie bereits wissen muss Ihre Bewerbungsmappe ansprechend und vollständig sein, damit Sie Ihre Chancen auf eine Einstellung erhöhen können.
C. Wie Sie bereits wissen muss Ihre Bewerbungsmappe ansprechend und vollständig sein damit Sie Ihre Chancen auf eine Einstellung erhöhen können.
D. Wie Sie bereits wissen, muss Ihre Bewerbungsmappe ansprechend und vollständig sein damit Sie Ihre Chancen auf eine Einstellung erhöhen können.
E. Keine Antwort ist richtig.

72.

A. Man kann davon ausgehen, dass schlecht gebaute Häuser, das nächste Erdbeben nicht überstehen.
B. Man kann davon ausgehen dass schlecht gebaute Häuser das nächste Erdbeben nicht überstehen.
C. Man kann, davon ausgehen, dass schlecht gebaute Häuser, das nächste Erdbeben nicht überstehen.
D. Man kann davon ausgehen, dass schlecht gebaute Häuser das nächste Erdbeben nicht überstehen.
E. Keine Antwort ist richtig.

73.

  A. Durch bewusst langsames Sprechen, durch das Senken und Heben der Stimme, und durch die Veränderung der Lautstärke, wird die Aufmerksamkeit erhöht.

  B. Durch bewusst langsames Sprechen, durch das Senken und Heben der Stimme, und durch die Veränderung der Lautstärke wird die Aufmerksamkeit erhöht.

  C. Durch bewusst langsames Sprechen, durch das Senken und Heben der Stimme und durch die Veränderung der Lautstärke wird die Aufmerksamkeit erhöht.

  D. Durch bewusst langsames Sprechen durch das Senken und Heben der Stimme und durch die Veränderung der Lautstärke wird die Aufmerksamkeit erhöht.

  E. Keine Antwort ist richtig.

74.

  A. Wir meinen, dass wir mit diesem Buch, einer Kombination zwischen theoretischem Wissen und umfassendem Praxisbezug eine neue Art von Übungsbuch entwickelt haben.

  B. Wir meinen, dass wir mit diesem Buch einer Kombination zwischen theoretischem Wissen und umfassendem Praxisbezug, eine neue Art von Übungsbuch entwickelt haben.

  C. Wir meinen dass wir mit diesem Buch, einer Kombination zwischen theoretischem Wissen und umfassendem Praxisbezug, eine neue Art von Übungsbuch entwickelt haben.

  D. Wir meinen, dass wir mit diesem Buch, einer Kombination zwischen theoretischem Wissen und umfassendem Praxisbezug, eine neue Art von Übungsbuch entwickelt haben.

  E. Keine Antwort ist richtig.

75.

  A. Sie ging zu ihrem Ausbildungsplatz und war, sich sicher, dass sie eine gute Wahl getroffen hatte.

  B. Sie ging zu ihrem Ausbildungsplatz und war sich sicher, dass sie eine gute Wahl getroffen hatte.

  C. Sie ging zu ihrem Ausbildungsplatz, und war sich sicher, dass sie eine gute Wahl getroffen hatte.

  D. Sie ging zu ihrem Ausbildungsplatz, und war sich sicher dass sie eine gute Wahl getroffen hatte.

  E. Keine Antwort ist richtig.

Lösung

Zu 66.

E.   Keine Antwort ist richtig.

Richtige Lösung: Herr Mayer fragt bei Kollegen, Freunden und Verwandten nach Beispielen, die er in seinem Buch verwenden kann.

Das erste Komma ist durch eine Aufzählung bedingt. Das zweite Komma grenzt einen Relativnebensatz ab, der durch „die" eingeleitet wird, sich damit auf „Beispielen" bezieht und mit dem Verb „verwenden kann" endet.

Zu 67.

A.   Soziale Kompetenz meint die Fähigkeit, auf andere Menschen zuzugehen, Kontakte herzustellen und mit anderen zusammenzuarbeiten.

Das erste Komma kennzeichnet den folgenden Infinitivsatz. Das zweite Komma ist durch die Aufzählung begründet.

Zu 68.

A.   Ein wichtiger Aspekt, der die Konzentration eines Menschen beeinflussen kann, ist Übung.

Die beiden Kommata grenzen einen eingeschobenen Relativsatz vom Hauptsatz ab.

Zu 69.

B.   Sicherlich kann nicht immer alles berücksichtigt werden, da das Leben sehr komplex ist.

Am Anfang steht der Hauptsatz, der durch das erste Komma vom Kausalnebensatz getrennt wird.

Zu 70.

B.   Man weiß, dass der Mensch in der Lage ist, viele unerwartete Dinge zu tun.

Das erste Komma steht am Anfang eines Nebensatzes, der mit dem zweiten Komma beendet wird. Zudem beginnt mit dem zweiten Komma ein Infinitivsatz.

Zu 71.

A.   Wie Sie bereits wissen, muss Ihre Bewerbungsmappe ansprechend und vollständig sein, damit Sie Ihre Chancen auf eine Einstellung erhöhen können.

Am Anfang steht ein Folgerungsnebensatz, der durch ein Komma vom Hauptsatz getrennt wird. Das zweite Komma trennt den Hauptsatz vom Finalnebensatz, der durch „damit" eingeleitet wird.

Zu 72.

D.   Man kann davon ausgehen, dass schlecht gebaute Häuser das nächste Erdbeben nicht überstehen.

Das Komma leitet einen Nebensatz ein.

Zu 73.

C.   Durch bewusst langsames Sprechen, durch das Senken und Heben der Stimme und durch die Veränderung der Lautstärke wird die Aufmerksamkeit erhöht.

Das Komma ist durch die Aufzählung begründet. Der Satz enthält keine weiteren Kommata, da es sich um einen Hauptsatz ohne Nebensätze handelt.

Zu 74.

D. Wir meinen, dass wir mit diesem Buch, einer Kombination zwischen theoretischem Wissen und umfassendem Praxisbezug, eine neue Art von Übungsbuch entwickelt haben.

Das erste Komma trennt den Hauptsatz vom folgenden Nebensatz. Das zweite und dritte Komma kennzeichnen eine Apposition, die sich auf das Wort „Buch" bezieht.

Zu 75.

B. Sie ging zu ihrem Ausbildungsplatz und war sich sicher, dass sie eine gute Wahl getroffen hatte.

Das Komma trennt einen Nebensatz vom Hauptsatz.

Sprachbeherrschung

Kommasetzung Lückentext

Bei dieser Aufgabe geht es darum, die richtige Kommasetzung zu erkennen.

Beantworten Sie bitte die folgenden Aufgaben, indem Sie die fehlenden Kommas ergänzen.

76. Angesichts des unbeständigen Wetters ☐ empfehle ich dir dringend ☐ einen Regenschirm mitzunehmen ☐ damit du nicht nass wirst.

77. Trotz der vielen Arbeit ☐ und der unzähligen Überstunden ☐ mag sie ihren Job gern ☐ da sie mit den Kollegen sehr gut zurechtkommt.

78. Die meisten Menschen ☐ die ein Haustier haben ☐ sind der Meinung ☐ dass ihr Tier das allerbeste auf der ganzen Welt ist.

79. Wenn sich Hunde und Katzen begegnen ☐ gibt es meistens Ärger ☐ da sie sich aufgrund ihrer unterschiedlichen Körpersprache ☐ nicht verstehen können.

80. Wenn ein Aktenvernichter ☐ Akten vernichtet und ein Schornsteinfeger ☐ den Schornstein fegt ☐ was macht dann ein Zitronenfalter?

81. Hättest du ☐ als ich dich damals gefragt habe ☐ die Wahrheit gesagt ☐ so wäre uns viel Ärger erspart geblieben.

82. Kennst du die Serie ☐ in der ein alter Kapitän ☐ seinen drei Enkeln ☐ und dem dummen Matrosen ☐ immer unglaubliche Geschichten erzählt?

83. Die Tatsache ☐ dass sich die Erde um die Sonne dreht ☐ galt vor wenigen Jahrhunderten noch als Irrglaube und Gotteslästerung.

84. Nachdem ich gesehen hatte ☐ was sie mir hatte zeigen wollen ☐ war ich so überwältigt ☐ dass ich zuerst gar nicht sprechen konnte.

85. Er konnte sich nicht erklären ☐ wie es sein konnte ☐ dass er auf einmal mitten in einem Park stand ☐ obwohl es seines Wissens in seiner Stadt ☐ doch gar keine Grünflächen gab.

Lösung

Zu 76.

Angesichts des unbeständigen Wetters _ emp-fehle ich dir dringend , einen Regenschirm mitzunehmen , damit du nicht nass wirst.

Das erste Komma trennt den Hauptsatz vom Infinitivsatz (dieses Komma kann man setzen, muss man aber nicht!), das zweite Komma leitet den Finalnebensatz ein.

Zu 77.

Trotz der vielen Arbeit _ und der unzähligen Überstunden _ mag sie ihren Job gern , da sie mit den Kollegen sehr gut zurechtkommt.

Das Komma trennt den Hauptsatz vom Kausal-nebensatz.

Zu 78.

Die meisten Menschen , die ein Haustier haben , sind der Meinung , dass ihr Tier das allerbeste auf der ganzen Welt ist.

Die ersten beiden Kommas trennen den einge-schlossenen Relativsatz vom Hauptsatz. Das dritte Komma leitet einen weiteren Nebensatz ein.

Zu 79.

Wenn sich Hunde und Katzen begegnen , gibt es meistens Ärger , da sie sich aufgrund ihrer unterschiedlichen Körpersprache _ nicht ver-stehen können.

Das erste Komma trennt den Konditional-nebensatz vom Hauptsatz. Das zweite Komma leitet einen Kausalnebensatz ein.

Zu 80.

Wenn ein Aktenvernichter _ Akten vernichtet und ein Schornsteinfeger _ den Schornstein fegt , was macht dann ein Zitronenfalter?

Das Komma trennt einen Konditionalnebensatz vom Fragesatz.

Zu 81.

Hättest du , als ich dich damals gefragt habe , die Wahrheit gesagt , so wäre uns viel Ärger erspart geblieben.

Die ersten beiden Kommas trennen den einge-schobenen Temporalnebensatz ab. Das dritte Komma grenzt den vorangestellten Konditio-nalnebensatz vom folgenden Hauptsatz ab.

Zu 82.

Kennst du die Serie , in der ein alter Kapitän _ seinen drei Enkeln _ und dem dummen Matro-sen _ immer unglaubliche Geschichten erzählt?

Das Komma trennt den Hauptsatz vom Neben-satz ab.

Zu 83.

Die Tatsache , dass sich die Erde um die Sonne dreht , galt vor wenigen Jahrhunderten noch als Irrglaube und Gotteslästerung.

Die beiden Kommas trennen den eingeschobe-nen Nebensatz vom Hauptsatz ab.

Zu 84.

Nachdem ich gesehen hatte , was sie mir hatte zeigen wollen , war ich so überwältigt , dass ich zuerst gar nicht sprechen konnte.

Das erste Komma beendet den Temporal-nebensatz. Das zweite Komma trennt den Rela-tivnebensatz vom folgenden Hauptsatz. Das dritte Komma leitet einen weiteren Nebensatz ein.

Zu 85.
Er konnte sich nicht erklären , wie es sein konnte , dass er auf einmal mitten in einem Park stand , obwohl es seines Wissens in seiner Stadt _ doch gar keine Grünflächen gab.

Das erste Komma trennt den Hauptsatz vom Nebensatz, die anderen beiden Kommas leiten auch jeweils einen Nebensatz ein.

Sprachbeherrschung

Infinitiv bilden

Ihnen werden konjugierte Verben vorgegeben. Ihre Aufgabe besteht darin, den Infinitiv Präsens (Grundform) zu bilden.

Tragen Sie für die folgenden 20 Verben jeweils den Infinitiv in das leere Kästchen ein.

Verbform	*Infinitiv Präsens*	*Verbform*	*Infinitiv Präsens*
86. will		96. darfst	
87. fuhr		97. hielt	
88. tranken		98. geklungen	
89. geschwollen		99. sähe	
90. floh		100. flöge	
91. schwamm		101. grübe	
92. gewusst		102. geflossen	
93. ließ		103. riet	
94. magst		104. schlugt	
95. vorgeworfen		105. röche	

Lösung

Zu 86.
will : wollen

Zu 87.
fuhr : fahren

Zu 88.
tranken : trinken

Zu 89.
geschwollen : schwellen

Zu 90.
floh : fliehen

Zu 91.
schwamm : schwimmen

Zu 92.
gewusst : wissen

Zu 93.
ließ : lassen

Zu 94.
magst : mögen

Zu 95.
vorgeworfen : vorwerfen

Zu 96.
darfst : dürfen

Zu 97.
hielt : halten

Zu 98.
geklungen : klingen

Zu 99.
sähe : sehen

Zu 100.
flöge : fliegen

Zu 101.
grübe : graben

Zu 102.
geflossen : fließen

Zu 103.
riet : raten

Zu 104.
schlugt : schlagen

Zu 105.
röche : riechen

Sprachbeherrschung

Grammatik: Konjugation und Deklination   *Aufgabenerklärung*

Bei dieser Aufgabe müssen Sie konjugieren und deklinieren.

Setzen Sie die vorgegebenen Ausdrücke in der korrekten Form in den Text ein.

Hierzu ein Beispiel

Aufgabe

1. ein langer Weg

    Er hat [   ] hinter sich.

Antwort

Er hat [*einen langen Weg*] hinter sich.

Der Ausdruck „ein langer Weg" ist in den Akkusativ zu setzen, damit sich ein grammatisch korrekter Satz ergibt.

Grammatik: Konjugation und Deklination

Bearbeitungszeit 5 Minuten

Tragen Sie die vorgegebenen Wörter in der grammatikalisch korrekten Form in die Felder ein.

106. ein kleiner Bach

   Der Hund sprang über _____ .

107. der Vertrag

   Entgegen _____ erfüllte er seine Pflichten nicht.

108. die Bürgermeisterin

   Der Wagen _____ wurde gestohlen.

109. deine schnelle Hilfe

   Dank _____ geht es mir schon wieder viel besser.

110. stören

   Ich möchte dich bitten, mich eine halbe Stunde lang nicht _____ .

111. gehen

   _____ in dein Zimmer!

112. der alte Schulrat

   _____ wurde der Wagen gestohlen.

113. mein neuer Nachbar

   Ich kann _____ nicht leiden!

114. die meisten Menschen

[   ] fällt es schwer, auf Süßigkeiten zu verzichten.

115. der Schock

Infolge [   ] war er nicht in der Lage, den Unfallhergang genau zu schildern.

116. sich

Wir haben [   ] schon gefragt, wo du steckst!

117. gehen

Wenn du nicht so früh nach Hause [   ], hättest du das Feuerwerk auch gesehen.

118. das schlechte Wetter

Aufgrund [   ] fällt heute die Schule aus.

119. ein derartiger Fehler

Ich verstehe nicht, wie [   ] so lange unbemerkt bleiben konnte!

120. diese ganzen Vorfälle

Nach [   ] möchte er nicht länger in der Firma arbeiten.

Lösung

Zu 106.
Der Hund sprang über *einen kleinen Bach* .

Lokale Präpositionen erfordern je nach Bedeutung ein Substantiv im Dativ oder Akkusativ. Bei einer Ortsangabe ist der Dativ zu wählen, bei einer Richtungsangabe der Akkusativ. Die Präposition „über" gibt hier die Richtung an, daher muss die Substantivgruppe im Akkusativ stehen.

Zu 107.
Entgegen *dem Vertrag* erfüllte er seine Pflichten nicht.

Die Präposition „entgegen" steht vor einer Substantivgruppe im Dativ.

Zu 108.
Der Wagen *der Bürgermeisterin* wurde gestohlen.

Hier ist der Genitiv erforderlich, um das Besitzverhältnis auszudrücken.

Zu 109.
Dank *deiner schnellen Hilfe* geht es mir schon wieder viel besser.

Nach der Präposition „dank" kann die Substantivgruppe im Dativ oder Genitiv stehen.

Zu 110.
Ich möchte dich bitten, mich eine halbe Stunde lang nicht *zu stören* .

Die Konstruktion des Verbs ist „jemanden bitten etwas zu tun", d. h. die erforderliche Ergänzung ist ein Infinitiv mit „zu". (Daneben gibt es auch noch die Konstruktion „jemanden um etwas bitten", die mit Substantiven verwendet wird.)

Zu 111.
Geh in dein Zimmer!

Hier handelt es sich offensichtlich um eine Aufforderung, also ist die gesuchte Verbform der Imperativ Singular.

Zu 112.
Dem alten Schulrat wurde der Wagen gestohlen.

Die Konstruktion des Verbs lautet „jemandem etwas stehlen". Der Bestohlene, hier der alte Schulrat, muss also im Dativ stehen. Das gilt übrigens auch, wenn der Bestohlene nicht mit einem Substantiv beschrieben, sondern mit seinem Namen genannt wird. Dann müsste es z. B. heißen: Herrn Müller wurde der Wagen gestohlen. Bei Namen ohne Anrede kann man den Kasus allerdings nicht erkennen.

Zu 113.
Ich kann *meinen neuen Nachbarn* nicht leiden!

Die Konstruktion des Verbs lautet „jemanden (nicht) leiden können". Das Objekt muss also im Akkusativ stehen.

Zu 114.
Den meisten Menschen fällt es schwer, auf Süßigkeiten zu verzichten.

Die Konstruktion lautet „jemandem fällt etwas schwer", daher muss die Substantivgruppe im Dativ stehen.

Zu 115.
Infolge *des Schocks* war er nicht in der Lage, den Unfallhergang genau zu schildern.

Die Präposition „infolge" zieht immer einen Genitiv nach sich.

Zu 116.

Wir haben *uns* schon gefragt, wo du steckst!

Die Konstruktion des Verbs lautet „sich fragen". Das Wort „uns" ist hier die flektierte Form des Reflexivpronomens „sich". Da es sich auf das Subjekt „wir" bezieht, muss es in der ersten Person Plural stehen.

Zu 117.

Wenn du nicht so früh nach Hause *gegangen wärst*, hättest du das Feuerwerk auch gesehen.

Hier gilt: Beide Teilsätze müssen die gleiche Zeitform aufweisen, nämlich Konjunktiv Perfekt.

Zu 118.

Aufgrund *des schlechten Wetters* fällt heute die Schule aus.

Die Präposition „aufgrund" erfordert immer eine Substantivgruppe im Genitiv.

Zu 119.

Ich verstehe nicht, wie *ein derartiger Fehler* so lange unbemerkt bleiben konnte.

„Ein derartiger Fehler" ist das Subjekt des Nebensatzes und muss daher im Nominativ stehen, bleibt also unverändert.

Zu 120.

Nach *diesen ganzen Vorfällen* möchte er nicht länger in der Firma arbeiten.

Die Präposition „nach" erfordert, dass das folgende Substantiv im Dativ steht.

Lösungshinweis

Um die richtige grammatische Form zu finden, ist es hilfreich, sich die einzelnen Sätze leise vorzulesen. Achten Sie dabei auf Person, Zahl und Zeitform.

Sprachbeherrschung

Satzgrammatik

Beantworten Sie bitte die folgenden Aufgaben, indem Sie jeweils den richtigen Buchstaben markieren.

121. Welches Wort steht im *Nominativ*?

- A. der Schulleiter
- B. den Frauen
- C. der Ente
- D. einem Strauch
- E. einen Hasen

122. Welcher Ausdruck steht im *Konjunktiv II*?

- A. sei gewesen
- B. wirst haben
- C. hätte gewünscht
- D. sah
- E. wollte

123. Welcher Ausdruck steht im *Präsens*?

- A. hörte zu
- B. aß auf
- C. gehabt
- D. ist glücklich
- E. werden heiraten

124. Welcher Ausdruck steht im *Genitiv*?

- A. weißer Flügel
- B. neues Kleid
- C. schönen Anblicks
- D. echte Vorfreude
- E. gerechter Zorn

125. Welches Wort ist *nicht maskulin*?

- A. Wert
- B. Gang
- C. Hof
- D. Kleidung
- E. Schuhe

126. Welches Wort steht im *Präteritum*?

- A. mochte
- B. stören
- C. wolle
- D. belogen
- E. gedacht

127. Welcher Ausdruck steht im *Passiv*?

- A. Er wusch das Auto.
- B. Die Entscheidung ist gefallen.
- C. Der Kuchen war gut.
- D. Die Suppe wird gekocht.
- E. Wir wollen ihn fragen.

128. Welcher Ausdruck steht im *Plusquamperfekt*?

- A. habe gefragt
- B. hast gefragt
- C. wollten fragen
- D. fragtet
- E. hatte gefragt

129. Welches Wort ist eine *Präposition*?

    A. unter

    B. welche

    C. oder

    D. wegen

    E. doch

130. Welches Wort steht im *Plural*?

    A. Hochzeit

    B. Entscheidung

    C. Heizung

    D. Engel

    E. Aussicht

Lösung

Zu 121.

A. der Schulleiter

Der Nominativ ist der erste Fall. Man kann danach mit „wer?" fragen.

Zu 122.

C. hätte gewünscht

Der Konjunktiv ist die Möglichkeitsform des Verbs und wird oft in „Wenn-dann"-Konstruktionen verwendet. Der Konjunktiv II bezieht sich in der Regel auf die Vergangenheit und drückt daher immer eine Unmöglichkeit aus (d. h. eine Möglichkeit, die sich nicht erfüllt hat).

Zu 123.

D. ist glücklich

Das Präsens ist die Gegenwartsform des Verbs und drückt aus, was gerade jetzt geschieht.

Zu 124.

C. schönen Anblicks

Der Genitiv ist der zweite Fall. Man kann danach mit „wessen?" fragen und zur Kontrolle den passenden Artikel davor setzen („eines schönen Anblicks").

Zu 125.

D. Kleidung

„Maskulin" bedeutet „männlich" und bezieht sich auf das grammatische Geschlecht, d. h. auf Wörter, die im Nominativ Singular mit dem bestimmten Artikel „der" verwendet werden. (Hinweis zu Lösung E: Es heißt zwar „die Schuhe" – der Artikel „die" zeigt hier aber nur den Plural an, nicht das grammatische Geschlecht! Der Singular ist „der Schuh".)

Zu 126.

A. mochte

Das Präteritum ist die einfache Vergangenheitsform, die nur aus einem Wort besteht und früher auch „Imperfekt" genannt wurde.

Zu 127.

D. Die Suppe wird gekocht.

Das Passiv bildet man mit dem Hilfsverb „werden". Es drückt aus, dass mit dem Subjekt etwas geschieht.

Zu 128.

E. hatte gefragt

Das Plusquamperfekt wird auch „Vorvergangenheit" genannt. Damit kann man ausdrücken, dass eine Handlung vor einem Zeitpunkt in der Vergangenheit geschehen ist.

Zu 129.

A. unter

Präpositionen werden auch „Verhältniswörter" genannt. Sie drücken das Verhältnis oder die Beziehung zwischen Dingen, Personen oder Tatsachen aus. Präpositionen können zum Beispiel lokale („in", „auf", „unter") oder temporale („während", „nach") Beziehungen ausdrücken.

Zu 130.

D. Engel

Der Plural oder die Mehrzahl zeigt an, dass von einem Ding mehr als ein Exemplar vorhanden ist. Das Substantiv „Engel" besitzt nur eine Form für Singular und Plural, der Unterschied ist nur am Artikel erkennbar („der Engel" = einer; „die Engel" = mehrere).

Sprachbeherrschung

Lückentext Umformulierung   *Bearbeitungszeit 4 Minuten*

Bei dieser Aufgabe ist die Lücke mit einem passenden Wort aus der vorgegebenen Auswahl zu füllen, so dass sich sinngemäß der Inhalt des darüber stehenden Satzes ergibt.

Beachten Sie, dass jedes Wort aus der unten stehenden Liste nur einmal verwendet werden darf.

Schreiben Sie bitte das passende Wort in die Lücke, um den Sachverhalt richtig wiederzugeben.

Wörterliste:

eingelaufen | normiert | veranlasste | reformiert | ergeben

vergeudet | heuchelte | erbarmte | auslaufen | reduzieren

---

131. Der unzufriedene Gast erreichte, dass der Betrieb genau kontrolliert wurde.

    Der unzufriedene Gast [   ] eine genaue Kontrolle des Betriebs.

132. Er ist mit seinem Geld sehr verschwenderisch umgegangen.

    Er hat sein Geld [   ].

133. Sie half ihm aus Mitleid.

    Sie [   ] sich seiner.

134. Nach Stunden ließen sich die Täter endlich widerstandslos festnehmen.

    Nach Stunden haben sich die Täter endlich [   ].

135. Der teure Pullover ist in der Waschmaschine kleiner geworden.

    Der teure Pullover ist in der Waschmaschine [   ].

136. Wir haben gerade beschlossen, weniger Geld auszugeben.

    Wir haben gerade beschlossen, unsere Ausgaben zu [   ].

137. Das System soll neu gestaltet werden.

Das System soll [   ] werden.

138. Trotz des schlechten Wetters konnte das Schiff schließlich den Hafen verlassen.

Trotz des schlechten Wetters konnte das Schiff schließlich [   ].

139. Die Farben und Formen der Produkte sind einheitlich festgelegt.

Die Farben und Formen der Produkte sind [   ].

140. Sie tat so, als würde sein Geschwätz sie interessieren.

Sie [   ] Interesse an seinem Geschwätz.

Lösung

Zu 131.
Der unzufriedene Gast *veranlasste* eine genaue Kontrolle des Betriebs.

Zu 132.
Er hat sein Geld *vergeudet* .

Zu 133.
Sie *erbarmte* sich seiner.

Zu 134.
Nach Stunden haben sich die Täter endlich *ergeben* .

Zu 135.
Der teure Pullover ist in der Waschmaschine *eingelaufen* .

Zu 136.
Wir haben gerade beschlossen, unsere Ausgaben zu *reduzieren* .

Zu 137.
Das System soll *reformiert* werden.

Zu 138.
Trotz des schlechten Wetters konnte das Schiff schließlich *auslaufen* .

Zu 139.
Die Farben und Formen der Produkte sind *normiert* .

Zu 140.
Sie *heuchelte* Interesse an seinem Geschwätz.

Lösungshinweis

Hier geht es darum, einen umständlich ausgedrückten Sachverhalt mithilfe eines einzigen treffenden Verbs wiederzugeben. Lesen Sie sich den jeweils vorgegebenen Satz sorgfältig durch und gehen Sie dann die Wörterliste durch. Das passende Verb haben Sie gefunden, wenn sich der Sachverhalt dadurch richtig darstellen lässt. Achten Sie dabei auch auf Person, Zahl und Zeitform. Danach streichen Sie das verwendete Wort am besten aus der Liste, da jeder Begriff nur einmal genutzt werden darf.

Jedes in den Lückentexten fehlende Verb ist ausschließlich der Wörterliste zu entnehmen – ansonsten ist die Aufgabe nicht richtig gelöst.

Sprachbeherrschung

Eines von fünf Wörtern passt nicht   *Bearbeitungszeit 3 Minuten*

Nun wird die Fähigkeit zu logischem Denken im sprachlichen Bereich getestet.

In jeder der folgenden Aufgaben werden Ihnen fünf Wörter vorgegeben. Vier davon haben Gemeinsamkeiten. Finden Sie das fünfte Wort heraus, das sich von den anderen Wörtern wesentlich unterscheidet und nicht in die Begriffsreihe passt.

Beantworten Sie bitte die folgenden Aufgaben, indem Sie den Lösungsbuchstaben des aus der Reihe fallenden Wortes markieren.

141.
- A. gut situiert
- B. wohlhabend
- C. vermögend
- D. begütert
- E. bedürftig

142.
- A. Russland
- B. Nordamerika
- C. Südafrika
- D. Neuseeland
- E. Brasilien

143.
- A. transparent
- B. diffus
- C. undurchsichtig
- D. milchig
- E. trüb

144.
- A. müssen
- B. dürfen
- C. kennen
- D. wollen
- E. sollen

145.
- A. erklecklich
- B. beträchtlich
- C. außerordentlich
- D. unerheblich
- E. immens

146.
- A. Amsel
- B. Buchfink
- C. Rotkehlchen
- D. Zaunkönig
- E. Huhn

147.
- A. Barhocker
- B. Lehne
- C. Bank
- D. Klappstuhl
- E. Sofa

148.
- A. Brokkoli
- B. Wirsing
- C. Sellerie
- D. Kohlrabi
- E. Weißkraut

149.
- A. Schwiegermutter
- B. Großvater
- C. Tante
- D. Cousine
- E. Bruder

150.
- A. Heide
- B. Wald
- C. Wiese
- D. Feld
- E. Berge

Lösung

Zu 141.

E. bedürftig

Die Lösung lautet E. Bei allen anderen Begriffen handelt es sich um Adjektive, die „reich" bedeuten.

Zu 142.

B. Nordamerika

Die Lösung lautet B. Bei allen anderen Begriffen handelt es sich um Staaten, Nordamerika ist aber ein Kontinent.

Zu 143.

A. transparent

Die Lösung lautet A. Bei allen anderen Begriffen handelt es sich um Begriffe der Undurchsichtigkeit.

Zu 144.

C. kennen

Die Lösung lautet C. Bei allen anderen Begriffen handelt es sich um Modalverben.

Zu 145.

D. unerheblich

Die Lösung lautet D. Bei allen anderen Begriffen handelt es sich um Adjektive, die große Mengen beschreiben.

Zu 146.

E. Huhn

Die Lösung lautet E. Bei allen anderen Begriffen handelt es sich um Singvögel.

Zu 147.

B. Lehne

Die Lösung lautet B. Bei allen anderen Begriffen handelt es sich um Sitzgelegenheiten.

Zu 148.

C. Sellerie

Die Lösung lautet C. Bei allen anderen Begriffen handelt es sich um Kohlgemüse.

Zu 149.

A. Schwiegermutter

Die Lösung lautet A. Bei allen anderen Begriffen handelt es sich um Blutsverwandte.

Zu 150.

D. Feld

Die Lösung lautet D. Bei allen anderen Begriffen handelt es sich um natürliche Landschaften, ein Feld ist dagegen eine künstlich angelegte Nutzfläche.

Sprachbeherrschung

Gleiche Wortbedeutung   *Bearbeitungszeit 3 Minuten*

Nun wird die Fähigkeit zu logischem Denken im sprachlichen Bereich getestet.

In jeder der folgenden Aufgaben wird Ihnen ein Wort vorgegeben. Finden Sie aus den fünf Lösungsmöglichkeiten das Wort heraus, das dem vorgegebenen Wort am nächsten kommt.

Beantworten Sie bitte die folgenden Aufgaben, indem Sie jeweils den richtigen Buchstaben markieren.

151. Mäzen

- A. Macke
- B. Gönner
- C. Geliebte
- D. Angewohnheit
- E. Pfannkuchen

152. frönen

- A. sich widmen
- B. sich freuen
- C. sich ärgern
- D. sich schämen
- E. sich verstecken

153. herb

- A. gemein
- B. enttäuschend
- C. unfair
- D. grob
- E. bitter

154. Inbrunst

- A. Gier
- B. Desinteresse
- C. Leidenschaft
- D. Vorgabe
- E. Inhalt

155. Juwel

- A. Kalorie
- B. Schmuckstück
- C. Detail
- D. Freude
- E. Masse

156. radikal

- A. extrem
- B. illegal
- C. gefährlich
- D. tabulos
- E. negativ

157. Trubel

- A. Verwirrung
- B. Sog
- C. Gewissen
- D. Betrieb
- E. Strömung

158. Vagabund

- A. Verein
- B. Obdachloser
- C. Ungewissheit
- D. Spion
- E. Nachricht

159. welk

- A. wellig
- B. gepresst
- C. schlaff
- D. kaputt
- E. halb

160. Zwist

- A. Faden
- B. Duo
- C. Tanz
- D. Gummi
- E. Streit

Lösung

Zu 151.
B. Gönner

Zu 152.
A. sich widmen

Zu 153.
E. bitter

Zu 154.
C. Leidenschaft

Zu 155.
B. Schmuckstück

Zu 156.
A. extrem

Zu 157.
D. Betrieb

Zu 158.
B. Obdachloser

Zu 159.
C. schlaff

Zu 160.
E. Streit

Sprachbeherrschung

Lückentext Sprichwörter   *Bearbeitungszeit 3 Minuten*

Bei diesen Aufgaben geht es darum, Sprichwörter zu vervollständigen.

Beantworten Sie bitte die folgenden Aufgaben, indem Sie jeweils den Lösungsbuchstaben des einzusetzenden Wortes markieren.

161. **Der _____ ist das Ziel.**

A. Erfolg
B. Wille
C. Weg
D. Rekord
E. Keine Antwort ist richtig.

162. **Das letzte Hemd hat keine _____.**

A. Knöpfe
B. Taschen
C. Ärmel
D. Streifen
E. Keine Antwort ist richtig.

163. **Der Teufel ist ein _____.**

A. Eichhörnchen
B. Rindvieh
C. Mädchen
D. Verführer
E. Keine Antwort ist richtig.

164. **Noch ist _____ nicht verloren.**

A. alles
B. die Hoffnung
C. das Geld
D. Polen
E. Keine Antwort ist richtig.

165. **Wenn zwei sich streiten, freut sich der _____.**

A. Anwalt
B. Richter
C. Dritte
D. Kläger
E. Keine Antwort ist richtig.

166. **Träume sind _____.**

A. Schäume
B. unbewusst
C. unlogisch
D. Fantasien
E. Keine Antwort ist richtig.

167. **Wasser hat keine _____.**

A. Seife
B. Balken
C. Energie
D. Ecken
E. Keine Antwort ist richtig.

168. **Bei _____ Wasser kann jeder leicht Steuermann sein.**

A. flachem
B. warmem
C. salzigem
D. ruhigem
E. Keine Antwort ist richtig.

169. **Jedem Narren** _____ **seine Kappe.**

A. rutscht

B. steht

C. gefällt

D. drückt

E. Keine Antwort ist richtig.

170. **Stille** _____ **sind tief.**

A. Wasser

B. Löcher

C. Brunnen

D. Wälder

E. Keine Antwort ist richtig.

Lösung

Zu 161.

C. Weg

„Der Weg ist das Ziel." Dieses Sprichwort, das auf den chinesischen Philosophen Konfuzius zurückgeht, erklärt den Weg für wichtiger als das Ziel. Danach geht es nicht darum, um jeden Preis das Ziel zu erreichen, sondern die Hauptsache ist, dass man sich auf den Weg macht, egal, wie weit man kommt.

Zu 162.

B. Taschen

„Das letzte Hemd hat keine Taschen." Wenn ein Hemd keine Taschen hat, kann man nichts darin verstauen. Dieses Sprichwort bezieht sich darauf, dass man im Tod keine irdischen Güter mitnehmen kann und es daher sinnlos ist, während des Lebens Reichtümer anzuhäufen.

Zu 163.

A. Eichhörnchen

„Der Teufel ist ein Eichhörnchen." Diese Metapher soll ausdrücken, dass Probleme oft dort auftreten, wo man sie am wenigsten vermutet hätte. Es kann auch bedeuten, dass ein nahendes Unheil lange ganz harmlos erscheint, dann aber sehr schlimme Auswirkungen hat.

Zu 164.

D. Polen

„Noch ist Polen nicht verloren." Dieses Sprichwort besagt, dass auch eine aussichtslos erscheinende Situation noch zum Guten gewendet werden kann.

Zu 165.

C. Dritte

„Wenn zwei sich streiten, freut sich der Dritte." Der Dritte ist in diesem Fall ein Unbeteiligter, der aber aus dem Streit der ersten beiden in irgendeiner Weise Nutzen zieht.

Zu 166.

A. Schäume

„Träume sind Schäume." Dieses Sprichwort spielt darauf an, dass Träume ebenso wie Schäume sehr schnell zerstört werden können und man sich deshalb nicht zu sehr auf sie verlassen sollte.

Zu 167.

B. Balken

„Wasser hat keine Balken." Dieses Sprichwort erinnert daran, dass Wasser sehr gefährlich sein kann, da man darin versinken und ertrinken kann.

Zu 168.

D. ruhigem

„Bei ruhigem Wasser kann jeder leicht Steuermann sein." Unter einfachen Bedingungen kann jeder die Leitung einer Gruppe übernehmen. Die tatsächlichen Führungsqualitäten zeigen sich jedoch erst, wenn es Probleme zu meistern gibt.

Zu 169.

C. gefällt

„Jedem Narren gefällt seine Kappe." Dieses Sprichwort besagt, dass jeder Mensch seine eigenen Macken hat und diese meist nicht schlimm findet. Gleichzeitig wird auch dazu aufgefordert, die Eigenheiten anderer Menschen zu tolerieren.

Zu 170.

A. Wasser

„Stille Wasser sind tief." Mit „stille Wasser" bezeichnet dieses Sprichwort ruhige, introvertierte Menschen, denen damit nachgesagt wird, dass sie Geheimnisse haben oder viel von sich verbergen. Man sagt dieses Sprichwort oft, wenn jemand etwas getan hat, das man von ihm nicht erwartet hätte.

Sprachbeherrschung

Bedeutung von Sprichwörtern *Bearbeitungszeit 5 Minuten*

Bei diesen Aufgaben geht es darum, die richtige Bedeutung von Sprichwörtern zu erkennen.
Beantworten Sie bitte die folgenden Aufgaben, indem Sie den Lösungsbuchstaben derjenigen Aussage markieren, die dem vorgestellten Sprichwort sinngemäß am nächsten kommt.

171. Hunde, die bellen, beißen nicht.

A. Wer lautstark droht, ist ungefährlich.
B. Der will doch nur spielen.
C. Hunde, die nicht bellen, sind gefährlich.
D. Kleine Hunde sind gefährlicher als große.
E. Keine Antwort ist richtig.

172. Was du heute kannst besorgen, das verschiebe nicht auf morgen.

A. Kaufe immer möglichst viel auf einmal.
B. Wer schnell ist, bekommt die besten Angebote.
C. Man soll Dinge möglichst gleich erledigen.
D. Man soll nicht so viel an die Zukunft denken.
E. Keine Antwort ist richtig.

173. Hochmut kommt vor dem Fall.

A. Wer Höhenangst hat, soll besser unten bleiben.
B. Man muss die eigenen Fähigkeiten richtig einschätzen können.
C. Man soll nur Dinge machen, die man sich auch zutraut.
D. Überheblichkeit kommt vor dem Scheitern.
E. Keine Antwort ist richtig.

174. Zeit ist Geld.

A. Wer Zeit hat, hat auch Geld.
B. Jede Minute ist kostbar.
C. Zeit kann man nicht kaufen.
D. Reiche Menschen haben keine Zeit.
E. Keine Antwort ist richtig.

175. Lügen haben kurze Beine.

A. Mit Lügen kommt man nicht weit.
B. Kinder lügen meistens.
C. Großen Menschen glaubt man eher.
D. Lügner erkennt man an der Körperhaltung.
E. Keine Antwort ist richtig.

176. Viele Köche verderben den Brei.

A. Viele Köche sind schlecht ausgebildet.
B. Scheinbar einfache Gerichte erfordern besonderes Geschick bei der Zubereitung.
C. Nur Mütter können guten Brei kochen.
D. Wenn zu viele Leute an einem Projekt arbeiten, gefährdet das den Erfolg.
E. Keine Antwort ist richtig.

177. Wie die Saat, so die Ernte.

A. Bauern müssen das ganze Jahr hart arbeiten.

B. Wer säen kann, muss auch ernten.

C. Mit wenig Aufwand kann man kein perfektes Ergebnis erzielen.

D. Man muss alles in der richtigen Reihenfolge machen.

E. Keine Antwort ist richtig.

178. Durst macht aus Wasser Wein.

A. Wenn man verdurstet, bekommt man Halluzinationen.

B. In der Not sinken die Ansprüche.

C. Not macht erfinderisch.

D. Zu viel Wasser trinken ist nicht gesund.

E. Keine Antwort ist richtig.

179. Steter Tropfen höhlt den Stein.

A. Zu viel Alkohol macht dumm.

B. Der Schwächere kann sich durchsetzen.

C. Beharrlichkeit führt zum Ziel.

D. Wasser ist stärker als Stein.

E. Keine Antwort ist richtig.

180. Einem geschenkten Gaul schaut man nicht ins Maul.

A. Geschenke kritisiert man nicht.

B. Geschenke sind meistens von schlechter Qualität.

C. Große Geschenke sollte man besser nicht annehmen.

D. Die inneren Werte sind wichtig.

E. Keine Antwort ist richtig.

Lösung

Zu 171.

A. Wer lautstark droht, ist ungefährlich.

Dieses Sprichwort meint, dass Menschen, die gerne drohen, in Wirklichkeit ungefährlich sind: Sie wollen sich mit ihren teilweise schrecklichen Drohungen Respekt verschaffen, diese aber niemals verwirklichen.

Zu 172.

C. Man soll Dinge möglichst gleich erledigen.

Dieses Sprichwort empfiehlt, notwendige Arbeiten möglichst gleich zu erledigen und nicht lange aufzuschieben. Je schneller man etwas erledigt hat, desto eher kann man sich wieder mit anderen, eventuell angenehmeren Dingen beschäftigen.

Zu 173.

D. Überheblichkeit kommt vor dem Scheitern.

„Hochmut kommt vor dem Fall" besagt, dass Überheblichkeit und Selbstüberschätzung oft zum Scheitern führen.

Zu 174.

B. Jede Minute ist kostbar.

Dieses Sprichwort handelt vom Wert der Zeit: Man soll jede Minute sinnvoll nutzen und keine wertvolle Lebenszeit einfach so verstreichen lassen.

Zu 175.

A. Mit Lügen kommt man nicht weit.

Dieses Sprichwort besagt, dass Lügen sich nicht lohnen, da die Wahrheit meist doch relativ schnell ans Licht kommt.

Zu 176.

D. Wenn zu viele Leute an einem Projekt arbeiten, gefährdet das den Erfolg.

Dieses Sprichwort drückt aus, dass nicht zu viele Leute an einem Projekt arbeiten sollten. Denn dann besteht die Gefahr, dass es Missverständnisse gibt oder einer nicht weiß, was der andere tut, sodass die gesamte Arbeit schließlich scheitert.

Zu 177.

C. Mit wenig Aufwand kann man kein perfektes Ergebnis erzielen.

Dieses Sprichwort bedeutet, dass man es selbst in der Hand hat, ob man aus einer Sache großen Nutzen ziehen kann oder nicht. Die Qualität und der Umfang des Gewinns richten sich nach der Qualität und dem Umfang des Einsatzes.

Zu 178.

B. In der Not sinken die Ansprüche.

Dieses Sprichwort besagt, dass in der Not die Ansprüche sinken. Unter gewissen Umständen gibt man sich also schon mit weniger zufrieden.

Zu 179.

C. Beharrlichkeit führt zum Ziel.

„Steter Tropfen höhlt den Stein" besagt, dass Ausdauer und Beharrlichkeit zum Erfolg führen und Beständigkeit sich auszahlt.

Zu 180.

A. Geschenke kritisiert man nicht.

Dieses Sprichwort bezieht sich darauf, dass man an den Zähnen eines Pferdes sein Alter erkennen kann. Wenn man dem Pferd nicht ins Maul schauen soll, bedeutet das, dass man Geschenke nicht kritisieren, sondern dankbar annehmen sollte, auch wenn der Wert nicht allzu groß ist.

Sprachbeherrschung

Gegenteilige Begriffe

Bearbeitungszeit 2 Minuten

Ordnen Sie bitte den Begriffen die gegenteilige Bedeutung zu, indem Sie den entsprechenden Lösungsbuchstaben in das zugehörige Kästchen eintragen.

Begriffe	A–J	Gegenteilige Begriffe
181. glauben		A. vergessen
182. verlieren		B. aufbewahren
183. wegwerfen		C. schaden
184. lesen		D. ignorieren
185. lieben		E. zerstören
186. erfahren		F. schreiben
187. reparieren		G. wissen
188. zusammenfügen		H. finden
189. wahrnehmen		I. hassen
190. nützen		J. trennen

Lösung

Begriffe	A–J	Gegenteilige Begriffe
Zu 181. glauben	G	A. vergessen
Zu 182. verlieren	H	B. aufbewahren
Zu 183. wegwerfen	B	C. schaden
Zu 184. lesen	F	D. ignorieren
Zu 185. lieben	I	E. zerstören
Zu 186. erfahren	A	F. schreiben
Zu 187. reparieren	E	G. wissen
Zu 188. zusammenfügen	J	H. finden
Zu 189. wahrnehmen	D	I. hassen
Zu 190. nützen	C	J. trennen

Lösungshinweis

Gehen Sie bei dieser Aufgabe sehr konzentriert vor, da ein Fehler eine ganze Reihe weiterer Fehler nach sich ziehen kann.

Arbeiten Sie systematisch: Beginnen Sie mit dem ersten Wort in der linken Spalte und überprüfen Sie die rechte Spalte Wort für Wort, bis Sie den Begriff mit der gegenteiligen Bedeutung gefunden haben. Tragen Sie dann den zugehörigen Buchstaben in das leere Kästchen in der mittleren Spalte ein. Falls Sie sich nicht ganz sicher sind, dann verschieben Sie Ihre Entscheidung – vielleicht löst sich das Problem am Ende von selbst, da nur noch eine Möglichkeit übrig bleibt.

Wenn nach dem ersten Durchgang noch nicht alle Kästchen ausgefüllt sind, hilft eventuell die umgekehrte Verfahrensweise: Man nehme sich ein Wort aus der rechten Spalte vor und suche dazu in der linken Spalte das Wort mit der gegenteiligen Bedeutung.

Zum Schluss sollte geprüft werden, ob alle Buchstaben von A bis J einmal eingetragen sind.

Sprachbeherrschung

Fremdwörter zuordnen

Bearbeitungszeit 2 Minuten

Ordnen Sie den Fremdwörtern die richtige Bedeutung zu, indem Sie den entsprechenden Lösungsbuchstaben in das mittlere Kästchen eintragen.

Fremdwort	A–J		Bedeutung
191. viril		A.	gleichförmig
192. objektiv		B.	männlich
193. konsequent		C.	übertrieben genau
194. investigativ		D.	verpflichtend
195. homogen		E.	rechtmäßig
196. frontal		F.	fortschrittlich
197. pedantisch		G.	folgerichtig
198. obligatorisch		H.	nachforschend
199. progressiv		I.	von vorn
200. legitim		J.	sachlich

Lösung

Fremdwort	A–J	Bedeutung
Zu 191. viril	B	A. gleichförmig
Zu 192. objektiv	J	B. männlich
Zu 193. konsequent	G	C. übertrieben genau
Zu 194. investigativ	H	D. verpflichtend
Zu 195. homogen	A	E. rechtmäßig
Zu 196. frontal	I	F. fortschrittlich
Zu 197. pedantisch	C	G. folgerichtig
Zu 198. obligatorisch	D	H. nachforschend
Zu 199. progressiv	F	I. von vorn
Zu 200. legitim	E	J. sachlich

Lösungshinweis

Gehen Sie bei dieser Aufgabe sehr konzentriert vor, da ein Fehler eine ganze Reihe weiterer Fehler nach sich ziehen kann.

Arbeiten Sie systematisch: Beginnen Sie mit dem ersten Wort in der linken Spalte und überprüfen Sie die rechte Spalte Wort für Wort, bis Sie die richtige Bedeutung gefunden haben. Tragen Sie dann den zugehörigen Buchstaben in das leere Kästchen in der mittleren Spalte ein. Falls Sie sich nicht ganz sicher sind, dann verschieben Sie Ihre Entscheidung – vielleicht löst sich das Problem am Ende von selbst, da nur noch eine Möglichkeit übrig bleibt.

Wenn nach dem ersten Durchgang noch nicht alle Kästchen ausgefüllt sind, hilft eventuell die umgekehrte Verfahrensweise: Man nehme sich ein Wort aus der rechten Spalte vor und suche dazu in der linken Spalte das betreffende Fremdwort.

Prüfen Sie zum Schluss, ob Sie alle Buchstaben von A bis J einmal eingetragen haben.

Sprachbeherrschung

Wortfindung ohne Sinnesorgane   *Aufgabenerklärung*

In diesem Abschnitt wird Ihr Wortschatz auf die Probe gestellt.

Finden Sie Wörter, die nicht mit den fünf Sinnesorganen – durch Sehen, Hören, Riechen, Tasten oder Schmecken – wahrgenommen werden können.

Alle deutschen Begriffe und Wörter (Adjektive, Verben, Substantive, Namen usw.) sowie deren Abwandlungen (Singular, Plural, Präsens, Perfekt usw.) sind erlaubt.

Nicht gestattet ist es, ein Wort durch Abwandlung mehrmals zu verwenden.

Ebenfalls unzulässig sind im Deutschen ungebräuchliche Fremdwörter und Ausdrücke in Dialekten, Personennamen, sinnlose Wörter oder Wörter, die willkürlich gebildet werden und nicht existieren.

Hierzu ein Beispiel

1. | verheimlichen |

Wortfindung ohne Sinnesorgane

Beginnen Sie bitte jetzt mit den Aufgaben zur Wortfindung und tragen Sie Ihre Wörter in die Felder ein. Die Bearbeitungszeit für 40 Aufgaben beträgt 5 Minuten.

201.		221.	
202.		222.	
203.		223.	
204.		224.	
205.		225.	
206.		226.	
207.		227.	
208.		228.	
209.		229.	
210.		230.	
211.		231.	
212.		232.	
213.		233.	
214.		234.	
215.		235.	
216.		236.	
217.		237.	
218.		238.	
219.		239.	
220.		240.	

Lösungsvorschläge

Zu 201.–240.

ahnen	Erkenntnis	imaginär	Selbst
allgemein	ermuntern	interpretieren	Sorge
annehmen	feststellen	Kopfrechnen	unbewusst
Bedeutung	Folge	Liebe	urteilen
bewusst	formlos	Neigung	verbergen
Charakter	Gefühl	philosophieren	vermuten
Denken	Geheimnis	Politik	Verständnis
Eifersucht	Geist	Psyche	voraussetzen
Einstellung	glauben	Schicksal	Wissen
Empfinden	Ideal	Seele	zeitlos

Sprachbeherrschung

Sätze vervollständigen   *Bearbeitungszeit 5 Minuten*

In jedem Satz des vorliegenden Texts fehlen ein oder mehrere Wörter – nur welche? Finden Sie heraus, welche Wörter aus der angegebenen Liste den Lückentext sinnvoll ergänzen. Für jede Leerstelle stehen drei Möglichkeiten zur Auswahl.

Setzen sie die jeweils passende Lösung in die vorgesehenen Leerstellen ein, sodass der Text die Entwicklung des deutschen und europäischen Wirtschaftsraums korrekt wiedergibt.

Wörterliste:

241   Bundesrepublik Deutschland | Sowjetunion | Deutschen Demokratischen Republik

242   Jugoslawienkriegs | Kalten Kriegs | Kosovokriegs

243   Maastricht-Verträge | 2+4-Verträge | NATO-Beitrittsabkommen

244   die Europäische Zentralbank | der Europäische Binnenmarkt | das Europäische Parlament

245   Mautgebühren | Zollkontrollen | Transitverträge

246   Vertrags von Rotterdam | Schengener Abkommens | Pariser Pakts

247   Polen und Ungarn | die Ukraine und Georgien | Serbien und Tschechien

248   das Gemeinschaftsrecht | das Völkerrecht | die Menschenrechtskonvention

249   Außengrenzen | Binnengrenzen | Gewerbegebiete

250   der Schwarzarbeit | der Umweltverschmutzung | der Börsenspekulation

Die politischen Veränderungen der Wendezeit wirkten sich auch auf das Zollsystem aus – 1990 übernahm die Bundeszollverwaltung die zollbehördliche Verantwortung für das Gebiet der untergegangenen 241 _____ . Nach dem Ende des

242 _____ wurden auch die europäischen Harmonisierungspläne weiter vorangetrieben: Als Meilenstein der europäischen Annäherung gilt die Gründung der Europäischen Union (EU) mit Inkrafttreten der 243 _____ 1993. Das wirtschaftliche Fundament der EU sollte und soll 244 _____ sein. So wurden nun beim Warenverkehr zwischen den EU-Mitgliedsländern die

245 _____ abgeschafft, die wenig später dank des

246 _____ auch für den Personenverkehr entfielen. Die im Jahr 2003 beschlossene EU-Erweiterung um unter anderem

247 _____ schuf in Europa sogar den größten gemeinsamen Wirtschaftsraum der Welt: Die Beitrittsstaaten übernahmen

248 _____ der EU und traten somit dem gemeinschaftlichen Zollgebiet bei.

Aufgrund der Öffnung der europäischen 249 _____ haben sich die Aufgabenschwerpunkte des deutschen Zolls verschoben – standen früher die Grenzkontrollen im Mittelpunkt, sind es heute vermehrt Aufgaben im Inland, beispielsweise bei der Bekämpfung

250 _____ .

Lösung

Zu 241.–250.

Die politischen Veränderungen der Wendezeit wirkten sich auch auf das Zollsystem aus – 1990 übernahm die Bundeszollverwaltung die zollbehördliche Verantwortung für das Gebiet der unter-gegangenen *Deutschen Demokratischen Republik*. Nach dem Ende des *Kalten Kriegs* wurden auch die europäischen Harmonisierungspläne weiter vorangetrieben: Als Meilenstein der europäischen Annäherung gilt die Gründung der Europäischen Union (EU) mit Inkrafttreten der *Maastricht-Verträge* 1993. Das wirtschaftliche Fundament der EU sollte und soll *der Europäische Binnenmarkt* sein. So wurden nun beim Warenverkehr zwischen den EU-Mitgliedsländern die *Zollkontrollen* ab-geschafft, die wenig später dank des *Schengener Abkommens* auch für den Personenverkehr entfie-len. Die im Jahr 2003 beschlossene EU-Erweiterung um unter anderem *Polen und Ungarn* schuf in Europa sogar den größten gemeinsamen Wirtschaftsraum der Welt: Die Beitrittsstaaten übernah-men *das Gemeinschaftsrecht* der EU und traten somit dem gemeinschaftlichen Zollgebiet bei.

Aufgrund der Öffnung der europäischen *Binnengrenzen* haben sich die Aufgabenschwerpunkte des deutschen Zolls verschoben – standen früher die Grenzkontrollen im Mittelpunkt, sind es heute vermehrt Aufgaben im Inland, beispielsweise bei der Bekämpfung *der Schwarzarbeit*.

Wörterliste:

241   **Bundesrepublik Deutschland** | **Sowjetunion** | **Deutschen Demokratischen Republik**

242   **Jugoslawienkriegs** | **Kalten Kriegs** | **Kosovokriegs**

243   **Maastricht-Verträge** | **2+4-Verträge** | **NATO-Beitrittsabkommen**

244   **die Europäische Zentralbank** | **der Europäische Binnenmarkt** | **das Europäische Parlament**

245   **Mautgebühren** | **Zollkontrollen** | **Transitverträge**

246   **Vertrags von Rotterdam** | **Schengener Abkommens** | **Pariser Pakts**

247   **Polen und Ungarn** | **die Ukraine und Georgien** | **Serbien und Tschechien**

248   **das Gemeinschaftsrecht** | **das Völkerrecht** | **die Menschenrechtskonvention**

249   **Außengrenzen** | **Binnengrenzen** | **Gewerbegebiete**

250   **der Schwarzarbeit** | **der Umweltverschmutzung** | **der Börsenspekulation**

Sprachbeherrschung

Richtige Reihenfolge

Bei dieser Aufgabe wird Ihr Gefühl für Sprachlogik geprüft.

Die angegebenen Sätze sind so anzuordnen, dass sich eine inhaltlich und grammatisch schlüssige Geschichte daraus ergibt. Prüfen Sie daher bei der Zusammenstellung des Texts zum einen, ob die Satzanschlüsse formal korrekt sind – verweist ein „dieser", „diese" oder „dieses" auch tatsächlich auf einen Bezugspunkt im vorherigen Satz? Zum anderen müssen Sie auf die inhaltliche Dimension achten: Setzt sich ein „aber" am Satzanfang auch wirklich vom Vorangegangenen ab, folgt auf ein „denn" tatsächlich eine Begründung des bereits Gesagten? Wird eine zeitliche Reihenfolge eingehalten?

Eine probate Vorgehensweise ist es, vom wahrscheinlichsten Anfangssatz auszugehen (der keinen Bezug zu einem vorhergehenden Inhalt nimmt) und sich anhand der Überprüfung von sprachlichen und inhaltlichen Bezügen Satz für Satz durch den Text zu hangeln. Sie können natürlich auch anders vorgehen.

Tragen Sie zu jedem Satz die entsprechende fortlaufende Nummer in das leere Kästchen ein, sodass die Sätze in sinnvoller Reihenfolge stehen und einen zusammenhängenden Text ergeben.

251.

A. Als Ergebnis dieser Rodungsbewegung waren die bayrischen Wälder bereits im Spätmittelalter auf rund ein Drittel ihrer ehemaligen Fläche zurückgedrängt.

B. Aber auch das aufstrebende Gewerbe benötigte große Mengen an Holz.

C. Denn es war der einzige in größerem Umfang verfügbare Energieträger.

D. Bayern war ursprünglich ganz mit Wald bedeckt.

E. Somit entsprach die damalige Wald-Feld-Verteilung bereits etwa dem heutigen Stand.

F. Doch im 6. und 7. Jahrhundert setzten starke Rodungen ein, die erst im 15. Jahrhundert zu einem vorläufigen Ende kamen.

G. Eine Ursache der Abholzungen: Die Landesherren räumten den rodenden Bauern damals Nutzungsrechte ein.

252.

A. Bis zur Gründung der ersten Wetterdienste um 1900 dauerte es da noch mehr als 200 Jahre.

B. Nicht von ungefähr heißen daher frühe Versuche, die Wetterentwicklung zu bestimmen, auch „Bauernregeln".

C. Die Vorhersage des Wetters beschäftigt die Menschen schon seit Jahrtausenden.

D. Doch erst im 17. Jahrhundert erkannte man den Zusammenhang zwischen Luftdruck und Wetterlage.

E. Heute erreicht eine 24-Stunden-Vorhersage eine Treffsicherheit von 90 Prozent.

F. Einleuchtend: Die lebensnotwendige Landwirtschaft war (und ist) schließlich abhängig davon.

G. Für eine Drei-Tages-Prognose liegt dieser Wert immerhin noch bei 75 Prozent.

253.

A. Inklusive Signalanlage und Geländer kommt der Turm sogar auf 830 Meter.

B. Stünde der Turm in Hamburg, könnte man ihn demnach noch in Bremen sehen.

C. Das höchste Gebäude der Welt ist der Burj Chalifa, übersetzt „Chalifa-Turm".

D. Anfang 2009 war dann die endgültige Gebäudehöhe von 828 Metern erreicht.

E. Diesen Namen erhielt das Bauwerk erst bei seiner Einweihung nach dem Abschluss der Bauphase.

F. Die war nicht gerade kurz: Der Turm wurde – in Spitzenzeiten mit dem Einsatz von 12.000 Arbeitern – in 5 Jahren Bauzeit errichtet.

G. Bei guten Sichtverhältnissen kann man die Spitze somit bis in 100 Kilometern Entfernung erkennen.

Lösung

Zu 251.

A3, B6, C7, D1, E4, F2, G5

Bayern war ursprünglich ganz mit Wald bedeckt. Doch im 6. und 7. Jahrhundert setzten starke Rodungen ein, die erst im 15. Jahrhundert zu einem vorläufigen Ende kamen. Als Ergebnis dieser Rodungsbewegung waren die bayrischen Wälder bereits im Spätmittelalter auf rund ein Drittel ihrer ehemaligen Fläche zurückgedrängt. Somit entsprach die damalige Wald-Feld-Verteilung bereits etwa dem heutigen Stand. Eine Ursache der Abholzungen: Die Landesherren räumten den rodenden Bauern damals Nutzungsrechte ein. Aber auch das aufstrebende Gewerbe benötigte große Mengen an Holz. Denn es war der einzige in größerem Umfang verfügbare Energieträger.

Zu 252.

A5, B3, C1, D4, E6, F2, G7

Die Vorhersage des Wetters beschäftigt die Menschen schon seit Jahrtausenden. Einleuchtend: Die lebensnotwendige Landwirtschaft war (und ist) schließlich abhängig davon. Nicht von ungefähr heißen daher frühe Versuche, die Wetterentwicklung zu bestimmen, auch „Bauernregeln". Doch erst im 17. Jahrhundert erkannte man den Zusammenhang zwischen Luftdruck und Wetterlage. Bis zur Gründung der ersten Wetterdienste um 1900 dauerte es da noch mehr als 200 Jahre. Heute erreicht eine 24-Stunden-Vorhersage eine Treffsicherheit von 90 Prozent. Für eine Drei-Tages-Prognose liegt dieser Wert immerhin noch bei 75 Prozent.

Zu 253.

A5, B7, C1, D4, E2, F3, G6

Das höchste Gebäude der Welt ist der Burj Chalifa, übersetzt „Chalifa-Turm". Diesen Namen erhielt das Bauwerk erst bei seiner Einweihung nach dem Abschluss der Bauphase. Die war nicht gerade kurz: Der Turm wurde – in Spitzenzeiten mit dem Einsatz von 12.000 Arbeitern – in 5 Jahren Bauzeit errichtet. Anfang 2009 war dann die endgültige Gebäudehöhe von 828 Metern erreicht. Inklusive Signalanlage und Geländer kommt der Turm sogar auf 830 Meter. Bei guten Sichtverhältnissen kann man die Spitze somit bis in 100 Kilometern Entfernung erkennen. Stünde der Turm in Hamburg, könnte man ihn demnach noch in Bremen sehen.

Sprachbeherrschung

Sätze puzzeln

Bei dieser Aufgabe geht es darum, die vorgegebenen Satzstücke in die richtige Reihenfolge zu setzen, damit sie einen vollständigen Satz ergeben.

Durch ein systematisches Vorgehen lassen sich die Aufgaben am schnellsten lösen. Gehen Sie die jeweiligen Satzfragmente beispielsweise danach durch, welches Prädikat zu welchem Subjekt gehört, wofür ein Relativpronomen (der, die, das) steht, worauf sich Adjektive und Adverbien beziehen, welche Prädikate möglicherweise bestimmte Objekte erfordern oder ob ein Verb mit einem Hilfsverb verbunden werden muss.

Beantworten Sie bitte die folgenden Aufgaben, indem Sie die Zahlen 1 bis 5 in die leeren Kästchen eintragen.

254.

A. dass Polizei Ländersache ist

B. verschiedene Länderpolizeien

C. in Deutschland 16

D. daher gibt es

E. das Grundgesetz besagt

255.

A. der Staatsgewalt und übt in der Öffentlichkeit

B. eine gepflegte Erscheinung und gute Umgangsformen

C. es kommt daher an auf

D. eine repräsentative Funktion aus

E. als Polizeibeamter ist man Teil

Lösung

Zu 254.

A2, B5, C4, D3, E1

Das Grundgesetz besagt, dass Polizei Ländersache ist, daher gibt es in Deutschland 16 verschiedene Länderpolizeien.

Das Verb in Zeile 4 („gibt") erfordert ein Akkusativobjekt (wen oder was gibt es?), das sich nur in Zeile 2 finden lässt, nämlich „verschiedene Länderpolizeien". So erhält man die Wortfolge „daher gibt es verschiedene Länderpolizeien". Das Verb „besagt" in Zeile 5 benötigt ebenfalls einen Zusatz: Was besagt das Grundgesetz? Die passende Erklärung steht in Zeile 1 – es besagt, dass Polizei Ländersache ist. Auch diese beiden Fragmente lassen sich also verknüpfen. Da die Konjunktion „daher" in Zeile 4 logisch auf diesen Sachverhalt verweist, ist die Satzreihenfolge somit fast klar. Schließlich ist Zeile 3 noch vor Zeile 2 einzuschieben, da sich die Zahl „16" nur auf die Anzahl der Länderpolizeien beziehen kann.

Zu 255.

A2, B5, C4, D3, E1

Als Polizeibeamter ist man Teil der Staatsgewalt und übt in der Öffentlichkeit eine repräsentative Funktion aus, es kommt daher an auf eine gepflegte Erscheinung und gute Umgangsformen.

Aufschlussreich ist der Prädikatsteil „übt" in Zeile 1, der sich nur durch das „aus" in der 5. Zeile vervollständigen lässt. Wer oder was übt nun in der Öffentlichkeit eine repräsentative Funktion aus? Die Antwort kann nur in Zeile 5 stehen: „man". So erhält man aus den Zeilen 5, 1 und 4 einen funktionsfähigen Hauptsatz: „Als Polizeibeamter ist man Teil der Staatsgewalt und übt in der Öffentlichkeit eine repräsentative Funktion aus". Die Konjunktion „daher" (Zeile 3) signalisiert, dass sich der dadurch eingeleitete Nebensatz logisch auf den vorangegangenen Sachverhalt des Hauptsatzes bezieht. Als Satzabschluss bleibt daher nur noch Zeile 2 übrig, die den in Zeile 3 eingeleiteten Gedanken fortführt.

Sprachbeherrschung

Inhalt wiedergeben

Ihnen liegt ein Auszug aus einer Pressemitteilung des Bundesministeriums für Umwelt, Naturschutz und Reaktorsicherheit vor. Darin werden die wesentlichen Ergebnisse einer Bevölkerungsbefragung zum Thema Umweltschutz vorgestellt.

Bitte lesen Sie zunächst die Pressemitteilung aufmerksam durch.

Umweltschutz hat Konjunktur

[…] Das hohe Umweltbewusstsein der Deutschen ist besonders erfreulich vor dem Hintergrund, dass die Menschen die Umweltverhältnisse positiv einschätzen. 82 % beurteilen die Umweltqualität in Deutschland als sehr gut oder recht gut […]. In Ostdeutschland setzt sich der Trend zu einer kontinuierlich besseren Bewertung fort: Dort beurteilen inzwischen 80 % die Umweltverhältnisse positiv. Das ist gegenüber 2002 eine beträchtliche Steigerung von 14 %. […]

56 % der Bevölkerung möchten, dass Deutschland in der EU eine klimapolitische Vorreiterrolle einnimmt, das ist gegenüber 2002 eine Steigerung um 9 %. Inzwischen schätzt auch die Mehrheit der Deutschen (53 %) die Risiken des globalen Klimawandels als für sich persönlich sehr gefährlich ein. Für den Ausbau der Windenergie sprechen sich über zwei Drittel der Befragten aus. In allen Altersgruppen der Unter-50-Jährigen wird die Windenergie weit besser bewertet, die Über-50-Jährigen dagegen sehen die Windenergie skeptischer. Männer und Frauen beurteilen die Windenergie gleich. […]

Die größten Sorgen rufen nach wie vor die Risiken der Atomenergie hervor. 59 % der Befragten stufen Atomkraftwerke und den radioaktiven Müll als äußerst oder sehr gefährlich für sich und ihre Familie ein. […]

Quelle: Bundesministerium für Umwelt, Naturschutz und Reaktorsicherheit (2004)

Inhalt wiedergeben

Nachdem Sie sich die Pressemitteilung durchgelesen haben, prüfen Sie bitte die folgenden Aussagen auf ihre Richtigkeit und kreuzen Sie „**Ja**" an, wenn sich eine Aussage durch den Text belegen lässt. Andernfalls markieren Sie „**Nein**".

256. In der deutschen Bevölkerung wird das Thema Umweltschutz mit 92 Prozent Zustimmung als sehr wichtig betrachtet.

    A. Ja
    B. Nein

257. Etwas weniger als vier Fünftel der Befragten halten die Umweltqualität in Deutschland für sehr gut.

    A. Ja
    B. Nein

258. Auch in Ostdeutschland wächst das Bewusstsein für Umweltschutz. Dort bewerten 80 Prozent der Befragten die Umweltverhältnisse positiv.

    A. Ja
    B. Nein

259. Im Jahr 2002 haben nur 40 Prozent der Befragten in Ostdeutschland die Umweltverhältnisse für positiv befunden.

    A. Ja
    B. Nein

260. Von den Befragten halten 59 Prozent besonders die Atomkraftwerke und den radioaktiven Müll für sehr gefährlich für sich und ihre Familien.

    A. Ja
    B. Nein

Lösung

Zu 256.

B. Nein

Zu dieser Aussage findet sich keine Prozentangabe im Text.

Zu 257.

B. Nein

Es sind etwas mehr als vier Fünftel der Befragten, nämlich 82 Prozent. Vier Fünftel entsprechen 80 Prozent.

Zu 258.

A. Ja

Tatsächlich bewerten 80 Prozent der Befragten in Ostdeutschland die Umweltverhältnisse als positiv.

Zu 259.

B. Nein

Laut der in der Pressemitteilung thematisierten Erhebung schätzen in Ostdeutschland 80 Prozent der Befragten die Umweltverhältnisse positiv ein. Im Text heißt es, dass im Jahr 2002 14 Prozent weniger Befragte dieser Ansicht waren – es müssen also deutlich mehr als 40 Prozent gewesen sein.

Zu 260.

A. Ja

Von den Befragten stufen 59 Prozent die Atomkraftwerke und den radioaktiven Müll für sehr gefährlich für sich und ihre Familien ein.

Sprachbeherrschung

Sätze bilden (feste Wortanfänge)   *Aufgabenerklärung*

Die folgenden Aufgaben prüfen Ihren Wortschatz und Ihr Ausdrucksvermögen.

Zu jeder Aufgabe erhalten Sie vier Buchstaben. Bitte bilden Sie mindestens fünf Sätze, in denen jeder vorgegebene Buchstabe jeweils genau ein Mal als Anfangsbuchstabe eines Wortes vorkommt. Wörter mit anderen Anfangsbuchstaben dürfen Sie nach Belieben verwenden.

Alle Sätze müssen sinnvoll, grammatisch richtig und eigenständig sein; geringfügige Abwandlungen bereits genannter Sätze zählen nicht.

Hierzu ein Beispiel

1.   **Vorgegebene Buchstaben: L | M | B | R**

Lösungsvorschlag

1 Lass' mich bitte in Ruhe!

Sätze bilden (feste Wortanfänge)

Bearbeitungszeit 15 Minuten

Beginnen Sie bitte jetzt mit den Aufgaben und notieren Sie zu jeder Aufgabe fünf Lösungssätze.

261. Vorgegebene Buchstaben: A | V | F | S

1

2

3

4

5

262. Vorgegebene Buchstaben: E | R | T | L

1

2

3

4

5

263. Vorgegebene Buchstaben: F | G | H | O

1

2

3

4

5

264. Vorgegebene Buchstaben: N | W | K | L

1

2

3

4

5

265. Vorgegebene Buchstaben: U | P | D | I

1

2

3

4

5

Lösungsvorschläge

Zu 261.

Verenas Auto fährt schnell.

„Vier mal fünf ist nicht acht", sagte Peter.

Achtung, da vorne steht ein Fahrrad!

Vor Aufregung ließ Frank die Schlüssel liegen.

Nicht alle Vögel fliegen südwärts.

Zu 262.

Elke liebt reife Tomaten.

Es regnet leider schon tagelang.

Das letzte Eis war richtig teuer.

Legen Sie die Radieschen einfach auf den Tisch!

Die erste Testaufgabe war relativ leicht.

Zu 263.

Freche Hunde bellen oft grundlos.

Hanna kauft Obst und frisches Gemüse.

Gib mir die Fernbedienung oder ich hole sie mir!

Ich habe eine Schwäche für gehaltvolle Omeletts.

Gestern flog da oben ein Habicht.

Zu 264.

Der letzte November war zu kalt.

Die neue Kuckucksuhr tickt wahnsinnig laut.

Am Wochenende kehrt mein Nachbar aus London zurück.

Nächste Woche lässt sich alles klären.

Diesen lästigen Kater füttere ich nie wieder.

Zu 265.

Auf dieser Insel hatten wir perfekte Urlaubstage.

Das Praktikum im Unternehmen war spannend.

Im Prinzip kann man mit dieser Uhr nichts falsch machen.

Seine Unzuverlässigkeit ist das größte Problem.

Die Prüfung ist um 2 vorbei.

Sprachbeherrschung

Textverständnis prüfen

Nun wird Ihr Textverständnis geprüft.

Bitte lesen Sie die folgenden Rechtsvorschriften in den nächsten 5 Minuten aufmerksam durch und versuchen Sie, ihren inhaltlichen Kern zu verstehen. Anschließend sind einige Fragen zum Text zu beantworten.

Erläuterung

In jedem Bereich der öffentlichen Verwaltung gelten einschlägige Bestimmungen – daher sollten Sie auch komplizierte Gesetzestexte verstehen können. Diese gliedern sich in durchnummerierte Paragraphen (§), Absätze (im vorliegenden Fall (1) und (2)) und schließlich einzelne Sätze.

Versuchen Sie besser nicht, den vorliegenden Text auswendig zu lernen: Es geht nicht um Ihr „fotografisches Gedächtnis". Konzentrieren Sie sich stattdessen auf die Kernaussagen. Die können Sie ohne weiteres in eigenen Worten wiedergeben, solange ihr Sinn gewahrt bleibt. Achten Sie bei Ihrer Antwort auf einen logischen Aufbau und eine korrekte Rechtschreibung.

Sie erhalten einen Ausschnitt aus der Niedersächsischen Gemeindeordnung in der gültigen Fassung vom 28. Oktober 2006 (letzte berücksichtigte Änderung: 7. Oktober 2010).

§ 1 Gemeindliche Selbstverwaltung

(1) Die Gemeinde ist die Grundlage des demokratischen Staates. Sie verwaltet in eigener Verantwortung ihre Angelegenheiten im Rahmen der Gesetze mit dem Ziel, das Wohl ihrer Einwohnerinnen und Einwohner zu fördern.

(2) Die Gemeinden sind Gebietskörperschaften.

§ 2 Aufgaben der Gemeinden

(1) Die Gemeinden sind in ihrem Gebiet die ausschließlichen Träger der gesamten öffentlichen Aufgaben, soweit die Gesetze nicht ausdrücklich etwas anderes bestimmen. Sie stellen in den Grenzen ihrer Leistungsfähigkeit die für ihre Einwohnerinnen und Einwohner erforderlichen sozialen, kulturellen und wirtschaftlichen öffentlichen Einrichtungen bereit.

(2) Sonderverwaltungen sollen neben der Gemeindeverwaltung grundsätzlich nicht bestehen. Bestehende Sonderverwaltungen sind möglichst in die Gemeindeverwaltung zu überführen.

§ 3 Aufbringung und Bewirtschaftung der Mittel

(1) Die Gemeinden haben die zur Erfüllung ihrer Aufgaben notwendigen Mittel nach Maßgabe der Gesetze aus eigenen Einnahmen aufzubringen. Sie haben ihr Vermögen und ihre Einkünfte so zu verwalten, dass unter pfleglicher Behandlung der Steuerkraft die Gemeindefinanzen gesund bleiben.

(2) Soweit die eigenen Einnahmen nicht ausreichen, stellt das Land die erforderlichen Mittel durch übergemeindlichen Finanzausgleich zur Verfügung. Bei der Prüfung der Finanzkraft einer Gemeinde ist die Steuerkraftmesszahl zu berücksichtigen.

Textverständnis prüfen

Nachdem Sie sich den Gesetzestext durchgelesen haben, beantworten Sie bitte nun die folgenden Fragen schriftlich.

266. Was ist eine Gemeinde laut § 1 der Niedersächsischen Gemeindeordnung?

267. Welche Aufgaben hat eine Gemeinde?

268. Wann sind kommunale Sonderverwaltungen erlaubt?

269. Wie finanziert sich eine Gemeinde und was muss sie dabei beachten?

270. Was geschieht, wenn eine Gemeinde die finanziellen Mittel nicht aufbringen kann, die sie braucht, um ihre Aufgaben zu erfüllen?

Lösung

Zu 266.

Was ist eine Gemeinde laut § 1 der Niedersächsischen Gemeindeordnung?

Darauf gibt die Verordnung gleich zwei Antworten. In § 1 Absatz (1) zunächst eine demokratietheoretische: Die Gemeinde, so ist hier zu lesen, „ist die Grundlage des demokratischen Staates". Rechtlich gesehen – § 1 Absatz (2) – ist sie eine Gebietskörperschaft. Darunter versteht man eine Organisation öffentlichen Rechts, die in einem abgegrenzten Teil des Staatsgebiets die Gebietshoheit besitzt.

Zu 267.

Welche Aufgaben hat eine Gemeinde?

Darüber gibt § 2 Absatz (1) Auskunft: Gemeinden sind Träger aller öffentlichen Aufgaben, wenn die Gesetze nicht ausdrücklich festlegen, dass für bestimmte Aufgaben andere Einrichtungen zuständig sind. Was heißt das konkret? Im folgenden Satz steht: Gemeinden stellen ihren Einwohnerinnen und Einwohnern die „erforderlichen sozialen, kulturellen und wirtschaftlichen öffentlichen Einrichtungen bereit". Also beispielsweise Schulen, Bibliotheken, die Müllentsorgung etc. Dabei ist kommunales Handeln niemals Selbstzweck, sondern orientiert sich an einem höheren Nutzen, den § 1 Absatz (1) angibt: Ziel der Gemeinden ist es, „das Wohl ihrer Einwohnerinnen und Einwohner zu fördern".

Zu 268.

Wann sind kommunale Sonderverwaltungen erlaubt?

Kommunale Sonderverwaltungen – das heißt Verwaltungssysteme außerhalb der Gemeindeverwaltung – sind grundsätzlich nicht erlaubt, so bestimmt es § 2 Absatz (2). Wo es trotzdem bereits Sonderverwaltungen gibt, sollen diese nach Möglichkeit in eine bestehende Gemeindeverwaltung integriert werden.

Zu 269.

Wie finanziert sich eine Gemeinde und was muss sie dabei beachten?

Um ihre Leistungen zu finanzieren, soll eine Gemeinde laut § 3 Absatz (1) auf ihre eigenen Einnahmen zurückgreifen: in erster Linie sind das die kommunalen Steuern. Im gleichen Absatz wird das vage Ziel der „gesunden Gemeindefinanzen" genannt – die Gemeinde sollte also nicht (viel) mehr ausgeben, als sie einnimmt. Darf die Gemeinde nun die Einnahmen (Steuern!) beliebig erhöhen, um allerlei Luxus bezahlen zu können? Nein, denn die „Steuerkraft" ist „pfleglich" zu behandeln. Im Klartext: Die Gemeinde soll die Steuerschraube nicht unverhältnismäßig stark anziehen und das Geld sinnvoll und wohlüberlegt ausgeben.

Zu 270.

Was geschieht, wenn eine Gemeinde die finanziellen Mittel nicht aufbringen kann, die sie braucht, um ihre Aufgaben zu erfüllen?

In diesem Fall springt das Bundesland in die Bresche. Es findet ein „übergemeindlicher Finanzausgleich" statt, besagt § 3 Absatz (2): Das Bundesland transferiert Geldmittel von finanziell besonders starken an schwächere Gemeinden. Maßgeblich für die Bemessung der Finanzkraft ist die Steuerkraftmesszahl, die nicht näher definiert wird. Vereinfacht ausgedrückt, bringt diese Messzahl die unterschiedlichen kommunalen Besteuerungsverfahren auf einen gemeinsamen Nenner. Das finanzielle Leistungsvermögen und der Finanzbedarf der verschiedenen Gemeinden lassen sich dadurch objektiv vergleichen.

Sprachbeherrschung

Gesetzestexte anwenden

Lesezeit 5 Minuten

Rechtliche Vorschriften auf konkrete Fälle anzuwenden, gehört für Angehörige des öffentlichen Dienstes zum Alltag.

Lesen Sie sich in den nächsten 5 Minuten die folgende Verordnung aufmerksam durch. Konzentrieren Sie sich auf die inhaltlichen Kernpunkte: Wer darf was, und unter welchen Bedingungen? Wann dürfen welche Strafen ausgesprochen werden? Für wen und wie lange gelten die Bestimmungen? Anschließend sind einige Fragen zur Vorschrift zu beantworten.

Stadtverordnung über den Anleinzwang von Hunden im Lübecker Innenstadtbereich

Aufgrund des § 175 des Allgemeinen Verwaltungsgesetzes für das Land Schleswig-Holstein (LVwG) in der Fassung der Bekanntmachung vom 2. Juni 1992 (GVOBl. Schl.-H. S. 243, ber. S. 534), zuletzt geändert durch Gesetz vom 15. Februar 2005 (GVOBl. Schl. H . S. 168) in Verbindung mit § 17 des Gesetzes zur Vorbeugung und Abwehr der von Hunden ausgehenden Gefahren (Gefahrhundegesetz – GefHG) vom 28.01.2005 (GVOBl. Schl. H. S. 51), wird mit Genehmigung des Innenministeriums des Landes Schleswig-Holstein vom 11. Mai 2005 für den Innenstadtbereich der Hansestadt Lübeck verordnet:

§ 1 Anleinzwang

(1) Hunde sind auf öffentlichen Straßen, Wegen, Plätzen und Anlagen im Innenstadtbereich mit Ausnahme besonders ausgewiesener Hundeauslaufgebiete anzuleinen. Der Innenstadtbereich wird ab der Hubbrücke begrenzt durch den Wasserverlauf Hansahafen, Holstenhafen (…). Die Brücken über dem Wasserverlauf gehören nicht mit zum Innenstadtbereich.

(2) Die Grenzen des Gebietes sind in dem anliegenden Übersichtsplan gekennzeichnet.

§ 2 Ausnahmen

§ 1 gilt nicht für Diensthunde von Behörden, Such- und Rettungshunde sowie Behindertenbegleit- und Blindenhunde, soweit der bestimmungsgemäße Einsatz dies erfordert.

§ 3 Ordnungswidrigkeiten

(1) Ordnungswidrig im Sinne des § 175 Abs. 3 Allgemeines Verwaltungsgesetz für das Land Schleswig-Holstein handelt, wer vorsätzlich oder fahrlässig entgegen § 1 Abs. 1 dieser Verordnung als Hundehalter oder Hundeführer einen Hund auf öffentlichen Straßen, Wegen, Plätzen und Anlagen im Innenstadtbereich nicht anleint.

(2) Die Ordnungswidrigkeit kann mit einer Geldbuße bis zu 1.000,– Euro geahndet werden.

§ 4 Inkrafttreten, Geltungsdauer

(1) Diese Verordnung tritt am Tage nach ihrer Verkündung in Kraft.

(2) Die Geltungsdauer dieser Verordnung beträgt gem. § 62 Abs. 1 Satz 2 Allgemeines Verwaltungsgesetz für das Land Schleswig-Holstein fünf Jahre.

Lübeck, den 14. Dezember 2006, Hansestadt Lübeck, Der Bürgermeister als Ordnungsbehörde

Gesetzestexte anwenden

Wenden Sie nun Ihre Kenntnisse der vorgelegten Rechtsvorschriften an, um die folgenden Fragen zu beantworten, indem Sie jeweils den richtigen Buchstaben markieren.

271. Wo dürfen Hunde auch im Innenstadtbereich unangeleint laufen?

A. Nirgendwo – sie sind überall anzuleinen.

B. Auf öffentlichen Wiesen

C. In allen öffentlichen Anlagen

D. In ausgewiesenen Hundeauslaufgebieten

E. Im Lübecker Hafenbereich

272. Welche Hunde dürfen in der Lübecker Innenstadt unangeleint geführt werden?

A. Sehr kleine Hunde mit weniger als 20 cm Schulterhöhe

B. Besonders ungefährliche Hunde

C. Blindenhunde und Diensthunde im Einsatz

D. Hunde, die einen speziellen Kurs in einer Hundeschule absolviert haben

E. Alle Hunde müssen angeleint werden.

273. Ein Hundehalter handelt der Verordnung nach ordnungswidrig, wenn …?

A. sein Hund auf die Straße uriniert.

B. ihm der Hund davonläuft und ohne Leine durch die Stadt streunt.

C. sein Hund einen Passanten anbellt.

D. sein Hund nicht auf Kommandos hört.

E. er einmal vergisst, seinen Hund anzuleinen.

274. Welche Strafe stellt die Verordnung für das Nichtanleinen eines Hundes in Aussicht?

A. Eine schriftliche Ermahnung

B. Eine Geldstrafe

C. Die Zwangsüberführung des Hundes in ein Tierheim

D. Das Verbot des Betretens von öffentlichen Anlagen

E. Eine mündliche Verwarnung

275. Wie lange ist die Verordnung gültig?

A. Bis eine neue Verordnung in Kraft tritt

B. Die Verordnung gilt für immer.

C. Die Verordnung ist 2 Jahre lang gültig.

D. Die Verordnung ist 5 Jahre lang gültig.

E. Bis ein neuer Bürgermeister gewählt wird

Lösung

Zu 271.

D. In ausgewiesenen Hundeauslaufgebieten

Laut § 1 Absatz (1) gilt eine Ausnahme des Anleinzwangs im Innenstadtbereich nur für „besonders ausgewiesene Hundeauslaufgebiete".

Zu 272.

C. Blindenhunde und Diensthunde im Einsatz

Für welche Hunde die Anleinpflicht nicht gilt, ist in § 2 geregelt. Neben Such- und Rettungshunden müssen auch Behindertenbegleithunde, Blindenhunde und Diensthunde von Behörden nicht angeleint werden, „solange der bestimmungsgemäße Einsatz dies erfordert". Ist ein Diensthund aber „außer Dienst", muss er demnach ebenfalls angeleint werden.

Zu 273.

E. er einmal vergisst, seinen Hund anzuleinen.

Ob es in Lübeck als Ordnungswidrigkeit gilt, wenn ein Hundehalter einen Hund auf die Straße urinieren lässt, kann aus der Verordnung nicht gefolgert werden: Sie beschäftigt sich nur mit der Leinenpflicht und sagt auch nichts über das Ankläffen von Passanten oder Ignorieren von Kommandos aus. Wenn der Hund unwissentlich davonläuft und leinenlos durch die Stadt streunt, handelt es sich nicht um Vorsatz (Absicht) oder Fahrlässigkeit (Leichtsinn, Vergesslichkeit), die bei einer Ordnungswidrigkeit vorhanden sein müssen.

Zu 274.

B. Eine Geldstrafe

Leint ein Hundehalter seinen Hund nicht an, kann ihm laut § 3 Absatz (2) eine Geldbuße von bis zu 1.000,– Euro auferlegt werden.

Zu 275.

D. Die Verordnung ist 5 Jahre lang gültig.

Die Verordnung ist laut § 4, Absatz (2) 5 Jahre lang gültig und läuft dann aus, wenn die Geltungsdauer nicht verlängert wird. Die Gültigkeit ist nicht gekoppelt an die Mehrheitsverhältnisse im Stadtparlament oder den jeweils regierenden Bürgermeister.

Fremdsprachenkenntnisse

Englisch: Richtige Schreibweise

Bearbeitungszeit 6 Minuten

In diesem Abschnitt werden Ihre Englischkenntnisse geprüft.

Beantworten Sie bitte die folgenden Aufgaben, indem Sie jeweils den richtigen Buchstaben markieren.

276. Wie lautet die englische Schreibweise für „Montag"?

A. Monday

B. Manday

C. Mondey

D. Mandey

E. Keine Antwort ist richtig.

277. Wie lautet die englische Schreibweise für „23:30 Uhr"?

A. thirty minutes past eleven

B. tirty minutes past eleven

C. thirti minutes past eleven

D. thirteen minutes past ileven

E. Keine Antwort ist richtig.

278. Wie lautet die englische Schreibweise für: „Der Apfel fällt nicht weit vom Stamm"?

A. Hi's a chip off the old block.

B. He's a chip off the old block.

C. He's a chip of the ald block.

D. He's a chip off the ald black.

E. Keine Antwort ist richtig.

279. Wie lautet die englische Schreibweise für: „Wer den Pfennig nicht ehrt, ist des Talers nicht wert"?

A. Take care of the pence and the pounds will take care of themselves.

B. Take care of the pense and the ponds will take care of themselves.

C. Take care of the pence and the ponds wil take car of themselves.

D. Tak care of the pence ond the pounds will take care of themselfs.

E. Keine Antwort ist richtig.

280. Wie lautet die englische Schreibweise für: „Auch ein blindes Huhn findet mal ein Korn"?

A. A blind mann mai sometimes hit the marc.

B. A blind man may sometime hitt the mark.

C. A blint mann may sometimes hit the mark.

D. A blind man may sometimes hit the mark.

E. Keine Antwort ist richtig.

281. Wie lautet die englische Schreibweise für: „Was du nicht willst, das man dir tu, das füg auch keinem andern zu"?

   A. Do unto athers as you wold have athers do unto you.
   B. Do unto athers as you wuld have others do unto you.
   C. Do unto others as you would have others do unto you.
   D. Dou unto athers as you would have others do unto you.
   E. Keine Antwort ist richtig.

282. Wie lautet die englische Schreibweise für: „Reden ist Silber, Schweigen ist Gold"?

   A. Talk istsilver, silence is gold.
   B. Talk is silver, silence is golden.
   C. Talk is silfer, silenc is golden.
   D. Talk ist silver, silence ist gold.
   E. Keine Antwort ist richtig.

283. Wie schreibt sich das englische Wort für „Vorschlag"?

   A. suggestion
   B. sudgestion
   C. sugesstion
   D. suggestien
   E. sutiestion

284. Wie schreibt sich das englische Wort für „Aufgabe", „Übung"?

   A. excercice
   B. excercize
   C. exersize
   D. exserzise
   E. exercise

285. Wie schreibt sich das englische Wort für „möglicherweise"?

   A. potencially
   B. potentially
   C. pottentiely
   D. potantialy
   E. potancially

286. Wie schreibt sich das englische Wort für „Erfahrung"?

   A. experience
   B. expearience
   C. expiriense
   D. experiense
   E. expeerience

287. Wie schreibt sich das englische Wort für „Akzeptanz"?

   A. axeptance
   B. acceptance
   C. exeptence
   D. ecceptence
   E. axeptanse

288. Wie schreibt sich das englische Wort für „verdächtig"?

   A. susspicius
   B. suspicius
   C. suspicious
   D. suspetious
   E. suspitious

289. Wie schreibt sich das englische Wort für „Ausländer"?

   A. forigner
   B. foreigner
   C. voreineer
   D. foregnier
   E. forenier

290. Wie schreibt sich das englische Wort für „Bekanntschaft"?

A. accuaintance

B. aquaintanse

C. equaintance

D. accquaintance

E. acquaintance

Lösung

Zu 276.
A. Monday

Zu 277.
A. thirty minutes past eleven

Zu 278.
B. He's a chip off the old block.

Zu 279.
A. Take care of the pence and the pounds will take care of themselves.

Zu 280.
D. A blind man may sometimes hit the mark.

Zu 281.
C. Do unto others as you would have others do unto you.

Zu 282.
B. Talk is silver, silence is golden.

Zu 283.
A. suggestion

Zu 284.
E. exercise

Zu 285.
B. potentially

Zu 286.
A. experience

Zu 287.
B. acceptance

Zu 288.
C. suspicious

Zu 289.
B. foreigner

Zu 290.
E. acquaintance

Fremdsprachenkenntnisse

Englisch: Bedeutung von Wörtern

Bearbeitungszeit 3 Minuten

In diesem Abschnitt werden Ihre Englischkenntnisse geprüft.

Geben Sie die richtige deutsche Bedeutung des englischen Wortes an, indem Sie den richtigen Buchstaben ankreuzen.

291. fast

A. beinahe
B. schnell
C. kaum
D. ungefähr
E. sicher

292. conscience

A. Gewissen
B. Bewusstsein
C. Übereinstimmung
D. Selbstsicherheit
E. Wachsamkeit

293. ridiculous

A. ritterlich
B. extrem
C. lächerlich
D. herausragend
E. unsicher

294. to hide

A. verzögern
B. aufsteigen
C. abschwächen
D. verbergen
E. bemängeln

295. eventually

A. möglicherweise
B. schließlich
C. festlich
D. gelegentlich
E. unabhängig

296. obvious

A. verdächtig
B. abwegig
C. offensichtlich
D. unentschlossen
E. absurd

297. incident

A. Entscheidung
B. Entzündung
C. Unentschlossenheit
D. Vorfall
E. Auffälligkeit

298. to brake

A. stören
B. beugen
C. biegen
D. bremsen
E. brechen

299. responsible

A. aufnahmefähig
B. verantwortlich
C. fleißig
D. entschlossen
E. umstritten

300. law

A. Gesetz
B. Erniedrigung
C. Lüge
D. Liege
E. Rasen

Lösung

Zu 291.
B. schnell

Zu 292.
A. Gewissen

Zu 293.
C. lächerlich

Zu 294.
D. verbergen

Zu 295.
B. schließlich

Zu 296.
C. offensichtlich

Zu 297.
D. Vorfall

Zu 298.
D. bremsen

Zu 299.
B. verantwortlich

Zu 300.
A. Gesetz

Fremdsprachenkenntnisse

Englisch: Zeitformen

In diesem Abschnitt werden Ihre Englischkenntnisse geprüft.

Setzen Sie bitte die Verben in die vorgegebene Zeitform, passend zur angegebenen Person.

Hierzu ein Beispiel

Aufgabe

1. **Wie lautet die korrekte Zeitform: He (walk)/simple present?**

   A. He was walking.

   B. He walks.

   C. He will walk.

   D. He has been walking.

   E. He is walking.

Antwort

B. He walks.

Englisch: Zeitformen

Bearbeitungszeit 4 Minuten

Beantworten Sie bitte die folgenden Aufgaben, indem Sie jeweils den richtigen Buchstaben markieren.

301. Wie lautet die korrekte Zeitform: You (run)/present progressive?

A. You run.
B. I am running.
C. You ran.
D. You are running.
E. You were running.

302. Wie lautet die korrekte Zeitform: They (speak)/simple past?

A. They spoke.
B. They have spoken.
C. They have been speaking.
D. They were speaking.
E. They had been speaking.

303. Wie lautet die korrekte Zeitform: We (laugh)/present progressive?

A. We are laughing.
B. We laughed.
C. We were laughing.
D. We have been laughing.
E. We will laugh.

304. Wie lautet die korrekte Zeitform: You (leave)/present perfect progressive?

A. You left.
B. You have left.
C. You have been leaving.
D. You had been leaving.
E. You were leaving.

305. Wie lautet die korrekte Zeitform: She (move)/present perfect simple?

A. She moved.
B. She was moving.
C. She has moved.
D. She has been moving.
E. She is moved.

306. Wie lautet die korrekte Zeitform: They (sleep)/present perfect progressive?

A. They will sleep.
B. They are sleeping.
C. They had been sleeping.
D. They have slept.
E. They have been sleeping.

307. Wie lautet die korrekte Zeitform: It (burn)/future I simple?

A. It will be burning.
B. It burns.
C. It will burn.
D. It is burning.
E. It would burn.

308. Wie lautet die korrekte Zeitform: They (read)/future II progressive?

A. They will have been reading.
B. They would have been reading.
C. They have been reading.
D. They will read.
E. They will be reading.

309. **Wie lautet die korrekte Zeitform: You (try)/future II simple?**

    A. You are trying.

    B. You will have tried.

    C. You will be trying.

    D. You will try.

    E. You will have been trying.

310. **Wie lautet die korrekte Zeitform: Tina (ride)/simple past?**

    A. Tina rode.

    B. Tina rides.

    C. Tina was riding.

    D. Tina has ridden.

    E. Tina rid.

Lösung

Zu 301.
D. You are running.

Zu 302.
A. They spoke.

Zu 303.
A. We are laughing.

Zu 304.
C. You have been leaving.

Zu 305.
C. She has moved.

Zu 306.
E. They have been sleeping.

Zu 307.
C. It will burn.

Zu 308.
A. They will have been reading.

Zu 309.
B. You will have tried.

Zu 310.
A. Tina rode.

Prüfung · Teil 2

Fachwissen

Öffentliche Verwaltung   *Bearbeitungszeit 8 Minuten*

Wie gut kennen Sie sich in den Strukturen und Aufgaben des öffentlichen Dienstes aus?
Beantworten Sie bitte die folgenden Aufgaben, indem Sie jeweils den richtigen Buchstaben markieren.

311. Ein föderalistischer Staat …?

A. versucht den Übergang von Planwirtschaft zu Marktwirtschaft.

B. ist stark abhängig von Rohstoffimporten.

C. subventioniert seine Unternehmen mit Steuergeldern.

D. verfolgt das Ziel, seine Exporte zu maximieren.

E. besteht aus einzelnen Teilstaaten, die relativ eigenständig sind.

312. Im Verwaltungsbereich bezeichnet Gemeinde …?

A. die kleinste geografisch-administrative Einheit im Verwaltungsaufbau.

B. eine politisch-religiöse Interessengemeinschaft.

C. einen Wirtschaftsverband öffentlicher und privater Organisationen.

D. eine Kommune, die noch kein Stadtrecht hat.

E. einen Wahlkreis.

313. Welche Angehörigen des öffentlichen Dienstes können hoheitliche Befugnisse übernehmen?

A. Ausschließlich Beamte

B. Ausschließlich Beamte auf Lebenszeit

C. Ausschließlich Angestellte

D. Beamte und Angestellte

E. Nur Polizisten, Bundespolizisten und Zollbeamte

314. Wobei handelt es sich um einen Verwaltungsakt?

A. Der Bundesinnenminister informiert über neue Personalausweise.

B. Ein Polizist regelt den Verkehr an einer Kreuzung.

C. Eine Stadt gibt ihr neues Verkehrskonzept bekannt.

D. Die Steuerverwaltung führt ein neues Aktenzeichensystem ein.

E. Das Einwohnermeldeamt legt neue Öffnungszeiten fest.

315. Der einfache Dienst ist …?

A. ein Arbeitszeitmodell für Beamte.

B. eine scherzhafte Bezeichnung für den Ruhestand.

C. eine Laufbahngruppe für Beamte.

D. eine Behörde, in der es keine Nachtschichten (zweifacher Dienst) gibt.

E. eine anspruchslose Tätigkeit im Verwaltungsbereich.

316. Der Deutsche Beamtenbund …?

A. ist eine Interessenvertretung von Beamten und Angestellten.

B. ist eine Arbeitsgemeinschaft deutscher Bundesbeamter.

C. war eine staatstragende Partei der Weimarer Republik.

D. war ein Zusammenschluss preußischer und österreichischer Beamter im 19. Jahrhundert.

E. ist eine Grundsatzvereinbarung der Beamten mit dem Staat.

317. Beamte auf Lebenszeit …?

A. können mit einer Kündigungsfrist von 6 Monaten entlassen werden.

B. können überhaupt nicht entlassen werden.

C. können bei Dienstvergehen entlassen werden.

D. können nur entlassen werden, wenn sie selber zustimmen.

E. werden alle 6 Jahre überprüft und bei schlechter Leistung entlassen.

318. In der DDR …?

A. waren alle Mitarbeiter der Volkseigenen Betriebe (VEB) Beamte.

B. gab es viel mehr Beamte als Angestellte.

C. gab es kein Berufsbeamtentum.

D. hatten nur höhere Funktionäre einen Beamtenstatus.

E. mussten Beamte zugleich Mitglieder der Staatspartei SED sein.

319. Welche Einrichtung gehört streng genommen nicht zum öffentlichen Dienst?

A. Bundeswehr

B. Deutsche Bundesbank

C. Deutsche Rentenversicherung

D. Deutsche Bahn

E. Bundeszollverwaltung

320. Ein Beamter auf Probe …?

A. ist noch nicht verbeamtet.

B. macht ein Praktikum in einer Behörde.

C. muss sich nach einem Disziplinarvergehen bewähren.

D. hat in der Regel ein Studium oder eine Ausbildung absolviert.

E. beginnt bald mit seinem Vorbereitungsdienst.

321. Wenn die öffentliche Hand einem Bürger etwas vorschreibt, fällt das in den Bereich der …?

A. Polizeiverwaltung.

B. Kommunalverwaltung.

C. Eingriffsverwaltung.

D. Sozialverwaltung.

E. Keine Antwort ist richtig.

322. Wer ist der Dienstherr eines Bundesbeamten?

A. Der Bürgermeister des Dienstorts

B. Der unmittelbare Disziplinarvorgesetzte

C. Der Bundestagspräsident

D. Die Bundesrepublik Deutschland

E. Keine Antwort ist richtig.

323. Der größte Teil des öffentlichen Dienstes gehört zur …?

A. Judikative.

B. Investigative.

C. Exekutive.

D. Regulative.

E. Legislative.

324. Wie bestimmen sich die Gehälter der nicht verbeamteten Beschäftigten des öffentlichen Dienstes?

A. Anhand der geltenden Tarifverträge der privaten Wirtschaft

B. Durch Anordnungen des jeweiligen Dienstherrn

C. Sie passen sich automatisch den Beamtengehältern an.

D. Durch Verordnungen der Bundesregierung

E. Durch spezielle Tarifverträge für den öffentlichen Dienst

325. Welche Aktivitäten der öffentlichen Verwaltung fallen in den Teilbereich der Leistungsverwaltung?

A. Die Zahlung von Sozialhilfe und Arbeitslosengeld

B. Kosteneinsparungen innerhalb einer Behörde

C. Die Verhaftung eines Kriminellen

D. Erhebung von Steuern und Abgaben

E. Keine Antwort ist richtig.

Lösung

Zu 311.

E. besteht aus einzelnen Teilstaaten, die relativ eigenständig sind.

Unter „Föderalismus" versteht man ein staatliches Organisationsprinzip: Ein föderalistischer Staat besteht aus mehreren, relativ eigenständigen Gliedern. Die Bundesrepublik Deutschland ist ein solches föderales Staatswesen, dessen Teilstaaten – die Bundesländer – eigene Verwaltungen besitzen, selbstständig Steuern erheben und vieles mehr.

Zu 312.

A. die kleinste geografisch-administrative Einheit im Verwaltungsaufbau.

„Gemeinde" wird meist gleichbedeutend für „Kommune" verwendet und bezeichnet die kleinste geografisch-administrative Einheit der öffentlichen Verwaltung. Die Gemeindeebene umschließt kreisfreie und kreisangehörige Gemeinden (z. B. Städte) sowie die Landkreise (Zusammenschlüsse der kreisangehörigen Ortschaften).

Zu 313.

D. Beamte und Angestellte

Hoheitliche Befugnisse sind Befugnisse, die durch öffentliches Recht verliehen werden: also durch dasjenige Recht, das die Verhältnisse zwischen den Trägern der Staatsgewalt und privatrechtlichen Personen (einzelne Menschen, Wirtschaftsunternehmen …) regelt. Diese besonderen Befugnisse besitzen nicht nur Polizisten und Zollbeamte, sondern auch andere Angehörige der öffentlichen Verwaltung – Beamte wie Angestellte.

Zu 314.

B. Ein Polizist regelt den Verkehr an einer Kreuzung.

Was ein Verwaltungsakt ist, definiert das Verwaltungsverfahrensgesetz des Bundes (die Gesetze der Bundesländer sind weitgehend ähnlich). Ein Verwaltungsakt findet auf Grundlage öffentlichen Rechts statt, muss von einer Behörde ausgehen, trifft eine rechtliche Regelung, bezieht sich auf einen konkreten Fall und begründet ein Rechtsverhältnis zwischen dem Akteur und dem Adressaten des Verwaltungsakts, d. h. er besitzt eine Außenwirkung. Diese Merkmale treffen nur auf die Tätigkeit des Polizisten zu. Die Maßnahmen D und E dienen der behördeninternen Umstrukturierung, A und C sind reine Informationshandlungen ohne rechtliche Verbindlichkeit.

Zu 315.

C. eine Laufbahngruppe für Beamte.

Der einfache Dienst ist eine Laufbahngruppe für Beamte, die in der Regel den Hauptschulabschluss voraussetzt. Es gibt nur noch wenige Einstiegsmöglichkeiten in den einfachen Dienst, da die Anforderungen allgemein gestiegen sind und typische einfache Tätigkeiten häufig von privaten Unternehmen übernommen werden.

Zu 316.

A. ist eine Interessenvertretung von Beamten und Angestellten.

Der Deutsche Beamtenbund (DBB) ist ein Dachverband mehrerer Gewerkschaften. Er vertritt die Interessen von Angehörigen des öffentlichen Dienstes und von Angestellten im privaten Dienstleistungsbereich. Zusammen mit Vertretern des Deutschen Gewerkschaftsbundes (DGB) und von ver.di – weitere große gewerkschaftliche Dachverbände – ist der DBB maßgeblich an den Tarifverhandlungen im öffentlichen Dienst beteiligt.

Zu 317.

C. können bei Dienstvergehen entlassen werden.

Beamte auf Lebenszeit dürfen unter bestimmten Voraussetzungen gegen ihren Willen entlassen werden: wenn ein Dienstvergehen in einem Disziplinarverfahren entsprechend sanktioniert wird oder wenn sie – außerhalb des Dienstes – eine Straftat begehen, die mit 12 Monaten Freiheitsentzug geahndet wird. Auch bei einer Dienstunfähigkeit aus gesundheitlichen Gründen kann der Dienstherr einen Beamten auf Lebenszeit entlassen oder vorzeitig in den Ruhestand versetzen.

Zu 318.

C. gab es kein Berufsbeamtentum.

Ein Berufsbeamtentum gab es in der DDR tatsächlich nicht. Die typischen Tätigkeiten des öffentlichen Dienstes übernahmen Angestellte des Staates ohne Beamtenstatus: eine Eigenheit, aufgrund der heute auch nur vergleichsweise wenige Lehrer in den ostdeutschen Bundesländern verbeamtet sind.

Zu 319.

D. Deutsche Bahn

Die Deutsche Rentenversicherung – Zusammenschluss der Träger der gesetzlichen Rentenversicherung – ist eine Körperschaft öffentlichen Rechts. Gleiches gilt für die Deutsche Bundesbank, beide zählen zum (mittelbaren) öffentlichen Dienst. Bundeswehr und Zoll sind Teil des unmittelbaren öffentlichen Dienstes. Die Deutsche Bahn befindet sich zwar zu 100 Prozent im Staatsbesitz, ist aber eine privatrechtlich organisierte Aktiengesellschaft und

gehört daher nicht zum öffentlichen Dienst im engeren Sinne.

Zu 320.

D. hat in der Regel ein Studium oder eine Ausbildung absolviert.

In der Regel haben Beamte auf Probe im Rahmen ihres Vorbereitungsdienstes ein Studium oder eine Ausbildung absolviert. Sie sind bereits verbeamtet und können nach Ablauf der Probezeit zu Beamten auf Lebenszeit ernannt werden.

Zu 321.

C. Eingriffsverwaltung.

Die Aktivitäten der öffentlichen Hand unterscheidet man in die Leistungsverwaltung – die dem Bürger Leistungen wie z. B. Sozialgelder bietet – und die Eingriffsverwaltung: Darunter fallen alle Handlungen, die dem Bürger etwas vorgeben oder verbieten. Die Eingriffsverwaltung greift auf Basis hoheitlicher Anordnungen in die Handlungsfreiheit bzw. in das Eigentum des Bürgers ein. Unter anderem die Polizeiarbeit findet typischerweise im Rahmen der Eingriffsverwaltung statt, eine Polizeiverwaltung (Antwort A) ist allerdings die interne Administration einer Polizeibehörde.

Zu 322.

D. Die Bundesrepublik Deutschland

Laut Beamtenstatusgesetz ist ein Dienstherr eine juristische Person des öffentlichen Rechts, die Beamte beschäftigen darf – dazu zählen unter anderem der Bund, die Länder und die Gemeinden. Der Dienstherr eines Bundesbeamten ist demnach der Bund, die Bundesrepublik Deutschland.

Vorsicht, Verwechslungsgefahr: „Oberster Dienstherr" ist wiederum der Leiter der obersten Behörde, in deren Geschäftsbereich ein

Beamter seinen Dienst versieht. Der oberste Dienstherr eines Bundespolizei-Beamten beispielsweise wäre der Bundesinnenminister.

Zu 323.

C. Exekutive.

In Deutschland gilt das Prinzip der Aufteilung der Staatsgewalten in ausführende Gewalt (Exekutive), rechtsprechende Gewalt (Judikative) und gesetzgebende Gewalt (Legislative). Der öffentliche Dienst ist nahezu vollständig in der Exekutive organisiert, die die Gesetze ausführt und ihre Einhaltung überwacht (Polizei, Zoll, Finanzverwaltung, Steuerverwaltung, Allgemeine Verwaltung …). Verwaltungskräfte der Judikative sind Richter, Justizfachwirte, Rechtspfleger und Staatsanwälte. Die Legislative unterhält die Verwaltungen des Bundestags und des Bundespräsidialamts. Gewalten namens „Regulative" oder „Investigative" gibt es nicht.

Zu 324.

E. Durch spezielle Tarifverträge für den öffentlichen Dienst

Die Gehälter der nicht verbeamteten Beschäftigten ergeben sich aus den Tarifverträgen für den öffentlichen Dienst (TVöD). Sie werden von Regierungsvertretern mit verschiedenen Gewerkschaften ausgehandelt. Auf Bundes- und Länderebene gelten unterschiedliche Abkommen.

Zu 325.

A. Die Zahlung von Sozialhilfe und Arbeitslosengeld

Die Handlungsbereiche der öffentlichen Hand unterscheidet man in die Eingriffsverwaltung – die dem Bürger etwas vorgibt oder verbietet – und die Leistungsverwaltung: Darunter fallen alle staatliche Leistungen für den Bürger, z. B. in Form von Geldern (Sozialhilfe, Arbeitslosengeld), Bildungsangeboten (Schulen, Museen) oder Infrastruktur (Straßen, Nahverkehr, Wasserversorgung).

Fachwissen

Staatsbürgerkunde: Deutschland   *Bearbeitungszeit 5 Minuten*

Wie gut kennen Sie sich mit den Strukturen der Bundesrepublik Deutschland aus?

Beantworten Sie bitte die folgenden Aufgaben, indem Sie jeweils den richtigen Buchstaben markieren.

326. Wer debattiert und verabschiedet den Bundeshaushalt in Deutschland?

- A. Bundesversammlung
- B. Bundestag
- C. Bundesrat
- D. Bundesminister
- E. Keine Antwort ist richtig.

327. Wer wählt in Deutschland den Bundeskanzler?

- A. Das Volk
- B. Die Minister
- C. Der Bundestag
- D. Der Bundespräsident
- E. Keine Antwort ist richtig.

328. Wer bestimmt in Deutschland die Minister und Richtlinien der Politik?

- A. Der Bundeskanzler
- B. Der Bundespräsident
- C. Der Bundestag
- D. Der Bundesrat
- E. Keine Antwort ist richtig.

329. Von wem wird der Bundestag gewählt?

- A. Bundesrat
- B. Volk
- C. Bundesversammlung
- D. Bundesminister
- E. Keine Antwort ist richtig.

330. Was ist das Bruttonationaleinkommen?

- A. Die Summe aller Güter und Dienstleistungen, die von einer Volkswirtschaft in einem Jahr zur letzten Verwendung erbracht werden
- B. Die Differenz aller Güter und Dienstleistungen, die eine Volkswirtschaft im Vergleich zum Vorjahr erbringt
- C. Die Differenz aller Güter und Dienstleistungen, die die Weltwirtschaft im Vergleich zum Vorjahr erbringt
- D. Die Summe aller Güter und Dienstleistungen, die von der Weltwirtschaft in einem Jahr zur letzten Verwendung erbracht werden
- E. Keine Antwort ist richtig.

331. Welche Aussage zum Generationenvertrag ist richtig?

- A. Er beruht auf dem Umlageverfahren.
- B. Die heutigen Beitragszahler erhalten im Rentenalter die gleichen Beiträge zurück.
- C. Die gesetzliche Rentenversicherung muss von der Industrie gestützt werden.
- D. Die gesetzliche Rentenversicherung muss von privaten Investoren gestützt werden.
- E. Keine Antwort ist richtig.

332. **Welche Wirtschaftsordnung hat die Bundesrepublik Deutschland?**

   A. Zentralverwaltungswirtschaft
   B. Zentralplanwirtschaft
   C. Freie Marktwirtschaft
   D. Soziale Marktwirtschaft
   E. Keine Antwort ist richtig.

333. **Was bedeutet „Fraktion" in der Politik?**

   A. Zusammenschluss von Abgeordneten
   B. Das Gleiche wie „Regierung"
   C. Das Gleiche wie „Opposition"
   D. Die Mehrheit im Bundestag
   E. Keine Antwort ist richtig.

334. **Wessen Interessen werden in der Kommunalpolitik vertreten?**

   A. Bund
   B. Bundesländer
   C. Europäische Gemeinschaft
   D. Landkreis und Gemeinde
   E. Keine Antwort ist richtig.

335. **Wie ist die Bundesversammlung zusammengesetzt?**

   A. Ausschließlich aus Mitgliedern des Bundestages
   B. Ausschließlich aus Vertretern der Länder
   C. Aus Mitgliedern des Bundestages und Vertretern der Länder
   D. Ausschließlich aus Politikern
   E. Keine Antwort ist richtig.

Lösung

Zu 326.

B. Bundestag

Der Finanzminister legt jährlich einen Haushaltsentwurf vor, der vom Bundestag ohne Zustimmung des Bundesrates beschlossen wird. Die Debatte über den Haushalt ist traditionell eine Generaldebatte über die Politik der Bundesregierung. Die Opposition nutzt diese Gelegenheit, der Bundesregierung Mängel und Fehler vorzuwerfen und der Öffentlichkeit aufzuzeigen; die Regierung verteidigt sich ihrerseits mit Angriffen auf die Opposition.

Zu 327.

C. Der Bundestag

Der Bundeskanzler wird bei der Erstwahl vom Bundespräsidenten vorgeschlagen und vom Bundestag gewählt. Er wird vom Bundespräsidenten nach der Wahl im Bundestag zum Bundeskanzler ernannt.

Zu 328.

A. Der Bundeskanzler

Der Bundespräsident ist zwar das Staatsoberhaupt der Bundesrepublik Deutschland, doch ist der Bundeskanzler faktisch der mächtigste deutsche Politiker und bestimmt so die Richtlinien der Politik und sein Kabinett, das allerdings vom Bundespräsidenten ernannt werden muss.

Zu 329.

B. Volk

Der Deutsche Bundestag, das Parlament der Bundesrepublik Deutschland mit Sitz in Berlin, wird als einziges Verfassungsorgan des Bundes direkt durch das Volk gewählt und legitimiert. Die Hälfte der Parlamentssitze besetzen die erfolgreichen Kandidaten aus der Direktwahl in den 299 Wahlkreisen („Direktmandate"). Die andere Hälfte wird entsprechend dem Anteil einer Partei an der Gesamtzahl der Sitze unter Anrechnung der Direktmandate aus den Landeslisten verteilt.

Zu 330.

A. Die Summe aller Güter und Dienstleistungen, die von einer Volkswirtschaft in einem Jahr zur letzten Verwendung erbracht werden

Das Bruttonationaleinkommen (früher „Bruttosozialprodukt" genannt), ist der Wert der Endprodukte und Dienstleistungen, die in einer bestimmten Periode durch Produktionsfaktoren, die sich im Eigentum von Inländern befinden, produziert werden – unabhängig davon, ob sich die Produktion im In- oder Ausland befindet.

Zu 331.

A. Er beruht auf dem Umlageverfahren.

Der Generationenvertrag ist ein Umlageverfahren zur Finanzierung der Renten. Die junge, arbeitende Generation finanziert durch ihre Beiträge die laufenden Renten der älteren Generation und erwartet, dass ihre Rente später durch die Beiträge der kommenden Generation bezahlt wird. Aufgrund der niedrigen Geburtenrate in Deutschland stehen die mit dem Generationenvertrag arbeitenden Rentenversicherungen vor einem zunehmenden Finanzierungsproblem.

Zu 332.

D. Soziale Marktwirtschaft

In der Sozialen Marktwirtschaft fällt dem Staat die Rolle zu, auf sozialen Ausgleich hinzuwirken. Die Soziale Marktwirtschaft gilt heute als Grundlage der deutschen Wirtschafts- und

Sozialordnung. Das Modell wurde von Ludwig Erhard entworfen und baut auf Elementen der freien Marktwirtschaft auf, wird jedoch durch wettbewerbspolitische und regulierende Maßnahmen des Staats ergänzt.

Zu 333.

A. Zusammenschluss von Abgeordneten

„Fraktion" nennt man einen freiwilligen Zusammenschluss von Abgeordneten zur Durchsetzung ihrer politischen Interessen und Ziele in einem Parlament. In der Regel bilden die jeweiligen Parteien jeweils eine Fraktion.

Zu 334.

D. Landkreis und Gemeinde

Die politische Arbeit in den Kommunen – Gemeinden und Landkreisen – bezeichnet man als „Kommunalpolitik". Das Recht auf kommunale Selbstverwaltung wird in Deutschland vom Grundgesetz garantiert und bedeutet, dass die Kommunen ihre Angelegenheiten eigenverantwortlich regeln können. Zu diesem Zweck wählen Deutsche und EU-Bürger, die mindestens 16 bzw. 18 Jahre alt sind, in ihren Gemeinden das Kommunalparlament und den Bürgermeister bzw. den Landrat. Den rechtlichen Rahmen der kommunalen Selbstverwaltung stecken die Bundesländer in ihren Kommunalverfassungen und Gemeindeordnungen ab.

Zu 335.

C. Aus Mitgliedern des Bundestages und Vertretern der Länder

Die Bundesversammlung besteht aus den Mitgliedern des Bundestages und Abgesandten der Landesparlamente. Sie wird vom Bundestagspräsidenten einberufen und ihre einzige Aufgabe besteht in der Wahl des Bundespräsidenten.

Fachwissen

Staatsbürgerkunde: Europa

Wie gut kennen Sie sich mit den europäischen Strukturen aus?

Beantworten Sie bitte die folgenden Aufgaben, indem Sie jeweils den richtigen Buchstaben markieren.

336. **Der Ausgang einer Landtagswahl beeinflusst die Zusammensetzung welcher politischen Organe?**

    A. Europäisches Parlament und Bundesrat
    B. Bundesrat und Bundesversammlung
    C. Europarat und Bundesregierung
    D. Bundesregierung und Bundestag
    E. Bundesverfassungsgericht und Europäische Kommission

337. **Welchen Einfluss hat der deutsche Bundesrat auf die EU-Gesetzgebung?**

    A. Überhaupt keinen
    B. Der Bundesrat arbeitet alle EU-Gesetze mit aus.
    C. Der Bundesrat bestimmt immer, welche Haltung die Bundesrepublik vertritt.
    D. Bei manchen Gesetzen hängt die deutsche Verhandlungsposition maßgeblich vom Bundesrat ab.
    E. Kein Gesetz darf ohne Zustimmung des Bundesrats verabschiedet werden.

338. **Welche Aussage stimmt nicht? Bei Europawahlen …**

    A. wählt man die gewohnten nationalen Parteien.
    B. können EU-Staatsbürger auch im EU-Ausland für eine Partei kandidieren.
    C. stimmt man über die Zusammensetzung des europäischen Parlaments ab.
    D. kann man als EU-Bürger auch an seinem Wohnort im EU-Ausland wählen gehen.
    E. sind alle EU-Bürger ab 16 Jahren stimmberechtigt.

339. **Eine EU-Verordnung ist …?**

    A. die gesetzliche Vorgabe der EU, nationales Recht auf eine bestimmte Art zu ändern.
    B. die Anordnung eines Mitgliedsstaates, EU-Recht auf eine bestimmte Art zu ändern.
    C. in den EU-Ländern unmittelbar geltendes Recht.
    D. eine allgemeine Stellungnahme der EU-Kommission.
    E. eine unverbindliche Empfehlung, nationales Recht auf eine bestimmte Art zu ändern.

340. **Welche Aussage zum EU-Gesetzgebungs-verfahren trifft zu?**

A. Das Initiativrecht zur Einbringung von Gesetzesvorschlägen liegt bei der Europäischen Kommission.

B. Der Rat der Europäischen Union ist gelegentlich an der Verabschiedung der Gesetze beteiligt.

C. Das Parlament der Europäischen Union muss allen Gesetzen zustimmen.

D. Die Europäische Kommission verabschiedet die Gesetze.

E. Das Europäische Parlament schlägt jedes Gesetz in Zusammenarbeit mit dem Rat der Europäischen Union vor.

341. **Welcher EU-Staatsbürger zahlt in seinem Heimatland nicht mit Euro?**

A. Der Österreicher

B. Der Slowene

C. Der Schwede

D. Der Slowake

E. Der Finne

342. **Welche Aussage zu den Personenkontrollen beim EU-Grenzverkehr ist richtig?**

A. Personenkontrollen sind an allen EU-Binnengrenzen obligatorisch.

B. Personenkontrollen finden an den meisten EU-Binnengrenzen nicht mehr statt.

C. Beim Grenzverkehr innerhalb der EU gibt es überhaupt keine Personenkontrollen mehr.

D. Nur 10 EU-Mitgliedsstaaten haben die Personenkontrollen abgeschafft.

E. Nur 7 EU-Mitgliedsstaaten haben die Personenkontrollen abgeschafft.

343. **Welche Aussage zu den Zollkontrollen beim EU-Grenzverkehr ist richtig?**

A. Zollkontrollen sind an allen EU- Binnengrenzen obligatorisch.

B. Zollkontrollen finden an den meisten EU-Binnengrenzen nicht mehr statt.

C. Beim Grenzverkehr innerhalb der EU gibt es keine Zollkontrollen mehr.

D. Nur 8 EU-Mitgliedsstaaten haben die Zollkontrollen abgeschafft.

E. Nur 5 EU-Mitgliedsstaaten haben die Zollkontrollen abgeschafft.

344. **Die Gesamtbevölkerung der Europäischen Union liegt bei …?**

A. rund 225 Millionen.

B. rund 350 Millionen.

C. rund 500 Millionen.

D. rund 575 Millionen.

E. Keine Antwort ist richtig.

345. **2011 blickte die EU zurück auf …?**

A. die Einführung des Euro 10 Jahre zuvor.

B. die deutsche Wiedervereinigung 20 Jahre zuvor.

C. die Gründung der Europäischen Gemeinschaften (EG) 30 Jahre zuvor.

D. die Gründung des Militärbündnisses NATO 50 Jahre zuvor.

E. die Gründung der Europäischen Gemeinschaft für Kohle und Stahl (EGKS) 60 Jahre zuvor.

Lösung

Zu 336.

B. Bundesrat und Bundesversammlung

Eine Landtagswahl hat Konsequenzen für die Zusammensetzung des Bundesrats und der Bundesversammlung: Der Bundesrat besteht aus Vertretern der Landesregierungen und wirkt an der Gesetzgebung des Bundes mit, die Bundesversammlung umfasst die Mitglieder des Bundestags und Abgesandte der Länderparlamente. Auf die Zusammensetzung eines EU-Gremiums wirkt sich die Landtagswahl nicht aus.

Zu 337.

D. Bei manchen Gesetzen hängt die deutsche Verhandlungsposition maßgeblich vom Bundesrat ab.

Wie ist die Lage in Deutschland? Der Bundesrat – die Vertretung der Länderparlamente – muss bei manchen Bundesgesetzen angehört werden, bei anderen ist seine Zustimmung vonnöten. Auch auf europäischer Ebene hat er ein Wörtchen mitzureden: Wenn ein EU-Gesetz ausgearbeitet wird, muss die Bundesregierung den Bundesrat zumindest über den Verlauf des Verfahrens unterrichten. Werden die Gesetzgebungskompetenzen der Bundesländer berührt, ist der Bundesrat nach dem Grad seines innerstaatlichen Mitspracherechts auf europäischer Ebene zu beteiligen.

Zu 338.

E. sind alle EU-Bürger ab 16 Jahren stimmberechtigt.

Bei Europawahlen entscheiden die EU-Bürger über die Sitzverteilung im Straßburger Europaparlament. Man stimmt dabei wie gewohnt für die gewohnten nationalen Parteien ab, die sich auf europäischer Ebene – je nach ihrer politischen Orientierung – zu Fraktionsgemeinschaften zusammengeschlossen haben: Stimmt man beispielsweise für die SPD, profitiert davon die Fraktionsgemeinschaft SPE (Sozialdemokratische Partei Europas). Als EU-Bürger darf man sowohl an einem Wohnort im EU-Ausland wählen gehen als auch für eine ausländische Partei kandidieren.

Aussage E ist falsch, über das Wahlalter entscheidet jedes Land für sich: Nur in Österreich lag es bei den letzten Europawahlen bei 16 Jahren, in Deutschland und den übrigen EU-Staaten durften die Menschen erst ab 18 wählen.

Zu 339.

C. in den EU-Ländern unmittelbar geltendes Recht.

Eine EU-Verordnung ist in den EU-Staaten unmittelbar geltendes Recht. Wenn die EU vorgibt, nationales Recht an ein Rahmengesetz der EU anzupassen (Antwort A), spricht man von einer Richtlinie. Die Mitgliedsländer haben in diesem Fall noch einen gewissen Spielraum für die nationale Umsetzung des EU-Gesetzes.

Zu 340.

A. Das Initiativrecht zur Einbringung von Gesetzesvorschlägen liegt bei der Europäischen Kommission.

Gesetzgebungsverfahren werden in der Regel von der EU-Kommission in die Wege geleitet, die sich aus Abgesandten der EU-Mitgliedsregierungen zusammensetzt. Für den weiteren Ablauf gibt es je nach Gesetzbereich unterschiedliche Möglichkeiten: Bei so genannten Zusammenarbeits- und Konsultationsverfahren wird der Standpunkt des EU-Parlaments gehört, er muss aber nicht berücksichtigt werden. In diesen relativ seltenen Fällen entscheidet der

Rat der Europäischen Union – bestehend aus den jeweils zuständigen Fachministern der Regierungen – alleine über die Annahme des Gesetzes. Anders bei den häufigeren Mitentscheidungs- oder Zustimmungsverfahren: Hier erlässt das Parlament die Rechtsakte gemeinsam mit dem Rat.

Zu 341.

C. Der Schwede

Der Euro ist offizielles Zahlungsmittel in 19 der 28 EU-Staaten (Stand 2015). Dazu zählen Belgien, Deutschland, Estland, Finnland, Frankreich, Griechenland, Irland, Italien, Lettland, Litauen, Luxemburg, Malta, die Niederlande, Österreich, Portugal, die Slowakei, Slowenien, Spanien und Zypern – aber nicht Schweden. In einer Volksbefragung sprach sich 2003 eine Mehrheit der Schweden gegen den Euro aus, die Einführung der Gemeinschaftswährung liegt hier seitdem auf Eis.

Zu 342.

B. Personenkontrollen finden an den meisten EU-Binnengrenzen nicht mehr statt.

Im Grenzverkehr zwischen den aktuell 26 Ländern (Stand 2015), die das Schengener Abkommen vollständig umsetzen, finden keine Personenkontrollen mehr statt. Der Schengen-Raum umfasst derzeit alle EU-Mitgliedsstaaten außer Irland, Großbritannien und den Teilanwendern Bulgarien, Kroatien, Rumänien und Zypern – hier werden die Kontrollen bis auf Weiteres beibehalten. Weitere Vollanwender des Abkommens sind Island, Liechtenstein, Norwegen und die Schweiz.

Zu 343.

C. Beim Grenzverkehr innerhalb der EU gibt es keine Zollkontrollen mehr.

Die EU-Mitgliedsstaaten bilden seit 1993 eine Zollunion: d. h. eine Freihandelszone, in der beim Grenzverkehr zwischen den Mitgliedsländern keine Binnenzölle mehr erhoben werden. Dadurch entfielen die Zollkontrollen.

Zu 344.

C. rund 500 Millionen.

In den Mitgliedsstaaten der Europäischen Union leben insgesamt knapp über 500 Millionen Menschen.

Zu 345.

E. die Gründung der Europäischen Gemeinschaft für Kohle und Stahl (EGKS) 60 Jahre zuvor.

Im Jahr 1951 schlossen sich Deutschland, Italien Frankreich und die Benelux-Staaten (Belgien, Niederlande, Luxemburg) zur Europäischen Gemeinschaft für Kohle und Stahl (EGKS) zusammen. Die EGKS ist eine Vorläuferin der 1992 ins Leben gerufenen Europäischen Gemeinschaften (EG), die wiederum bis 2009 den Kern der Europäischen Union bildeten. Die NATO gibt es seit 1949, die deutsche Wiedervereinigung geschah 1990. Der Euro wurde 1999 als Buchgeld und drei Jahre später als Bargeld eingeführt.

Fachwissen

Öffentlicher Dienst: Weitere Fragen

Fakten, die man kennen sollte.

Um im Einstellungsverfahren gut abzuschneiden, sollte Ihr Grundwissen rund um die öffentliche Verwaltung auf dem neuesten Stand sein. Halten Sie sich daher – per Zeitung, Fernsehen, Internet – über aktuelle Entwicklungen auf dem Laufenden, damit Sie die folgenden Fragen stets sicher beantworten können.

¬ Wie heißt der Bundeskanzler, wie heißen die Minister seines Kabinetts?

¬ Wie heißt der Ministerpräsident Ihres Bundeslands, wie heißen seine Minister?

¬ Wie heißen die höchsten Repräsentanten Ihrer Kommune (Bürgermeister, Magistrat …)?

¬ Wann haben in Ihrem Verwaltungsbereich (Bund, Land, Kommune) die letzten Wahlen stattgefunden und wie sind sie ausgegangen? Wann ist der nächste Wahltermin?

¬ Welche länderübergreifend wichtigen Wahlen fanden bzw. finden bundesweit in diesem und im nächsten Jahr statt (Bundestagswahlen, Europawahlen, Landtagswahlen)?

¬ Wie viele Einwohner hat die Bundesrepublik Deutschland, Ihr Bundesland und ggf. Ihre Kommune?

¬ Welche landschaftlichen, baulichen, kulturellen, politischen Eigenheiten weist Ihr Heimat- bzw. Bewerbungsort auf (Finanzmetropole, Region mit starkem Industriesektor, touristisch geprägtes Bundesland, Regierung investiert in erneuerbare Energien …)?

¬ Welche Auswirkungen haben diese Eigenheiten auf die öffentliche Verwaltung vor Ort?

¬ Was genau sind die Aufgaben Ihrer Einstellungsbehörde?

¬ Wie ist Ihre Einstellungsbehörde in die Bundes-, Landes- bzw. Kommunalverwaltung eingebunden?

¬ Wie ist Ihre Einstellungsbehörde aufgebaut? Welche Dezernate, Abteilungen, Dienststellen gibt es?

¬ Wie heißt der höchste Vertreter Ihrer Einstellungsbehörde?

¬ Wie viele Mitarbeiter hat Ihre Behörde?

¬ Bei welchen aktuellen Ereignissen ist oder war Ihre Behörde involviert?

¬ Mit welchen anderen Behörden bzw. Einrichtungen arbeitet Ihre Behörde zusammen?

Allgemeinwissen

Politik und Gesellschaft

Bearbeitungszeit 5 Minuten

Beantworten Sie bitte die folgenden Aufgaben, indem Sie jeweils den richtigen Buchstaben markieren.

346. Wer war US-Präsident nach George Bush senior und vor George Bush junior?

A. Bill Clinton

B. Ronald Reagan

C. Al Gore

D. John McCain

E. Keine Antwort ist richtig.

347. Welches ist das flächenmäßig größte Land Südamerikas?

A. Argentinien

B. Bolivien

C. Chile

D. Brasilien

E. Keine Antwort ist richtig.

348. Womit befasst sich die IAEO?

A. Atomenergie

B. Brennstoffzellen

C. Erdöl

D. Wasser

E. Keine Antwort ist richtig.

349. Wobei handelt es sich nicht um eine nicht-staatliche Organisation (non-governmental organisation/NGO)?

A. Greenpeace

B. Attac

C. Amnesty International

D. Internationaler Währungsfonds

E. Keine Antwort ist richtig.

350. Wen meint man mit dem Begriff „Tigerstaaten"?

A. Afrikanische Staaten mit hohem Anteil an Savanne

B. Indien, Bangladesch, Pakistan

C. Wirtschaftlich schnell wachsende Staaten in Südostasien

D. Asiatische Staaten mit einem Tiger im Staatswappen

E. Keine Antwort ist richtig.

351. Was besagt das Subsidiaritätsprinzip in Bezug auf den Staat?

A. Aufgaben werden auf möglichst niedriger Ebene (Stadt, Gemeinde) umgesetzt.

B. Aufgaben werden auf möglichst viele Institutionen verteilt.

C. Aufgaben werden auf möglichst hoher Ebene (Bundesland, Staat) umgesetzt.

D. Aufgaben werden stets im Verbund von Staat, Kommune, Stadt und Gemeinde bewältigt.

E. Keine Antwort ist richtig.

352. Wo residiert der französische Staatspräsident?

A. Montparnasse

B. Louvre

C. Bastille

D. Élysée-Palast

E. Keine Antwort ist richtig.

353. **Wen meint man mit dem Begriff „Unionsparteien"?**

    A. Die an einer Regierungskoalition beteiligten Parteien

    B. CDU und CSU

    C. Alle nicht an der Regierung beteiligten Parteien

    D. Alle Parteien, die den Zentralismus befürworten

    E. Keine Antwort ist richtig.

354. **Was erklärte die NATO erstmals in ihrer Geschichte nach den Anschlägen des 11. September 2001?**

    A. Ernstfall

    B. Bundesgarantie

    C. Bündnisfall

    D. NATO-Erweiterung

    E. Keine Antwort ist richtig.

355. **Welche Krise führte dazu, dass 1973 in Deutschland autofreie Sonntage eingeführt wurden?**

    A. Streiks in der Automobilindustrie

    B. Smog-Bedrohung

    C. Ölkrise

    D. Metallknappheit

    E. Keine Antwort ist richtig.

Lösung

Zu 346.

A. Bill Clinton

Zwischen den Amtszeiten von George Bush senior (1989–1993) und George Bush junior (2001–2009) regierte Bill Clinton.

Zu 347.

D. Brasilien

Das flächenmäßig größte Land Südamerikas ist Brasilien mit einem Territorium von rund 8,5 Mio. Quadratkilometern. Argentinien liegt auf Rang 2 mit knapp 2,7 Mio. Quadratkilometern, Bolivien umfasst etwa 1,1 Mio. km^2 und Chile belegt eine Fläche von rund 757.000 km^2.

Zu 348.

A. Atomenergie

IAEO (engl. IAEA: „International Atomic Energy Agency") steht für „Internationale Atomenergieorganisation". Sie ist eine autonome Behörde innerhalb der Vereinten Nationen, die sich für die zivile Nutzung der Kernenergie einsetzt und gleichzeitig Programme zur militärischen Nutzung überwacht und verhindert.

Zu 349.

D. Internationaler Währungsfonds

Eine nichtstaatliche Organisation hat weder Gewinnziele, noch ist sie von staatlichen Stellen organisiert oder abhängig. In Deutschland fallen unter diesen Begriff im weitesten Sinne auch Arbeitgeberverbände, Gewerkschaften oder Sportvereine. Im engeren Sinne sind damit aber meist demokratisch strukturierte, gemeinwohlorientierte und oft transnational agierende Organisationen wie zum Beispiel Greenpeace, Attac oder Amnesty International gemeint. Der Internationale Währungsfonds

dagegen ist eine Sonderorganisation der Vereinten Nationen auf Staatenebene.

Zu 350.

C. Wirtschaftlich schnell wachsende Staaten in Südostasien

Der Begriff „Tigerstaaten" wurde in den 80er-Jahren für die damals schnell wachsenden Volkswirtschaften in Südkorea, Taiwan, Singapur und Hongkong geprägt. Sie schafften in dieser Zeit den Sprung von Entwicklungs- zu Industrieländern. Die Wirtschaftskrise in Asien 1997 zog auch diese Staaten in Mitleidenschaft. Ihre wirtschaftliche Entwicklung hat mittlerweile an Dynamik verloren, ist aber weitgehend stabil.

Zu 351.

A. Aufgaben werden auf möglichst niedriger Ebene (Stadt, Gemeinde) umgesetzt.

Das Subsidiaritätsprinzip besagt, dass möglichst untergeordnete Glieder wie Städte, Kommunen oder Gemeinden mit der Umsetzung von staatlichen Aufgaben betraut werden, solange sie in der Lage sind, dieses zu tun. Das Subsidiaritätsprinzip ist ein wichtiges Konzept für die Europäische Union und auch die Bundesrepublik Deutschland.

Zu 352.

D. Élysée-Palast

Der Amtssitz des französischen Staatspräsidenten ist der Élysée-Palast in Paris. Er wurde 1718 bis 1722 erbaut und befindet sich unweit der Champs-Élysées.

Zu 353.

B. CDU und CSU

Als „Unionsparteien" bezeichnet man die Schwesterparteien CDU („Christlich Demokratische Union") und CSU („Christlich-Soziale Union"), die im Bundestag eine Fraktionsgemeinschaft bilden, d. h. stets im Verbund zu Bundestagswahlen antreten. Bei Landtags- und anderen Wahlen tritt in Bayern nur die CSU, außerhalb des Freistaats nur die CDU an.

Zu 354.

C. Bündnisfall

Nach den Anschlägen des 11. September erklärte die NATO erstmals in ihrer Geschichte den Bündnisfall: Dieser besagt laut den Statuten der NATO, dass ein militärischer Angriff auf einen ihrer Mitgliedsstaaten als militärischer Angriff gegen alle Mitglieder betrachtet wird und diese daher verpflichtet sind, in einen Krieg des Bündnispartners bzw. zum Schutze des Bündnispartners einzutreten.

Zu 355.

C. Ölkrise

Zur Ölkrise kam es 1973, nachdem die arabischen Staaten als Reaktion auf den Jom-Kippur-Krieg ihre Erdöllieferungen drosselten. Die Folgen waren Ölknappheit und rasant steigende Ölpreise. Neben vier autofreien Sonntagen verordnete die Bundesregierung damals auch neue Tempolimits. Die Ölkrise machte die Abhängigkeit der Industrienationen von fossilen Rohstoffen deutlich.

Allgemeinwissen

Politik und Institutionen   *Bearbeitungszeit 10 Minuten*

Ordnen Sie jeder Institution nach Größe des Zuständigkeitsgebiets den richtigen Buchstaben zu und tragen Sie diesen in das Kästchen ein. Dabei gilt: Je größer der Kreis, desto größer das Zuständigkeitsgebiet der Institution.

Beantworten Sie bitte die folgenden Aufgaben, indem Sie jeweils den richtigen Buchstaben markieren.

356.

Institution	*A–E*
1. Bundestag	
2. Kreistag	
3. Landtag	
4. Bezirkstag	
5. Gemeinderat	

358.

Institution	*A–E*
1. Kommunalrecht	
2. Landesrecht	
3. Gemeinschaftsrecht der EU	
4. Völkerrecht	
5. Bundesrecht	

357.

Institution	*A–E*
1. Landesverband	
2. Bundesverband	
3. Ortsverband	
4. Kreisverband	
5. Bezirksverband	

359.

Institution	*A–E*
1. Abteilung	
2. Referat	
3. Ministerium	
4. Unterabteilung	
5. Sachgebiet	

360.

Institution	*A–E*
1. Bataillon	
2. Regiment	
3. Kompanie	
4. Division	
5. Brigade	

Lösung

Zu 356.

Institution	A–E
1. Bundestag	E
2. Kreistag	B
3. Landtag	D
4. Bezirkstag	C
5. Gemeinderat	A

Fangen wir mit der kleinsten Einheit an: Der Gemeinderat ist die Vertretung der Bürger einer Gemeinde, der kleinsten politisch-geografischen Verwaltungseinheit der Bundesrepublik Deutschland. Mehrere Gemeinden sind organisatorisch zur größeren Einheit des Landkreises verbunden, dessen Volksvertretung der Kreistag ist. (Regierungs-)Bezirke sind mittlere Verwaltungsebenen zwischen den Ministerien und den Landkreisen, sie gibt es jedoch nicht in allen Bundesländern. Den Regierungsbezirken organisatorisch übergeordnet ist das Bundesland, dessen Volksvertretung der Landtag – in den Stadtstaaten die Bürgerschaft (Bremen, Hamburg) oder das Abgeordnetenhaus (Berlin) – ist. Der Bundestag schließlich ist das höchste Parlament der Bundesrepublik, dessen Abgeordnete von allen Staatsbürgern für vier Jahre gewählt werden. Aus dem Bundestag geht auch die Bundesregierung hervor, bestehend aus dem Bundeskanzler und den Bundesministern.

Zu 357.

Institution	A–E
1. Landesverband	D
2. Bundesverband	E
3. Ortsverband	A
4. Kreisverband	B
5. Bezirksverband	C

Sind Vereine, Parteien oder andere Verbände überregional organisiert, dann verfügen sie meist über eigene organisatorische Strukturen auf verschiedenen Zuständigkeitsebenen. Die unterste Ebene – die kleinste Zelle des Verbands direkt „vor Ort" – ist der Ortsverband. Ihm übergeordnet folgen – angelehnt an die verwaltungstechnische Gliederung Deutschlands – der Kreisverband, Bezirksverband, Landesverband und schließlich der Bundesverband, dem die Organisation des Verbands für das gesamte Bundesgebiet obliegt.

Zu 358.

Institution	A–E
1. Kommunalrecht	A
2. Landesrecht	B
3. Gemeinschaftsrecht der EU	D
4. Völkerrecht	E
5. Bundesrecht	C

Den größten Geltungsbereich besitzt das Völkerrecht als überstaatliche Rechtsordnung, wie sie z. B. in der Charta der Vereinten Nationen niedergelegt ist. In der Regel erhalten die Bestimmungen des Völkerrechts in Deutschland erst durch die Übertragung in deutsches Recht (Bundesrecht) Gesetzeskraft, laut Artikel 25 des Grundgesetzes gehen jedoch die allgemeinen Regeln des Völkerrechts dem Bundesrecht grundsätzlich vor. Das Völkerrecht ist auch für das Gemeinschaftsrecht der Europäischen Union von Bedeutung, dem wiederum gemeinhin ein Geltungs- bzw. Anwendungsvorrang gegenüber dem Bundesrecht, dem Rechtsbestand des Bundes, zugesprochen wird. Dieser Vorrang zeigt sich darin, dass europäische Gesetze entweder unmittelbar auch in Deutschland in Geltung treten oder aber europarechtskonform durch deutsches Recht ausgelegt werden. Dem Bundesrecht wiederum darf kein in Deutschland gültiges Recht widersprechen, daher treten landesrechtliche Bestimmungen, die dem Bundesrecht zuwiderlaufen, außer Kraft ("Bundesrecht bricht Landesrecht"). Das Kommunalrecht (Ortsrecht, Gemeinderecht) schließlich umfasst gemeindespezifische Satzungen und Verordnungen.

Zu 359.

Institution	A–E
1. Abteilung	D
2. Referat	B
3. Ministerium	E
4. Unterabteilung	C
5. Sachgebiet	A

Die angegebenen Einrichtungen sind Gliederungsebenen einer öffentlichen Verwaltungseinheit, und zwar eines Ministeriums. Das Ministerium gliedert sich organisatorisch in mehrere Abteilungen, die wiederum in Unterabteilungen unterteilt werden. Eine der aktuell acht Abteilungen des Finanzministeriums beispielsweise kümmert sich um Europapolitik, eine ihrer beiden Unterabteilungen ist u. a. mit bilateralen Beziehungen betraut. Jede Unterabteilung verfügt nun über mehrere Referate, die für speziellere Themen und Aufgaben zuständig sind (z. B. bilaterale Beziehungen zu EU-Staaten). Die kleinste "Einheit" eines Referats ist schließlich das exakt zugeschnittene Sachgebiet, im Beispiel des Finanzministeriums etwa die deutsch-französische Zusammenarbeit.

Zu 360.

Institution	A–E
1. Bataillon	B
2. Regiment	C
3. Kompanie	A
4. Division	E
5. Brigade	D

Im organisatorischen Aufbau des Militärs ist eine Kompanie die kleinste der angegebenen Formationen, sie besteht in der Regel aus 80–300 Soldaten. Die nächst größeren Verbände sind das Bataillon mit einer Stärke von 300–1.200 Mann, das Regiment (600–4.800 Soldaten), die Brigade (1.500–5.000 Soldaten) sowie die Division (10.000–20.000 Soldaten). Dieser klassische Truppenaufbau wird nicht immer strikt eingehalten, in der Bundeswehr z. B. sind viele Bataillone den Brigaden direkt unterstellt und die Regimenter haben – wenn überhaupt – nur mehr eine administrative Funktion.

Allgemeinwissen

Recht und Gesetz   *Bearbeitungszeit 5 Minuten*

Beantworten Sie bitte die folgenden Aufgaben, indem Sie jeweils den richtigen Buchstaben markieren.

361. Wie alt muss man mindestens sein, um über das aktive Wahlrecht bei Bundestagswahlen zu verfügen?

A. 14 Jahre

B. 17 Jahre

C. 18 Jahre

D. 21 Jahre

E. Keine Antwort ist richtig.

362. Welche Pflichten ergeben sich aus einem Kaufvertrag für den Käufer?

A. Eigentumsübertragung an der Kaufsache

B. Übergabe der Kaufsache

C. Bezahlung des Kaufpreises

D. Erstellung eines Kaufvertrages

E. Keine Antwort ist richtig.

363. Wann beginnt die Rechtsfähigkeit eines Menschen?

A. Mit der Volljährigkeit

B. Mit Vollendung des 7. Lebensjahres

C. Mit Vollendung des 16. Lebensjahres

D. Mit der Vollendung der Geburt

E. Keine Antwort ist richtig.

364. Welche rechtliche Beziehung regelt das Privatrecht?

A. Beziehung des Einzelnen zum Staat

B. Beziehung der Körperschaften des öffentlichen Rechts untereinander

C. Beziehung der einzelnen Bürger untereinander

D. Beziehung juristischer Personen des öffentlichen Rechts

E. Keine Antwort ist richtig.

365. Welcher Begriff steht für eine Rechtsform?

A. Stiller Gesellschafter einer Aktiengesellschaft

B. Beschränkt haftender Gesellschafter einer Kommanditgesellschaft

C. Unbeschränkt haftender Gesellschafter einer Kommanditgesellschaft

D. Offene Handelsgesellschaft

E. Keine Antwort ist richtig.

366. Zur Veränderung eines länderbezogenen Bundesgesetzes bedarf es nicht nur der Zustimmung des Bundestages, sondern auch der des …?

A. Innenministers.

B. Bundestagspräsidenten.

C. Bundesrates.

D. Justizministers.

E. Keine Antwort ist richtig.

367. Wer hat im Verteidigungsfall die Befehls- und Kommandogewalt über die Streitkräfte?

A. Innenminister

B. Bundestagspräsident

C. Bundeskanzler

D. Bundespräsident

E. Keine Antwort ist richtig.

368. Wer ist an einem Zivilprozess nicht beteiligt?

A. Kläger

B. Beklagter

C. Zeugen

D. Staatsanwaltschaft

E. Keine Antwort ist richtig.

369. Die Lohnsteuerklasse bestimmt, welcher Anteil eines Arbeitnehmer-Bruttolohns ans Finanzamt abzuführen ist. Welche Faktoren entscheiden über die Einteilung in die Lohnsteuerklassen?

A. Die Dauer der Berufstätigkeit bzw. das Monatseinkommen

B. Das Jahreseinkommen bzw. die Größe des Unternehmens

C. Der Familienstand bzw. die Anzahl der Beschäftigungsverhältnisse

D. Der Bildungsabschluss bzw. die Anzahl der Kinder

E. Keine Antwort ist richtig.

370. Welcher Ebene der staatlichen Verwaltung eine Steuer zugutekommt, hängt von der jeweiligen Ertragshoheit ab. Wem steht der Ertrag der Gewerbesteuer zu?

A. Dem Bund

B. Dem jeweiligen Bundesland

C. Der jeweiligen Gemeinde

D. Dem Bund und den Ländern

E. Keine Antwort ist richtig.

Lösung

Zu 361.

C. 18 Jahre

„Aktives Wahlrecht" bedeutet, dass man als Wähler an einer Wahl teilnehmen darf: Bei einer Bundestagswahl sind dazu alle deutschen Staatsbürger berechtigt, die am Wahltag mindestens 18 Jahre alt sind. Daneben verleiht das passive Wahlrecht den Bürgern das Recht, gewählt werden zu können.

Zu 362.

C. Bezahlung des Kaufpreises

Der Kaufvertrag verpflichtet den Käufer nach § 433 II BGB zur Bezahlung des Kaufpreises und Abnahme der Kaufsache.

Zu 363.

D. Mit der Vollendung der Geburt

Die Rechtsfähigkeit als Ausdruck der personalen Würde des Menschen bedeutet, Träger von Rechten und Pflichten zu sein. Sie beginnt mit der Geburt und endet mit dem Tod. Die Geburt ist mit dem vollständigen Austritt des Kindes aus dem Mutterkörper vollendet, wobei es nicht auf die Lösung der Nabelschnur ankommt. Die Beendigung der Rechtsfähigkeit erfolgt nach verbreiteter Rechtsmeinung mit Eintritt des Hirntodes.

Zu 364.

C. Beziehung der einzelnen Bürger untereinander

Das Privatrecht regelt die Beziehungen von rechtlich gleichgestellten einzelnen Bürgern zueinander nach dem Prinzip der Gleichordnung. Synonym werden die Begriffe „Bürgerliches Recht" und „Zivilrecht" verwendet, die aber eigentlich nur Teilgebiete des Privatrechts bezeichnen. Neben dem Privatrecht definieren die Rechtswissenschaften das öffentliche Recht als zweiten großen Rechtsbereich.

Zu 365.

D. Offene Handelsgesellschaft

Die Rechtsform einer Gesellschaft definiert gesetzliche Rahmenbedingungen für die Besteuerung des Unternehmens, die Haftung der Gesellschafter und deren Recht zur Geschäftsführung. Zudem ist mit der Gesellschaftsform festgelegt, ob die Gesellschaft eine eigene Rechtspersönlichkeit besitzt (z. B. AG) oder ob ihre Gesellschafter als natürliche Personen handeln (u. a. GbR). Grundsätzlich unterscheidet man zwischen Personengesellschaften (z. B. GbR, oHG) Kapitalgesellschaften (z. B. GmbH, AG), Einzelunternehmen, Vereinen und Stiftungen sowie Mischformen (z. B. GmbH & Co).

Zu 366.

C. Bundesrates.

Der Bundesrat entscheidet als Gremium der Bundesländer an allen Bundesgesetzgebungen mit, von denen die Bundesländer betroffen sind.

Zu 367.

C. Bundeskanzler

Das Grundgesetz sieht vor, dass während eines Verteidigungsfalls die Befehls- und Kommandogewalt über die Streitkräfte vom Bundesminister der Verteidigung an den Bundeskanzler übergeht. So soll das Grundgesetz dafür sorgen, dass in Zeiten außerordentlicher Krisen der Bundeskanzler als „starker Mann" alle Fäden in der Hand hält.

Zu 368.

D. Staatsanwaltschaft

Im Zivilprozess geht es um Rechtsstreitigkeiten zwischen gleichrangigen Rechtssubjekten – Bürgern, Privatpersonen. Der Sachverhalt im Zivilprozess wird nicht von Staats wegen ermittelt, sondern das Gericht bewertet, was die gleichrangigen Parteien (Kläger und Beklagter) vorbringen. Die Staatsanwaltschaft ist nur im Strafrecht, einem Teil des öffentlichen Rechts, die „Herrin des Ermittlungsverfahrens". Dabei ermittelt sie Fakten, die den Betroffenen be- oder auch entlasten können.

Zu 369.

C. Der Familienstand bzw. die Anzahl der Beschäftigungsverhältnisse

Für die Lohnsteuerklassen I bis V ist der Familienstand – ledig, verheiratet, verwitwet, getrennt lebend, geschieden, allein erziehend – ausschlaggebend. Anders liegt der Fall bei der Lohnsteuerklasse VI: Diese Kategorie wird ausschließlich für ein weiteres, parallel laufendes Beschäftigungsverhältnis vermerkt.

Zu 370.

C. Der jeweiligen Gemeinde

Die Gewerbesteuer liegt in der Ertragshoheit der Gemeinden. Per Gewerbesteuerumlage müssen Bund und Länder allerdings an den Erlösen beteiligt werden. Einkünfte aus der Vermögens- und der Biersteuer stehen allein den Bundesländern zu, die Branntwein- und die Energiesteuer sind wiederum reine Bundessteuern.

Allgemeinwissen

Wirtschaft und Finanzen

Bearbeitungszeit 5 Minuten

Beantworten Sie bitte die folgenden Aufgaben, indem Sie jeweils den richtigen Buchstaben markieren.

371. Was versteht man unter dem Begriff „Goldstandard"?

A. Einen Ratingwert für Kapitalanlagen

B. Die internationale Festlegung des Goldwertes

C. Einen festgelegten Umtauschkurs der Edelmetalle zueinander

D. Die Deckung einer Währung durch Goldreserven

E. Keine Antwort ist richtig.

372. Was versteht man volkswirtschaftlich unter dem „tertiären Sektor"?

A. Rohstoffgewinnung

B. Rohstoffverarbeitung

C. Dienstleistungsbereich

D. Konsumgüterindustrie

E. Keine Antwort ist richtig.

373. Wer bestimmt den Leitzinssatz im Euro-Währungsgebiet?

A. Deutsche Bundesbank

B. Deutsche Zentralbank

C. Landesbanken

D. Europäische Zentralbank

E. Keine Antwort ist richtig.

374. Woraus setzt sich die Gesamtnachfrage eines Wirtschaftsraums zusammen?

A. Aus Staats- und Investitionsgüternachfrage

B. Aus Konsumgüternachfrage und Exportnachfrage

C. Aus Konsumgüter- und Staatsnachfrage

D. Aus Binnen- und Exportnachfrage

E. Keine Antwort ist richtig.

375. Welcher der genannten Punkte gehört nicht zu den wirtschaftspolitischen Zielen der Bundesrepublik Deutschland?

A. Preisniveaustabilität

B. Hoher Beschäftigungsstand

C. Außenwirtschaftliches Gleichgewicht

D. Verstaatlichung privater Unternehmen

E. Keine Antwort ist richtig.

376. Was versteht man unter dem Begriff „Inflation"?

A. Preisniveaustabilität

B. Anstieg des Preisniveaus

C. Sinkende Preise

D. Geldaufwertung

E. Keine Antwort ist richtig.

377. Wodurch wird in Deutschland das Eigenkapital von Banken festgelegt, das diese für Kredite hinterlegen müssen?

A. Gar nicht – das liegt im Ermessen der Bank.

B. Durch die Ausfallwahrscheinlichkeit der Kredite

C. Durch den Gesamtumsatz der Bank

D. Nur durch die Anzahl der Kredite

E. Keine Antwort ist richtig.

378. Wann ist an der Börse vom „Bullenmarkt" die Rede?

A. Bei anhaltend fallenden Kursen

B. Bei anhaltend stark steigenden Kursen

C. Wenn Papiere aus dem Landwirtschaftssektor stark anziehen

D. Wenn die Kurse sehr lange stabil bleiben

E. Keine Antwort ist richtig.

379. Was sind Subventionen?

A. Sonderzahlungen an das Militär

B. Strafen, die bei Gesetzesverstößen angeordnet werden

C. Mindestlöhne in der Landwirtschaft

D. Finanzielle Unterstützung des Staates für Unternehmen

E. Keine Antwort ist richtig.

380. Was versteht man unter „Fiskalpolitik"?

A. Die politische Diskussion über Diäten

B. Die politische Diskussion über Forschung und Entwicklung

C. Ein wirtschaftspolitisches Instrument zur Kriminalitätsbekämpfung

D. Ein wirtschaftspolitisches Instrument des Staates

E. Keine Antwort ist richtig.

Lösung

Zu 371.

D. Die Deckung einer Währung durch Goldreserven

Unter „Goldstandard" versteht man die Deckung einer Währung durch Goldreserven der Zentralbank. Das bedeutet, dass jeder Geldwert der betreffenden Währungseinheit ein bestimmtes Quantum an Gold repräsentiert. Nach dem Ende des Zweiten Weltkriegs verfügten nur noch die USA über ausreichende Goldreserven, um ihre Währung dadurch zu decken; es etablierte sich das so genannte „Bretton-Woods-System": Der US-Dollar war zu einem festen Kurs in Gold tauschbar, und alle übrigen Währungen waren durch feste Umrechnungskurse an den US-Dollar gebunden. Dieses System zerbrach schließlich Anfang der 70er-Jahre.

Zu 372.

C. Dienstleistungsbereich

Der primäre Sektor steht für die Gewinnung, der sekundäre für die Verarbeitung von Rohstoffen, der tertiäre Sektor bezeichnet den Dienstleistungsbereich. Nach der Drei-Sektoren-Hypothese entwickelt sich eine Volkswirtschaft vom Ausgangsstadium mit einer hohen Ausdehnung des primären Sektors (geringer Maschineneinsatz) über das zweite Stadium mit fortschreitender Automatisierung (Fließband, Manufakturen) zum dritten Stadium, in dem Rohstoffgewinnung und -verarbeitung so weit automatisiert sind, dass dafür kaum noch Arbeitskraft benötigt wird: Der Übergang zur Dienstleistungsgesellschaft ist vollzogen.

Zu 373.

D. Europäische Zentralbank

Der Leitzins im Währungsraum des Euro wird seit dessen Einführung von der Europäischen Zentralbank festgelegt. Man bezeichnet damit den Zinssatz, zu dem sich Geschäftsbanken von der Zentralbank Geld beschaffen können. Die Bestimmung des Leitzinses ist ein wichtiges geldpolitisches Instrument, weil er einen bedeutenden Einfluss auf den gesamten Refinanzierungsmarkt und damit auf die Liquidität des Währungsraums hat.

Weitere wichtige Leitzinssätze sind die „Repo Rate" der Bank of England und die nominale „Federal Funds Rate" der Federal Bank of America.

Zu 374.

D. Aus Binnen- und Exportnachfrage

Die Gesamtnachfrage setzt sich zusammen aus der Exportnachfrage – der Nachfrage aus dem Ausland – und der Binnennachfrage, die wiederum aus der Konsumgüter-, Investitions- und Staatsnachfrage gebildet wird.

Zu 375.

D. Verstaatlichung privater Unternehmen

Von zentraler Bedeutung für das wirtschaftspolitische System der Bundesrepublik Deutschland ist das „Gesetz zur Förderung der Stabilität und des Wachstums der Wirtschaft" von 1967, kurz auch „Stabilitätsgesetz". Die darin enthaltenen Ziele werden in ihrer Gesamtheit als „Magisches Viereck" bezeichnet: bestimmt durch die Eckpunkte Preisniveaustabilität, hoher Beschäftigungsstand, außenwirtschaftliches Gleichgewicht sowie angemessenes und stetiges Wirtschaftswachstum.

Zu 376.

B. Anstieg des Preisniveaus

Unter dem Begriff „Inflation" versteht man eine Geldentwertung – das Austauschverhältnis von Geld zu allen anderen Gütern verändert sich zulasten des Geldes. Zur Berechnung der Inflationsrate können unterschiedliche Preisindizes herangezogen werden; das Statistische Bundesamt der Bundesrepublik nutzt den Lebenshaltungsindex für Haushalte: Anhand eines festgelegten Warenkorbs wird die Entwicklung der Lebenshaltungskosten und dadurch die Inflationsrate bestimmt.

Zu 377.

B. Durch die Ausfallwahrscheinlichkeit der Kredite

Das zur Absicherung ausfallender Kredite vorzuhaltende Eigenkapital richtet sich nach deren Ausfallwahrscheinlichkeit. Diese Regelung empfahl der Basler Ausschuss für Bankenaufsicht im Rahmen seiner Gesamtrichtlinien für den Finanzmarkt (Basel II), sie wurde als EU-Richtlinie zum Januar 2007 rechtskräftig.

Zu 378.

B. Bei anhaltend stark steigenden Kursen

Mit dem Ausdruck „Bullenmarkt" bezeichnet man an der Börse eine Phase, in der die Kurse stark anziehen. Das Gegenteil ist der Bärenmarkt: Hier fallen die Kurse.

Zu 379.

D. Finanzielle Unterstützung des Staates für Unternehmen

Subventionen sind finanzielle Vorteile, die ein Staat privaten Haushalten, Unternehmen oder anderen Staaten gewährt. In Form direkter Subventionen kann der Staat Zuschüsse, günstige Kredite, Bürgschaften oder Förderungskapital vergeben. An indirekten Subventionen zu nennen sind Steuererlasse, Zollbefreiungen, Rückvergütungen, Erstattungen sowie der Verzicht auf Abgaben und sonstige Verbindlichkeiten.

Zu 380.

D. Ein wirtschaftspolitisches Instrument des Staates

Die Fiskalpolitik ist als Teilbereich der Finanzpolitik das wirtschaftspolitische Instrument des Staates, um Konjunkturschwankungen zu mildern. Sie beabsichtigt mittels der Beeinflussung von Steuern und Staatsausgaben, die konjunkturellen Schwankungen auszugleichen und damit ein stabiles wirtschaftliches Wachstum zu erzielen. Ebenso sieht die Fiskalpolitik auch einen hohen Beschäftigungsstand und eine gleichmäßig geringe Inflation als ihr Ziel an.

Allgemeinwissen

Persönlichkeiten, Erfindungen und Entdeckungen

Bearbeitungszeit 5 Minuten

Beantworten Sie bitte die folgenden Fragen, indem Sie jeweils den richtigen Buchstaben markieren.

381. Wer begründete die Relativitätstheorie?

A. Leonardo da Vinci

B. Marie Curie

C. Max Planck

D. Albert Einstein

E. Keine Antwort ist richtig.

382. Wer war der erste Mensch am Südpol?

A. Reinhold Messner

B. Roald Amundsen

C. Hjalmar Sudstrom

D. Thor Heyerdahl

E. Keine Antwort ist richtig.

383. Welche Leistung vollbrachte der Pilot Charles Lindbergh?

A. Den ersten Hubschrauberflug

B. Den ersten Passagierflug über den Pazifik

C. Den ersten Nonstop-Alleinflug über den Atlantik

D. Den ersten Flug in einem Düsenjet

E. Keine Antwort ist richtig.

384. Welche bahnbrechende Erfindung wird Johannes Gutenberg zugeschrieben?

A. Buchdruck mit beweglichen Lettern

B. Teleskop mit über 100-facher Vergrößerung

C. Dampfmaschine mit zwei Kolben

D. Schwarzpulver

E. Keine Antwort ist richtig.

385. Wer gründete das Rote Kreuz?

A. Florence Nightingale

B. Sir Walter Cross

C. Mutter Teresa

D. Henri Dunant

E. Keine Antwort ist richtig.

386. Samuel Morse entwickelte Mitte des 19. Jahrhunderts …?

A. den Vorläufer der modernen Fotografie.

B. einen Apparat zur Signalübertragung.

C. eine kompakte Handfeuerwaffe.

D. die erste Glühbirne.

E. Keine Antwort ist richtig.

387. Die Schweizergarde beschützt …?

A. den Präsidenten der Schweiz in Bern.

B. das Karl-May-Museum in der Sächsischen Schweiz.

C. den Papst im Vatikan.

D. die Staatsgrenze der Schweiz zu Liechtenstein.

E. Keine Antwort ist richtig.

388. Nach zehn Jahren Versuch, Beobachtung und Auswertung fand Johannes Kepler …?

A. die Grundlagen der Lichtbrechung.

B. die Widerlegung des Pythagoras-Satzes.

C. den Beweis für die Quantentheorie.

D. die Gesetze der Planetenbewegung.

E. Keine Antwort ist richtig.

389. **Nikolaus Kopernikus stellte im 16. Jahrhundert die damals revolutionäre Behauptung auf, …?**

   A. den ersten Planeten außerhalb unseres Sonnensystems entdeckt zu haben.
   B. dass es Wasser auf dem Mars gibt.
   C. ein Schwarzes Loch entdeckt zu haben.
   D. dass sich die Erde um die Sonne dreht.
   E. Keine Antwort ist richtig.

390. **Der deutsche Archäologe Heinrich Schliemann fand bei einer seiner Ausgrabungen …?**

   A. den heiligen Gral.
   B. die legendäre Stadt Troja.
   C. den sagenumwobenen Schatz der Nibelungen.
   D. Hinweise auf den Stein der Weisen.
   E. Keine Antwort ist richtig.

Lösung

Zu 381.

D. Albert Einstein

Die spezielle Relativitätstheorie, von Albert Einstein (1879–1955) im Wesentlichen 1905 formuliert, legt unter anderem die Lichtgeschwindigkeit als Geschwindigkeitsgrenze aller Objekte und Informationen fest, trifft Aussagen über die Relativität von Raum und Zeit und stellt die Masse-Energie-Äquivalenz $E = m \times c^2$ auf. Die allgemeine Relativitätstheorie schloss Einstein 1916 ab; sie behandelt die Gravitation als Phänomen, das auf der Krümmung der Raumzeit durch Energien beruht. Damit prognostizierte Einstein u. a. die Existenz von Schwarzen Löchern, mit der er sich selbst jedoch nicht anfreunden konnte.

Zu 382.

B. Roald Amundsen

Roald Amundsen (1872–1928) erreichte am 14. Dezember 1911 als erster Mensch mit den vier Begleitern seiner Expedition den Südpol. Damit kam er seinem Rivalen Robert F. Scott um 35 Tage zuvor.

Zu 383.

C. Den ersten Nonstop-Alleinflug über den Atlantik

Charles Lindbergh (1902–1974) überquerte 1927 als erster Mensch in einem Flugzeug den Atlantik (New York – Paris) alleine und ohne Zwischenlandung.

Zu 384.

A. Buchdruck mit beweglichen Lettern

Johannes Gensfleisch (um 1400–1468), genannt Gutenberg, entwickelte den Buchdruck mit beweglichen Metall-Lettern. Sicher ist, dass er diese Technik in Europa als erster in einem funktionierenden Gesamtsystem umsetzen konnte. Ob ihm dieser Verdienst auch auf globaler Ebene gebührt, ist jedoch fraglich, da entsprechende koreanische Drucke bereits auf das 14. Jh. datiert werden.

Zu 385.

D. Henri Dunant

Henri Dunant rief 1863 mit vier weiteren Schweizer Bürgern in seiner Heimatstadt Genf das „Internationale Komitee der Hilfsgesellschaften für die Verwundetenpflege" ins Leben, das 1876 in „Internationales Komitee vom Roten Kreuz" (IKRK) umbenannt wurde.

Zu 386.

B. einen Apparat zur Signalübertragung.

Samuel Morse entwickelte 1837 einen Schreibtelegrafen, den so genannten Morseapparat. Dabei handelt es sich um eine Technik zur elektrischen Signalübertragung, bei der das Empfangsgerät die gesendeten Signale durch einen Metallstift auf einem Papierstreifen fixiert. Um die Signalübertragung möglichst einfach und effizient zu machen, entwickelte Morse zusätzlich das nach ihm benannte Alphabet, in dem Buchstaben und Zahlen als Folge von kurzen und/oder langen Signalen dargestellt werden.

Zu 387.

C. den Papst im Vatikan.

Die Schweizergarde ist für den Schutz des Papstes verantwortlich. Sie sichert den apostolischen Palast, die Zugänge zur Vatikanstadt sowie den Eingang des Castel Gandolfo (Sommerresidenz des Papstes). Ausgehoben wurde die Garde 1506 unter eidgenössischen Söldnern, und auch heute noch dürfen in ihr ausschließlich Schweizer Staatsbürger Dienst tun.

Zu 388.

D. die Gesetze der Planetenbewegung.

Nach Jahren der Forschungsarbeit veröffentlichte Johannes Kepler 1609 einen Aufsatz, in dem er die ersten beiden der nach ihm benannten drei keplerschen Gesetze zur Planetenbewegung erläuterte. Laut dem ersten keplerschen Gesetz bewegen Planeten sich auf ellipsenförmigen Bahnen, in deren Brennpunkt der Schwerpunkt des Systems liegt, wenn beide Körper durch Gravitation in Wechselwirkung stehen. Das zweite keplersche Gesetz besagt, dass der Fahrstrahl eines Planeten dabei in gleichen Zeiten gleiche Flächen überstreicht. Das dritte keplersche Gesetz schließlich sagt aus, dass die Quadrate der Umlaufzeiten der Körper sich zueinander wie die dritten Potenzen der großen Halbachsen der Umlaufbahnen verhalten.

Zu 389.

D. dass sich die Erde um die Sonne dreht.

Nikolaus Kopernikus kritisierte das seit der Antike gültige und von der Kirche verteidigte geozentrische Weltbild, wonach sich die Sonne und die anderen Planeten um die Erde im Mittelpunkt des Weltalls bewegen sollten. Er vertrat in einer 1509 fertig gestellten Schrift das heliozentrische Weltbild, demzufolge sich die Erde mitsamt den übrigen Planeten um die Sonne bewegt. Das heliozentrische Weltbild wird oft auch als kopernikanisches Weltbild bezeichnet.

Zu 390.

B. die legendäre Stadt Troja.

Heinrich Schliemanns bekannteste Arbeit war die Forschung nach der Lage der legendären antiken Stadt Troja, dem Schauplatz des Trojanischen Kriegs. Ab 1869 veranstaltete er dazu Grabungen in der Westtürkei nahe der Dardanellen. Als er 1873 bekanntgab, die Stadt gefunden zu haben, sorgte diese Nachricht für großes Aufsehen.

Allgemeinwissen

Geschichte und Kulturgeschichte

Bearbeitungszeit 5 Minuten

Beantworten Sie bitte die folgenden Aufgaben, indem Sie jeweils den richtigen Buchstaben markieren.

391. Welcher deutsche Philosoph prägte den Satz: „Gott ist tot"?

- A. Arthur Schopenhauer
- B. Karl Marx
- C. Friedrich Nietzsche
- D. Peter Sloterdijk
- E. Keine Antwort ist richtig.

392. Lennon, McCartney, Harrison und Starr sind ...?

- A. Mitglieder der „Beatles".
- B. Mittelfeldspieler des FC Liverpool.
- C. britische Minister.
- D. Oscar-Gewinner 2010.
- E. Keine Antwort ist richtig.

393. Was wurde im geheimen Zusatzprotokoll des Hitler-Stalin-Pakts vereinbart?

- A. Austausch von Rüstungsgütern
- B. Gemeinsamer Angriff auf Großbritannien
- C. Aufteilung Polens
- D. Ausbeutung der Ölreserven im Nahen Osten
- E. Keine Antwort ist richtig.

394. „Die Unvollendete" nennt man ...?

- A. eine Sinfonie von Franz Schubert.
- B. ein Gemälde von Rembrandt.
- C. einen Roman von Theodor Fontane.
- D. eine Ballade von Friedrich Schiller.
- E. Keine Antwort ist richtig.

395. Welches Musikfestival gilt als ein Höhepunkt der US-amerikanischen Hippie-Bewegung?

- A. Woodstock
- B. Wacken Open Air
- C. Love Parade
- D. Hurricane Festival
- E. Keine Antwort ist richtig.

396. In welchem Land kam es 1979 zur so genannten „Islamischen Revolution"?

- A. Pakistan
- B. Saudi-Arabien
- C. Iran
- D. Thailand
- E. Keine Antwort ist richtig.

397. Eine Phase der Weimarer Republik, in der sich Politik und Wirtschaft scheinbar stabilisierten, begleitet von einem kulturellen Aufschwung, bezeichnet man als ...?

- A. „Republikanische Blüte".
- B. „Goldene Zwanziger".
- C. „Weimarer Glanzzeit".
- D. „Berliner Paradejahre".
- E. Keine Antwort ist richtig.

398. Der Kavallerieoffizier George Armstrong Custer starb 1876 in der Schlacht ...?

- A. bei den Thermopylen.
- B. am Little Bighorn River.
- C. um Verdun.
- D. bei Königgrätz.
- E. Keine Antwort ist richtig.

399. **Die erste Regierungschefin eines islamischen Landes war …?**

   A. Indira Gandhi.
   B. Maggie Thatcher.
   C. Benazir Bhutto.
   D. Golda Meir.
   E. Keine Antwort ist richtig.

400. **Welche ist die brückenreichste Stadt Europas?**

   A. Amsterdam
   B. Hamburg
   C. London
   D. Venedig
   E. Keine Antwort ist richtig.

Lösung

Zu 391.

C. Friedrich Nietzsche

Der Ausspruch vom Tod Gottes findet sich an verschiedenen Stellen im Werk Friedrich Nietzsches (1844–1900). Nietzsche drückt darin den zwiespältigen Anbruch eines verweltlichten Zeitalters aus, nachdem vormals religiös fundierte Werteordnungen und Weltanschauungen durch fortschreitende Aufklärung, durch Wissenschaft und Liberalisierung ausgehöhlt wurden und daher gesellschaftlich nicht länger tragfähig waren.

Zu 392.

A. Mitglieder der „Beatles".

John Lennon (Gesang + Gitarre), Paul McCartney (Gesang + Bass), George Harrison (Gesang + Leadgitarre) und Ringo Starr (Gesang + Schlagzeug) sind auch bekannt als die „Beatles". Nach wechselnden Besetzungen am Schlagzeug und am Bass schaffte die britische Rockband in dieser Formation Anfang der 1960er-Jahre den Durchbruch und wurde zu einer der weltweit kommerziell erfolgreichsten Bands. Allein in Deutschland landeten die Beatles elf Nummer-1-Hits in den Charts. Nach internen Querelen löste sich die Band 1969 auf.

Zu 393.

C. Aufteilung Polens

Am 28. September 1939 unterzeichneten der deutsche Außenminister Ribbentrop und sein sowjetischer Amtskollege Molotow den deutsch-sowjetischen Nichtangriffspakt, der auch als „Hitler-Stalin-Pakt" bezeichnet wird. Der Nichtangriffspakt gab Hitler die Sicherheit, für den von ihm beabsichtigten Krieg gegen Polen freie Hand zu haben und während des anschließenden Feldzugs gegen Frankreich einen Zweifrontenkrieg verhindern zu können. Im geheimen Zusatzprotokoll grenzten das Deutsche Reich und die Sowjetunion ihre Interessensphären in Ostmitteleuropa voneinander ab. Unter anderem vereinbarten sie darin, wie das zerschlagene Polen zwischen beiden Mächten aufgeteilt werden sollte.

Zu 394.

A. eine Sinfonie von Franz Schubert.

„Die Unvollendete" ist eine Sinfonie in h-Moll von Franz Schubert (1797–1828). Schubert brach die Sinfonie nach der Komposition von zwei Sätzen ab, obwohl die Formgesetze der damaligen Zeit vier Sätze erfordert hätten. Die Gründe dafür sind nicht geklärt – manche vermuten, Schubert habe befürchtet, einer Sinfonie Beethovens zu nahe zu kommen, andere vertreten die Ansicht, er habe mit nur zwei Sätzen den strukturellen Rahmen der damaligen Zeit überwinden wollen.

Zu 395.

A. Woodstock

Vom 15. bis 18. August 1969 (offizielles Veranstaltungsende am 17. August) fand im US-Bundesstaat New York das „Woodstock Music and Art Festival" statt, an dem 32 Solokünstler und Bands verschiedener musikalischer Genres – darunter Joe Cocker, Janis Joplin, Jimi Hendrix und Jefferson Airplane – teilnahmen. Die Veranstalter hatten mit rund 60.000 Besuchern gerechnet und waren auf den tatsächlichen Andrang von mehr als 400.000 Festivalgästen nicht vorbereitet. Entsprechend schlecht waren die hygienischen Verhältnisse und die Verpflegungslage, vieles musste improvisiert werden, starke Regengüsse taten das Übrige. Gerade diese unorganisierten Verhältnisse trugen wiederum mit dazu bei, dass der „Mythos Woodstock" in die Geschichte einging.

Zu 396.

C. Iran

Aus ersten Demonstrationen und Streiks im Jahre 1978 wurde im Iran unter Einfluss der im Exil lebenden revolutionären Symbolfigur Ayatollah Chomeini eine Massenbewegung, durch die der bisherige Regent Schah Reza Pahlavi gestürzt und die Monarchie beendet wurde. Nachdem der Schah das Land verlassen hatte, kehrte Chomeini im Februar 1979 wieder in den Iran zurück. Die Anhänger Chomeinis schalteten im weiteren Verlauf der Islamischen Revolution die Vertreter der übrigen Oppositionsbewegungen aus, es kam zu zahlreichen Verhaftungen und Hinrichtungen. Die derzeit ausgerufene Islamische Republik Iran ist eine theokratische Staatsform mit einem „Obersten Rechtsgelehrten" an der Spitze, der Legislative, Exekutive und Judikative kontrolliert und von einem „Expertenrat" auf Lebenszeit gewählt wird.

Zu 397.

B. „Goldene Zwanziger".

Als „Goldene Zwanziger" gelten gemeinhin die Jahre zwischen 1924 und 1929, in denen die angeschlagene Wirtschaft sich erholte und die politischen Verhältnisse sich vorübergehend stabilisierten. Damit einher ging eine Konjunktur von Kunst, Kultur und Wissenschaft. Mit dem Ausbrechen der schweren Weltwirtschaftskrise 1929 endete die kurze Phase des vorübergehenden Aufschwungs jäh: Die Arbeitslosenzahlen stiegen, die Staatseinkünfte fielen, die Zustimmung zur Weimarer Demokratie erwies sich als überaus zerbrechlich.

Zu 398.

B. am Little Bighorn River.

Nachdem sich George Armstrong Custer (1839–1876) auf Seiten der Nordstaaten im amerikanischen Bürgerkrieg (1861–1865) hervorgetan hatte, diente er als Offizier der US-Armee in den Indianerkriegen. Am 25. Juni 1876 griff Custer das Lager einer etwa 2.000 Krieger starken Gruppe von Indianern unter der Führung u. a. der Häuptlinge Sitting Bull und Crazy Horse am Ufer des Little Bighorn River an. Das zahlenmäßig unterlegene Regiment Custers, von diesem zudem noch in drei Teile aufgespalten, wurde in der folgenden Schlacht restlos vernichtet, wobei auch Custer selbst ums Leben kam.

Zu 399.

C. Benazir Bhutto.

Benazir Bhutto (1953–2007) wurde 1988 Premierministerin von Pakistan und damit erste Regierungschefin eines islamischen Landes. Ihre erste Amtszeit dauerte von 1988 bis 1990, von 1993 bis 1996 hatte sie das Amt ein zweites Mal inne. Benazir Bhutto trat zur Wahl 2007 erneut an, fiel jedoch wenige Wochen vor der Wahl einem Attentat zum Opfer. Margaret Thatcher war von 1979 bis 1990 Premierministerin Großbritanniens, Indira Gandhi war von 1980 bis 1984 Premierministerin Indiens, Golda Meir war von 1969 bis 1974 Premierministerin Israels.

Zu 400.

B. Hamburg

Die Stadt mit den meisten Brücken in Europa ist Hamburg. Etwa 2.500 Bauwerke spannen sich über die Flüsse, Fleete, Kanäle und andere Gewässer der Hansestadt. London verfügt über rund 800, Amsterdam über 650 und Venedig sogar nur über 450 Brücken.

Allgemeinwissen

Interkulturelles Wissen   *Bearbeitungszeit 5 Minuten*

Beantworten Sie bitte die folgenden Aufgaben, indem Sie jeweils den richtigen Buchstaben markieren.

401. Mit welchem Staat hatte das Deutsche Reich zwischen 1933 und 1945 nie einen Bündnis- oder Nichtangriffsvertrag?

A. Italien

B. Tschechoslowakei

C. Sowjetunion

D. Polen

E. Keine Antwort ist richtig.

402. Was ist die Scharia?

A. Das islamische Recht

B. Ein Katalog von Verhaltensregeln während einer Pilgerfahrt

C. Eine altägyptische Göttin, die auch heute noch verehrt wird

D. Ein politisches Bündnis arabischer Staaten

E. Keine Antwort ist richtig.

403. Mit der „Mayflower" segelten 1620 …?

A. schottische Missionare nach Afrika.

B. französische Hugenotten nach Preußen.

C. US-Soldaten nach Großbritannien.

D. englische Siedler nach Nordamerika.

E. Keine Antwort ist richtig.

404. In der Ökumene suchen …?

A. Zentralbanken die internationale Kooperation.

B. verschiedene Religionsgemeinschaften den Dialog.

C. Bauern gemeinsame Bewirtschaftungsformen.

D. Araber nach Erdöl.

E. Keine Antwort ist richtig.

405. Die „Équipe Tricolore" bezeichnet die französische …?

A. Ehrenformation der Jagdflieger.

B. Bundespolizei.

C. Fußball-Nationalelf.

D. Verfassung.

E. Keine Antwort ist richtig.

406. Der Begriff „Maghreb" bezeichnet eine Region …?

A. in Südamerika.

B. auf der Arabischen Halbinsel.

C. in Afghanistan.

D. in Nordafrika.

E. Keine Antwort ist richtig.

407. „Zaire" war von 1971 bis 1997 der offizielle Name …?

   A. Ruandas.

   B. Südafrikas.

   C. der Demokratischen Republik Kongo.

   D. Äthiopiens.

   E. Keine Antwort ist richtig.

408. Wer oder was ist ein/e Burka?

   A. Ein hoher jüdischer Feiertag

   B. Ein Ganzkörperschleier muslimischer Frauen

   C. Eine Kopfbedeckung orthodoxer Christen

   D. Ein buddhistischer Religionsgelehrter

   E. Keine Antwort ist richtig.

409. Wie viele europäische Länder besaßen 1945 Kolonien in Afrika?

   A. 3

   B. 5

   C. 8

   D. 10

   E. Keine Antwort ist richtig.

410. Mit dem Begriff „Sirtaki" meint man …?

   A. ein kroatisches Fleischgericht.

   B. ein albanisches Heldenepos.

   C. einen griechischen Volkstanz.

   D. einen türkischen Wechselgesang.

   E. Keine Antwort ist richtig.

Lösung

Zu 401.

B. Tschechoslowakei

Die Außenpolitik des Deutschen Reichs seit 1933 kennzeichnet eine Folge taktischer Vertragsschlüsse und -aufhebungen. So wurde der 1934 mit Polen geschlossene Nichtangriffspakt 1939 aufgekündigt, wenige Monate bevor mit dem Überfall auf das Nachbarland der Zweite Weltkrieg begann. Der deutsch-sowjetische Nichtangriffspakt (auch „Hitler-Stalin-Pakt") wurde durch den deutschen Angriff 1941 gebrochen. Mit Italien war das Deutsche Reich seit 1936 eng verbunden, als die faschistischen Diktatoren Mussolini und Hitler die „Achse Berlin-Rom" verkündeten. 1939 schlossen sie den so genannten „Stahlpakt", einen umfangreichen Freundschafts- und Bündnisvertrag. Nur mit der Tschechoslowakei, deren tschechischer Teil ab 1939 vollständig von Deutschland besetzt war, existierte kein Freundschafts- oder Bündnisvertrag.

Zu 402.

A. Das islamische Recht.

„Scharia" nennt man das islamische Recht, das der religiösen Lehre nach auf die Umsetzung der göttlichen Vorschriften und die Verwirklichung einer göttlichen Ordnung abzielt. Dem religiösen Verständnis zufolge gelten die Gesetze der Scharia bis auf wenige Ausnahmen für alle Menschen, auch für Nichtmuslime. In manchen Ländern ist die Scharia Grundlage der staatlichen Gesetzgebung.

Zu 403.

D. englische Siedler nach Nordamerika.

Mit der „Mayflower" segelten 1620 die ersten englischen Siedler nach Nordamerika. Obwohl sie nicht die ersten Siedler des neuen Konti-

nents waren – ab 1550 siedelten die Spanier in Florida, seit der Jahrhundertwende die Franzosen im heutigen Kanada –, werden sie noch heute als Pilgerväter verehrt. Die puritanischen Protestanten hatten ihre Heimat aufgrund religiöser Spannungen mit der anglikanischen Staatskirche, der Church of England, verlassen. Ihr puritanisches Erbe wirkt in den USA bis heute.

Zu 404.

B. verschiedene Religionsgemeinschaften den Dialog.

Der Begriff „Ökumene" bezeichnet eine Bewegung, die die Zusammenarbeit der verschiedenen christlichen Konfessionen in ihren orthodoxen, katholischen und evangelischen Ausprägungen anstrebt. Manche Theologen zielen mit dem Begriff auch auf einen umfassenderen religiösen Dialog der monotheistischen Religionen Christentum, Judentum und Islam ab.

Zu 405.

C. Fußball-Nationalelf.

„Équipe Tricolore" („Trikoloren-Auswahl") ist ein Spitzname der französischen Fußball-Nationalmannschaft, der sich an die französische Nationalflagge – die so genannte „Trikolore" („Dreifarbige") mit den Farben blau, weiß und rot – anlehnt.

Zu 406.

D. in Nordafrika.

„Maghreb" (arabisch für „Westen") bezeichnet den westlichen Teil des Verbreitungsgebiets des Islams. Der Maghreb umfasst die nordafrikanischen Länder Marokko, Tunesien und Algerien, teilweise auch Libyen und Mauretanien.

Zu 407.

C. der Demokratischen Republik Kongo.

Die Demokratische Republik Kongo – der drittgrößte Staat Afrikas – ging 1960 aus der belgischen Kolonie Belgisch-Kongo hervor. Ab 1971 hieß das Land Zaire. Nachdem Laurent-Désiré Kabila 1997 mit seiner Rebellenarmee den seit 1965 regierenden Diktator Mobutu gestürzt hatte, benannte er das Land wieder in Kongo um.

Zu 408.

B. Ein Ganzkörperschleier muslimischer Frauen

Die Burka ist ein Stofftuch, das den Körper nahezu vollständig verdeckt. Solche Ganzkörperschleier werden von muslimischen Frauen vor allem in Afghanistan, Pakistan und Teilen Indiens getragen. In der hiesigen Öffentlichkeit wird das Tragen der Burka kontrovers diskutiert; Kritiker sehen darin ein Symbol für die Unterdrückung von Frauen.

Zu 409.

B. 5

Im Jahr 1945 war das gesamte afrikanische Territorium bis auf Äthiopien und Ägypten unter 5 europäischen Mächten aufgeteilt: In Nord- und Nordwestafrika dominierten die Franzosen (u. a. Marokko, Tunesien, Algerien), in Nordost-, Ost- und Südafrika die Briten (u. a. Nigeria, Kamerun, Südafrika) und in Zentralafrika die Belgier (Belgisch-Kongo). Kleinere Gebiete besaßen Spanien (Spanisch-Westafrika und Guinea) und Portugal (u. a. Angola, Portugiesisch-Kongo).

Zu 410.

C. einen griechischen Volkstanz.

Wer von Sirtaki spricht, meint damit einen griechischen Volkstanz – allerdings zu Unrecht: Der Sirtaki ist nicht in der griechischen Kultur verwurzelt, sondern wurde eigens 1960 für den Film „Alexis Sorbas" mit Anthony Quinn erfunden.

Allgemeinwissen

Sport und Medizin

Beantworten Sie bitte die folgenden Aufgaben, indem Sie jeweils den richtigen Buchstaben markieren.

411. **Wie viele Liter Blut hat ein erwachsener Mensch ungefähr?**

    A. 1–3
    B. 3–5
    C. 5–7
    D. 7–9
    E. Keine Antwort ist richtig.

412. **Welche Drüse ist kein Bestandteil des Verdauungssystems?**

    A. Bauchspeicheldrüse
    B. Leber
    C. Thymusdrüse
    D. Mundspeicheldrüse
    E. Keine Antwort ist richtig.

413. **Welches „Stresshormon" steigert Blutdruck und Herzfrequenz?**

    A. Insulin
    B. Adrenalin
    C. Melatonin
    D. Leptin
    E. Keine Antwort ist richtig.

414. **In welcher Sportart wird eine Partie in Viertel eingeteilt?**

    A. Basketball
    B. Eishockey
    C. Handball
    D. Tennis
    E. Keine Antwort ist richtig.

415. **Wie lang ist die Laufstrecke eines Marathons?**

    A. Etwa 15 Kilometer
    B. Etwa 25 Kilometer
    C. Etwa 36 Kilometer
    D. Etwa 42 Kilometer
    E. Keine Antwort ist richtig.

416. **Welche Disziplin ist nicht Bestandteil eines Triathlons?**

    A. Schwimmen
    B. Laufen
    C. Rudern
    D. Radfahren
    E. Keine Antwort ist richtig.

417. **Welches ist der Geburtsname von Muhammad Ali?**

    A. Muhammad Ali
    B. George Knockton
    C. Cassius Clay
    D. Louis Barcley
    E. Keine Antwort ist richtig.

418. **Wie viele Kegel (Pins) werden beim Bowling aufgestellt?**

    A. 8
    B. 9
    C. 10
    D. 11
    E. Keine Antwort ist richtig.

419. **In welcher Sportart wird der Davis Cup ausgetragen?**

    A. Fußball
    B. Golf
    C. Segeln
    D. Tennis
    E. Keine Antwort ist richtig.

420. **Wofür ist das Kleinhirn zuständig?**

    A. Koordination von Bewegungen
    B. Kontrolle lebensnotwendiger Funktionen wie Atmung, Herzschlag, Stoffwechsel
    C. Verarbeitung von Emotionen
    D. Abstraktes und assoziatives Denken
    E. Keine Antwort ist richtig.

Lösung

Zu 411.

C. 5–7

Im Körper eines erwachsenen Menschen befinden sich etwa fünf bis sieben Liter Blut.

Zu 412.

C. Thymusdrüse

Die Mundspeicheldrüse produziert Flüssigkeit, die zum Schlucken der Nahrung wichtig ist. Sie produziert außerdem – ebenso wie die Bauchspeicheldrüse – wichtige Enzyme, die die Nahrung in ihre Bestandteile aufspalten. Die Leber ist die größte Drüse des Menschen und an der Verwertung der Nahrungsbestandteile beteiligt. Die Thymusdrüse dagegen spielt bei der Nahrungsaufnahme und Verdauung keine Rolle, sie ist Bestandteil des menschlichen Immunsystems.

Zu 413.

B. Adrenalin

Die ursprüngliche Funktion des „Stresshormons" Adrenalin lag darin, den Körper auf Gefahr- und Kampfsituationen vorzubereiten. Der Körper schüttet es bei körperlicher und seelischer Belastung, bei Verletzungen, Infektionen und niedrigem Blutzuckerspiegel aus. Insulin ist notwendig zum Transport von Glucose und Senkung des Blutzuckerspiegels, das „Schlafhormon" Melatonin regelt den Tag-Nacht-Rhythmus des Körpers. Leptin hemmt das Hungergefühl und trägt zur Regulierung des Fettstoffwechsels bei.

Zu 414.

A. Basketball

Eine Tennispartie besteht aus zwei oder drei Gewinnsätzen, beim Handball teilt man in Halbzeiten und beim Eishockey in Drittel. Ein reguläres Basketballmatch dauert vier Viertel mit jeweils zehn (europäische Profiregeln) bzw. zwölf Minuten (nordamerikanische Regeln) Spielzeit.

Zu 415.

D. Etwa 42 Kilometer

Eine Marathondistanz beträgt exakt 42,195 Kilometer. Diese Strecke wurde bereits bei den Olympischen Spielen 1908 in London absolviert, aber erst 1921 vom Internationalen Olympischen Komitee verbindlich festgelegt.

Zu 416.

C. Rudern

Ein Triathlon besteht aus Schwimmen, Radfahren und Laufen (in dieser Reihenfolge). Inzwischen gibt es mehrere Triathlon-Varianten mit unterschiedlichen Distanzen. Die ursprüngliche Form ist beim bekannten Ironman auf Hawaii nach wie vor gültig: 3,86 km Schwimmen, 180 km Radfahren und 42,195 km (Marathondistanz) Laufen.

Zu 417.

C. Cassius Clay

Der Geburtsname von Muhammad Ali lautet Cassius Clay. Er änderte seinen Namen 1964 nach seinem Beitritt zur „Nation of Islam", einer religiös-politischen Organisation schwarzer US-Amerikaner.

Zu 418.

C. 10

Beim Bowling werden zehn Kegel – Pins genannt – aufgestellt. Beim Kegeln sind es neun.

Zu 419.

D. Tennis

Der Davis Cup ist ein Wettbewerb im Herren-Tennis, in dem Nationalmannschaften aufeinandertreffen.

Zu 420.

A. Koordination von Bewegungen

Das Kleinhirn ist wichtig für die motorische Steuerung, für die Koordination, das Lernen und die Antizipation von Bewegungsabläufen. Die lebensnotwendigen Grundfunktionen Atmung, Herzschlag und Stoffwechsel werden im Hirnstamm gesteuert, für höhere Denkvorgänge wie abstraktes und assoziatives Denken ist vor allem das Großhirn zuständig. Für die Verarbeitung von Emotionen wird dem limbischen System (Ansammlung von Strukturen, die den Hirnstamm umgibt) im Zusammenspiel mit dem präfrontalen Cortex (eine Hirnregion hinter Nase und Stirn) Bedeutung zugesprochen. Die Prozesse und Wechselwirkungen sind dabei so komplex, dass eine eindeutige Verortung nicht möglich ist.

Allgemeinwissen

EDV-/IT-Wissen

Bearbeitungszeit 5 Minuten

Beantworten Sie bitte die folgenden Aufgaben, indem Sie jeweils den richtigen Buchstaben markieren.

421. Können unter Microsoft Word Seiten eines Dokuments abwechselnd im Hoch- und im Querformat eingerichtet werden?

A. Nein, grundsätzlich nicht

B. Nur, wenn bereits ein eingefügtes Dokument in einem abweichenden Format vorliegt

C. Ja, unter „Seite einrichten" lässt sich das ohne weiteres für jede Seite einzeln einstellen.

D. Ja, aber nur, wenn zwischen den betreffenden Seiten Abschnittswechsel eingefügt wurden

E. Keine Antwort ist richtig.

422. Über einen Account kann man …?

A. Dateiformate beliebig umwandeln.

B. den Computerstart beschleunigen.

C. sich an Computern, Mailkonten oder Online-Diensten anmelden.

D. den Speicherplatz seines PCs vergrößern.

E. Keine Antwort ist richtig.

423. Welche Reihe sortiert die jeweiligen Datenmengen in aufsteigender Folge?

A. Byte, Kilobyte, Gigabyte, Megabyte

B. Byte, Bit, Kilobyte, Megabyte

C. Kilobyte, Terabyte, Megabyte, Gigabyte

D. Byte, Kilobyte, Megabyte, Gigabyte

E. Keine Antwort ist richtig.

424. Wofür steht das Kürzel „http" in Web-Adressen?

A. Teil des Browser-Quellcodes

B. Druckunterstützung der aufgerufenen Website

C. Verwendung eines bestimmten Protokolls zur Datenübertragung

D. Nichts, es ist ein mittlerweile überflüssiges Überbleibsel aus den Anfangszeiten des Internets.

E. Keine Antwort ist richtig.

425. Mit einem CMS werden …?

A. Geräte an einen PC angeschlossen.

B. E-Mail-Konten überwacht und unerwünschte Mails gefiltert.

C. Prozessorgeschwindigkeiten erhöht.

D. Inhalte erstellt und bearbeitet.

E. Keine Antwort ist richtig.

426. Wer Shareware besitzt, der hat …?

A. einen PC auf Zeit gemietet.

B. illegale Inhalte über Tauschbörsen heruntergeladen.

C. Software zur eingeschränkten Verfügung.

D. Defekte an seiner Hardware.

E. Keine Antwort ist richtig.

427. Eine Sitemap bietet …?

A. eine Zusammenfassung aller Informationen über häufig verwendete Dokumente.

B. einen Überblick über den Aufbau einer Website.

C. die Möglichkeit, den Computer über Sprache zu steuern.

D. detaillierte Anweisungen zur Konfiguration von Browsern.

E. Keine Antwort ist richtig.

428. Mit einem VGA-Kabel verbindet man …?

A. mehrere Computer miteinander.

B. Steckdose und Netzteil des Computers.

C. Monitor und Grafikkarte eines Computers.

D. Maus und Laptop.

E. Keine Antwort ist richtig.

429. Welches Dateiformat fällt aus der Reihe?

A. .jpg

B. .exe

C. .com

D. .bat

E. Keine Antwort ist richtig.

430. Was ist ein Netbook?

A. Konfigurationsanleitung für WLAN-Zugänge

B. Ausschließlich im Internet veröffentlichtes Buch

C. Zusammenstellung der beliebtesten Websites

D. Netzwerkfähiges Klein-Notebook mit geringerer Leistung

E. Keine Antwort ist richtig.

Lösung

Zu 421.

D. Ja, aber nur, wenn zwischen den betreffenden Seiten Abschnittswechsel eingefügt wurden

Seiten lassen sich in Word nur dann über „Seite einrichten" abwechselnd im Hoch- und Querformat einrichten, wenn an den entsprechenden Stellen im Dokument, an denen sich die Orientierung ändern soll, Abschnittswechsel (Einfügen / manueller Umbruch / Abschnittswechsel nächste Seite) eingefügt wurden.

Zu 422.

C. sich an Computern, Mailkonten oder Online-Diensten anmelden.

Ein Account ist eine Zugangsberechtigung, mit der man auf ein personalisiertes Nutzerkonto bei Computern, E-Mail-Diensten oder weiteren im Internet verfügbaren Angeboten, etwa von Versandhäusern oder sozialen Netzwerken, zugreifen kann. Ein Account besteht üblicherweise aus einem Benutzernamen und einem Passwort.

Zu 423.

D. Byte, Kilobyte, Megabyte, Gigabyte

Acht Bit ergeben ein Byte, 1.000 Byte ein Kilobyte, 1.000 Kilobyte sind ein Megabyte, 1.000 Megabyte wiederum ein Gigabyte usw. (es folgen Terabyte, Petabyte, Exabyte). Die Einheiten sind aber (noch) nicht endgültig standardisiert; parallel zur genannten gibt es auch die binäre Zählweise, nach der ein Kilobyte $2^{10} = 1.024$ Byte ist, ein Gigabyte entsprechend 1.024×1.024 Byte usw. An der abgefragten Reihenfolge ändert sich dadurch nichts.

Zu 424.

C. Verwendung eines bestimmten Protokolls zur Datenübertragung

Das Kürzel „http" signalisiert, dass die aufgerufene Website das Hypertext Transfer Protocol verwendet. Darunter versteht man einen bestimmten technischen Standard, der bei der Datenübertragung eingehalten wird. Je nach verwendetem Protokoll gelten bestimmte Normen für Format, Inhalt, Bedeutung und Reihenfolge von zu übertragenden Informationen.

Zu 425.

D. Inhalte erstellt und bearbeitet.

CMS steht für „Content Management System", d. h. für ein System zur Verwaltung bzw. Organisation von Text- und Multimedia-Inhalten. Charakteristisch für ein CMS ist die Trennung zwischen Inhalten und Strukturen, eine CMS-Software lässt sich daher auch ohne Programmierkenntnisse handhaben. Mithilfe von CMS werden etwa in Online-Redaktionen Inhalte wie Texte, Bilder oder Werbebanner administriert, so dass neue Inhalte einfach in das vorhandene Layout eingepflegt werden können.

Zu 426.

C. Software zur eingeschränkten Verfügung.

Mit „Shareware" (engl.: „share" = teilen) bezeichnet man Software, die üblicherweise beliebig oft vervielfältigt werden darf und Nutzern unentgeltlich für einen bestimmten Zeitraum und/oder mit eingeschränktem Funktionsumfang zur Verfügung steht. Shareware gibt interessierten Anwendern die Möglichkeit, die Software schon vor dem Kauf zu testen.

Zu 427.

B. einen Überblick über den Aufbau einer Website.

Eine Sitemap ist ein (meist grafischer) Überblick über die Struktur einer Website, der die vorhandenen Themen, Kategorien und Unterkategorien im Zusammenhang darstellt. So kann nachvollzogen werden, welcher Inhalt an welcher Stelle zu finden ist bzw. sein soll: Eine Sitemap kann sowohl bei der Vorbereitung zum Aufbau einer Online-Präsenz als auch bei der Orientierung in einem bereits vorhandenen Internetauftritt helfen.

Zu 428.

C. Monitor und Grafikkarte eines Computers.

VGA („Video Graphics Array") bezeichnet einen Standard für Grafikkarten IBM-kompatibler PCs. Über das 15-polige VGA-Kabel kann die Grafikkarte eines Computers mit Anzeigegeräten wie z. B. einem Monitor verbunden werden.

Zu 429.

A. .jpg

Dateien mit den Endungen .exe, .com und .bat sind ausführbare Dateien, die nach ihrem Aufruf als Programm starten können. Eine .jpg-Datei ist eine Bilddatei. Oft werden in schädlichen Mails virenverseuchte Anhänge mitgeschickt, die sich z. B. als harmlose Bilddatei tarnen, anhand ihrer Namenserweiterung jedoch als ausführbare Programmdatei zu erkennen sind.

Zu 430.

D. Netzwerkfähiges Klein-Notebook mit geringerer Leistung

Netbooks sind billiger, kleiner und weniger leistungsstark als normale Notebooks und wurden vor allem für den einfachen Zugang ins Internet entwickelt. Die Bildschirmdiagonale liegt in der Regel bei 7–10,1 Zoll, ein optisches Laufwerk (CD-/DVD-Laufwerk) ist nicht integriert.

Allgemeinwissen

Geografie und Landeskunde

Bearbeitungszeit 5 Minuten

Beantworten Sie bitte die folgenden Fragen, indem Sie jeweils den richtigen Buchstaben markieren.

431. Zu welchem Kontinent gehört Madagaskar?

A. Asien

B. Afrika

C. Europa

D. Australien

E. Keine Antwort ist richtig.

432. Wie heißt die Hauptstadt Australiens?

A. Canberra

B. Sydney

C. Melbourne

D. Perth

E. Keine Antwort ist richtig.

433. In welcher Währung zahlt man in der Schweiz?

A. S-Mark

B. Schweizer Franken

C. Euro

D. Dollar

E. Keine Antwort ist richtig.

434. An welchem Fluss liegt die Stadt Bremen?

A. Elbe

B. Rhein

C. Weser

D. Spree

E. Keine Antwort ist richtig.

435. In welchem Kontinent liegt Côte d'Ivoire?

A. Südamerika

B. Afrika

C. Asien

D. Europa

E. Keine Antwort ist richtig.

436. Wo befindet sich das Rote Meer?

A. Südafrika

B. Indien

C. Zwischen Afrika und Asien

D. Südamerika

E. Keine Antwort ist richtig.

437. An wie viele Länder grenzt Deutschland?

A. 5

B. 9

C. 11

D. 14

E. Keine Antwort ist richtig.

438. In welchem Kontinent liegt Afghanistan?

A. Asien

B. Europa

C. Afrika

D. Afrika und Asien

E. Keine Antwort ist richtig.

439. Zu welchem Staat gehört die Insel Naxos?

A. Japan

B. Indonesien

C. Griechenland

D. Spanien

E. Keine Antwort ist richtig.

440. In welcher Klimazone liegt Deutschland?

A. Subtropen

B. Kalte Zone

C. Subpolare Zone

D. Mittelbreiten (gemäßigte Breiten)

E. Keine Antwort ist richtig.

Lösung

Zu 431.

B. Afrika

Madagaskar liegt im Indischen Ozean vor der Ostküste Mosambiks und ist nach Indonesien der flächenmäßig zweitgrößte Inselstaat der Welt. Die ehemalige französische Kolonie ist seit 1960 unabhängig.

Zu 432.

A. Canberra

Canberra ist seit 1927 die Hauptstadt Australiens. Es handelt sich um eine Planhauptstadt, die aufgrund der Rivalität zwischen Melbourne und Sydney geplant und errichtet wurde. Canberra liegt etwa 150 km von der australischen Ostküste entfernt.

Zu 433.

B. Schweizer Franken

Die Schweiz ist seit dem Wiener Kongress 1815 außenpolitisch neutral. Sie ist kein Mitglied der Eurozone, sondern hat den Schweizer Franken als Landeswährung.

Zu 434.

C. Weser

Die Weser ist ein Strom, der durch Hessen, Nordrhein-Westfalen, Niedersachsen und Bremen fließt. Die an der Weser gelegene Stadt Bremen bildet zusammen mit der Stadt Bremerhaven das Bundesland Freie Hansestadt Bremen, welches komplett von Niedersachsen umschlossen ist. Bremen ist nach Hamburg die zweitgrößte Stadt Norddeutschlands.

Zu 435.

B. Afrika

Côte d'Ivoire bedeutet auf Deutsch „Elfenbeinküste". Der in Westafrika am Atlantik gelegene Staat ist seit 1960 unabhängig von Frankreich und wurde nach seinem früher wichtigsten Exportprodukt benannt.

Zu 436.

C. Zwischen Afrika und Asien

Das Rote Meer befindet sich zwischen Nordost-Afrika und der Arabischen Halbinsel (Asien). Es hat durch den Sueskanal eine Verbindung zum Mittelmeer, durch die Meerenge im Süden ist es mit dem Indischen Ozean verbunden.

Zu 437.

B. 9

Deutschland hat gemeinsame Grenzen mit neun weiteren Ländern: Dänemark, Niederlande, Belgien, Luxemburg, Frankreich, Schweiz, Österreich, Tschechien, Polen.

Zu 438.

A. Asien

Afghanistan ist ein Binnenstaat in Asien. Nach einem von den USA angeführten Krieg und dem Sturz der Taliban ist der Staat seit 2004 eine Islamische Republik.

Zu 439.

C. Griechenland

Die Insel Naxos, deren Hauptort und -hafen ebenfalls Naxos heißt, gehört zu Griechenland. Sie ist die größte Insel der Kykladen, einer Inselgruppe im Ägäischen Meer.

Zu 440.

D. Mittelbreiten (gemäßigte Breiten)

Deutschland liegt in den Mittelbreiten, auch als „gemäßigten Breiten" bezeichnet. Diese Klimazone befindet sich zwischen der kalten Zone und den Subtropen und hat nach den Tropen die höchste Niederschlagsmenge. Charakteristisch sind außerdem die deutlichen Temperaturunterschiede zwischen den Jahreszeiten und die unterschiedlich langen Tage.

Allgemeinwissen

Geografiekenntnisse Deutschland

Bearbeitungszeit 5 Minuten

Mit den folgenden Aufgaben werden Ihre Geografiekenntnisse geprüft.

Auf einer Deutschlandkarte sind zehn Bundesländer mit Zahlen gekennzeichnet.

Bitte beantworten Sie die folgenden Aufgaben, indem Sie Länder und Zahlen korrekt zuordnen und jeweils den richtigen Antwortbuchstaben markieren.

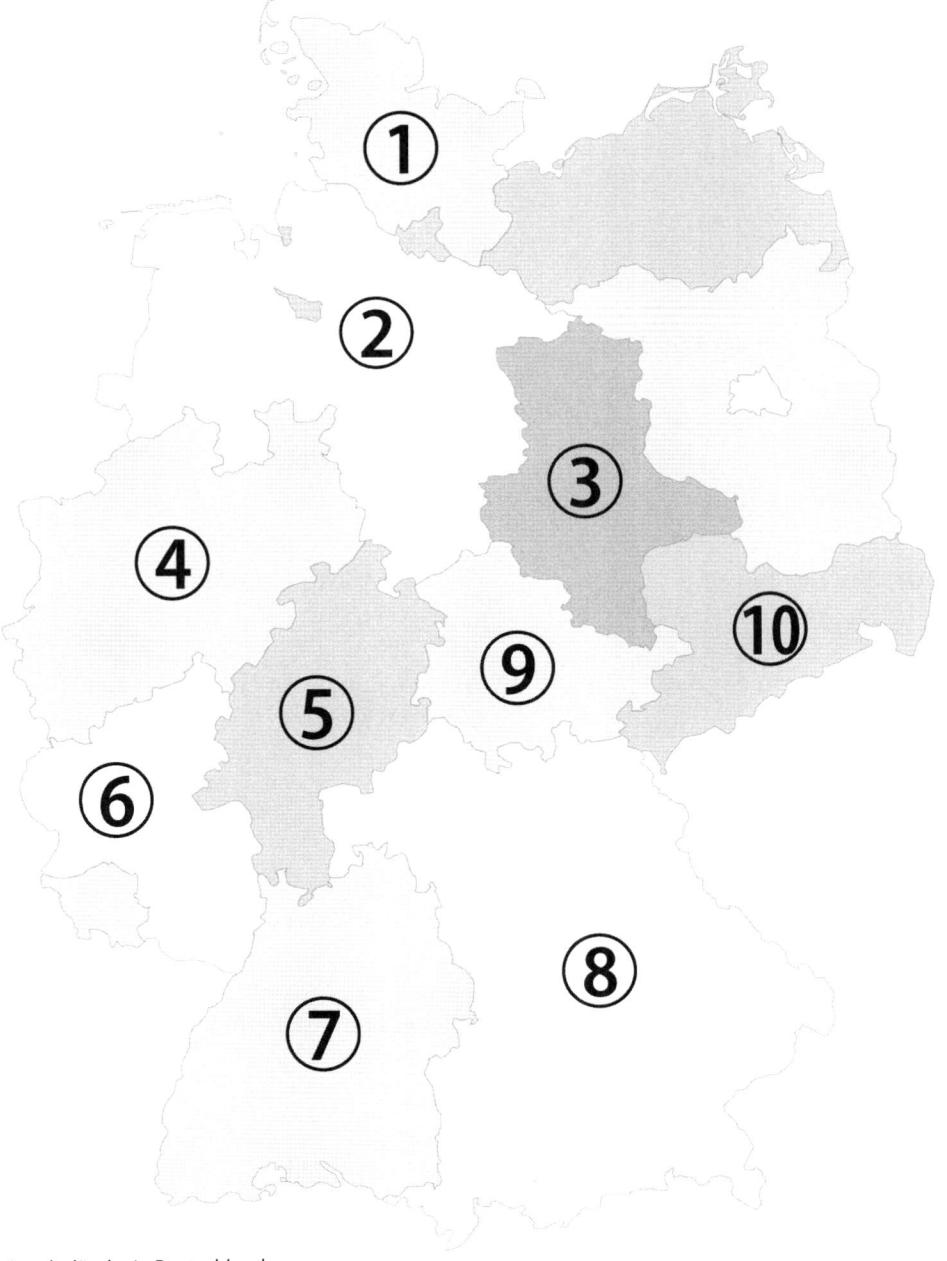

Bundesländer in Deutschland

441. Welches Bundesland ist mit der Zahl 1 gekennzeichnet?

A. Sachsen-Anhalt

B. Niedersachsen

C. Schleswig-Holstein

D. Berlin

E. Keine Antwort ist richtig.

442. Welches Bundesland ist mit der Zahl 2 gekennzeichnet?

A. Sachsen-Anhalt

B. Niedersachsen

C. Schleswig-Holstein

D. Berlin

E. Keine Antwort ist richtig.

443. Welches Bundesland ist mit der Zahl 3 gekennzeichnet?

A. Sachsen-Anhalt

B. Niedersachsen

C. Schleswig-Holstein

D. Berlin

E. Keine Antwort ist richtig.

444. Welches Bundesland ist mit der Zahl 4 gekennzeichnet?

A. Sachsen-Anhalt

B. Niedersachsen

C. Nordrhein-Westfalen

D. Hessen

E. Keine Antwort ist richtig.

445. Welches Bundesland ist mit der Zahl 5 gekennzeichnet?

A. Nordrhein-Westfalen

B. Rheinland-Pfalz

C. Hessen

D. Thüringen

E. Keine Antwort ist richtig.

446. Welches Bundesland ist mit der Zahl 6 gekennzeichnet?

A. Nordrhein-Westfalen

B. Rheinland-Pfalz

C. Hessen

D. Baden-Württemberg

E. Keine Antwort ist richtig.

447. Welches Bundesland ist mit der Zahl 7 gekennzeichnet?

A. Bayern

B. Rheinland-Pfalz

C. Hessen

D. Baden-Württemberg

E. Keine Antwort ist richtig.

448. Welches Bundesland ist mit der Zahl 8 gekennzeichnet?

A. Bayern

B. Rheinland-Pfalz

C. Hessen

D. Baden-Württemberg

E. Keine Antwort ist richtig.

449. Welches Bundesland ist mit der Zahl 9 gekennzeichnet?

A. Bayern

B. Sachsen

C. Hessen

D. Thüringen

E. Keine Antwort ist richtig.

450. Welches Bundesland ist mit der Zahl 10 gekennzeichnet?

A. Bayern

B. Sachsen

C. Hessen

D. Thüringen

E. Keine Antwort ist richtig.

Lösung

Zu 441.

C. Schleswig-Holstein

Das mit der Zahl 1 gekennzeichnete Bundesland heißt Schleswig-Holstein. Es ist das nördlichste deutsche Bundesland und wird auch als „Land zwischen den Meeren" bezeichnet, da es sowohl an die Nord- als auch an die Ostsee grenzt. Schleswig-Holstein hat rund 2,8 Millionen Einwohner. Die Landeshauptstadt ist Kiel.

Zu 442.

B. Niedersachsen

Niedersachsen, das mit der Zahl 2 gekennzeichnete Bundesland, ist der nach Bayern zweitgrößte deutsche Flächenstaat mit einer Einwohnerzahl von knapp 7,8 Millionen. Die Stadtstaaten Bremen und Hamburg wirken wirtschaftlich, kulturell und sozial bis tief ins niedersächsische Territorium hinein. Die Hauptstadt des Bundeslandes ist Hannover.

Zu 443.

A. Sachsen-Anhalt

Die Zahl 3 kennzeichnet das Bundesland Sachsen-Anhalt, das rund 2,2 Millionen Einwohner aufweist. Es besitzt zahlreiche UNESCO-Weltkulturerbestätten, darunter die Lutherstädte Wittenberg und Eisleben, und umfasst den Großteil des Mittelgebirges Harz. Die Hauptstadt ist Magdeburg.

Zu 444.

C. Nordrhein-Westfalen

Das Bundesland mit der Zahl 4 heißt Nordrhein-Westfalen. Es liegt im Westen Deutschlands, ist eines der wirtschaftlichen Zentren und mit gut 17,5 Millionen Einwohnern – viele davon in der Großstadtregion Rhein-Ruhr – das bevölke-

rungsreichste deutsche Bundesland. Die Landeshauptstadt ist Düsseldorf.

Zu 445.

C. Hessen

Die Zahl 5 kennzeichnet das Bundesland Hessen. Das Land zählt – besonders in seinen südlichen Gebieten, darunter auch der Ballungsraum Rhein-Main – zu den am dichtesten besiedelten Regionen Deutschlands und beheimatet rund sechs Millionen Einwohner. Die Hauptstadt ist Wiesbaden.

Zu 446.

B. Rheinland-Pfalz

Das Bundesland mit der Zahl 6 heißt Rheinland-Pfalz. Es zählt knapp vier Millionen Einwohner, ist reich an Kulturdenkmälern wie Schlössern, Burgen und Kirchen und bekannt für seine Weinanbaugebiete. Die Landeshauptstadt ist Mainz.

Zu 447.

D. Baden-Württemberg

Das Bundesland mit der Zahl 7 heißt Baden-Württemberg. Sowohl nach Einwohnerzahl (10,6 Mio.) als auch nach Fläche ist es das drittgrößte deutsche Bundesland. Baden-Württemberg grenzt im Süden an die Schweiz, im Westen an Frankreich, im Osten an Bayern, im Norden an Rheinland-Pfalz und Hessen. Die Landeshauptstadt ist Stuttgart.

Zu 448.

A. Bayern

Der Freistaat Bayern, das mit der Zahl 8 gekennzeichnete Bundesland, zählt rund 12,6 Millionen Einwohner und ist der größte deutsche Flächenstaat mit der Hauptstadt München. Bekannt ist es unter anderem für seine

Ferienziele wie die Bayrischen Alpen und das Alpenvorland mit den oberbayrischen Seen.

Zu 449.

D. Thüringen

Das Bundesland mit der Zahl 9 heißt Thüringen. Je nach Berechnungsgrundlage variieren die Ergebnisse, doch meist wird im Nordwesten des zentral gelegenen Binnenlandes der geografische Mittelpunkt Deutschlands angenommen. Die Einwohnerzahl liegt bei rund 2,2 Millionen, Hauptstadt und zugleich größte Stadt des Landes ist Erfurt.

Zu 450.

B. Sachsen

Die Zahl 10 trägt das Bundesland Sachsen. Es liegt im Osten Deutschlands, wird geprägt von den Metropolen Leipzig, Chemnitz sowie der Landeshauptstadt Dresden und hat rund 4 Millionen Einwohner. Landschaftlich reizvoll sind das Erzgebirge, das Elbsandsteingebirge und der Elbverlauf.

Allgemeinwissen

Geografiekenntnisse Europa

Bearbeitungszeit 5 Minuten

Mit den folgenden Aufgaben werden Ihre Geografiekenntnisse geprüft.

Sie erhalten eine Europakarte, in der die Zahlen 1 bis 10 eingetragen sind.

Beantworten Sie die Fragen, indem Sie für jede Zahl das entsprechende europäische Land nennen.

Europakarte

451. Welches europäische Land ist durch die Zahl 1 gekennzeichnet?

  A. Niederlande
  B. Deutschland
  C. Schweiz
  D. Dänemark
  E. Keine Antwort ist richtig.

452. Welches europäische Land ist durch die Zahl 2 gekennzeichnet?

  A. Niederlande
  B. Deutschland
  C. England
  D. Dänemark
  E. Keine Antwort ist richtig.

453. Welches europäische Land ist durch die Zahl 3 gekennzeichnet?

  A. Frankreich
  B. Deutschland
  C. Italien
  D. Schweiz
  E. Keine Antwort ist richtig.

454. Welches europäische Land ist durch die Zahl 4 gekennzeichnet?

  A. Schweiz
  B. Luxemburg
  C. Belgien
  D. Frankreich
  E. Keine Antwort ist richtig.

455. Welches europäische Land ist durch die Zahl 5 gekennzeichnet?

  A. Schweiz
  B. Frankreich
  C. Griechenland
  D. Italien
  E. Keine Antwort ist richtig.

456. Welches europäische Land ist durch die Zahl 6 gekennzeichnet?

  A. Kroatien
  B. Serbien
  C. Slowenien
  D. Bosnien
  E. Keine Antwort ist richtig.

457. Welches europäische Land ist durch die Zahl 7 gekennzeichnet?

  A. Rumänien
  B. Ungarn
  C. Bulgarien
  D. Griechenland
  E. Keine Antwort ist richtig.

458. Welches europäische Land ist durch die Zahl 8 gekennzeichnet?

  A. Tschechien
  B. Schweiz
  C. Polen
  D. Österreich
  E. Keine Antwort ist richtig.

459. Welches europäische Land ist durch die Zahl 9 gekennzeichnet?

  A. Tschechien
  B. Schweiz
  C. Polen
  D. Österreich
  E. Keine Antwort ist richtig.

460. Welches europäische Land ist durch die Zahl 10 gekennzeichnet?

  A. Tschechien
  B. Schweiz
  C. Polen
  D. Österreich
  E. Keine Antwort ist richtig.

Lösung

Zu 451.

B. Deutschland

Das europäische Land zur Zahl 1 heißt Deutschland. Nach der Vereinigung von Bundesrepublik Deutschland und Deutscher Demokratischer Republik 1990 wurde Deutschland mit mehr als 80 Millionen Einwohnern zum bevölkerungsreichsten Land der EU. Das Land mit der Hauptstadt Berlin weist darüber hinaus die stärkste Wirtschaftsleistung aller europäischen Staaten auf.

Zu 452.

A. Niederlande

Die Zahl 2 kennzeichnet die Niederlande. Die Hauptstadt des 16,8 Millionen Einwohner zählenden EU-Gründungsmitglieds ist Amsterdam, Regierungssitz ist jedoch das 50 Kilometer entfernte Den Haag. Zum Staatsgebiet des „Königreichs der Niederlande" (so der vollständige offizielle Name) gehören neben dem europäischen Territorium auch einige karibische Inseln.

Zu 453.

D. Schweiz

Das europäische Land zur Zahl 3 heißt Schweiz, international oft auch mit CH („confoederatio helvetica") abgekürzt. Für den Alpenstaat mit gut 8 Millionen Einwohnern ist neben dem Maschinenbau, der Pharma-, Chemie- und Nahrungsmittelindustrie sowie dem Bankenwesen vor allem der Tourismus volkswirtschaftlich bedeutend. Außenpolitisch verpflichtet sich die Schweiz konsequent zur Neutralität in Konflikten und Kriegen. Ihre Hauptstadt ist Bern.

Zu 454.

D. Frankreich

Frankreich, das mit der Zahl 4 gekennzeichnete Land, wird zentralistisch von der Hauptstadt Paris aus verwaltet und ist mit mehr als 65 Millionen Einwohnern das nach Deutschland zweit-bevölkerungsreichste Land der EU. Frankreich ist landschaftlich vielfältig: Im Süden des Landes liegen die Pyrenäen und das Mittelmeer, im Westen und Nordwesten der Atlantik, im Osten die Alpen.

Zu 455.

D. Italien

Italien, das europäische Land zur Zahl 5, liegt zum Großteil auf einer vom Mittelmeer umschlossenen Halbinsel, durch die sich das Apennin-Gebirge zieht. Zudem gehören einige Mittelmeerinseln – darunter Sizilien und Sardinien – zu Italien. Hauptstadt des EU-Mitgliedsstaats, in dem über 60 Millionen Menschen leben, ist Rom.

Zu 456.

A. Kroatien

Das europäische Land zur Zahl 6 heißt Kroatien. Kroatien ging aus dem ehemaligen Jugoslawien hervor, von dem es 1991 seine Unabhängigkeit erklärte. Seit 2013 ist das Land EU-Mitglied. Es zählt fast 4,3 Millionen Einwohner, die Hauptstadt ist Zagreb.

Zu 457.

C. Bulgarien

Das mit der Zahl 7 gekennzeichnete europäische Land ist Bulgarien, eine südosteuropäische Republik an der Westküste des Schwarzen Meeres mit einer Bevölkerung von 7,3 Millionen. Der ehemalige Ostblockstaat mit der Hauptstadt Sofia ist mittlerweile EU- und NATO-Mitglied.

Zu 458.

D. Österreich

Das mit der Zahl 8 gekennzeichnete Land ist Österreich, ein mitteleuropäischer Binnenstaat mit 8,5 Millionen Einwohnern. Er liegt größtenteils in den Ostalpen und wird daher häufig auch als „Alpenrepublik" bezeichnet. Österreich ist ein wichtiges Transitland für den Verkehr zwischen Nord- und Südosteuropa. Die Hauptstadt des EU-Mitgliedslands ist Wien.

Zu 459.

A. Tschechien

Das europäische Land zur Zahl 9 heißt Tschechien (10,5 Millionen Einwohner). Die Tschechische Republik entstand 1993 als eine Nachfolgerepublik der Tschechoslowakei, wobei Prag die Hauptstadt blieb. Mittlerweile ist sie Mitglied der EU.

Zu 460.

C. Polen

Die Zahl 10 kennzeichnet das europäische Land Polen. Die Hauptstadt des 38-Millionen-Einwohner-Staates ist Warschau im östlichen Zentrum des Landes. Polen ist seit 2004 EU-Mitglied und hat entlang der Flüsse Oder und Neiße eine 467 km lange Grenze zu Deutschland.

Allgemeinwissen

Geografie: Die Erde

Die folgenden Aufgaben prüfen Ihr geografisches Wissen.

Sie sehen eine Skizze der Erdkugel, der leider die Bezeichnungen fehlen. Bitte ordnen Sie jeder Markierung die richtige Beschriftung zu, indem Sie den korrekten Lösungsbuchstaben bestimmen.

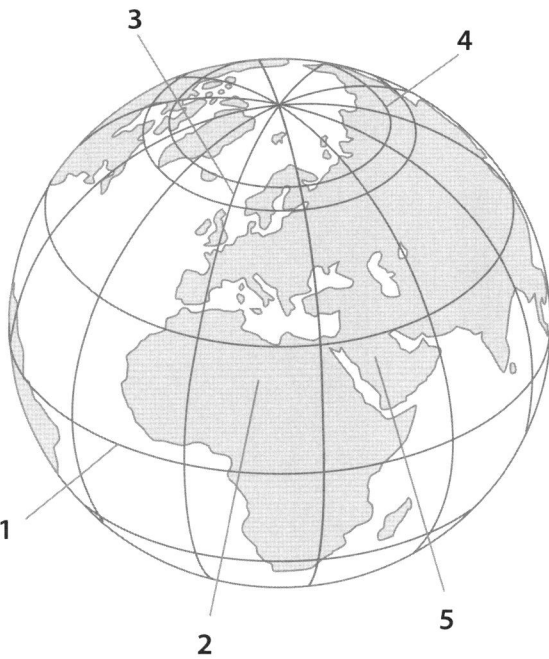

461. Welche Beschriftung gehört zur Markierung 1?

A. Äquator
B. Polarkreis
C. Pazifik
D. Kanarische Inseln
E. Keine Antwort ist richtig.

462. Welche Beschriftung gehört zur Markierung 2?

A. Kalahari
B. Saudi-Arabien
C. Gobi
D. Sahara
E. Keine Antwort ist richtig.

463. Welche Beschriftung gehört zur Markierung 3?

A. Äquator
B. Nullmeridian
C. Südpol
D. 30. Breitengrad
E. Keine Antwort ist richtig.

464. Welche Beschriftung gehört zur Markierung 4?

A. Nullmeridian
B. 50. Breitengrad
C. Nördlicher Polarkreis
D. Nördlicher Wendekreis
E. Keine Antwort ist richtig.

465. **Welche Beschriftung gehört zur Markierung 5?**

A. Tropen

B. Subtropen

C. Mittelbreiten

D. Gemäßigte Breiten

E. Keine Antwort ist richtig.

Lösung

Zu 461.

A. Äquator

Es handelt sich um den Äquator, der die Erde als 0. Breitengrad in eine Nord- und eine Südhalbkugel trennt.

Zu 462.

D. Sahara

Es handelt sich um die mit rund neun Millionen Quadratkilometern größte Trockenwüste der Erde: die Sahara in Afrika. Die Sahara zieht sich über die volle Breite des afrikanischen Kontinents, vom Atlantik bis zum Roten Meer.

Zu 463.

B. Nullmeridian

Es handelt sich um den Nullmeridian, den 0. Längengrad, von dem aus die geografische Länge nach Westen und Osten bestimmt wird. Da der Nullmeridian mitten durch den Londoner Stadtteil Greenwich verläuft, nennt man ihn auch „Greenwich-Meridian".

Zu 464.

C. Nördlicher Polarkreis

Es handelt sich um den nördlichen Polarkreis. Die Polarkreise ziehen sich auf 66,5° nördlicher und südlicher Breite um den Globus und umgeben die polnahen Gebiete, in denen die Sonne am Tag der Sonnenwende nicht mehr auf- bzw. untergeht.

Zu 465.

B. Subtropen

Je nach geografischer Lage teilt man die Gebiete der Erde in vier Klimazonen ein: Tropen (bis 23,5° nördlicher/südlicher Breite), Subtropen (23,5°–45° nördlicher/südlicher Breite), Mittelbreiten (auch „gemäßigte Breiten"; 45°–66,5° nördlicher/südlicher Breite) und Polarzone (ab 66,5° nördlicher/südlicher Breite). Der größte Teil der arabischen Halbinsel umfasst subtropisches Gebiet.

Allgemeinwissen

Bedeutung von Abkürzungen

Beantworten Sie bitte die folgenden Fragen, indem Sie jeweils den richtigen Buchstaben markieren.

466. Was bedeutet die Abkürzung „AGB"?

- A. Allgemeine Geschäftsbedingungen
- B. Allgemeiner Gewerkschaftsbund
- C. Automobil Gemeinschaft Bayern
- D. Arbeitsgemeinschaft für Bildung
- E. Keine Antwort ist richtig.

467. Was bedeutet die Abkürzung „GmbH"?

- A. Gemeinschaft musisch begabter Handwerker
- B. Gericht mit besonderer Handhabe
- C. Gesellschaft mit beschränkter Haftung
- D. Grundlage militärisch bedingter Handlungen
- E. Keine Antwort ist richtig.

468. Was bedeutet die Abkürzung „AZ"?

- A. Arbeitszeit
- B. Aktenzeichen
- C. Automobilzulassung
- D. Anwohnerzone
- E. Keine Antwort ist richtig.

469. Was bedeutet die Abkürzung „Art."?

- A. Artikel
- B. Art und Weise
- C. Artifiziell
- D. Architekt
- E. Keine Antwort ist richtig.

470. Was bedeutet die Abkürzung „GG"?

- A. gegen
- B. grundsätzliche Gewissensfrage
- C. Grundgesetz der Bundesrepublik Deutschland
- D. Grinsen
- E. Keine Antwort ist richtig.

471. Was bedeutet die Abkürzung „i. e. S."?

- A. im engeren Sinn
- B. in ernster Stimmung
- C. in eigener Sache
- D. indirekt erhobene Steuer
- E. Keine Antwort ist richtig.

472. Was bedeutet die Abkürzung „BND"?

- A. Bundestagsnachtdebatte
- B. Bayrischer Notdienst
- C. Bundesnachrichtendienst
- D. Bündnis der Nudisten in Deutschland
- E. Keine Antwort ist richtig.

473. Was bedeutet die Abkürzung „MwSt."?

- A. Mineralwasser Still
- B. Mehrwertsteuer
- C. Medienwirksamer Showtermin
- D. Mitwisserschaft
- E. Keine Antwort ist richtig.

474. Was bedeutet die Abkürzung „p. a."?

A. per anno

B. und so weiter

C. Prozent

D. perfekt angezogen

E. Keine Antwort ist richtig.

475. Was bedeutet die Abkürzung „BLZ"?

A. Bahnlogistikzentrale

B. Bankleitzahl

C. Bildungs- und Lernzentrum

D. Bundesluftfahrtzentrum

E. Keine Antwort ist richtig.

Lösung

Zu 466.
A. Allgemeine Geschäftsbedingungen

Zu 467.
C. Gesellschaft mit beschränkter Haftung

Zu 468.
B. Aktenzeichen

Zu 469.
A. Artikel

Zu 470.
C. Grundgesetz der Bundesrepublik Deutschland

Zu 471.
A. im engeren Sinn

Zu 472.
C. Bundesnachrichtendienst

Zu 473.
B. Mehrwertsteuer

Zu 474.
A. per anno

Zu 475.
B. Bankleitzahl

Erinnerungs- und Konzentrationsvermögen

Zahlen einprägen und auswählen

Einprägezeit 2 Minuten

In dieser Aufgabe wird Ihr Kurzzeitgedächtnis geprüft.

Prägen Sie sich dazu die Zahlen in der folgenden Tabelle so ein, dass Sie sie anschließend in einer umfangreichen Zahlentabelle wiedererkennen können.

Legen Sie bitte Ihre Schreibgeräte zur Seite, denn Notizen dürfen Sie sich in dieser Aufgabe nicht machen.

Zahlentabelle

Zum Einprägen der Zahlen haben Sie **2 Minuten** Zeit.

| 2254 | 3636 | 7474 | 8596 | 4578 | 3658 | 2518 | 9517 | 7856 | 1188 |
| 5899 | 8451 | 6971 | 6181 | 2211 | 6403 | 4560 | 5589 | 8080 | 9393 |

① *Hinweis*

Bei dieser Aufgabe ist keine Unterbrechung notwendig, bitte beginnen Sie direkt mit den Antworten!

Zahlen einprägen und auswählen

Bearbeitungszeit 4 Minuten

Haben Sie sich die soeben vorgelegten Zahlen gut eingeprägt, sollten Sie sie nun leicht finden können.

Unterstreichen Sie bitte alle Zahlen, die Sie aus der vorherigen Tabelle kennen.

476. Umfangreiche Zahlentabelle

Zum Lösen der Aufgabe haben Sie **4 Minuten** Zeit.

2584	1847	8794	8596	5874	5731	8742	6403	8998	1148
3358	8447	3636	2358	2254	4056	9494	3658	2136	7850
8887	7474	9991	9517	8387	7856	9192	6485	5589	6698
4567	8945	4578	7894	5623	1235	2518	4589	3698	1188
6181	5823	7890	2345	2211	3456	4560	4567	8080	1597
7779	6971	8451	7123	5899	4445	4004	9393	9001	9111

Lösung

Zu 476.

2254	3636	7474	8596	4578	3658	2518	9517	7856	1188
5899	8451	6971	6181	2211	6403	4560	5589	8080	9393

2584	1847	8794	**8596**	5874	5731	8742	**6403**	8998	1148
3358	8447	**3636**	2358	**2254**	4056	9494	**3658**	2136	7850
8887	**7474**	9991	**9517**	8387	**7856**	9192	6485	**5589**	6698
4567	8945	**4578**	7894	5623	1235	**2518**	4589	3698	**1188**
6181	5823	7890	2345	**2211**	3456	**4560**	4567	**8080**	1597
7779	**6971**	**8451**	7123	**5899**	4445	4004	**9393**	9001	9111

Erinnerungs- und Konzentrationsvermögen

Figuren und Zahlen einprägen

Einprägezeit 10 Minuten

In dieser Aufgabe wird Ihr Kurzzeitgedächtnis geprüft.

Prägen Sie sich dazu bitte ein, welche Figur mit welcher Zahl versehen ist, und ordnen Sie anschließend den einzelnen Figuren wiederum die richtigen Zahlen zu.

Notizen dürfen Sie sich in dieser Aufgabe nicht machen.

Zum Einprägen der Zahlen und Figuren haben Sie **10 Minuten** Zeit.

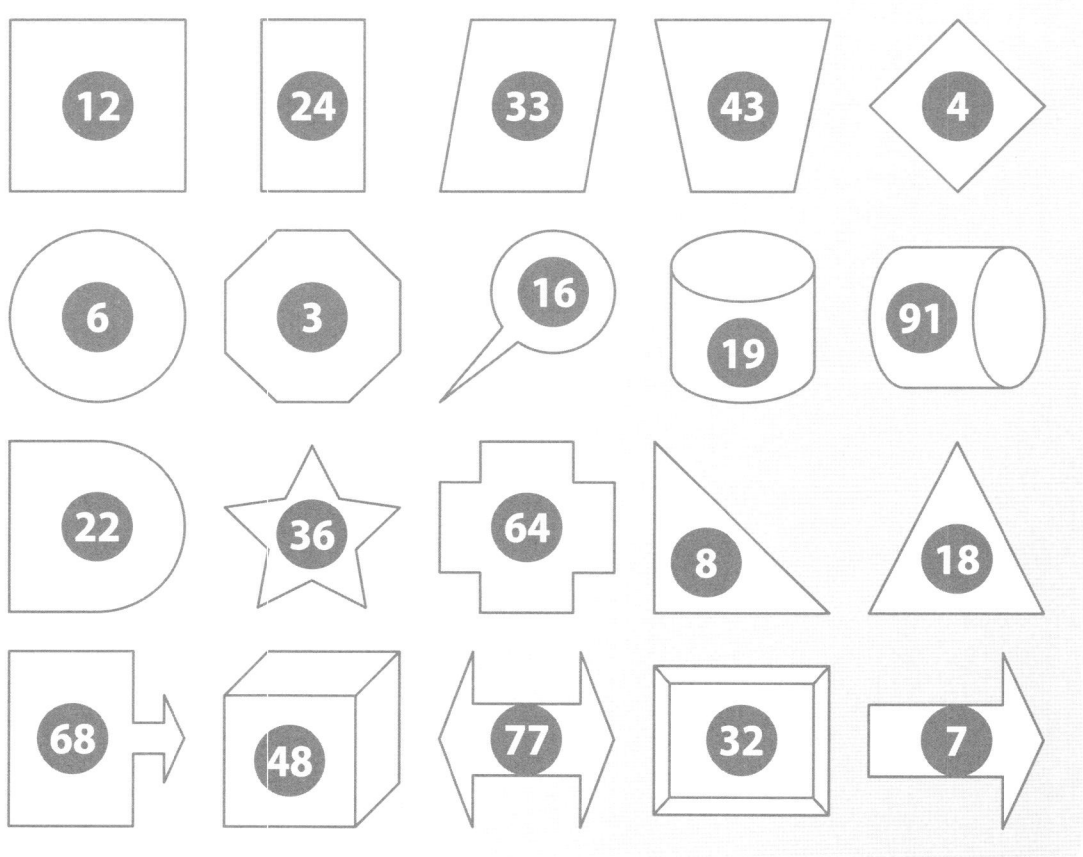

(!) *Hinweis*

Bei dieser Aufgabe ist keine Unterbrechung notwendig, bitte beginnen Sie direkt mit den Antworten!

Bitte decken Sie dafür diese Seite ab.

Figuren und Zahlen einprägen

Nun wird getestet, wie gut Sie sich die Kombinationen aus Figuren und Zahlen eingeprägt haben.

477. Tragen Sie bitte in jede Figur die entsprechende Zahl ein.

Sie haben **5 Minuten** Zeit, die Aufgabe zu bearbeiten. Anschließend können Sie Ihre Lösung mit der Vorlage abgleichen.

Erinnerungs- und Konzentrationsvermögen

Zahlen und Buchstabenkombinationen einprägen   *Aufgabenerklärung*

In dieser Aufgabe wird Ihr Kurzzeitgedächtnis geprüft.

Prägen Sie sich die Zahlen und Buchstabenkombinationen aus der folgenden Tabelle gut ein. Unterstreichen Sie anschließend diejenige Buchstabenreihe, die zur vorgegebenen Zahlenfolge gehört.

Hierzu ein Beispiel

Aufgabe

Zahlen und Buchstabenkombinationen

1111 – ABCD

2222 – EFGH

Antwort

	Zahl	Buchstabenkombination
1.	1111	– GFRE – ABCD – FDRE – ASWE
2.	2222	– EFGH – GFRA – EFGH – GDER

Zahlen und Buchstabenkombinationen einprägen

Einprägezeit 2 Minuten

Legen Sie bitte Ihre Schreibgeräte zur Seite, denn Notizen dürfen Sie sich in dieser Aufgabe nicht machen.

Hier nun die Kombinationentabelle

Zum Einprägen der Kombinationen haben Sie **2 Minuten** Zeit.

Zahlen und Buchstabenkombinationen

2222 – BBCC	4455 – OPAS
3333 – DDEE	6677 – RATO
4444 – FGFG	8899 – MANN
5555 – KPKP	2345 – LRHC
2233 – STST	2468 – BKLV

(!) *Hinweis*

Bei dieser Aufgabe ist keine Unterbrechung notwendig, bitte beginnen Sie direkt mit den Antworten!

Zahlen und Buchstabenkombinationen einprägen

Bearbeitungszeit 2 Minuten

Haben Sie sich alle Zahlen- und Buchstabenpaare in der Tabelle eingeprägt, können Sie nun aus der vorgegebenen Antwortenmenge die richtige Buchstabenfolge auswählen und das ursprüngliche Zahlen-/Buchstabenpaar wiederherstellen.

Unterstreichen Sie bitte die jeweils richtige Buchstabenkombination.

Kombinationentabelle

Zum Lösen der Aufgabe haben Sie **2 Minuten** Zeit.

	Zahl	Buchstabenkombination
478.	2222	– DDCC – BBCC – EEBB – AABB
479.	3333	– EEFF – FFGG – DDEE – HHFF
480.	4444	– EFEF – FGFG – JKJK – EGEG
481.	5555	– LKLK – PKPK – LPLP – KPKP
482.	2233	– OSOS – TUTU – UVUV – STST
483.	4455	– OPTA – POST – OPAS – OPAR
484.	6677	– RATO – MANN – RALO – OTTO
485.	8899	– LANN – MANN – KANN – RATO
486.	2345	– STST – FGFG – OPAS – LRHC
487.	2468	– LVLV – BABA – BKLV – OPAS

Lösung

	Zahl	Buchstabenkombination
Zu 478.	2222	– DDCC – **BBCC** – EEBB – AABB
Zu 479.	3333	– EEFF – FFGG – **DDEE** – HHFF
Zu 480.	4444	– EFEF – **FGFG** – JKJK – EGEG
Zu 481.	5555	– LKLK – PKPK – LPLP – **KPKP**
Zu 482.	2233	– OSOS – TUTU – UVUV – **STST**
Zu 483.	4455	– OPTA – POST – **OPAS** – OPAR
Zu 484.	6677	– **RATO** – MANN – RALO – OTTO
Zu 485.	8899	– LANN – **MANN** – KANN – RATO
Zu 486.	2345	– STST – FGFG – OPAS – **LRHC**
Zu 487.	2468	– LVLV – BABA – **BKLV** – OPAS

Erinnerungs- und Konzentrationsvermögen

Elemente verbinden   *Bearbeitungszeit 2 Minuten*

In dieser Aufgabe werden Ihre Schnelligkeit und Genauigkeit geprüft. Sie erhalten ein Feld, in dem mehrere Buchstaben oder Zahlen wahllos verteilt sind.

Die Aufgaben sind **unter großem Zeitdruck** zu lösen.

Verbinden Sie so viele Buchstaben oder Zahlen wie möglich in alphabetischer (A, B, C …) bzw. numerischer (1, 2, 3 …) Reihenfolge. Versuchen Sie, schnell zu arbeiten, ohne dabei die nötige Sorgfalt und Genauigkeit zu verlieren. In einer realen Prüfungssituation kann dieser Test am Computer durchgeführt werden, wobei die einzelnen Elemente nacheinander per Mausklick anzuwählen sind.

Für die folgenden Aufgaben haben Sie insgesamt **2 Minuten** Zeit.

488. Zahlen verbinden

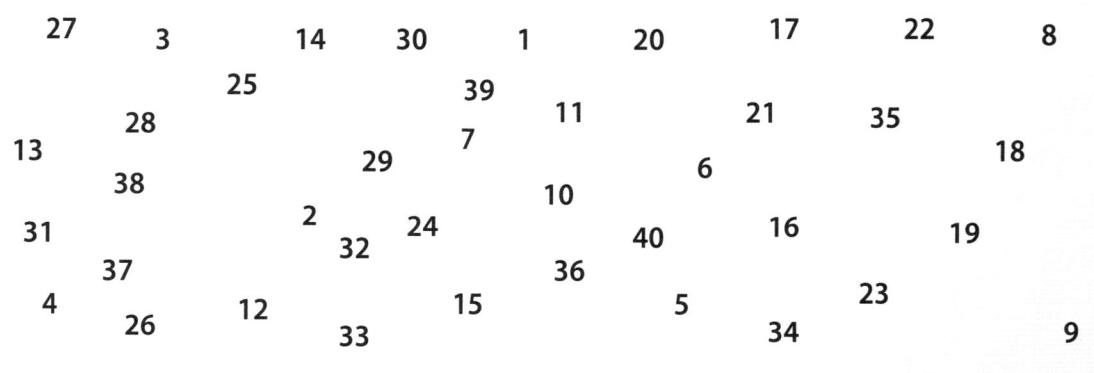

489. Buchstaben verbinden

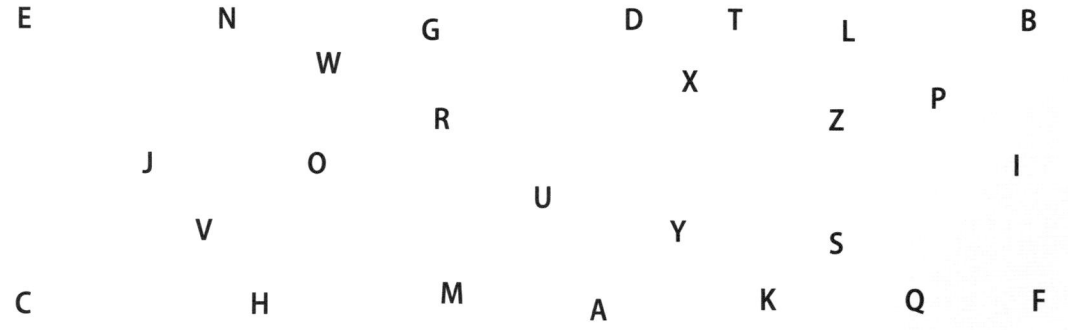

Lösung

Zu 488.

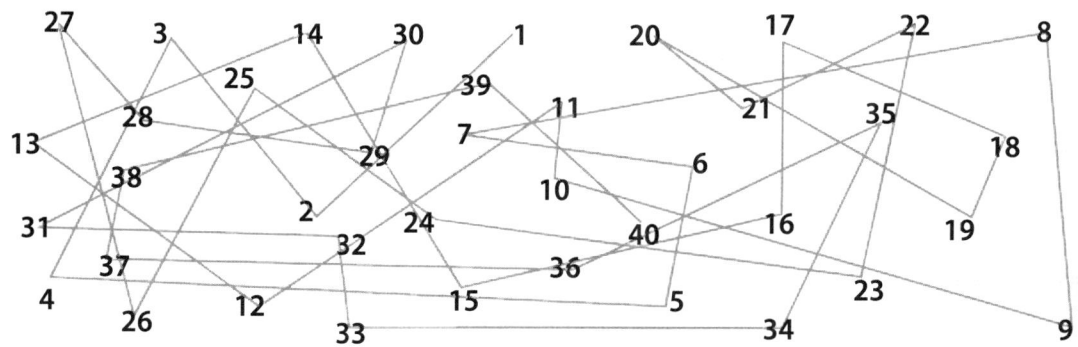

Zu 489.

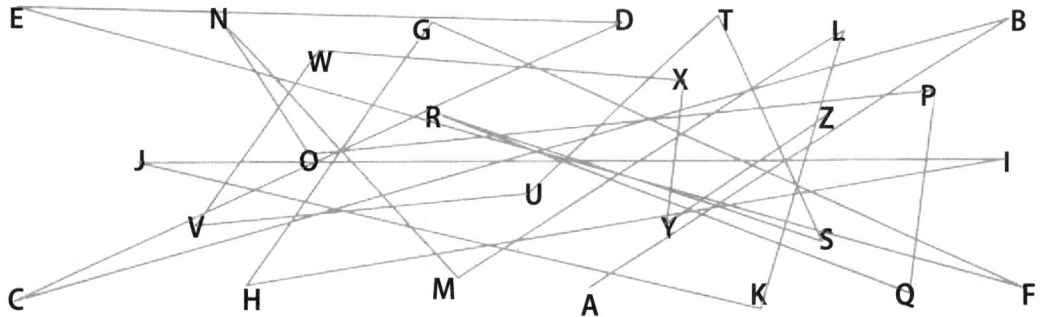

Erinnerungs- und Konzentrationsvermögen

Kundendatei

Einprägezeit 5 Minuten

In diesem Abschnitt wird geprüft, wie gut Sie sich bestimmte Informationen merken können.

Prägen Sie sich dazu die einzelnen Informationen aus der folgenden Kundendatei ein.

Hierbei dürfen Sie keine Notizen vermerken – legen Sie daher bitte alle Schreibgeräte zur Seite.

Sie erfahren den Namen, den Vornamen, die Stadt, den Beruf, das Alter und das Aufnahmejahr des Kunden.

Kundendatei

Zum Einprägen der Kundendatei haben Sie **5 Minuten** Zeit.

Name	Vorname	Wohnort	Beruf	Alter	Aufnahme
Artinger	Adelbert	Andernach	Aktuar	28	2003
Borowski	Brunhilde	Borken	Betriebsleiterin	34	2004
Chieslak	Christopher	Coswig	Chirurg	38	2005
Distler	Danika	Dornstetten	Dachdeckerin	42	2006
Esslinger	Elisabeth	Eppingen	Erzieherin	46	2007

Alle Kundendaten sind frei erfunden.

Um sich das Einprägen zu erleichtern, sollten Sie folgende Hinweise beachten:

¬ Die fünf Kunden sind in der Tabelle alphabetisch sortiert.

¬ In allen sechs Kategorien sind die Inhalte von oben nach unten alphabetisch und numerisch aufsteigend geordnet.

¬ Die Anfangsbuchstaben aller Begriffe innerhalb einer Tabellenzeile sind identisch.

(!) *Hinweis*

Nachdem Sie sich die Kundendatei eingeprägt haben, sollten Sie sich 2 Minuten mit etwas anderem beschäftigen, bevor Sie die dazugehörigen Fragen aus dem Gedächtnis beantworten.

Bitte decken Sie dafür diese Seite ab.

Kundendatei

Bearbeitungszeit 4 Minuten

Nun wird Ihr Erinnerungsvermögen geprüft.

Ihnen wurde eine Tabelle mit verschiedenen Kundendaten – Name, Vorname, Wohnort, Beruf, Alter und Aufnahmejahr – vorgelegt, die Sie sich einprägen sollten.

Beantworten Sie bitte jetzt die folgenden Fragen zur Kundendatei, indem Sie jeweils den richtigen Buchstaben markieren.

490. Wie heißt Herr Artinger mit Vornamen?

A. Albert
B. August
C. Adrian
D. Adelbert
E. Alexander

491. Wie heißt Frau Borowski mit Vornamen?

A. Barbara
B. Birgit
C. Brunhilde
D. Bianka
E. Bärbel

492. In welcher Stadt wohnt Frau Borowski?

A. Breckerfeld
B. Bassum
C. Bernau
D. Borken
E. Boxberg

493. In welcher Stadt wohnt Herr Chieslak?

A. Coswig
B. Colditz
C. Cottbus
D. Celle
E. Chemnitz

494. In welcher Stadt wohnt Frau Esslinger?

A. Eisfeld
B. Erding
C. Ellingen
D. Eppingen
E. Esslingen

495. Wie alt ist Herr Artinger?

A. 20 Jahre
B. 26 Jahre
C. 28 Jahre
D. 42 Jahre
E. 46 Jahre

496. Wie alt ist Frau Distler?

A. 28 Jahre
B. 36 Jahre
C. 38 Jahre
D. 42 Jahre
E. 48 Jahre

497. Wie alt ist Frau Esslinger?

A. 20 Jahre
B. 26 Jahre
C. 34 Jahre
D. 42 Jahre
E. 46 Jahre

498. Welchen Beruf übt Herr Chieslak aus?

A. Chefarzt
B. Chemiker
C. Chirurg
D. Clown
E. Category Manager

499. Welchen Beruf übt Frau Distler aus?

A. Dozentin
B. Designerin
C. Datenerfasserin
D. Dachdeckerin
E. Detektivin

500. Welchen Beruf übt Frau Esslinger aus?

A. Elektronikerin
B. Erzieherin
C. Entertainerin
D. Ergotherapeutin
E. Ethnologin

Lösung

Zu 490.
D. Adelbert

Zu 491.
C. Brunhilde

Zu 492.
D. Borken

Zu 493.
A. Coswig

Zu 494.
D. Eppingen

Zu 495.
C. 28 Jahre

Zu 496.
D. 42 Jahre

Zu 497.
E. 46 Jahre

Zu 498.
C. Chirurg

Zu 499.
D. Dachdeckerin

Zu 500.
B. Erzieherin

Adressbuch

Nun steht Ihr Erinnerungsvermögen auf dem Prüfstand.

Beantworten Sie bitte die folgenden Aufgaben, indem Sie jeweils den richtigen Buchstaben markieren.

501. In welcher Stadt wohnt der Kunde Bauer?

A. Darmstadt
B. Mainz
C. Hannover
D. Ingolstadt
E. Dresden

502. In welcher Stadt wohnt der Kunde Sauer?

A. Neunkirchen
B. Fulda
C. Dresden
D. Ingolstadt
E. Berlin

503. In welcher Stadt wohnt der Kunde Schweizer?

A. Fulda
B. Mainz
C. Aalen
D. Lübeck
E. Hannover

504. Welche Postleitzahl stammt aus Neunkirchen?

A. 30165
B. 73433
C. 23552
D. 51147
E. 66538

505. Welche Postleitzahl stammt aus Darmstadt?

A. 64291
B. 01097
C. 85053
D. 73433
E. 23552

506. In welcher Straße wohnt Kundin Nordermann?

A. Hauptstraße 85
B. Liebigstraße 64
C. Im Wiesengrund 23
D. Berliner Chaussee 51
E. Elbestraße 01

507. In welcher Straße wohnt Kundin Haas?

A. Berliner Chaussee 51
B. Liebigstraße 64
C. Nordseepromenade 19
D. Balthasar-Neumann-Straße 12
E. Im Wiesengrund 23

508. In welcher Straße wohnt Kundin Niemann?

A. Lessingstraße 30
B. Liebigstraße 64
C. Balthasar-Neumann-Straße 12
D. Hauptstraße 85
E. Elbestraße 01

509. Wie lautet die Hausnummer des Kunden Bauer?

    A. 36

    B. 85

    C. 73

    D. 30

    E. 12

510. Wie lautet die Hausnummer des Kunden Mayer?

    A. 36

    B. 85

    C. 73

    D. 30

    E. 19

Lösung

Zu 501.
D. Ingolstadt

Zu 502.
C. Dresden

Zu 503.
D. Lübeck

Zu 504.
E. 66538

Zu 505.
A. 64291

Zu 506.
D. Berliner Chaussee 51

Zu 507.
B. Liebigstraße

Zu 508.
A. Lessingstraße 30

Zu 509.
B. 85

Zu 510.
E. 19

Lösungshilfe: Faustregel Postleitzahlen

¬ PLZ 00000–09999:   Sachsen, Sachsen-Anhalt Süd, Thüringen Ost, Brandenburg Süd
¬ PLZ 10000–19999:   Berlin, Brandenburg, Mecklenburg-Vorpommern
¬ PLZ 20000–29999:   Schleswig-Holstein, Hamburg, Bremen, Niedersachsen Nord
¬ PLZ 30000–39999:   Niedersachsen Süd, Hessen Nord und Mitte, Sachsen-Anhalt Nord
¬ PLZ 40000–49999:   Nordrhein-Westfalen Nord, Niedersachsen West
¬ PLZ 50000–59999:   Nordrhein-Westfalen Süd, Rheinland-Pfalz
¬ PLZ 60000–69999:   Saarland, Hessen Süd, Baden-Württemberg Nord
¬ PLZ 70000–79999:   Baden-Württemberg
¬ PLZ 80000–89999:   Bayern Mitte und Süd, Baden-Württemberg Südost
¬ PLZ 90000–99999:   Bayern Nord, Thüringen West

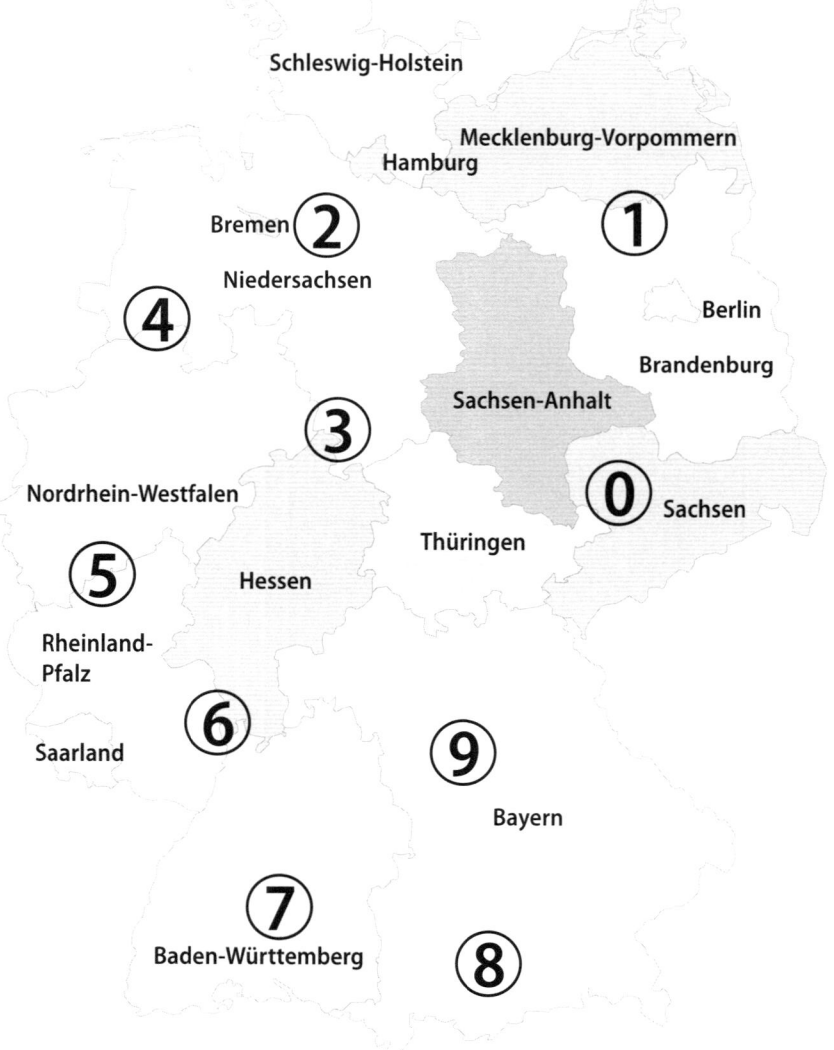

Erinnerungs- und Konzentrationsvermögen

Codierte Wörter   *Aufgabenerklärung*

Nun wird Ihr Konzentrationsvermögen getestet.

Setzen Sie aus den angegebenen Städte- und Einrichtungscodes die jeweils richtige Zahlenkombination zusammen.

Hierzu ein Beispiel

Code-Tabelle

Einrichtung	Code	Stadt	Code
Stadthalle	03	Rostock	08
Schule	04	Berlin	09
Krankenhaus	05	Potsdam	10

Aufgabe

1. **Wie lautet der Code für die Schule in Berlin?**

Antwort

1. **Wie lautet der Code für die Schule in Berlin?**

04 (Code für Schule) + 09 (Code für Berlin) = **0409**

Codierte Wörter

Beantworten Sie bitte die folgenden Aufgaben, indem Sie jeweils den richtigen Code eintragen.

Die Bearbeitungszeit für die folgenden Aufgaben beträgt **4 Minuten**.

Code-Tabelle

Einrichtung	Code	Stadt	Code
Theater	01	Hannover	01
Schwimmbad	02	Kassel	02
Stadthalle	03	Würzburg	03
Schule	04	Karlsruhe	04
Krankenhaus	05	Aachen	05
Universität	06	München	06
Patentamt	07	Osnabrück	07
Polizei	08	Rostock	08
Bundeswehr	09	Berlin	09
Feuerwehr	10	Potsdam	10

511. **Wie lautet der Code für die Schule in Karlsruhe?**

512. **Wie lautet der Code für das Theater in Hannover?**

513. **Wie lautet der Code für das Schwimmbad in Kassel?**

514. **Wie lautet der Code für die Polizei in Rostock?**

515. **Wie lautet der Code für das Patentamt in Osnabrück?**

516. **Wie lautet der Code für die Universität in München?**

517. **Wie lautet der Code für das Krankenhaus in Aachen?**

518. **Wie lautet der Code für die Stadthalle in Würzburg?**

519. **Wie lautet der Code für die Bundeswehr in Berlin?**

520. Wie lautet der Code für die Feuerwehr in Potsdam?

521. Wie lautet der Code für das Theater in Karlsruhe?

522. Wie lautet der Code für das Krankenhaus in Würzburg?

523. Wie lautet der Code für die Polizei in Berlin?

524. Wie lautet der Code für das Schwimmbad in Rostock?

525. Wie lautet der Code für die Stadthalle in Osnabrück?

526. Wie lautet der Code für die Universität in Hannover?

527. Wie lautet der Code für das Patentamt in Aachen?

528. Wie lautet der Code für die Schule in München?

529. Wie lautet der Code für die Bundeswehr in Potsdam?

530. Wie lautet der Code für die Feuerwehr in Kassel?

531. Wie lautet der Code für das Schwimmbad in Potsdam?

532. Wie lautet der Code für die Universität in Berlin?

533. Wie lautet der Code für die Polizei in Aachen?

534. Wie lautet der Code für die Schule in Kassel?

535. Wie lautet der Code für das Krankenhaus in Hannover?

536. Wie lautet der Code für das Theater in Würzburg?

537. Wie lautet der Code für die Stadthalle in München?

538. Wie lautet der Code für das Patentamt in Würzburg?

539. Wie lautet der Code für die Bundeswehr in Osnabrück?

540. Wie lautet der Code für die Feuerwehr in Rostock?

541. Wie lautet der Code für das Krankenhaus in Berlin?

542. Wie lautet der Code für die Polizei in München?

543. Wie lautet der Code für die Schule in Potsdam?

544. Wie lautet der Code für das Schwimmbad in Hannover?

545. Wie lautet der Code für das Theater in Berlin?

546. Wie lautet der Code für das Patentamt in Karlsruhe?

547. Wie lautet der Code für die Stadthalle in Kassel?

548. Wie lautet der Code für die Universität in Aachen?

549. Wie lautet der Code für die Feuerwehr in Würzburg?

550. Wie lautet der Code für die Bundeswehr in Rostock?

Code-Tabelle *(Wiederholung)*

Einrichtung	Code	Stadt	Code
Theater	01	Hannover	01
Schwimmbad	02	Kassel	02
Stadthalle	03	Würzburg	03
Schule	04	Karlsruhe	04
Krankenhaus	05	Aachen	05
Universität	06	München	06
Patentamt	07	Osnabrück	07
Polizei	08	Rostock	08
Bundeswehr	09	Berlin	09
Feuerwehr	10	Potsdam	10

Lösung

Zu 511. Wie lautet der Code für die Schule in Karlsruhe?   0404

Zu 512. Wie lautet der Code für das Theater in Hannover?   0101

Zu 513. Wie lautet der Code für das Schwimmbad in Kassel?   0202

Zu 514. Wie lautet der Code für die Polizei in Rostock?   0808

Zu 515. Wie lautet der Code für das Patentamt in Osnabrück?   0707

Zu 516. Wie lautet der Code für die Universität in München?   0606

Zu 517. Wie lautet der Code für das Krankenhaus in Aachen?   0505

Zu 518. Wie lautet der Code für die Stadthalle in Würzburg?   0303

Zu 519. Wie lautet der Code für die Bundeswehr in Berlin?   0909

Zu 520. Wie lautet der Code für die Feuerwehr in Potsdam?   1010

Zu 521. Wie lautet der Code für das Theater in Karlsruhe?   0104

Zu 522. Wie lautet der Code für das Krankenhaus in Würzburg?   0503

Zu 523. Wie lautet der Code für die Polizei in Berlin?   0809

Zu 524. Wie lautet der Code für das Schwimmbad in Rostock?   0208

Zu 525. Wie lautet der Code für die Stadthalle in Osnabrück?   0307

Zu 526. Wie lautet der Code für die Universität in Hannover?   0601

Zu 527. Wie lautet der Code für das Patentamt in Aachen?   0705

Zu 528. Wie lautet der Code für die Schule in München?   0406

Zu 529. Wie lautet der Code für die Bundeswehr in Potsdam?   0910

Zu 530. Wie lautet der Code für die Feuerwehr in Kassel?   1002

Zu 531. Wie lautet der Code für das Schwimmbad in Potsdam?   0210

Zu 532. Wie lautet der Code für die Universität in Berlin?   0609

Zu 533. Wie lautet der Code für die Polizei in Aachen?   0805

Zu 534. Wie lautet der Code für die Schule in Kassel?   0402

Zu 535. Wie lautet der Code für das Krankenhaus in Hannover?   0501

Zu 536. Wie lautet der Code für das Theater in Würzburg?   0103

Zu 537. Wie lautet der Code für die Stadthalle in München?   0306

Zu 538. Wie lautet der Code für das Patentamt in Würzburg?   0703

Zu 539. Wie lautet der Code für die Bundeswehr in Osnabrück?   0907

Zu 540. Wie lautet der Code für die Feuerwehr in Rostock?   1008

Zu 541. Wie lautet der Code für das Krankenhaus in Berlin?   0509

Zu 542. Wie lautet der Code für die Polizei in München?   0806

Zu 543. Wie lautet der Code für die Schule in Potsdam?   0410

Zu 544. Wie lautet der Code für das Schwimmbad in Hannover?   0201

Zu 545. Wie lautet der Code für das Theater in Berlin?   0109

Zu 546. Wie lautet der Code für das Patentamt in Karlsruhe?   0704

Zu 547. Wie lautet der Code für die Stadthalle in Kassel?   0302

Zu 548. Wie lautet der Code für die Universität in Aachen?   0605

Zu 549. Wie lautet der Code für die Feuerwehr in Würzburg?   1003

Zu 550. Wie lautet der Code für die Bundeswehr in Rostock?   0908

Erinnerungs- und Konzentrationsvermögen

Zahlenkarten kategorisieren

In dieser Aufgabe wird Ihr Leistungsvermögen unter hohem Zeitdruck geprüft.

Jeder Aufgabenblock konfrontiert Sie mit verschiedenen Zahlenkarten, auf denen jeweils zwei Zahlen angegeben sind. Entscheiden Sie anhand der angegebenen Bedingungen, in welche von drei Kategorien die Zahlenkarten einzusortieren sind.

Hierzu ein Beispiel

Kategorietabelle

Kategorie A	Obere Zahl > 200	Untere Zahl < 0,042
Kategorie B	Obere Zahl < 200	Untere Zahl > 0,042
Kategorie C	Alle anderen Zahlenkarten	

Aufgabe

Aufgabe	1.	2.	3.
Obere Zahl	202	120	202
Untere Zahl	0,011	0,082	0,089
Kategorie ?			

Antwort

Aufgabe	1.	2.	3.
Obere Zahl	202	120	202
Untere Zahl	0,011	0,082	0,089
Kategorie ?	A	B	C

Zahlenkarten kategorisieren

Bearbeitungszeit 2 Minuten

Ordnen Sie nun jede Zahlenkarte der richtigen Kategorie zu, indem Sie unter jede Karte den Buchstaben A, B oder C eintragen. Sie können in der vorgegebenen Zeit wahrscheinlich nicht alle Aufgaben lösen.

Kategorietabelle

Kategorie A	Obere Zahl > 150	Untere Zahl < 0,087
Kategorie B	Obere Zahl < 150	Untere Zahl > 0,087
Kategorie C	Alle anderen Zahlenkarten	

Block A

Aufgabe	551.	552.	553.	554.	555.	556.	557.	558.
Obere Zahl	240	202	147	169	174	187	139	126
Untere Zahl	0,032	0,011	0,099	0,067	0,035	0,015	0,088	0,91
Kategorie ?								

Block B

Aufgabe	559.	560.	561.	562.	563.	564.	565.	566.
Obere Zahl	151	140	178	203	125	87	197	129
Untere Zahl	0,064	0,98	0,044	0,086	0,87	15	0,08	0,07
Kategorie ?								

Block C

Aufgabe	567.	568.	569.	570.	571.	572.	573.	574.
Obere Zahl	147,8	64	165	97	137	143	171	100
Untere Zahl	0,95	0,0087	0,049	0,97	0,0067	0,097	0,078	100
Kategorie ?								

Block D

Aufgabe	575.	576.	577.	578.	579.	580.	581.	582.
Obere Zahl	15	150,5	148	163	228	147	87	174
Untere Zahl	8,7	0,0088	0,048	0,08	0,054	0,0048	149,9	0,089
Kategorie ?								

Block E

Aufgabe	583.	584.	585.	586.	587.	588.	589.	590.
Obere Zahl	15,0	148,7	0,151	150,1	154,1	124	0,987	155,5
Untere Zahl	0,86	0,0086	0,807	0,009	0,095	0,064	138	0,099
Kategorie ?								

Lösung

Kategorietabelle

Kategorie A	Obere Zahl > 150	Untere Zahl < 0,087
Kategorie B	Obere Zahl < 150	Untere Zahl > 0,087
Kategorie C	Alle anderen Zahlenkarten	

Block A

Aufgabe	Zu 551.	Zu 552.	Zu 553.	Zu 554.	Zu 555.	Zu 556.	Zu 557.	Zu 558.
Obere Zahl	240	202	147	169	174	187	139	126
Untere Zahl	0,032	0,011	0,099	0,067	0,035	0,015	0,088	0,91
Kategorie ?	A	A	B	A	A	A	B	B

Block B

Aufgabe	Zu 559.	Zu 560.	Zu 561.	Zu 562.	Zu 563.	Zu 564.	Zu 565.	Zu 566.
Obere Zahl	151	140	178	203	125	87	197	129
Untere Zahl	0,064	0,98	0,044	0,086	0,87	15	0,08	0,07
Kategorie ?	A	B	A	A	B	B	A	C

Block C

Aufgabe	Zu 567.	Zu 568.	Zu 569.	Zu 570.	Zu 571.	Zu 572.	Zu 573.	Zu 574.
Obere Zahl	147,8	64	165	97	137	143	171	100
Untere Zahl	0,95	0,0087	0,049	0,97	0,0067	0,097	0,078	100
Kategorie ?	B	C	A	B	C	B	A	B

Block D

Aufgabe	Zu 575.	Zu 576.	Zu 577.	Zu 578.	Zu 579.	Zu 580.	Zu 581.	Zu 582.
Obere Zahl	15	150,5	148	163	228	147	87	174
Untere Zahl	8,7	0,0088	0,048	0,08	0,054	0,0048	149,9	0,089
Kategorie ?	B	A	C	A	A	C	B	C

Block E

Aufgabe	Zu 583.	Zu 584.	Zu 585.	Zu 586.	Zu 587.	Zu 588.	Zu 589.	Zu 590.
Obere Zahl	15,0	148,7	0,151	150,1	154,1	124	0,987	155,5
Untere Zahl	0,86	0,0086	0,807	0,009	0,095	0,064	138	0,099
Kategorie ?	B	C	B	A	C	C	B	C

Erinnerungs- und Konzentrationsvermögen

Aktenschrank

Bearbeitungszeit 3 Minuten

Sortieren Sie die nachfolgenden Kundenakten bitte in den Aktenschrank ein, indem Sie für jede Kundenakte die richtige Zahl in das Feld eintragen.

Der Aktenschrank ist alphabetisch nach folgendem System aufgebaut:

1	2	3	4	5	6	7	8	9	10
Aa	Ba	Ca	Da	Ea	Fa	Ga	Ha	Hm	Ia
- Az	- Bz	- Cz	- Dz	- Ez	- Fz	- Gz	- Hl	- Hz	- Iz

11	12	13	14	15	16	17	18	19	20
Ja	Ka	Km	La	Lm	Ma	Mm	Na	Oa	Pa
- Jz	- Kl	- Kz	- Ll	- Lz	- Ml	- Mz	- Nz	- Oz	- Pz

21	22	23	24	25	26	27	28	29	30
Qa	Qm	Ra	Rm	Sa	Sm	Ta	Tm	Ua	Um
- Ql	- Qz	- Rl	- Rz	- Sl	- Sz	- Tl	- Tz	- Ul	- Zu

31	32	33	34	35	36	37	38	39	40
Va	Vm	Wa	Wm	Xa	Xm	Ya	Ym	Za	Zm
- Vl	- Vz	- Wl	- Wz	- Xl	- Xz	- Yl	- Yz	- Zl	- Zz

591. Unter welcher Zahl wird die Akte des Kunden Heinrich einsortiert?

592. Unter welcher Zahl wird die Akte des Kunden Becker einsortiert?

593. Unter welcher Zahl wird die Akte des Kunden Schröder einsortiert?

594. Unter welcher Zahl wird die Akte des Kunden Krüger einsortiert?

595. Unter welcher Zahl wird die Akte des Kunden Krause einsortiert?

596. Unter welcher Zahl wird die Akte des Kunden Schmitt einsortiert?

597. Unter welcher Zahl wird die Akte des Kunden Herrmann einsortiert?

598. Unter welcher Zahl wird die Akte des Kunden Walter einsortiert?

599. Unter welcher Zahl wird die Akte des Kunden Schuster einsortiert?

600. Unter welcher Zahl wird die Akte des Kunden Köhler einsortiert?

601. Unter welcher Zahl wird die Akte des Kunden Burkhart einsortiert?

602. Unter welcher Zahl wird die Akte des Kunden Meier einsortiert?

603. Unter welcher Zahl wird die Akte des Kunden König einsortiert?

604. Unter welcher Zahl wird die Akte des Kunden Fuchs einsortiert?

605. Unter welcher Zahl wird die Akte des Kunden Möller einsortiert?

606. Unter welcher Zahl wird die Akte des Kunden Reger einsortiert?

607. Unter welcher Zahl wird die Akte des Kunden Lang einsortiert?

608. Unter welcher Zahl wird die Akte des Kunden Jung einsortiert?

609. Unter welcher Zahl wird die Akte des Kunden Weiß einsortiert?

610. Unter welcher Zahl wird die Akte des Kunden Huber einsortiert?

611. Unter welcher Zahl wird die Akte des Kunden Scholz einsortiert?

612. Unter welcher Zahl wird die Akte des Kunden Vogel einsortiert?

613. Unter welcher Zahl wird die Akte des Kunden Wilhelms einsortiert?

614. Unter welcher Zahl wird die Akte des Kunden Friedrich einsortiert?

615. Unter welcher Zahl wird die Akte des Kunden Berger einsortiert?

616. Unter welcher Zahl wird die Akte des Kunden Roth einsortiert?

617. Unter welcher Zahl wird die Akte des Kunden Schubert einsortiert?

618. Unter welcher Zahl wird die Akte des Kunden Baumann einsortiert?

619. Unter welcher Zahl wird die Akte des Kunden Albers einsortiert?

620. Unter welcher Zahl wird die Akte des Kunden Böhm einsortiert?

621. Unter welcher Zahl wird die Akte des Kunden Krämer einsortiert?

622. Unter welcher Zahl wird die Akte des Kunden Seidel einsortiert?

623. Unter welcher Zahl wird die Akte des Kunden Jäger einsortiert?

624. Unter welcher Zahl wird die Akte des Kunden Brandt einsortiert?

625. Unter welcher Zahl wird die Akte des Kunden Bücher einsortiert?

626. Unter welcher Zahl wird die Akte des Kunden Haas einsortiert?

627. Unter welcher Zahl wird die Akte des Kunden Kühn einsortiert?

628. Unter welcher Zahl wird die Akte des Kunden Pohl einsortiert?

629. Unter welcher Zahl wird die Akte des Kunden Voigt einsortiert?

630. Unter welcher Zahl wird die Akte des Kunden Groß einsortiert?

Lösung

Zu 591. Unter welcher Zahl wird die Akte des Kunden Heinrich einsortiert? 8

Zu 592. Unter welcher Zahl wird die Akte des Kunden Becker einsortiert? 2

Zu 593. Unter welcher Zahl wird die Akte des Kunden Schröder einsortiert? 25

Zu 594. Unter welcher Zahl wird die Akte des Kunden Krüger einsortiert? 13

Zu 595. Unter welcher Zahl wird die Akte des Kunden Krause einsortiert? 13

Zu 596. Unter welcher Zahl wird die Akte des Kunden Schmitt einsortiert? 25

Zu 597. Unter welcher Zahl wird die Akte des Kunden Herrmann einsortiert? 8

Zu 598. Unter welcher Zahl wird die Akte des Kunden Walter einsortiert? 33

Zu 599. Unter welcher Zahl wird die Akte des Kunden Schuster einsortiert? 25

Zu 600. Unter welcher Zahl wird die Akte des Kunden Köhler einsortiert? 13

Zu 601. Unter welcher Zahl wird die Akte des Kunden Burkhart einsortiert? 2

Zu 602. Unter welcher Zahl wird die Akte des Kunden Meier einsortiert? 16

Zu 603. Unter welcher Zahl wird die Akte des Kunden König einsortiert? 13

Zu 604. Unter welcher Zahl wird die Akte des Kunden Fuchs einsortiert? 6

Zu 605. Unter welcher Zahl wird die Akte des Kunden Möller einsortiert? 17

Zu 606. Unter welcher Zahl wird die Akte des Kunden Reger einsortiert? 23

Zu 607. Unter welcher Zahl wird die Akte des Kunden Lang einsortiert? 14

Zu 608. Unter welcher Zahl wird die Akte des Kunden Jung einsortiert? 11

Zu 609. Unter welcher Zahl wird die Akte des Kunden Weiß einsortiert? 33

Zu 610. Unter welcher Zahl wird die Akte des Kunden Huber einsortiert? 9

Zu 611. Unter welcher Zahl wird die Akte des Kunden Scholz einsortiert? 25

Zu 612. Unter welcher Zahl wird die Akte des Kunden Vogel einsortiert? 32

Zu 613. Unter welcher Zahl wird die Akte des Kunden Wilhelms einsortiert? 33

Zu 614. Unter welcher Zahl wird die Akte des Kunden Friedrich einsortiert? 6

Zu 615. Unter welcher Zahl wird die Akte des Kunden Berger einsortiert? 2

Zu 616. Unter welcher Zahl wird die Akte des Kunden Roth einsortiert? 24

Zu 617. Unter welcher Zahl wird die Akte des Kunden Schubert einsortiert? 25

Zu 618. Unter welcher Zahl wird die Akte des Kunden Baumann einsortiert? 2

Zu 619. Unter welcher Zahl wird die Akte des Kunden Albers einsortiert? 1

Zu 620. Unter welcher Zahl wird die Akte des Kunden Böhm einsortiert? 2

Zu 621. Unter welcher Zahl wird die Akte des Kunden Krämer einsortiert? 13

Zu 622. Unter welcher Zahl wird die Akte des Kunden Seidel einsortiert? 25

Zu 623. Unter welcher Zahl wird die Akte des Kunden Jäger einsortiert? 11

Zu 624. Unter welcher Zahl wird die Akte des Kunden Brandt einsortiert? 2

Zu 625. Unter welcher Zahl wird die Akte des Kunden Bücher einsortiert? 2

Zu 626. Unter welcher Zahl wird die Akte des Kunden Haas einsortiert? 8

Zu 627. Unter welcher Zahl wird die Akte des Kunden Kühn einsortiert? 13

Zu 628. Unter welcher Zahl wird die Akte des Kunden Pohl einsortiert? 20

Zu 629. Unter welcher Zahl wird die Akte des Kunden Voigt einsortiert? 32

Zu 630. Unter welcher Zahl wird die Akte des Kunden Groß einsortiert? 7

Erinnerungs- und Konzentrationsvermögen

Original und Abschrift   *Bearbeitungszeit 3 Minuten*

Bei dieser Aufgabe geht es darum, Zahlen- und/oder Buchstabenfolgen miteinander zu vergleichen.
Sie erhalten pro Aufgabe jeweils eine Originalreihe und eine Abschrift.
Überprüfen Sie die Abschriften bitte – Stelle für Stelle – auf Tippfehler und tragen Sie die Anzahl
der in einer Zeile gefundenen Fehler in das leere Kästchen ein.

	Original	Abschrift	Fehler		Original	Abschrift	Fehler
631.	2158318	2156316		651.	HGRFLED	HGRFLEB	
632.	6458482	6258284		652.	RAGSEFA	RAGBEEA	
633.	1859782	1869762		653.	JAHWERS	JAHVERS	
634.	3587197	3287187		654.	HATWRSD	HATWBSD	
635.	5784986	5789486		655.	ÖAJRSFAJ	OAJRSEAJ	
636.	2258791	2258797		656.	JAHWNMN	JAHVMNN	
637.	5478615	5478916		657.	MNMNNMM	MNNNMMM	
638.	7945874	7943874		658.	kjhdHJGG	kjhbHJgG	
639.	6487459	6481456		659.	lkjdsURT	lkjDsuRT	
640.	3124587	8124531		660.	ncHgsTG	ncHgStg	
641.	5487951	5487851		661.	jbdEF>E=	jdbEE>E=	
642.	6547894	6541894		662.	QoOqbpBD	QOOqdpbD	
643.	3249782	3248788		663.	JA54zR7CD	JJA54zR7C	
644.	3597874	3597824		664.	JY23BDQO	JYY23BDO	
645.	3549872	3649612		665.	GA+32BBD>	GA+82BDD>	
646.	0054862	0005486		666.	&%G?ARV	&%$%§RV	
647.	0010124	0010012		667.	FIE§§!5 668	FIE§$!5 868	
648.	1115482	1154822		668.	ÜüÖöOoUu	ÜüÖoOUu	
649.	2211223	2221113		669.	ÖöÜüQqOo	ÖöÜüObOo	
650.	3344556	3344456		670.	bddbdbdb	bdbbdddb	

Lösung

Original	Abschrift	Fehler	Original	Abschrift	Fehler
Zu 631. 2158318	2156316	2	Zu 651. HGRFLED	HGRFLEB	1
Zu 632. 6458482	6258284	3	Zu 652. RAGSEFA	RAGBEEA	2
Zu 633. 1859782	1869762	2	Zu 653. JAHWERS	JAHVERS	1
Zu 634. 3587197	3287187	2	Zu 654. HATWRSD	HATWBSD	1
Zu 635. 5784986	5789486	2	Zu 655. ÖAJRSFAJ	OAJRSEAJ	2
Zu 636. 2258791	2258797	1	Zu 656. JAHWNMN	JAHVMNN	3
Zu 637. 5478615	5478916	2	Zu 657. MNMNNMM	MNNNMMM	2
Zu 638. 7945874	7943874	1	Zu 658. kjhdHJGG	kjhbHJgG	2
Zu 639. 6487459	6481456	2	Zu 659. lkjdsURT	lkjDsuRT	2
Zu 640. 3124587	8124531	3	Zu 660. ncHgsTG	ncHgStg	3
Zu 641. 5487951	5487851	1	Zu 661. jbdEF>E=	jdbEE>E=	3
Zu 642. 6547894	6541894	1	Zu 662. QoOqbpBD	QOOqdpbD	3
Zu 643. 3249782	3248788	2	Zu 663. JA54zR7CD	JJA54zR7C	8
Zu 644. 3597874	3597824	1	Zu 664. JY23BDQO	JYY23BDO	5
Zu 645. 3549872	3649612	3	Zu 665. GA+32BBD>	GA+82BDD>	2
Zu 646. 0054862	0005486	5	Zu 666. &%G?ARV	&%$%§RV	3
Zu 647. 0010124	0010012	3	Zu 667. FIE§§!5 668	FIE§§!5 868	2
Zu 648. 1115482	1154822	4	Zu 668. ÜüÖöOoUu	ÜüöÖoOUu	4
Zu 649. 2211223	2221113	3	Zu 669. ÖöÜüQqOo	ÖöÜüObOo	2
Zu 650. 3344556	3344456	1	Zu 670. bddbdbdb	bdbbdddb	2

Erinnerungs- und Konzentrationsvermögen

Zeitmanagement

Dieser Abschnitt prüft Ihr Organisationstalent unter Zeitdruck.

Paula will sich innerhalb von 5 Tagen auf 15 Prüfungsthemen vorbereiten. Jedes Thema beansprucht unterschiedlich viel Vorbereitungszeit (siehe Tabelle). Zum Lernen stehen Paula an jedem Tag bestimmte Zeiträume zur Verfügung, die sie im Kalender notiert hat.

Nur wenn Paula die Prüfungsthemen geschickt verteilt und alle Zeitfenster restlos ausfüllt, kann sie sich auf sämtliche Punkte vorbereiten. Wie muss sie vorgehen? Bitte bilden Sie aus den 15 Themen 5 Lerneinheiten und tragen Sie diese in die Kalenderfelder ein.

Vorbereitungszeiten

Thema 1	Thema 2	Thema 3	Thema 4	Thema 5	Thema 6	Thema 7	Thema 8
95 Min.	15 Min.	5 Min.	21 Min.	65 Min.	6 Min.	7 Min.	25 Min.

Thema 9	Thema 10	Thema 11	Thema 12	Thema 13	Thema 14	Thema 15
18 Min.	55 Min.	16 Min.	19 Min.	17 Min.	4 Min.	12 Min.

671. Montag

Lernen:
7:45–8:25
(40 Min.)

674. Donnerstag

Lernen:
7:40–8:25
(45 Min.)

672. Dienstag

Lernen:
16:30–17:20
(50 Min.)

675. Freitag

Lernen:
9:20–11:05
(105 Min.)

673. Mittwoch

Lernen:
15:30–17:50
(140 Min.)

Lösung

Zu 671. Montag

Lernen:
7:45–8:25
(40 Min.)

Thema 4 (21 Min.)
Thema 12 (19 Min.)

Zu 674. Donnerstag

Lernen:
7:40–8:25
(45 Min.)

Thema 13 (17 Min.)
Thema 11 (16 Min.)
Thema 15 (12 Min.)

Zu 672. Dienstag

Lernen:
16:30–17:20
(50 Min.)

Thema 8 (25 Min.)
Thema 9 (18 Min.)
Thema 7 (7 Min.)

Zu 675. Freitag

Lernen:
9:20–11:05
(105 Min.)

Thema 1 (95 Min.)
Thema 6 (6 Min.)
Thema 14 (4 Min.)

Zu 673. Mittwoch

Lernen:
15:30–17:50
(140 Min.)

Thema 5 (65 Min.)
Thema 10 (55 Min.)
Thema 2 (15 Min.)
Thema 3 (5 Min.)

Lösungshinweis

Für diese Aufgabe gibt es nur eine Lösung. Am geschicktesten widmen Sie sich zunächst den zeitaufwändigsten Themen 1, 5 und 10, die nur mittwochs oder freitags unterkommen können. Mit Thema 1 am Mittwoch bliebe für die beiden anderen Themen jedoch weder mittwochs noch freitags Zeit – also verplanen Sie Thema 1 freitags und die Themen 5 und 10 mittwochs. Da sich laut Aufgabenstellung nur dann alle Themen behandeln lassen, wenn die Lernzeiten vollständig ausgeschöpft werden, ist der Mittwoch mit den Themen 2 und 3 und der Freitag mit den Themen 6 und 14 aufzufüllen: Anders lassen sich die restlichen 20 bzw. 10 Minuten nicht darstellen.

Nun sind nur noch acht Themen aufzuteilen. Beginnen Sie wiederum bei der längsten Lerndauer: Nach den 25 Minuten Vorbereitung auf Thema 8 würden montags 15 Minuten und donnerstags 20 Minuten übrig bleiben – beide Zeitspannen lassen sich mit den verbleibenden Themen nicht abdecken. Demnach muss Thema 8 am Dienstag behandelt werden, ergänzt durch die Themen 9 und 7. Der montägliche 40-Minuten-Block kann nun nur noch durch die Kombination der Themen 4 und 12 optimal ausgenutzt werden. Die letzten unverplanten Themen 11, 13 und 15 bilden schließlich die Lerneinheit am Donnerstag.

Erinnerungs- und Konzentrationsvermögen

„p" und „q"-Test

In diesem Abschnitt werden Ihre Schnelligkeit und Genauigkeit geprüft.

Sie erhalten in jeder Buchstabenzeile bis zu vier verschiedene Buchstaben, nämlich „p", „b", „d" und „q". Ihre Aufgabe besteht darin, in jeder Zeile die Anzahl der Buchstaben „q" zu zählen und das Ergebnis in die rechte Spalte einzutragen.

Hierzu ein Beispiel

Aufgabe

Aufgabe	1	2	3	4	5	6	7	8	9	10	11	12	13	14	15	16	17	18	19	20	Anzahl
1.	p	b	d	q	p	b	d	q	p	b	d	q	p	b	d	q	p	b	d	q	
2.	q	d	b	p	q	d	b	p	q	d	b	p	q	d	b	p	q	d	b	p	
3.	d	q	p	b	d	q	p	b	d	q	p	b	d	q	p	b	d	q	p	b	

Antwort

Aufgabe	1	2	3	4	5	6	7	8	9	10	11	12	13	14	15	16	17	18	19	20	Anzahl
1.	p	b	d	q	p	b	d	q	p	b	d	q	p	b	d	q	p	b	d	q	5
2.	q	d	b	p	q	d	b	p	q	d	b	p	q	d	b	p	q	d	b	p	5
3.	d	q	p	b	d	q	p	b	d	q	p	b	d	q	p	b	d	q	p	b	5

„p" und „q"-Test

Bitte beginnen Sie nun mit der Aufgabe und notieren Sie die Zahl der pro Zeile gefundenen „q"s in der rechten Spalte.

Aufgabe	1	2	3	4	5	6	7	8	9	10	11	12	13	14	15	16	17	18	19	20	Anzahl
676.	p	p	q	b	p	q	p	b	q	p	p	p	q	b	q	p	d	p	q	p	q	
677.	p	p	b	d	p	p	p	q	p	d	q	p	q	d	q	p	b	p	q	p	q	
678.	p	b	p	q	p	d	d	p	q	p	b	p	q	d	q	p	d	p	q	p	
679.	p	d	p	b	p	q	p	p	b	p	q	q	p	q	p	d	p	q	q	p	
680.	p	d	q	p	d	q	p	b	q	p	q	b	q	d	q	p	p	q	d	q	p	
681.	d	p	p	d	p	b	b	p	d	p	q	p	q	q	q	p	q	p	q	q	
682.	b	p	d	q	p	q	p	d	p	p	q	d	q	p	b	p	b	q	q	
683.	d	p	d	p	p	q	p	q	b	q	p	b	d	p	p	q	p	d	p	
684.	p	p	q	q	d	q	q	p	q	p	d	p	b	p	q	b	p	d	p	d	
685.	p	d	d	p	q	p	b	q	p	b	q	p	q	p	b	p	q	p	q	b	
686.	p	p	d	p	d	p	q	p	q	p	d	p	q	q	b	p	b	p	q	q	
687.	p	q	q	p	q	p	d	p	p	p	d	q	p	d	p	b	p	b	q	
688.	p	b	p	d	d	p	d	p	p	q	p	p	d	p	q	p	b	p	b	p	q	
689.	p	b	b	p	d	p	d	p	p	q	d	q	p	q	q	d	p	q	p	q	
690.	p	p	d	p	b	p	b	b	p	d	p	p	q	q	p	d	p	q	q	
691.	p	d	p	b	q	p	b	q	p	q	p	b	q	q	p	d	p	q	q	q	
692.	p	p	q	p	q	p	q	b	p	q	p	d	q	p	q	d	p	q	p	p	
693.	p	p	b	b	p	d	q	p	q	q	q	p	d	d	p	b	q	p	b	p	
694.	p	p	p	b	p	b	d	p	d	p	q	p	b	p	q	p	q	b	p	p	
695.	p	p	b	p	b	p	d	q	p	q	p	p	q	q	p	d	b	p	q	q	
696.	p	p	b	q	p	p	b	q	p	q	q	p	q	p	d	p	d	p	q	p	
697.	p	p	q	q	p	b	q	q	p	b	q	q	p	d	d	p	q	q	p	p	
698.	p	p	p	b	p	b	p	q	b	q	p	q	d	q	p	d	p	q	p	q	
699.	p	d	p	b	p	d	p	p	b	p	p	q	q	q	p	b	p	q	q	q	
700.	b	p	b	p	d	p	d	p	d	p	p	b	p	q	q	p	p	b	d	p	
701.	p	b	p	b	b	p	p	d	q	p	q	b	q	q	p	d	q	p	q	q	
702.	p	d	p	b	p	p	b	p	q	p	q	p	q	p	d	p	q	p	q	p	
703.	q	p	q	q	p	p	q	p	p	q	p	p	q	p	q	p	p	p	p	q	
704.	p	q	p	d	p	d	p	q	b	b	p	q	p	q	p	b	d	q	p	p	
705.	p	q	p	q	b	q	p	b	p	d	q	d	q	q	p	b	q	p	q	q	
706.	p	p	b	d	d	q	b	q	p	q	p	d	q	p	d	b	p	p	q	p	
707.	p	p	p	p	d	b	d	p	b	p	q	p	b	q	q	q	p	b	p	q	
708.	p	p	p	b	p	b	d	p	d	p	p	d	p	p	q	p	d	p	p	p	
709.	q	p	q	q	q	q	p	d	p	q	p	p	p	q	p	p	d	b	b	q	
710.	p	q	q	p	p	q	q	p	d	q	p	q	p	d	b	p	q	p	p	p	
711.	p	d	p	q	q	p	q	q	q	p	b	d	p	p	p	b	d	d	p	
712.	q	q	q	p	q	p	q	d	q	d	q	b	q	p	b	p	q	p	q	p	
713.	p	q	p	p	q	q	p	p	q	p	q	p	b	p	q	b	q	p	b	p	
714.	p	p	q	q	q	p	p	q	p	b	p	b	d	d	q	p	p	d	p	p	
715.	p	p	q	p	p	p	p	p	p	b	d	b	p	b	p	q	p	d	d	p	p	

Lösung

Aufgabe	1	2	3	4	5	6	7	8	9	10	11	12	13	14	15	16	17	18	19	20	Anzahl
Zu 676.	p	p	q	b	p	q	p	b	q	p	p	q	b	q	p	d	p	q	p	q	7
Zu 677.	p	p	b	d	p	p	q	p	d	q	p	q	d	q	p	b	p	q	p	q	6
Zu 678.	p	b	p	q	p	d	d	p	q	p	b	p	q	d	q	p	d	p	q	p	5
Zu 679.	p	d	p	b	p	q	p	p	b	p	q	p	q	q	p	d	q	p	q	q	7
Zu 680.	p	d	q	p	d	q	p	b	q	p	q	b	q	d	q	p	q	d	q	p	8
Zu 681.	d	p	p	d	p	b	b	p	d	p	q	p	q	q	q	p	q	p	q	q	7
Zu 682.	b	p	d	q	p	q	p	d	p	p	q	d	q	q	p	b	q	p	q	q	8
Zu 683.	d	p	d	p	p	q	p	q	b	q	q	p	b	d	p	p	q	p	d	p	5
Zu 684.	p	p	q	q	d	q	q	p	q	p	d	p	b	p	q	b	p	d	p	d	6
Zu 685.	p	d	d	p	q	p	b	q	p	b	q	p	q	p	b	p	q	p	q	b	6
Zu 686.	p	p	d	p	d	p	q	p	q	p	d	p	q	q	b	p	b	p	q	q	6
Zu 687.	p	q	q	p	q	p	d	p	d	p	p	d	q	p	p	d	p	b	q	p	5
Zu 688.	p	b	p	d	d	p	d	p	p	q	p	d	p	q	p	b	p	b	p	q	3
Zu 689.	p	b	b	p	d	p	d	p	p	q	d	q	p	q	q	d	p	q	p	q	6
Zu 690.	p	p	d	p	b	p	b	b	p	d	p	p	q	q	p	d	d	p	q	q	4
Zu 691.	p	d	p	b	q	p	b	q	p	p	b	q	q	p	d	d	p	q	p	q	7
Zu 692.	p	p	q	p	q	p	q	b	p	q	q	d	q	p	q	d	q	p	q	p	9
Zu 693.	p	p	b	b	p	d	q	p	q	q	q	p	d	d	p	b	q	p	b	p	5
Zu 694.	p	p	p	b	p	b	d	p	d	p	q	p	b	p	q	p	q	b	p	p	3
Zu 695.	p	p	b	p	b	p	d	q	p	q	p	p	q	q	p	d	b	p	q	q	6
Zu 696.	p	p	b	q	p	b	q	p	q	q	p	q	p	d	p	d	p	q	p	p	6
Zu 697.	p	p	q	q	p	b	q	q	p	b	q	q	p	d	d	p	q	q	p	p	8
Zu 698.	p	p	p	b	p	b	p	q	b	q	p	q	d	q	p	d	p	q	p	q	6
Zu 699.	p	d	p	b	p	d	p	p	b	p	p	q	q	q	p	b	p	q	q	q	6
Zu 700.	b	p	b	p	d	p	d	p	d	p	p	b	p	q	q	p	p	b	d	q	3
Zu 701.	p	b	p	b	b	p	p	d	q	p	q	b	q	q	p	d	q	p	q	q	7
Zu 702.	p	d	p	b	p	p	b	p	q	p	q	p	q	p	d	p	q	p	q	p	5
Zu 703.	q	p	q	q	p	p	q	p	p	q	p	p	q	p	p	p	p	p	p	q	7
Zu 704.	p	q	p	d	p	d	p	b	b	p	q	p	q	p	b	d	q	p	q	p	5
Zu 705.	p	q	p	q	b	q	p	b	p	d	q	d	q	q	p	b	q	p	q	q	9
Zu 706.	p	p	b	d	d	q	b	q	p	q	p	d	q	p	d	b	p	p	q	p	5
Zu 707.	p	p	p	p	d	b	d	p	b	q	p	b	q	q	q	p	b	p	q	q	6
Zu 708.	p	p	p	b	p	b	d	p	d	p	p	d	p	p	q	p	d	p	p	p	1
Zu 709.	q	p	q	q	q	q	p	d	p	q	p	p	p	q	p	p	d	b	b	q	8
Zu 710.	p	q	q	p	p	q	q	p	d	q	p	q	p	d	b	b	p	q	p	p	7
Zu 711.	p	d	p	q	q	p	q	q	q	p	b	d	p	q	p	b	d	d	p	p	6
Zu 712.	q	q	q	p	q	p	q	d	q	d	p	b	q	p	b	p	q	p	q	p	10
Zu 713.	p	q	p	p	q	q	p	p	q	p	q	p	b	p	q	b	q	p	b	p	7
Zu 714.	p	p	q	q	q	p	p	q	p	b	p	b	d	d	q	p	p	d	p	p	5
Zu 715.	p	p	q	p	p	p	p	p	b	d	b	p	b	p	q	p	d	d	p	p	2

Erinnerungs- und Konzentrationsvermögen

Reisekosten abrechnen

Aufgabenerklärung

Nun ist Ihre volle Konzentration gefordert: Sie arbeiten in der Abrechnungsstelle und sollen Ausgaben für Dienstreisen erstatten. Dabei sind verschiedene Informationen zu berücksichtigen.

Bitte bestimmen Sie bei jeder Aufgabe den korrekten Erstattungsbetrag, abhängig vom genutzten Verkehrsmittel, von der Unterkunft, der Reisedauer und der Entfernung. Die benötigten Angaben finden Sie in den vorliegenden Tabellen. Dieser Abschnitt ist **unter Zeitdruck** zu bearbeiten.

Entfernungen (einfacher Weg)

	Berlin	Hamburg	München	Köln
Berlin	—	288 km	585 km	571 km
Hamburg	288 km	—	775 km	442 km
München	585 km	775 km	—	574 km
Köln	571 km	442 km	574 km	—

Erstattungen für Fahrt-/Flugkosten (nach Verkehrsmittel)

eigenes Kfz Wegstreckenentschädigung 0,20 € je gefahrenem km, höchstens 130,– €

Bahn / Flugzeug Kosten der niedrigsten Beförderungsklasse (2. Klasse / Economy Class)

Erstattungen für Übernachtungs- und Verpflegungskosten (nach Unterkunft)

	ohne Übernachtung	Hotel ohne Frühstück	Hotel mit Frühstück
Übernachtungsgeld	—	20 € pro Nacht	25 € pro Nacht
Tagegeld	24 € pro Tag	24 € pro Tag	19,20 € pro Tag

Hierzu ein Beispiel

1. Frau Rath reist dienstlich mit dem eigenen Auto von Hamburg nach Berlin. Sie wohnt 3 Tage (2 Übernachtungen ohne Frühstück) in einem Hotel. Welchen Betrag bekommt sie erstattet?

   A. 205,80 €

   B. 190 €

   C. 250 €

   D. 227,20 €

   E. Keine Antwort ist richtig.

Antwort: **D**

Für Fahrten mit dem eigenen Kfz werden pauschal 0,20 € je zurückgelegtem Kilometer erstattet. Der einfache Weg von Hamburg nach Berlin misst laut Tabelle 288 Kilometer, für den Hin- und Rückweg ergibt sich ein Erstattungsbetrag von 0,20 € × 2 × 288 = 115,20 €. Beim Unterkunftstyp Hotel ohne Frühstück beträgt das Tagegeld für drei Tage 72 €, das Übernachtungsgeld für zwei Nächte 40 €. Die Gesamtsumme beläuft sich auf 115,20 € + 72 € + 40 € = 227,20 €.

Reisekosten abrechnen

Beantworten Sie bitte die folgenden Aufgaben, indem Sie jeweils den richtigen Buchstaben markieren.

716. Auszubildende Schmidt reist von Berlin zu einem Lehrgang nach Hamburg. Sie fährt mit dem eigenen Auto morgens hin und abends zurück. Welchen Betrag bekommt sie erstattet?

    A. 139,20 €
    B. 115,20 €
    C. 154 €
    D. 134,40 €
    E. Keine Antwort ist richtig.

717. Herr Jelinek reist mit dem eigenen Auto zu einer 4-tägigen Konferenz von München nach Berlin. Er hat in einem Hotel 3 Übernachtungen mit Frühstück gebucht. Welchen Betrag bekommt er erstattet?

    A. 263,30 €
    B. 271,40 €
    C. 281,80 €
    D. 291,60 €
    E. Keine Antwort ist richtig.

718. Teamleiter Becker reist mit der Bahn zu einem ganztägigen Führungskräftesemi- nar von Hamburg nach Berlin. Das 2.- Klasse-Ticket für die Hin- und Rückfahrt (am gleichen Tag) kostet 156 €. Welchen Betrag bekommt er erstattet?

    A. 180 €
    B. 190 €
    C. 156 €
    D. 200 €
    E. Keine Antwort ist richtig.

719. Frau Moratti reist mit dem eigenen Auto von München zu einer Fachtagung nach Köln. Sie wohnt 2 Tage (1 Übernachtung ohne Frühstück) in einem Hotel. Welchen Betrag bekommt sie erstattet?

    A. 189,40 €
    B. 198 €
    C. 193,40 €
    D. 194 €
    E. Keine Antwort ist richtig.

720. Herr Rode reist von München aus mit dem Flugzeug zu Vertragsverhandlungen nach Berlin. Er löst ein Hin- und Rückflugticket in der Economy Class für 112 €, eine Über- nachtung ist nicht vorgesehen. Welchen Betrag bekommt er erstattet?

    A. 112 €
    B. 124 €
    C. 136 €
    D. 140 €
    E. Keine Antwort ist richtig.

721. Personalchefin Czerkowski reist mit der Bahn von Hamburg nach Köln zu einer Bil- dungsmesse. Sie bleibt dort 2 Tage und hat eine Übernachtung mit Frühstück in einem Hotel gebucht. Die Hin- und Rückfahrt in der 2. Klasse kostet insgesamt 184 €. Wel- chen Betrag bekommt sie erstattet?

    A. 264,20 €
    B. 256,60 €
    C. 235,80 €
    D. 247,40 €
    E. Keine Antwort ist richtig.

722. **Herr Berger reist mit dem Auto für eine 3-tägige Fortbildung von München nach Köln. Er hat 2 Übernachtungen mit Frühstück in einem Hotel gebucht. Welchen Betrag bekommt er erstattet?**

     A. 187,60 €
     B. 227,60 €
     C. 247,60 €
     D. 237,60 €
     E. Keine Antwort ist richtig.

723. **Frau Kossack fährt mit dem eigenen Auto von Köln nach Hamburg zu einem 4-tägigen Seminar. Dafür hat sie in einem Hotel 3 Übernachtungen ohne Frühstück gebucht. Welchen Betrag bekommt sie erstattet?**

     A. 286 €
     B. 256 €
     C. 244 €
     D. 276 €
     E. Keine Antwort ist richtig.

724. **Der Vertriebsleiter reist mit dem Flugzeug zu einem ganztägigen Management-Seminar von Hamburg nach München. Das Business-Class-Ticket für den Hin- und Rückflug (am gleichen Tag) kostet 230,40 €. Welchen Betrag bekommt er erstattet?**

     A. 230,40 €
     B. 254,40 €
     C. 24 €
     D. Das lässt sich anhand der gegebenen Informationen nicht eindeutig sagen.
     E. Keine Antwort ist richtig.

725. **Frau Anderson plant eine sechstägige Dienstreise (5 Übernachtungen) von Berlin nach Köln. Sie möchte das eigene Auto nutzen. Wie hoch werden die Erstattungskosten mindestens sein?**

     A. 468,60 €
     B. 370,20 €
     C. 472,40 €
     D. 374 €
     E. Keine Antwort ist richtig.

Lösung

Zu 716.

A. 139,20 €.

Für Fahrten mit dem eigenen Kfz werden pauschal 0,20 € je zurückgelegtem Kilometer erstattet. Der einfache Weg von Berlin nach Hamburg misst laut Tabelle 288 Kilometer, für den Hin- und Rückweg ergibt sich ein Erstattungsbetrag von 0,20 € × 2 × 288 = 115,20 €. Die 24 € Tagegeld hinzugerechnet, kommt man auf 115,20 € + 24 € = 139,20 €.

Zu 717.

C. 281,80 €.

Für Fahrten mit dem eigenen Kfz werden pauschal 0,20 € je zurückgelegtem Kilometer erstattet – allerdings nur bis zu einer Höchstgrenze, die im vorliegenden Fall überschritten wird: Der einfache Weg von München nach Berlin misst laut Tabelle 585 Kilometer, für den Hin- und Rückweg ergäbe sich ein Erstattungsbetrag von 0,20 € × 2 × 585 = 234 €. Herr Jelinek erhält hier demnach den Höchstsatz von 130 €. Beim Unterkunftstyp Hotel mit Frühstück beträgt das Tagegeld für vier Tage 76,80 €, das Übernachtungsgeld für drei Nächte 75 €. Die Gesamtsumme beläuft sich auf 130 € + 76,80 € + 75 € = 281,80 €.

Zu 718.

A. 180 €

Bei Bahnfahrten werden die Kosten für ein 2.-Klasse-Ticket erstattet, im vorliegenden Fall sind das 156 €. Hinzu kommen 24 € Tagegeld. Die Gesamtsumme beläuft sich auf 156 € + 24 € = 180 €.

Zu 719.

B. 198 €

Für Fahrten mit dem eigenen Kfz werden pauschal 0,20 € je zurückgelegtem Kilometer erstattet – allerdings nur bis zu einer Höchstgrenze, die im vorliegenden Fall überschritten wird: Der einfache Weg von München nach Köln misst laut Tabelle 574 Kilometer, für den Hin- und Rückweg ergäbe sich ein Erstattungsbetrag von 0,20 € × 2 × 574 = 229,60 €. Frau Moratti erhält hier demnach den Höchstsatz von 130 €. Beim Unterkunftstyp Hotel ohne Frühstück beträgt das Tagegeld für zwei Tage 48 €, das Übernachtungsgeld für eine Nacht 20 €. Die Gesamtsumme beläuft sich auf 130 € + 48 € + 20 € = 198 €.

Zu 720.

C. 136 €

Bei Flugreisen werden die Kosten für ein Economy-Class-Ticket erstattet, im vorliegenden Fall sind das 112 €. Die 24 € Tagegeld hinzugerechnet, kommt man auf 112 € + 24 € = 136 €.

Zu 721.

D. 247,40 €

Bei Bahnfahrten werden die Kosten für ein 2.-Klasse-Ticket erstattet, im vorliegenden Fall sind das 184 €. Beim Unterkunftstyp Hotel mit Frühstück beträgt das Tagegeld für zwei Tage 38,40 €, das Übernachtungsgeld für eine Nacht 25 €. Die Gesamtsumme beläuft sich auf 184 € + 38,40 € + 25 € = 247,40 €.

Zu 722.

D. 237,60 €

Für Fahrten mit dem eigenen Kfz werden pauschal 0,20 € je zurückgelegtem Kilometer erstattet – allerdings nur bis zu einer Höchstgrenze, die im vorliegenden Fall überschritten wird: Der einfache Weg von München nach Köln misst laut Tabelle 574 Kilometer, für den Hin- und Rückweg ergäbe sich ein Erstattungsbetrag von 0,20 € × 2 × 574 = 229,60 €. Herr Berger erhält hier demnach den Höchstsatz von 130 €. Beim Unterkunftstyp Hotel mit Frühstück beträgt das Tagegeld für drei Tage 57,60 €, das Übernachtungsgeld für zwei Nächte 50 €. Die Gesamtsumme beläuft sich auf 130 € + 57,60 € + 50 € = 237,60 €.

Zu 723.
A. 286 €

Für Fahrten mit dem eigenen Kfz werden pauschal 0,20 € je zurückgelegtem Kilometer erstattet – allerdings nur bis zu einer Höchstgrenze, die im vorliegenden Fall überschritten wird: Der einfache Weg von Köln nach Hamburg misst laut Tabelle 442 Kilometer, für den Hin- und Rückweg ergibt sich ein Erstattungsbetrag von 0,20 € × 2 × 442 = 176,80 €. Frau Kossack erhält hier demnach den Höchstsatz von 130 €. Beim Unterkunftstyp Hotel ohne Frühstück beträgt das Tagegeld für vier Tage 96 €, das Übernachtungsgeld für drei Nächte 60 €. Die Gesamtsumme beläuft sich auf 130 € + 96 € + 60 € = 286 €.

Zu 724.
D. Das lässt sich anhand der gegebenen Informationen nicht eindeutig sagen.

Der Vertriebsleiter hat sich für einen Business-Class-Flug entschieden. Erstattungsfähig sind aber nur die Kosten der niedrigsten Beförderungsklasse (Economy Class), die in der Aufgabenstellung nicht genannt werden. Somit kann der Erstattungsbetrag nicht berechnet werden.

Zu 725.
B. 370,20 €

Für Fahrten mit dem eigenen Kfz werden pauschal 0,20 € je zurückgelegtem Kilometer erstattet – allerdings nur bis zu einer Höchstgrenze, die im vorliegenden Fall überschritten wird: Der einfache Weg von Berlin nach Köln misst laut Tabelle 571 Kilometer, für den Hin- und Rückweg ergäbe sich ein Erstattungsbetrag von 0,20 € × 2 × 571 = 228,40 €. Frau Anderson erhält hier demnach den Höchstsatz von 130 €. Im Vergleich der Unterkunftstypen ist das Hotel mit Frühstück etwas günstiger: Bei 115,20 € Tagegeld und 125 € Übernachtungsgeld kommt man zusammen auf 240,20 €. Die Variante ohne Frühstück schlägt dagegen mit 144 € Tagegeld und 100 € Übernachtungsgeld, insgesamt also 244 € zu Buche. Die Erstattungskosten werden demnach mindestens 130 € + 240,20 € = 370,20 € betragen.

Prüfung · Teil 3

Mathematisches Verständnis

Grundrechenarten ohne Taschenrechner
Bearbeitungszeit 5 Minuten

Die Aufgaben sind **unter großem Zeitdruck** und **ohne Taschenrechner** zu lösen, **unter Berücksichtigung der Punkt-vor-Strich-Regel.**

Beantworten Sie bitte die folgenden Aufgaben, indem Sie jeweils das richtige Ergebnis eintragen.

726. $179 + 820 + 0,5 \times 3 =$

727. $(25 + 7) \times ((0,7 \times (2 - 2)) =$

728. $2 + (5 + 7) \times 1,5 =$

729. $57,6 \div 2 \div 4 \div 9 =$

730. $999 - 3,33 + 6,6 =$

731. $(8 \div (4 \div 0,5)) - 66,75 =$

732. $(3,1 + 1,72 - 0,5) \div 2 =$

733. $24,25 + 2,6 - 7 \div 4 =$

734. $4,2 \div (3,5 \times 2) + 4,3 =$

735. $7,6 \div ((0,4 + 1,5) \times 2) =$

Lösung

Zu 726.
$179 + 820 + 0.5 \times 3 = 1.000,5$

Zu 727.
$(25 + 7) \times ((0.7 \times (2 - 2)) = 0$

Zu 728.
$2 + (5 + 7) \times 1.5 = 20$

Zu 729.
$57.6 \div 2 \div 4 \div 9 = 0.8$

Zu 730.
$999 - 3.33 + 6.6 = 1.002,27$

Zu 731.
$(8 \div (4 \div 0.5)) - 66.75 = -65.75$

Zu 732.
$(3.1 + 1.72 - 0.5) \div 2 = 2.16$

Zu 733.
$24.25 + 2.6 - 7 \div 4 = 25.1$

Zu 734.
$4.2 \div (3.5 \times 2) + 4.3 = 4.9$

Zu 735.
$7.6 \div ((0.4 + 1.5) \times 2) = 2$

Mathematisches Verständnis

Kettenaufgaben ohne Punkt vor Strich   *Bearbeitungszeit 5 Minuten*

Bei dieser Aufgabe geht es darum, einfache Rechnungen im Kopf zu lösen.

Bitte benutzen Sie **keinen Taschenrechner**, die **Punkt-vor-Strich-Regel gilt hier nicht!**

Beantworten Sie bitte die folgenden Aufgaben, indem Sie jeweils den richtigen Buchstaben markieren.

736. $27 \div 3 + 18 \div 3 \times 2 + 118 - 30 \div 2 + 3 \div 7 \div 2 + 16 = ?$

    A. 25,5

    B. 20

    C. 18

    D. 15

    E. Keine Antwort ist richtig.

737. $30 \div 6 + 23 + 46 - 2 \div 8 \times 9 + 9 + 909 \div 3 = ?$

    A. 46

    B. 333

    C. 1.240,67

    D. 87

    E. Keine Antwort ist richtig.

738. $1550 - 26 + 12 \div 3 \times 2 \div 4 - 156 - 20 \div 16 = ?$

    A. 125

    B. 86

    C. 10

    D. 5

    E. Keine Antwort ist richtig.

739. $6 \times 5 - 12 \div 2 + 27 - 3 \div 11 + 5 \times 40 \div 2 - 50 \div 2 = ?$

    A. 55

    B. 49

    C. 86

    D. 99

    E. Keine Antwort ist richtig.

740. $18 + 7 \div 5 \times 8 + 12 \div 4 + 3 \div 4 - 2 \times 9 - 10 \times 11 = ?$

    A. 110

    B. 99

    C. 88

    D. 121

    E. Keine Antwort ist richtig.

741. $9 \times 2 + 9 \div 3 \times 9 - 3 \div 6 + 15 \div 4 \times 5 + 11 \div 2 - 5 \div 6 + 78 \div 9 = ?$

    A. 9

    B. 12

    C. 11

    D. 10

    E. Keine Antwort ist richtig.

742. $84 + 14 \div 7 + 12 \div 2 \times 7 + 8 \div 3 - 5 \times 2 + 44 = ?$

    A. 75

    B. 63

    C. 100

    D. 56

    E. Keine Antwort ist richtig.

743. $24 + 17 \times 2 + 3 \div 5 + 4 \div 7 \times 2 + 19 \div 5 + 1 \times 8 + 7 = ?$

    A. 63

    B. 59

    C. 47

    D. 55

    E. Keine Antwort ist richtig.

744. $57 - 12 \div 9 + 12 - 3 \div 2 - 3 \times 5 + 6 \div 2 \times 3 - 3 \div 6 = ?$

    A. 9

    B. 11

    C. 12

    D. 6

    E. Keine Antwort ist richtig.

745. $2 \times 2 + 2 \div 2 + 2 \times 2 - 2 + 22 \div 2 + 2 \times 2 - 2 \times 2 + 2 = ?$

    A. 58

    B. 66

    C. 28

    D. 39

    E. Keine Antwort ist richtig.

Lösung

Zu 736.	**Zu 741.**
B. 20	A. 9
Zu 737.	**Zu 742.**
B. 333	C. 100
Zu 738.	**Zu 743.**
D. 5	D. 55
Zu 739.	**Zu 744.**
A. 55	D. 6
Zu 740.	**Zu 745.**
C. 88	B. 66

Mathematisches Verständnis

Schätzaufgaben *Bearbeitungszeit 3 Minuten*

In diesem Abschnitt erhalten Sie Rechenaufgaben, die Sie nicht ausrechnen, sondern schätzen sollen. Bitte benutzen Sie dafür keinen Taschenrechner.

Die Aufgaben sind so gestellt, dass Sie die Möglichkeit haben, durch mathematische Überlegungen auf die richtige Lösung zu kommen, ohne das Ergebnis vollständig zu berechnen.

Beantworten Sie bitte die folgenden Aufgaben, indem Sie jeweils den richtigen Buchstaben markieren.

746. In welchem Bereich liegt das Ergebnis von: 8.576.725 − 4.392.124?

- A. Zwischen 4.170.000 und 4.180.000
- B. Zwischen 4.180.000 und 4.190.000
- C. Zwischen 4.190.000 und 4.200.000
- D. Zwischen 4.200.000 und 4.210.000
- E. Zwischen 4.210.000 und 4.220.000

747. In welchem Bereich liegt das Ergebnis von: 21.533 + 12.678 + 2.041?

- A. Zwischen 34.000 und 34.500
- B. Zwischen 34.500 und 35.000
- C. Zwischen 35.000 und 35.500
- D. Zwischen 35.500 und 36.000
- E. Zwischen 36.000 und 36.500

748. $6,7^2 − 1,4^2 = ?$

- A. 42,93
- B. 37,65
- C. 32,78
- D. 10,77
- E. Keine Antwort ist richtig.

749. 11.249 + 22.336 + 908 = ?

- A. 34.383
- B. 34.493
- C. 35.344
- D. 34.954
- E. Keine Antwort ist richtig.

750. $1.645 \times 3.987 = ?$

- A. 3.661.196
- B. 6.558.615
- C. 111.965.515
- D. 987.435
- E. Keine Antwort ist richtig.

751. 26,8 % von 480 = ?

- A. 98,44
- B. 210,02
- C. 118,98
- D. 128,64
- E. Keine Antwort ist richtig.

752. In welchem Bereich liegt das Ergebnis von: $4,1 \times 3,7$?

- A. Zwischen 12,5 und 13
- B. Zwischen 13 und 13,8
- C. Zwischen 13,9 und 14,6
- D. Zwischen 14,6 und 15,5
- E. Zwischen 15,5 und 15,9

753. In welchem Bereich liegt das Ergebnis von: $125 \div 35$?

- A. Zwischen 2,8 und 3,1
- B. Zwischen 3,1 und 3,4
- C. Zwischen 3,4 und 3,7
- D. Zwischen 3,7 und 4,0
- E. Zwischen 4,0 und 4,3

754. $5/14 + 4/27 = ?$

   A. 0,992

   B. 1,202

   C. 0,848

   D. 0,505

   E. Keine Antwort ist richtig.

755. **In welchem Bereich liegt das Ergebnis von: $3,9^2 \times 202$?**

   A. Zwischen 3.400 und 3.550

   B. Zwischen 3.050 und 3.125

   C. Zwischen 3.200 und 3.275

   D. Zwischen 3.325 und 3.400

   E. Zwischen 2.850 und 2.925

Lösung

Zu 746.

B. Zwischen 4.180.000 und 4.190.000

Die angegebenen Zahlenblöcke decken jeweils 10.000er-Bereiche ab, daher empfiehlt sich der Überschlag mit Tausenderwerten: 8.576 – 4.392 = 4.184. Die vernachlässigten Hunderter, Zehner und Einer können das Ergebnis auf keinen Fall kleiner als 4.180.000 oder größer als 4.190.000 werden lassen. Antwort B stimmt

Zu 747.

E. Zwischen 36.000 und 36.500

Die angegebenen Zahlenblöcke decken jeweils 500er-Bereiche ab, daher empfiehlt sich der Überschlag mit Hunderterwerten: 215 + 126 + 20 = 361 (also 36.100). Somit muss die richtige Antwort E lauten: Alle übrigen Lösungsvorschläge liegen unter dem geschätzten Wert, doch das tatsächliche Ergebnis ist aufgrund der vernachlässigten Zehner und Einer sogar noch etwas höher.

Zu 748.

A. 42,93

Die letzte Ziffer der Lösung lässt sich berechnen, indem man nur die Endziffern der einzelnen Werte betrachtet: Diese Endziffern lauten 9 ($7 \times 7 = 49$) und 6 ($4 \times 4 = 16$). Die letzte Ziffer des Endergebnisses ergibt sich demnach aus der Rechnung:

$9 - 6 = 3$

Zu 749.

B. 34.493

Die letzte Ziffer der Lösung lässt sich berechnen, indem man nur die Endziffern der einzelnen Werte betrachtet:

$9 + 6 + 8 = 23$

Die letzte Ziffer des Endergebnisses ist also 3. Per Überschlag mit gerundeten Tausenderwerten stellt man außerdem fest, dass die Lösung größer sein muss als 34,4 (11,2 + 22,3 + 0,9). Beide dieser Bedingungen erfüllt nur Antwort B.

Zu 750.

B. 6.558.615

Die letzte Ziffer der Lösung lässt sich berechnen, indem man nur die Endziffern der einzelnen Werte betrachtet:

$5 \times 7 = 35$

Die letzte Ziffer des Endergebnisses ist also 5. Da zwei vierstellige Zahlen multipliziert werden, muss der gesuchte Wert außerdem mindestens siebenstellig, kann aber höchstens achtstellig sein. Beide dieser Bedingungen erfüllt nur Antwort B.

Zu 751.

D. 128,64

Für die Schätzung kann statt 26,8 ein handlicher Wert von 25 % – das entspricht ¼ – angenommen werden. Ein Viertel von 480 ist 120. Das Endergebnis muss leicht darüber liegen.

Zu 752.

D. Zwischen 14,6 und 15,5

Runden Sie zunächst den Faktor, der am nächsten an einer ganzen Zahl liegt, und multiplizieren Sie ihn mit dem anderen Faktor: $4 \times 3,7 = 14,8$. Somit kommen Sie dem tatsächlichen Ergebnis ausreichend nahe, da die vernachlässigte Nachkommastelle 0,1 nur zu einer geringen Erhöhung führen kann ($0,1 \times 3,7 = 0,37$).

Zu 753.

C. Zwischen 3,4 und 3,7

Die erste Stelle des Ergebnisses muss 3 lauten, da der Divisor dreimal vollständig in den Dividenden hineinpasst: $3 \times 35 = 105$. Es verbleibt ein Rest von 20 (125 − 105). Die erste Nachkommastelle des Ergebnisses berechnen Sie, indem Sie den Rest mit 10 multiplizieren und prüfen, wie oft der Divisor in den erhaltenen Wert hineinpasst: $200 \div 35 = 5$, Rest 25. Das Ergebnis beginnt also mit 3,5 und liegt demnach zwischen 3,4 und 3,7; Antwort C stimmt.

Zu 754.

D. 0,505

Für die Schätzung kann statt $^4/_{27}$ der Wert $^4/_{28}$ – oder $^2/_{14}$ – verwendet werden. Als Annäherung erhält man so:

$^5/_{14} + ^2/_{14} = ^7/_{14} = 0{,}5$

Zu 755.

B. Zwischen 3.050 und 3.125

Überschlagen Sie mit gerundeten Werten: Die zweite Potenz von 3,9 liegt nahe an der zweiten Potenz von 4, und die lautet 16. Multipliziert mit 200, ergibt sich 3.200. Da das Aufrunden der Potenz durch das Abrunden des zweiten Faktors nicht ausgeglichen wird, ist das tatsächliche Ergebnis etwas kleiner – als richtige Lösung kommt nur der Bereich zwischen 3.050 und 3.125 infrage

Mathematisches Verständnis

Rechenoperationen ergänzen   *Bearbeitungszeit 10 Minuten*

Welche Rechenzeichen (+, –, ×, ÷) müssen in die Felder eingefügt werden, damit das jeweilige End-ergebnis stimmt?

Bedenken Sie, dass dabei die **Punkt-vor-Strich-Regel gilt.**

Beispiel

1.   2 $\boxed{\times}$ 6 $\boxed{+}$ 3 = 15

Die einzige Möglichkeit, diese Aufgabe korrekt zu vervollständigen, ist: 2 × 6 + 3 = 12 + 3 = 15.

Beantworten Sie bitte die folgenden Aufgaben, indem Sie jeweils die richtigen Operatoren in die Felder eintragen.

756. 7 $\Box$ 2 $\Box$ 3 = 1

757. 15 $\Box$ 3 $\Box$ 4 = 9

758. 2 $\Box$ 8 $\Box$ 7 = 9

759. 9 $\Box$ 3 $\Box$ 4 = 12

760. 6 $\Box$ 4 $\Box$ 5 = 19

761. 1 $\Box$ 4 $\Box$ 4 = 17

762. 7 $\Box$ 9 $\Box$ 3 = 10

763. 8 $\Box$ 2 $\Box$ 1 = 7

764. 14 $\Box$ 2 $\Box$ 7 = 4

765. 18 $\Box$ 3 $\Box$ 2 = 4

766. 12 $\Box$ 2 $\Box$ 8 = 16

767. 3 $\Box$ 6 $\Box$ 2 = 9

768. 17 $\Box$ 9 $\Box$ 3 = 11

769. 11 $\Box$ 6 $\Box$ 2 = 8

770. 7 $\Box$ 2 $\Box$ 9 = 5

771. 2 $\Box$ 3 $\Box$ 2 = 12

772. 8 $\Box$ 7 $\Box$ 4 = 14

773. 9 $\Box$ 3 $\Box$ 5 = 8

774. 7 $\Box$ 8 $\Box$ 4 = 5

775. 16 $\Box$ 2 $\Box$ 6 = 14

Lösung

Zu 756.

$7 - 2 \times 3 = 7 - 6 = 1$

Zu 757.

$15 \div 3 + 4 = 5 + 4 = 9$

Zu 758.

$2 \times 8 - 7 = 9$

Zu 759.

$9 \div 3 \times 4 = 3 \times 4 = 12$

Zu 760.

$6 \times 4 - 5 = 19$

Zu 761.

$1 + 4 \times 4 = 17$

Zu 762.

$7 + 9 \div 3 = 7 + 3 = 10$

Zu 763.

$8 - 2 + 1 = 7$

Zu 764.

$14 \times 2 \div 7 = 28 \div 7 = 4$

Zu 765.

$18 \div 3 - 2 = 6 - 2 = 4$

Zu 766.

$12 \times 2 - 8 = 24 - 8 = 16$

Zu 767.

$3 \times 6 \div 2 = 18 \div 2 = 9$

Zu 768.

$17 - 9 + 3 = 11$

Zu 769.

$11 - 6 \div 2 = 11 - 3 = 8$

Zu 770.

$7 \times 2 - 9 = 14 - 9 = 5$

Zu 771.

$2 \times 3 \times 2 = 6 \times 2 = 12$

Zu 772.

$8 \times 7 \div 4 = 56 \div 4 = 14$

Zu 773.

$9 \div 3 + 5 = 3 + 5 = 8$

Zu 774.

$7 - 8 \div 4 = 7 - 2 = 5$

Zu 775.

$16 \div 2 + 6 = 8 + 6 = 14$

Mathematisches Verständnis

Rechnen mit vertauschten Operatoren   *Bearbeitungszeit 3 Minuten*

Bei dieser Aufgabe geht es um die Grundrechenarten, jedoch haben die mathematischen Zeichen eine andere Bedeutung.

Die Aufgaben sind **unter Zeitdruck** und **ohne Taschenrechner** zu lösen.

Es gilt:

- − bedeutet ×
- + bedeutet ÷
- ÷ bedeutet −
- × bedeutet +

Beantworten Sie bitte die folgenden Aufgaben, indem Sie jeweils das richtige Ergebnis eintragen.

776. $1 \times 5 =$

777. $4 - 6 =$

778. $7 \div 2 =$

779. $15 + 3 =$

780. $3 \times 8 =$

781. $8 \times 2 =$

782. $35 + 5 =$

783. $8 - 8 =$

784. $96 + 4 =$

785. $102 \div 17 =$

Lösung

Zu 776.

$1 + 5 = 6$

Zu 777.

$4 \times 6 = 24$

Zu 778.

$7 - 2 = 5$

Zu 779.

$15 \div 3 = 5$

Zu 780.

$3 + 8 = 11$

Zu 781.

$8 + 2 = 10$

Zu 782.

$35 \div 5 = 7$

Zu 783.

$8 \times 8 = 64$

Zu 784.

$96 \div 4 = 24$

Zu 785.

$102 - 17 = 85$

Mathematisches Verständnis

Bruchrechnen   *Bearbeitungszeit 5 Minuten*

In diesem Abschnitt werden die wesentlichen Zusammenhänge der Bruchrechnung geprüft, wobei der Bruchstrich nichts anderes als ein Geteiltzeichen darstellt.

Beantworten Sie bitte die folgenden Aufgaben, indem Sie jeweils den richtigen Buchstaben markieren.

786. $\dfrac{3}{5} \div \dfrac{2}{5} = ?$

    A. $1\dfrac{1}{4}$

    B. $1\dfrac{1}{2}$

    C. $1\dfrac{3}{4}$

    D. $1\dfrac{4}{5}$

    E. Keine Antwort ist richtig.

787. $\dfrac{18}{8} - \dfrac{3}{2} = ?$

    A. $\dfrac{2}{3}$

    B. $\dfrac{3}{4}$

    C. $\dfrac{4}{5}$

    D. $\dfrac{15}{8}$

    E. Keine Antwort ist richtig.

788. $\dfrac{8}{4} \times \dfrac{5}{4} = ?$

    A. $\dfrac{5}{2}$

    B. $\dfrac{13}{8}$

    C. $\dfrac{13}{16}$

    D. 10

    E. Keine Antwort ist richtig.

789. $\dfrac{8}{3} \div \dfrac{6}{2} = ?$

    A. $\dfrac{48}{5}$

    B. 8

    C. $\dfrac{8}{9}$

    D. $\dfrac{10}{9}$

    E. Keine Antwort ist richtig.

790. $\dfrac{12}{4} + \dfrac{3}{2} = ?$

    A. $\dfrac{5}{2}$

    B. $\dfrac{7}{2}$

    C. $\dfrac{9}{2}$

    D. $\dfrac{11}{2}$

    E. Keine Antwort ist richtig.

Lösung

Zu 786.

B. $1\frac{1}{2}$

Brüche werden dividiert, indem man mit dem Kehrwert multipliziert. Anschließend muss das Ergebnis so weit wie möglich gekürzt werden. Im vorliegenden Fall ist der Lösungswert als gemischter Bruch zu schreiben.

$$\frac{3}{5} \div \frac{2}{5} = \frac{3}{5} \times \frac{5}{2} = \frac{15}{10} = \frac{3}{2} = 1\frac{1}{2}$$

Zu 787.

B. $\frac{3}{4}$

Brüche werden subtrahiert, indem man den gemeinsamen Nenner findet, die Zähler subtrahiert und den Nenner beibehält. Anschließend muss das Ergebnis so weit wie möglich gekürzt werden.

$$\frac{18}{8} - \frac{3}{2} = \frac{18}{8} - \frac{12}{8} = \frac{6}{8} = \frac{3}{4}$$

Zu 788.

A. $\frac{5}{2}$

Brüche werden multipliziert, indem man Zähler mit Zähler und Nenner mit Nenner multipliziert.

Anschließend muss das Ergebnis so weit wie möglich gekürzt werden.

$$\frac{8}{4} \times \frac{5}{4} = \frac{40}{16} = \frac{5}{2}$$

Zu 789.

C. $\frac{8}{9}$

Brüche werden dividiert, indem man mit dem Kehrwert multipliziert. Anschließend muss das Ergebnis so weit wie möglich gekürzt werden.

$$\frac{8}{3} \div \frac{6}{2} = \frac{8}{3} \times \frac{2}{6} = \frac{16}{18} = \frac{8}{9}$$

Zu 790.

C. $\frac{9}{2}$

Brüche werden addiert, indem man den gemeinsamen Nenner findet, die Zähler addiert und den Nenner beibehält. Anschließend muss das Ergebnis so weit wie möglich gekürzt werden.

$$\frac{12}{4} + \frac{3}{2} = \frac{6}{2} + \frac{3}{2} = \frac{9}{2}$$

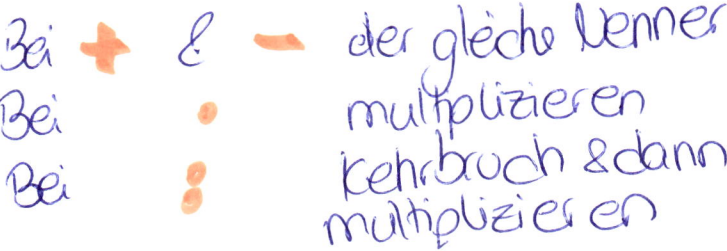

Bei + & − der gleiche Nenner
Bei • multiplizieren
Bei : kehrbruch &dann multiplizieren

Mathematisches Verständnis

Umrechnen (Maße und Einheiten)

Bearbeitungszeit 3 Minuten

Beantworten Sie bitte die folgenden Aufgaben, indem Sie jeweils den richtigen Buchstaben markieren.

791. **Wie viele Zentimeter sind 435 Millimeter?**

   A. 4.350
   B. 0,435
   C. 217,5
   D. 43,5
   E. Keine Antwort ist richtig.

792. **Wie viele Quadratdezimeter sind 0,9 Hektar?**

   A. 900.000
   B. 9 Mio.
   C. 90.000
   D. 9.000
   E. Keine Antwort ist richtig.

793. **Wie viele Millimeter sind 34,7 Zentimeter?**

   A. 347.000
   B. 34.700
   C. 3.470
   D. 347
   E. Keine Antwort ist richtig.

794. **Wie viele Gramm sind 5 Pfund und 75 Gramm?**

   A. 1.150
   B. 5.075
   C. 575
   D. 2.575
   E. Keine Antwort ist richtig.

795. **Wie viele Quadratdezimeter sind 48 Quadratmillimeter?**

   A. 0,48
   B. 4,8
   C. 0,00048
   D. 0,0048
   E. Keine Antwort ist richtig.

Lösung

Zu 791.

D. 43,5

Ein Millimeter entspricht 0,1 Zentimetern, also ergeben 435 Millimeter 43,5 Zentimeter:

$435 \times 0,1 \, \text{cm} = 43,5 \, \text{cm}$

Zu 792.

A. 900.000

Ein Hektar entspricht 10.000 Quadratmetern bzw. 1.000.000 Quadratdezimetern, also ergeben 0,9 Hektar 900.000 Quadratdezimeter:

$0,9 \times 1.000.000 \, \text{dm}^2 = 900.000 \, \text{dm}^2$

Zu 793.

D. 347

Ein Zentimeter entspricht 10 Millimetern, also ergeben 34,7 Zentimeter 347 Millimeter:

$34,7 \times 10 \, \text{mm} = 347 \, \text{mm}$

Zu 794.

D. 2.575

Ein Pfund entspricht 0,5 Kilogramm bzw. 500 Gramm, also entsprechen 5 Pfund 2.500 Gramm:

$5 \times 500 \, \text{g} = 2.500 \, \text{g}$

Nimmt man die weiteren 75 Gramm hinzu, ergibt sich ein Gesamtgewicht von 2.575 Gramm.

Zu 795.

D. 0,0048

Ein Quadratmillimeter umfasst 0,0001 Quadratdezimeter, also ergeben 48 Quadratmillimeter 0,0048 Quadratdezimeter:

$48 \times 0,0001 \, \text{dm}^2 = 0,0048 \, \text{dm}^2$

Mathematisches Verständnis

Prozentrechnen

Bei der Prozentrechnung gibt es drei Größen, die zu beachten sind: den Prozentsatz, den Prozentwert und den Grundwert. Zwei dieser Größen müssen gegeben sein, um die dritte Größe berechnen zu können.

Beantworten Sie bitte die folgenden Aufgaben, indem Sie jeweils den richtigen Buchstaben markieren.

796. Herr Mayer kauft einen Sonderposten für 18.000 € und möchte diesen für 25.200 € weiterverkaufen. Wie viel Prozent Gewinn würde Herr Mayer erzielen?

    A. 30 %
    B. 35 %
    C. 40 %
    D. 50 %
    E. Keine Antwort ist richtig.

797. Nach Abzug von 15 % Rabatt zahlt Herr Mayer nur noch 11.900 € für eine Maschine. Wie viel hätte die Maschine regulär ohne Rabatt gekostet?

    A. 14.000 €
    B. 14.500 €
    C. 15.000 €
    D. 15.500 €
    E. Keine Antwort ist richtig.

798. Bei einer 20-%-Rabattaktion möchte Herr Mayer richtig zuschlagen. Er will einen Posten über 20.000 € erwerben. Wie viel Euro würde Herr Mayer bei dem Rabatt von 20 % sparen?

    A. 3.000 €
    B. 3.500 €
    C. 4.000 €
    D. 4.500 €
    E. Keine Antwort ist richtig.

799. Nach Abzug von 20 % Rabatt zahlt ein Kunde nur noch 2.400 €. Wie viel Euro hätte er ohne einen Rabattabzug zahlen müssen?

    A. 2.500 €
    B. 2.600 €
    C. 2.700 €
    D. 3.000 €
    E. Keine Antwort ist richtig.

800. Herr Mayer möchte den Einkauf eines Sonderpostens über die Bank finanzieren. Nach einem Jahr würde er inklusive Zinsen einen Betrag von 16.960 € zurückzahlen, bei einem Zinssatz von sechs Prozent. Wie viel hat Herr Mayer beim Einkauf für den Sonderposten bezahlt?

    A. 15.000 €
    B. 16.000 €
    C. 17.000 €
    D. 18.000 €
    E. Keine Antwort ist richtig.

Lösung

Zu 796.

C. 40 %

Herr Mayer würde einen Gewinn von 40 Prozent erzielen.

$$\text{Prozentsatz} = \frac{\text{Prozentwert} \times 100}{\text{Grundwert}}$$

Gewinn = 25.200 € − 18.000 € = 7.200 €

$$\text{Prozentsatz} = \frac{7.200 \, € \times 100}{18.000 \, €} = 40 \, \%$$

Zu 797.

A. 14.000 €

Ohne Rabatt hätte die Maschine 14.000 € gekostet.

$$\text{Grundwert} = \frac{\text{Prozentwert} \times 100}{\text{Prozentsatz}}$$

$$\text{Grundwert} = \frac{11.900 \, € \times 100}{85} = 14.000 \, €$$

Zu 798.

C. 4.000 €

Herr Mayer würde einen Betrag von 4.000 € einsparen.

$$\text{Prozentwert} = \frac{\text{Grundwert} \times \text{Prozentsatz}}{100}$$

$$\text{Prozentwert} = \frac{20.000 \, € \times 20}{100} = 4.000 \, €$$

Zu 799.

D. 3.000 €

Ohne Rabatt hätte der Kunde einen Preis von 3.000 € zahlen müssen.

$$\text{Grundwert} = \frac{\text{Prozentwert} \times 100}{\text{Prozentsatz}}$$

$$\text{Grundwert} = \frac{2.400 \, € \times 100}{80} = 3.000 \, €$$

Zu 800.

B. 16.000 €

Der Sonderposten hat beim Einkauf 16.000 € gekostet.

$$\text{Grundwert} = \frac{\text{Prozentwert} \times 100}{\text{Prozentsatz}}$$

$$\text{Grundwert} = \frac{16.960 \, € \times 100}{106} = 16.000 \, €$$

Mathematisches Verständnis

Zinsrechnen

Bei der kaufmännischen Zinsrechnung werden dem Monat 30 Tage und dem Jahr 360 Tage zugrunde gelegt.

Beantworten Sie bitte die folgenden Aufgaben, indem Sie jeweils den richtigen Buchstaben markieren.

801. Um eine weitere Maschine erwerben zu können, muss Herr Mayer eine Geldanlage in Höhe von 24.000 € nach vier Monaten auflösen, die er zu sieben Prozent angelegt hatte. Wie viel Zinsen erhält er für vier Monate?

    A. 350 €

    B. 440 €

    C. 560 €

    D. 650 €

    E. Keine Antwort ist richtig.

802. Welchen Betrag muss Herr Mayer zu einem Zinssatz von fünf Prozent anlegen, um monatlich einen Zins von 500 € zu erhalten?

    A. 60.000 €

    B. 80.000 €

    C. 100.000 €

    D. 120.000 €

    E. Keine Antwort ist richtig.

803. Herr Mayer möchte eine neue Maschine zum Preis von 40.000 € kaufen. Er bekommt von der Bank einen Kredit zu einem Zinssatz von sechs Prozent. Herr Mayer möchte den Kredit nach 90 Tagen abzahlen. Wie viel Prozent des Anschaffungspreises machen die Zinsen für 90 Tage aus?

    A. 1,0 %

    B. 1,5 %

    C. 2,0 %

    D. 2,5 %

    E. Keine Antwort ist richtig.

804. Herr Mayer hat eine Maschine, die er vor einem Jahr für 20.000 € erworben hatte, nun abzahlen können. Insgesamt hat er nach einem Jahr für die Maschine 21.800 € bezahlt. Wie hoch war der Zinssatz, den Herr Mayer erhalten hat?

    A. 4 %

    B. 5 %

    C. 6 %

    D. 9 %

    E. Keine Antwort ist richtig.

805. Für eine Geldanlage in Höhe von 50.000 €, die mit sieben Prozent verzinst wurde, hat Herr Mayer insgesamt einen Betrag in Höhe von 53.500 € erhalten. Wie lange war das Geld angelegt?

    A. $\frac{1}{4}$ Jahr

    B. $\frac{1}{2}$ Jahr

    C. 1 Jahr

    D. 1,5 Jahre

    E. Keine Antwort ist richtig.

Lösung

Zu 801.

C. 560 €

Herr Mayer würde für die vier Monate Zinsen in Höhe von 560 € erhalten.

$$Zinsen = \frac{Kapital \times Zinssatz \times Tage}{100 \times 360\,d}$$

$$Zinsen = \frac{24.000\,€ \times 7 \times 120\,d}{100 \times 360\,d} = 560\,€$$

Zu 802.

D. 120.000 €

Herr Mayer muss einen Betrag von 120.000 € anlegen, um monatlich 500 € Zinsen zu erhalten.

$$Kapital = \frac{Zinsen \times 100 \times 360\,d}{Zinssatz \times Tage}$$

$$Kapital = \frac{500\,€ \times 100 \times 360\,d}{5 \times 30\,d} = 120.000\,€$$

Zu 803.

B. 1,5 %

Herr Mayer müsste 600 € Zinsen zahlen, das sind 1,5 % von 40.000 €.

$$Zinsen = \frac{Kapital \times Zinssatz \times Tage}{100 \times 360\,d}$$

$$Zinsen = \frac{40.000 \times 6 \times 90\,d}{100 \times 360\,d} = 600\,€$$

$$Prozentsatz = \frac{Prozentwert \times 100}{Grundwert}$$

$$Prozentsatz = \frac{600\,€ \times 100}{40.000\,€} = 1,5\,\%$$

Zu 804.

D. 9 %

Der Zinssatz betrug neun Prozent.

$$Zinssatz = \frac{Zinsen \times 100 \times 360\,d}{Kapital \times Tage}$$

$$Zinssatz = \frac{1.800\,€ \times 100 \times 360\,d}{20.000\,€ \times 360\,d} = 9\,\%$$

Zu 805.

C. 1 Jahr

Das Geld war genau ein Jahr angelegt.

$$Tage = \frac{Zinsen \times 100 \times 360\,d}{Kapital \times Zinssatz}$$

$$Tage = \frac{3.500\,€ \times 100 \times 360\,d}{50.000\,€ \times 7} = 360\,d$$

Mathematisches Verständnis

Gemischte Textaufgaben

Bearbeitungszeit 10 Minuten

Beantworten Sie bitte die folgenden Aufgaben, indem Sie jeweils den richtigen Buchstaben markieren.

806. Herr Mayer möchte seinen 14-tägigen Urlaub planen. Seine Ersparnisse reichen, um pro Tag 40 € auszugeben. Wie viel Geld stünde Herrn Mayer pro Tag zu Verfügung, wenn er statt 14 Tagen 16 Tage Urlaub macht?

   A. 25 €

   B. 23 €

   C. 32 €

   D. 35 €

   E. Keine Antwort ist richtig.

807. Mit seinem alten Motorrad benötigt Herr Mayer für den Weg zu seinem Ferienhaus bei einer Durchschnittsgeschwindigkeit von 60 km/h genau 6 Stunden. Nun möchte er ein neues Motorrad kaufen, das über 80 km/h fahren kann. Wie lange braucht Herr Mayer zum Ferienhaus, wenn er im Schnitt 60 km/h fährt?

   A. 300 min

   B. 350 min

   C. 360 min

   D. 400 min

   E. Keine Antwort ist richtig.

808. Wie lautet die Fahrtzeit mit dem neuen Motorrad, wenn er sein Durchschnittstempo auf 80 km/h erhöht?

   A. 250 min

   B. 260 min

   C. 270 min

   D. 280 min

   E. Keine Antwort ist richtig.

809. Herrn Mayers altes Motorrad hat einen Verbrauch von 3,2 Litern pro 100 km. Das neue Motorrad verbraucht dagegen nur 2,4 Liter pro 100 km. Wie viel Prozent Benzin verbraucht das neue Motorrad weniger?

   A. 10 %

   B. 15 %

   C. 20 %

   D. 25 %

   E. Keine Antwort ist richtig.

810. Der Liter Sprit kostet 1,40 €. Nach wie vielen Kilometern ergibt sich für Herrn Mayer eine Ersparnis von 4,48 € im Vergleich zum alten Motorrad?

   A. 400 km

   B. 410 km

   C. 420 km

   D. 430 km

   E. Keine Antwort ist richtig.

811. Herr Mayer und zwei weitere Mitarbeiter haben einen Handelspreis in Höhe von 2.000 € gewonnen. Der Preis soll nun nach dem Engagement der einzelnen Personen aufgeteilt werden. Insgesamt haben sie 20 Stunden in das Projekt investiert. Herr Mayer hat daran mit 10 Stunden doppelt so lange gearbeitet wie jeder der beiden anderen Mitarbeiter. Wie viele Stunden haben die beiden anderen Mitarbeiter jeweils gearbeitet?

A. 3 Stunden

B. 4 Stunden

C. 5 Stunden

D. 6 Stunden

E. Keine Antwort ist richtig.

812. Eine Mathematik-Prüfung hat insgesamt 60 Aufgaben. $2/6$ der Rechenaufgaben sind einfach, $2/12$ der Rechenaufgaben sind sehr schwer. Wie viele Rechenaufgaben sind weder leicht noch sehr schwer?

A. Ein Drittel

B. Zwei Drittel

C. Die Hälfte

D. Drei Viertel

E. Keine Antwort ist richtig.

813. Wie viele Aufgaben sind entweder leicht oder sehr schwer?

A. 20

B. 30

C. 40

D. 50

E. Keine Antwort ist richtig.

814. Herr Mayer möchte einen Teppichboden für sein Wohnzimmer kaufen. Der Preis für den Teppichboden beträgt 360 €. Das Wohnzimmer ist 6 Meter breit, 5 Meter lang und 3 Meter hoch. Wie viel Quadratmeter Fläche hat das Wohnzimmer?

A. 90 m^2

B. 36 m^2

C. 30 m^2

D. 15 m^2

E. Keine Antwort ist richtig.

815. Welches Volumen hat das Wohnzimmer?

A. 90 m^3

B. 36 m^3

C. 30 m^3

D. 15 m^3

E. Keine Antwort ist richtig.

Lösung

Zu 806.

D. 35 €

Für 16 Tage Urlaub stünden Herrn Mayer pro Tag 35 € zur Verfügung.

Budget = 14 d × 40 € = 560 €

560 € ÷ 16 d = 35 € pro Tag

Zu 807.

C. 360 min

Herr Mayer braucht bei einem unveränderten Durchschnittstempo von 60 km/h nach wie vor 6 Stunden bzw. 360 Minuten zum Ferienhaus.

Zu 808.

C. 270 min

Bei einem Durchschnittstempo von 80 km/h bewältigt Herr Mayer die Strecke in 270 Minuten.

6 h × 60 km/h = 360 km

360 km ÷ 80 km/h = 4,5 h = 270 min

Zu 809.

D. 25 %

Das neue Motorrad verbraucht ein Viertel – also 25 % – weniger Benzin als das alte.

$$\text{Prozentsatz} = \frac{\text{Prozentwert} \times 100}{\text{Grundwert}}$$

$$\text{Prozentsatz} = \frac{(3,2\,l - 2,4\,l) \times 100}{3,2\,l} = \frac{0,8\,l \times 100}{3,2\,l} = 25\,\%$$

Zu 810.

A. 400 km

Nach 400 km Strecke ergibt sich eine Ersparnis von 4,48 €.

Ersparnis pro 100 km: 0,8 l × 1,40 €/l = 1,12 €

(4,48 € ÷ 1,12 €) × 100 km = 4 × 100 km = 400 km

Zu 811.

C. 5 Stunden

Jeder der beiden anderen Mitarbeiter hat 5 Stunden an dem Projekt gearbeitet.

(20 h – 10 h) ÷ 2 = 5 h

Zu 812.

C. Die Hälfte

Die Hälfte aller Aufgaben ist weder leicht noch sehr schwer.

Das Ergebnis berechnet sich durch den Abzug der einfachen und sehr schweren Aufgaben von der Gesamtheit:

$$1 - \frac{2}{6} - \frac{2}{12} = 1 - \frac{3}{6} = \frac{3}{6} = \frac{1}{2}$$

Zu 813.

B. 30

50 % von 60 Aufgaben sind 30 Aufgaben.

Zu 814.

C. 30 m²

Das Wohnzimmer hat eine Fläche von 30 m².

6 m Breite × 5 m Länge = 30 m²

Zu 815.

A. 90 m³

Das Wohnzimmer hat ein Volumen von 90 Kubikmetern.

6 m Breite × 5 m Länge × 3 m Höhe = 90 m³

Mathematisches Verständnis

Textaufgaben mit Diagramm

Bearbeitungszeit 12 Minuten

Beantworten Sie bitte mithilfe der Schaubilder die folgenden Aufgaben, indem Sie jeweils den richtigen Buchstaben markieren.

Bundestagswahl 2009

Ergebnisse der Bundestagswahl am 27. September 2009, Zweitstimmenanteile in Prozent. Wahlberechtigt waren rund 62,17 Millionen Menschen.

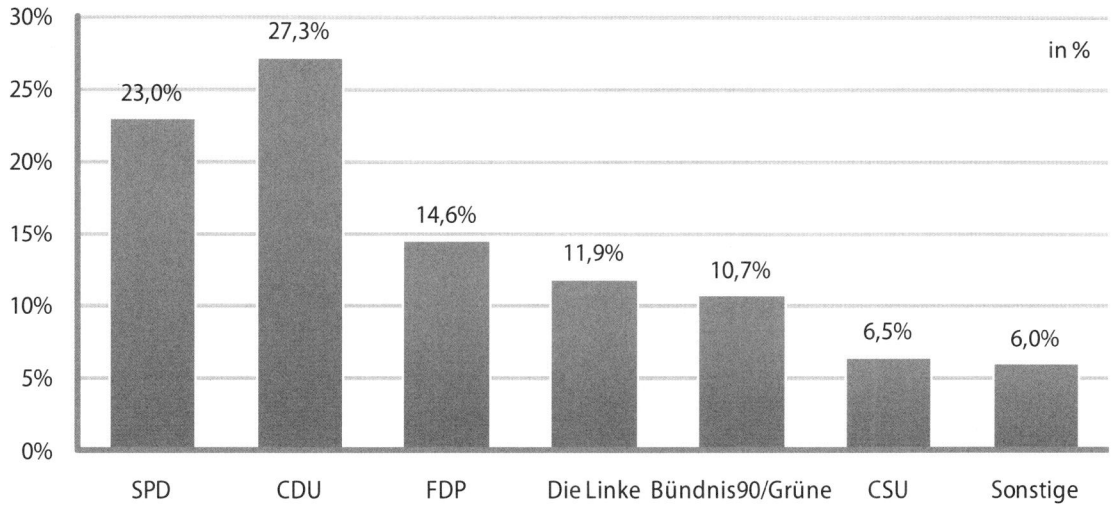

Quelle: Bundeswahlleiter

816. **Die Wahlbeteiligung lag bei rund 70,8 %. Wie viele Menschen haben demnach ihre Stimme abgegeben? Runden Sie das Ergebnis bitte auf zwei Nachkommastellen.**

A. 44,01 Mio.

B. 56,23 Mio.

C. 38,45 Mio.

D. 47,91 Mio.

E. Keine Antwort ist richtig.

817. **Wie viele Wahlberechtigte haben für eine Partei gestimmt, die den Sprung über die Fünf-Prozent-Hürde zum Einzug in den Bundestag nicht geschafft hat? Runden Sie das Ergebnis bitte auf zwei Nachkommastellen.**

A. 5,89 Mio.

B. 2,64 Mio.

C. 6,35 Mio.

D. 3,48 Mio.

E. Keine Antwort ist richtig.

818. Die CDU kam als stärkste Partei auf einen Zweitstimmenanteil von 27,3 %. Wie groß wäre der Anteil, wenn die Zahl der CDU-Wähler auf die Gesamtzahl aller Wahlberechtigten bezogen würde? Runden Sie das Ergebnis bitte auf zwei Nachkommastellen.

A. 14,64 %

B. 28,52 %

C. 25,44 %

D. 19,32 %

E. Keine Antwort ist richtig.

819. Bei der Bundestagswahl 2005 erhielt die CDU 27,8 % der abgegebenen Stimmen. Wahlberechtigt waren damals 61,87 Millionen Bundesbürger, die Wahlbeteiligung lag bei 77,7 %. Wie viele Wählerstimmen hat die Partei im Vergleich von 2005 zu 2009 absolut verloren? Runden Sie das Ergebnis bitte auf zwei Nachkommastellen.

A. 0,68 Mio. Stimmen

B. 0,95 Mio. Stimmen

C. 1,35 Mio. Stimmen

D. 1,86 Mio. Stimmen

E. Keine Antwort ist richtig.

820. Ohne die so genannten Überhangmandate verfügt der Bundestag über 598 Sitze. Wie viele Sitze entfielen dem Zweitstimmenanteil nach auf die SPD?

A. 123

B. 146

C. 85

D. 234

E. Keine Antwort ist richtig.

Trinkwasserverwendung im Haushalt

Durchschnittswerte in Deutschland pro Einwohner und Tag, Angaben in Liter.

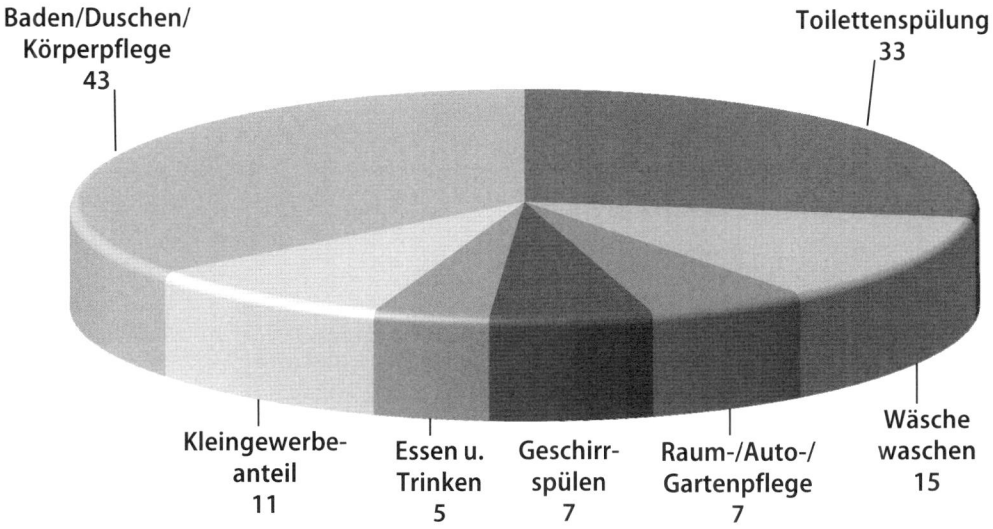

Baden/Duschen/
Körperpflege
43

Toilettenspülung
33

Kleingewerbe-
anteil
11

Essen u.
Trinken
5

Geschirr-
spülen
7

Raum-/Auto-/
Gartenpflege
7

Wäsche
waschen
15

Quelle: Bundesverband der Energie- und Wasserwirtschaft e. V. 2008

821. **Wie viele Liter Wasser werden pro Kopf und Tag durchschnittlich verbraucht?**

A. 121 l

B. 95 l

C. 143 l

D. 105 l

E. Keine Antwort ist richtig.

822. **Wie groß ist der Anteil der Toilettenspülung am durchschnittlichen Wasserverbrauch (in Prozent)? Runden Sie das Ergebnis bitte auf zwei Nachkommastellen.**

A. 30,25 %

B. 19,75 %

C. 23,54 %

D. 27,27 %

E. Keine Antwort ist richtig.

823. **Wie viele Liter Wasser verbraucht eine vierköpfige Familie im Monat (30 Tage) allein zum Essen und Trinken?**

A. 450 l

B. 600 l

C. 720 l

D. 780 l

E. Keine Antwort ist richtig.

824. **Der Wasserpreis liegt bei 3,90 € pro Kubikmeter. Wie viel Geld gibt eine vierköpfige Familie durchschnittlich am Tag für Baden, Duschen und Körperpflege aus? Runden Sie bitte auf ¹/₁₀ Cent.**

A. 101,5 Cent

B. 84,8 Cent

C. 76,4 Cent

D. 67,1 Cent

E. Keine Antwort ist richtig.

825. **Wie hoch sind die Ausgaben der Familie für den jährlichen Wasserverbrauch (365 Tage)?**

   A. 753,60 €

   B. 688,97 €

   C. 430,36 €

   D. 980,67 €

   E. Keine Antwort ist richtig.

Lösung

Bundestagswahl 2009

Zu 816.

A. 44,01 Mio.

Die Zahl der Wähler lässt sich nach folgender Rechnung bestimmen:

$$Prozentwert = \frac{Prozentsatz \times Grundwert}{100}$$

$$Prozentwert = \frac{70,8 \times 62,17 \, Mio.}{100} = 44,01 \, Mio.$$

Insgesamt haben bei der Bundestagswahl 2009 rund 44,01 Millionen Wahlberechtigte ihre Stimme abgegeben.

Zu 817.

B. 2,64 Mio.

Die nicht im Bundestag vertretenen Parteien werden unter „Sonstige" aufgeführt. Zu berechnen ist also, wie groß ein 6-%-Anteil an den 44,01 Millionen abgegebenen Stimmen ist:

$$Prozentwert = \frac{Prozentsatz \times Grundwert}{100}$$

$$Prozentwert = \frac{6 \times 44,01 \, Mio.}{100} = 2,64 \, Mio.$$

Etwa 2,64 Millionen Wahlberechtigte haben für eine Partei gestimmt, die nicht im Bundestag vertreten ist.

Zu 818.

D. 19,32 %

Bei einer Gesamtzahl von 44,01 Millionen Stimmen kommt die CDU auf einen Anteil von 27,3 %. Das entspricht einer Stimmenzahl, die sich wie folgt berechnen lässt:

$$Prozentwert = \frac{Prozentsatz \times Grundwert}{100}$$

$$Prozentwert = \frac{27,3 \times 44,01 \, Mio.}{100} = 12,01 \, Mio.$$

Wie hoch ist nun der prozentuale Anteil dieser 12,01 Millionen CDU-Wähler an 62,17 Millionen Wahlberechtigten?

$$Prozentsatz = \frac{Prozentwert \times 100}{Grundwert}$$

$$Prozentsatz = \frac{12,01 \, Mio. \times 100}{62,17 \, Mio.} = 19,32 \, \%$$

Bezogen auf die Gesamtzahl aller Wahlberechtigten, kommt die CDU auf einen Stimmanteil von 19,32 %. Anders formuliert: Die CDU erhielt bei der Bundestagswahl 2009 rund 19,32 % der Stimmen aller Wahlberechtigten.

Zu 819.

C. 1,35 Mio. Stimmen

Die Gesamtzahl der bei der Bundestagswahl 2005 abgegebenen Stimmen lässt sich nach folgender Rechnung bestimmen:

$$Prozentwert = \frac{Prozentsatz \times Grundwert}{100}$$

$$Prozentwert = \frac{77,7 \times 61,87 \, Mio.}{100} = 48,07 \, Mio.$$

Insgesamt haben 2005 48,07 Millionen Wahlberechtigte ihre Stimme abgegeben. Der Anteil von 27,8 % der CDU entspricht folgender Stimmenzahl:

$$Prozentwert = \frac{Prozentsatz \times Grundwert}{100}$$

$$Prozentwert = \frac{27,8 \times 48,07 \, Mio.}{100} = 13,36 \, Mio.$$

2005 gab es rund 13,36 Millionen CDU-Stimmen. Die Differenz zu 2009 beträgt:

12,01 Mio. − 13,36 Mio. = −1,35 Mio.

2009 stimmten rund 1,35 Millionen Wähler weniger für die CDU als noch 2005.

Zu 820.

B. 146

Da die 6 % der „Sonstigen" für die Kräfteverteilung im Bundestag keine Rolle spielen – sie ziehen schließlich gar nicht erst ein – müssen nun die Verhältnisse der im Parlament vertretenen Parteien neu berechnet werden. Die ins Parlament eingezogenen Parteien repräsentieren 94 % aller Wählerstimmen, teilen jedoch 100 % der Sitze im Bundestag unter sich auf. Der 23 %-Anteil der SPD vergrößert sich dadurch leicht:

$$\text{Prozentsatz} = \frac{\text{Prozentwert} \times 100}{\text{Grundwert}}$$

$$\text{Prozentsatz} = \frac{23 \times 100}{94} = 24,47\,\%$$

24,47 % der Sitze im Bundestag entfallen demnach auf die SPD. Bezogen auf die Gesamtzahl von 598 Sitzen, entspricht das:

$$\text{Prozentwert} = \frac{\text{Prozentsatz} \times \text{Grundwert}}{100}$$

$$\text{Prozentwert} = \frac{24,47 \times 598}{100} = 146,33\,\text{Sitze}$$

Es gibt nur ganze Sitze, daher wird gerundet. Die SPD ist im Bundestag demnach mit 146 Sitzen vertreten.

Ein Wort zum Verteilungsverfahren: Die Prozedur ist hier vereinfacht dargestellt und in Wirklichkeit wesentlich komplexer. Wenn etwa eine Partei sehr viele Wahlkreise über die Erststimmen (Direktkandidaten) gewinnt, erhält sie eventuell Überhangmandate. Das heißt, sie darf mehr Kandidaten in den Bundestag schicken, als ihr nach Zweitstimmenanteil zustehen würde. Seit 2013 werden diese Zugewinne durch Ausgleichsmandate bei anderen Parteien wieder ins Zweitstimmenverhältnis gesetzt – 2009 war das jedoch noch nicht der Fall. Damals wuchs der Bundestag durch 24 CDU/CSU-Überhangmandate auf 622 Sitze an, die Be-

rechnungsgrundlage der Sitzverteilung blieben jedoch 598 Sitze.

Trinkwasserverwendung im Haushalt

Zu 821.

A. 121 l

Der Gesamtverbrauch berechnet sich durch die Addition der Einzelposten:

43 l + 11 l + 5 l + 7 l + 7 l + 15 l + 33 l = 121 l

Im Durchschnitt werden pro Kopf und Tag 121 Liter Wasser verbraucht.

Zu 822.

D. 27,27 %

Der Gesamtverbrauch liegt bei 121 Litern täglich, die Toilettenspülung verbraucht im Schnitt 33 Liter davon. Der Prozentanteil berechnet sich wie folgt:

$$\text{Prozentsatz} = \frac{\text{Prozentwert} \times 100}{\text{Grundwert}}$$

$$\text{Prozentsatz} = \frac{33 \times 100}{121} = 27,27\,\%$$

Die Toilettenspülung verbraucht im Schnitt 27,27 % des insgesamt pro Kopf und Tag verbrauchten Wassers.

Zu 823.

B. 600 l

Der Durchschnittswert des Verbrauchs für Essen und Trinken pro Kopf und Tag wird mit der Anzahl der Köpfe (4) und Tage (30) multipliziert:

5 l × 4 × 30 = 600 l

In einem Monat verbraucht die Familie im Schnitt 600 Liter Wasser zum Essen und Trinken.

Zu 824.

D. 67,1 Cent

Eine vierköpfige Familie verbraucht im Schnitt 4 × 43 Liter = 172 Liter pro Tag für Baden, Duschen und Körperpflege. Ein Kubikmeter entspricht 1.000 Litern; die Ausgaben berechnen sich wie folgt:

172 ÷ 1.000 × 3,90 € = 0,6708 €

Die Familie hat pro Tag rund 67,1 Cent Wasserkosten für Baden, Duschen und Körperpflege.

Zu 825.

B. 688,97 €

Pro Jahr verbraucht die Familie 176.600 Liter bzw. 176,6 Kubikmeter Wasser.

121 l × 4 × 365 = 176.600 l = 176,66 m³

176,66 × 3,90 € = 688,97 €

Die Familie zahlt 688,97 € für ihren Jahreswasserverbrauch.

Mathematisches Verständnis

Funktionen und Gleichungen   *Bearbeitungszeit 5 Minuten*

Nun müssen Sie mathematische Zusammenhänge untersuchen.

Beantworten Sie bitte die folgenden Aufgaben, indem Sie jeweils den richtigen Buchstaben markieren.

826. Welche der unten aufgeführten Funktionen entspricht dem Graphen im Koordinatensystem?

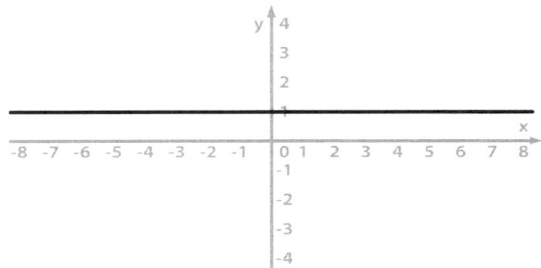

   A. $y = -2x$

   B. $y = x$

   C. $y = -x$

   D. $y = 1$

   E. Keine Antwort ist richtig.

827. Welches Ergebnis erhalten Sie, wenn Sie die Gleichung nach x auflösen?
$4x \div 10 = 4$

   A. 5

   B. 10

   C. 15

   D. 20

   E. Keine Antwort ist richtig.

828. Welche Formel sagt das Gleiche aus wie $[A \times (B + C)]$?

   A. $(A + B) \times (A + C)$

   B. $(A + B) + (A \times C)$

   C. $AB + AC$

   D. $(B \times C) + A$

   E. Keine Antwort ist richtig.

829. Welche der Funktionen entspricht dem Graphen im Koordinatensystem?

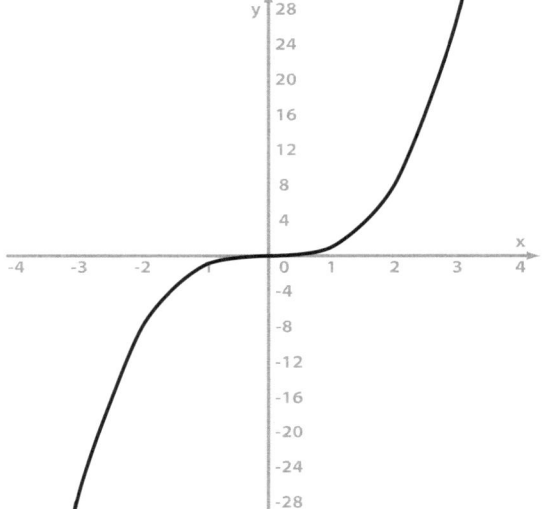

   A. $y = 2x^2$

   B. $y = x^2$

   C. $y = -2x$

   D. $y = x^3$

   E. Keine Antwort ist richtig.

830. Gegeben sind zwei Gleichungen.

Gleichung 1: $a = \dfrac{y}{b}$

Gleichung 2: $x = a \times y$

Wie muss eine Gleichung lauten, bei der man x durch die Größen a und b berechnen kann, ohne y zu kennen?

   A. $x = a^2 \times b$

   B. $x = a \times b^2$

   C. $x = a^2 \times b^2$

   D. $x = a \times b$

   E. Keine Antwort ist richtig.

Lösung

Zu 826.

D. $y = 1$

Für jeden x-Wert erhalten Sie die Zahl 1 als y-Wert.

z. B. $x = 3$ entspricht $y = 1$

z. B. $x = 5$ entspricht $y = 1$

Zu 827.

B. 10

Das Ergebnis für x lautet 10.

$4x \div 10 = 4 \qquad | \times 10$

$4x = 40 \qquad | \div 4$

$x = 10$

Zu 828.

C. $AB + AC$

Die Gleichung C ist die richtige Lösung.

Steht vor der Klammer ein Faktor (hier das A), so wird beim Auflösen der Klammer jeder Summand in der Klammer (hier B und C) mit diesem Faktor multipliziert.

Zu 829.

D. $y = x^3$

Setzt man in die Formel $y = x^3$ für x probeweise die Werte 1, 2 und 3 ein, dann erhält man für y die Werte 1, 8 und 27. Dies entspricht dem Graphen im Koordinatensystem.

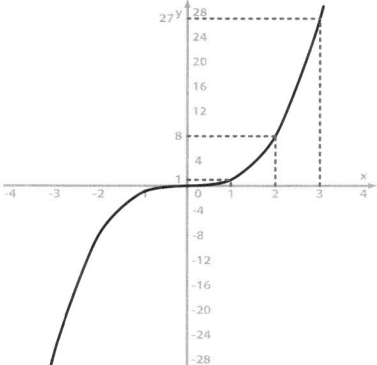

Zu 830.

A. $x = a^2 \times b$

Die Gleichung muss lauten: $x = a^2 \times b$

a)

Gleichung 1 nach y auflösen:

$y = a \times b$

b)

In Gleichung 2 das y durch den erhaltenen Rechenausdruck $a \times b$ ersetzen:

$x = a \times a \times b = a^2 \times b$

Mathematisches Verständnis

Zahlenmatrizen und -pyramiden   *Aufgabenerklärung*

Die Zahlen in den folgenden Matrizen und Pyramiden sind nach festen Regeln zusammengestellt. Ihre Aufgabe besteht darin, eine Zahl zu finden, die im sinnvollen Verhältnis zu den übrigen Zahlen steht.

Hierzu ein Beispiel

Aufgabe

1. Durch welche Zahl muss das Fragezeichen ersetzt werden, damit die Zahlen in der Tabelle in einem sinnvollen Verhältnis zueinander stehen?

1	2	2
3	2	?
3	4	12

   A. 4
   B. 2
   C. 8
   D. 6
   E. Keine Antwort ist richtig.

Antwort

 D. 6

Die beiden linken Zahlen jeder Reihe ergeben multipliziert die jeweils rechte Zahl. Die beiden oberen Zahlen jeder Spalte ergeben multipliziert die jeweils untere Zahl.

Zahlenmatrizen und -pyramiden

Beantworten Sie bitte die folgenden Aufgaben, indem Sie jeweils den richtigen Buchstaben markieren.

831. Durch welche Zahl muss das Fragezeichen ersetzt werden, damit die Zahlen in der Tabelle in einem sinnvollen Verhältnis zueinander stehen?

?	11	4	16
14	6	12	5
14	6	13	4
3	14	8	12

A. 3
B. 6
C. 9
D. 12
E. Keine Antwort ist richtig.

832. Durch welche Zahl muss das Fragezeichen ersetzt werden, damit die Zahlen in der Tabelle in einem sinnvollen Verhältnis zueinander stehen?

24	30	36
18	?	30
12	18	24

A. 12
B. 14
C. 20
D. 24
E. Keine Antwort ist richtig.

833. Durch welche Zahl muss das Fragezeichen ersetzt werden, damit die Zahlen in der Tabelle in einem sinnvollen Verhältnis zueinander stehen?

143	145	147	149
23	21	19	17
64	32	16	8
6	12	?	48

A. 16
B. 18
C. 24
D. 32
E. Keine Antwort ist richtig.

834. Durch welche Zahl muss das Fragezeichen ersetzt werden, damit die Zahlen in der Tabelle in einem sinnvollen Verhältnis zueinander stehen?

48	39	47
40	?	41
45	42	44

A. 54
B. 46
C. 36
D. 26
E. Keine Antwort ist richtig.

835. Durch welche Zahl muss das Fragezeichen ersetzt werden, damit die Zahlen in der Tabelle in einem sinnvollen Verhältnis zueinander stehen?

12	14	16	18
112	109	106	103
13	17	21	25
?	42	37	32

A. 143
B. 37
C. 24
D. 47
E. Keine Antwort ist richtig.

836. Durch welche Zahl muss das Fragezeichen ersetzt werden, damit die Zahlen in der Tabelle in einem sinnvollen Verhältnis zueinander stehen?

5	45	15	21
7	63	21	27
?	72	24	30
11	99	33	39

A. 9
B. 8
C. 13
D. 6
E. Keine Antwort ist richtig.

837. Durch welche Zahl muss das Fragezeichen ersetzt werden, damit die Pyramide sinnvoll aufgestellt ist?

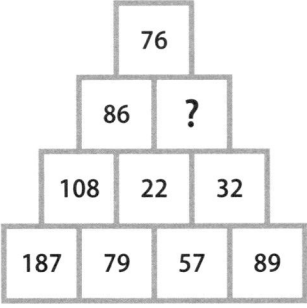

A. 10
B. 14
C. 28
D. 46
E. Keine Antwort ist richtig.

838. Durch welche Zahl muss das Fragezeichen ersetzt werden, damit die Zahlen in der Tabelle in einem sinnvollen Verhältnis zueinander stehen?

10	5	5	4
2	10	10	5
5	4	?	5
10	5	2	10

A. 5
B. 4
C. 2
D. 10
E. Keine Antwort ist richtig.

839. Durch welche Zahl muss das Fragezeichen ersetzt werden, damit die Zahlen in der Tabelle in einem sinnvollen Verhältnis zueinander stehen?

15	4	3	11
3	11	12	7
10	?	5	13
5	13	13	2

A. 12

B. 8

C. 5

D. 4

E. Keine Antwort ist richtig.

840. Durch welche Zahl muss das Fragezeichen ersetzt werden, damit die Zahlen in der Tabelle in einem sinnvollen Verhältnis zueinander stehen?

$2/3$	$1/2$	$3/2$	$3/4$
$1/2$	$3/4$	$10/5$	$1/2$
$1/2$	$3/2$	$1/4$	$6/3$
$9/4$	?	$1/2$	$1/2$

A. $1/3$

B. $1/2$

C. $2/3$

D. $3/4$

E. Keine Antwort ist richtig.

Lösung

Zu 831.

B. 6

Das Fragezeichen wird durch die Zahl 6 sinnvoll ersetzt.

Sie erhalten bei der Addition der Zahlen einer Spalte, einer Zeile oder einer Diagonalen immer die Zahl 37.

Zu 832.

D. 24

Das Fragezeichen wird durch die Zahl 24 sinnvoll ersetzt.

Waagerecht, senkrecht und diagonal werden Reihen in 6er-Schritten gebildet (aufsteigend von links nach rechts sowie von unten nach oben).

Zu 833.

C. 24

Das Fragezeichen wird durch die Zahl 24 sinnvoll ersetzt.

Die Reihen werden waagerecht nach folgendem Prinzip gebildet: In der obersten Reihe wird von links nach rechts immer 2 addiert, in der zweiten Reihe zwei subtrahiert, in der dritten Reihe durch 2 geteilt und in der vierten Reihe stets mit 2 multipliziert.

Zu 834.

B. 46

Das Fragezeichen wird durch die Zahl 46 sinnvoll ersetzt. Die Reihen werden nach folgendem Prinzip gebildet:

Es wird abwechselnd subtrahiert und addiert, wobei die zu addierende bzw. subtrahierende Zahl stets um 1 geringer ist als die zuvor addierte bzw. subtrahierte Zahl. Begonnen wird links oben mit der Subtraktion von 9, die Schritte laufen über die Zeilengrenzen hinweg.

$$-9 \,|\, +8$$
$$-7 \,|\, +6 \,|\, -5$$
$$+4 \,|\, -3 \,|\, +2$$

Zu 835.

D. 47

Das Fragezeichen wird durch die Zahl 47 sinnvoll ersetzt. Die Reihen werden waagerecht nach folgendem Prinzip gebildet:

Von Reihe zu Reihe wird abwechselnd addiert und subtrahiert, wobei der zu addierende bzw. subtrahierende Wert von Reihe zu Reihe um 1 größer wird. Also: In der ersten Reihe wird von links nach rechts immer 2 addiert, in der zweiten Reihe 3 subtrahiert, in der dritten Reihe 4 addiert und in der letzten Reihe stets 5 subtrahiert.

Zu 836.

B. 8

Das Fragezeichen wird durch die Zahl 8 sinnvoll ersetzt. Die Reihen werden waagerecht nach folgendem Prinzip gebildet:

Die jeweils linke Zahl jeder Reihe wird mit 9 multipliziert, anschließend durch 3 geteilt und zum erhaltenen Wert wird schließlich 6 addiert.

$$\times 9 \,|\, \div 3 \,|\, +6$$

Zu 837.

A. 10

Das Fragezeichen wird durch die Zahl 10 sinnvoll ersetzt. Die Pyramide ist nach folgendem Prinzip aufgebaut:

Der Wert einer Zelle ergibt sich, in dem der kleinere von beiden Werten der darunter liegenden Zellen vom größeren Wert abgezogen wird.

1. Reihe: $76 = 86 - 10$

2. Reihe: $86 = 108 - 22$; $10 = 32 - 22$

3. Reihe: $108 = 187 - 79$; $22 = 79 - 57$; 32
$= 89 - 57$

Zu 838.

D.   10

Das Fragezeichen wird durch die Zahl 10 sinnvoll ersetzt. Sie erhalten bei Multiplikation der Zahlen einer Reihe oder Spalte immer das Ergebnis 1.000.

Zu 839.

C.   5

Das Fragezeichen wird durch die Zahl 5 sinnvoll ersetzt.

Sie erhalten bei der Addition der Zahlen einer Spalte, einer Zeile oder einer Diagonalen immer die Zahl 33.

Zu 840.

C. $2/3$

Das Fragezeichen wird durch die Zahl $2/3$ sinnvoll ersetzt. Sie erhalten bei Multiplikation der Zahlen einer Reihe oder Spalte immer das Ergebnis $3/8$.

Mathematisches Verständnis

Symbolrechnen   *Aufgabenerklärung*

In jeder Aufgabe stehen gleiche Symbole für gleiche Zahlen. Ein Symbol repräsentiert eine Zahl von 0–9, zwei zusammengezogene Symbole entsprechen zweistelligen Zahlen.

Welche Zahl wird durch das gesuchte Symbol repräsentiert?

Hierzu ein Beispiel

Aufgabe

1. **Für welche Zahl steht das Symbol Ω?**
    $\Omega \times \Omega = \Omega$

    A. 4
    B. 3
    C. 2
    D. 1
    E. Keine Antwort ist richtig.

Antwort

 D. 1

Gesucht wird eine Zahl, die mit sich selbst multipliziert sich selbst zum Ergebnis hat – von den Auswahlmöglichkeiten kommt nur die Zahl 1 infrage: $1 \times 1 = 1$.

Symbolrechnen

Beantworten Sie bitte die folgenden Aufgaben, indem Sie jeweils den richtigen Buchstaben markieren.

841. Für welche Zahl steht das Symbol Δ?
ΠΠ + Π = ΠΔ

A. 1
B. 7
C. 5
D. 4
E. Keine Antwort ist richtig.

842. Für welche Zahl steht das Symbol Δ?
Δ2 − 1Δ = Ψ8

A. 1
B. 2
C. 4
D. 8
E. Keine Antwort ist richtig.

843. Für welche Zahl steht das Symbol Π?
(Ω + 1) × Π = Ω + 2 + Ω

A. 1
B. 9
C. 2
D. 3
E. Keine Antwort ist richtig.

844. Für welche Zahl steht das Symbol Ω?
Ω4 + ΔΔ = ΠΠ

A. 7
B. 2
C. 9
D. 4
E. Keine Antwort ist richtig.

845. Für welche Zahl steht das Symbol Δ?
(2 + Ψ) × Δ = Δ

A. 1
B. 3
C. 5
D. 0
E. Keine Antwort ist richtig.

846. Für welche Zahl steht das Symbol Ψ?
$\sqrt{\Omega\Lambda\Lambda} = \Omega\Psi$

A. 9
B. 3
C. 2
D. 1
E. Keine Antwort ist richtig.

847. Für welche Zahl steht das Symbol Π?
ΔΔ × Ω = ΩΠ + Ω

A. 0
B. 3
C. 6
D. 8
E. Keine Antwort ist richtig.

848. Für welche Zahl steht das Symbol Δ?
Π9 − Π = 2Δ

A. 9
B. 7
C. 6
D. 3
E. Keine Antwort ist richtig.

849. **Für welche Zahl steht das Symbol Ψ?**
$$4Ψ \div Ψ = Ψ - 2$$

   A. 8

   B. 7

   C. 5

   D. 9

   E. Keine Antwort ist richtig.

850. **Für welche Zahl steht das Symbol Ψ?**
$$∂Ψ - ∂ = Ψ∂$$

   A. 3

   B. 6

   C. 8

   D. 1

   E. Keine Antwort ist richtig.

Lösung

Zu 841.

D. 4

Das Symbol Π kann nur für 1, 2, 3 oder 4 stehen, da bei allen größeren Werten das Ergebnis über die jeweilige „Zehnergrenze" springen würde. Für Π = 1, Π = 3 oder Π = 4 führt die Rechnung jedoch zu einem Ergebnis von Δ, das nicht als Antwortmöglichkeit angegeben ist:

$11 + 1 = 12$

$33 + 3 = 36$

$44 + 4 = 48$

Das Symbol Δ steht demnach für die Zahl 4:

$22 + 2 = 24$

Zu 842.

C. 4

Setzt man die möglichen Antworten für Δ in die Rechnung ein, erkennt man, dass die gesuchte Zahl 4 lauten muss. Denn nur so ergibt die zweite Ziffer des Ergebnisses 8. Die Rechnung lautet:

$42 - 14 = 28$

Zu 843.

C. 2

Auf der linken Gleichungsseite erhält man durch das Auflösen der Klammer:

$(\Omega + 1) \times \Pi = \Pi\Omega + \Pi$

Auf der rechten Gleichungsseite ergibt sich durch das Zusammenziehen der Ω:

$\Omega + 2 + \Omega = 2\Omega + 2$

Stellt man die umgeformten Ausdrücke nebeneinander, zeigt sich, dass das Symbol Π eine 2 symbolisiert:

$\Pi\Omega + \Pi = 2\Omega + 2$

Zu 844.

D. 4

Bestehen der zweistellige Summand ΔΔ und das Ergebnis ΠΠ aus den gleichen Ziffern (11, 22 usw.), so muss auch der erste Summand Ω4 zwei gleiche Ziffern haben, so dass die Zahl 4 für Ω einzusetzen ist.

Zu 845.

D. 0

Bei der Multiplikation zweier Faktoren entspricht das Produkt nur dann einem dieser beiden Faktoren, wenn einer der Faktoren 0 oder 1 lautet:

$1 \times 2 = 2$; $1 \times 4 = 4$ usw. (wenn ein Faktor 1 ist)

$1 \times 0 = 0$; $2 \times 0 = 0$ usw. (wenn ein Faktor 0 ist)

Da der erste Faktor durch die Addition gleich oder größer als 2 ist, entfällt die erste Möglichkeit. Somit kann nur Lösung D stimmen. Das Symbol Δ steht für 0.

Zu 846.

C. 2

Zieht man die Wurzel der dreistelligen Zahl ΩΛΛ, so entspricht die erste Ziffer des Ergebnisses der ersten Ziffer der dreistelligen Quadratzahl (Ω). Dies kann nur dann der Fall sein, wenn dieser Wert 1 ist. Gesucht wird also nach einer Quadratzahl zwischen 100 und 199, deren zweite und dritte Ziffer gleich sind (Λ). Diese Bedingungen treffen nur zu, wenn die Wurzel 12 ist. Die Rechnung lautet:

$12 \times 12 = 144$

$\sqrt{144} = 12$

Das Symbol Ψ steht also für die Zahl 2.

Zu 847.

A. 0

Die rechte Gleichungsseite (ΩΠ + Ω) kann maximal den Wert 107 annehmen (98 + 9 = 107). Die linke Seite der Gleichung darf demnach nur zu einer zweistelligen Elferzahl (11, 22, 33…) im Zahlenraum bis 99 führen: Eine größere Zahl (z. B. 22 × 5 = 110) wäre auf der rechten Gleichungsseite nicht erreichbar.

Wenn die Multiplikation ΔΔ × Ω nun eine zweistellige Elferzahl darstellt, bei der Zehner- und Einerstelle identisch sind, gilt das auch für die Addition ΩΠ + Ω. Am einfachsten wäre es, wenn Π für 0 stünde – dann könnte Ω beliebige Werte von 1–9 annehmen, damit als Ergebnis die Elferzahl ΩΩ resultiert. Und tatsächlich bestätigt sich diese Annahme in Vorschlag A.

Zu 848.

B. 7

Wird eine beliebige einstellige Zahl von einer zweistelligen Zahl mit der Endziffer 9 abgezogen, bleibt deren Zehnerstelle gleich. Also trägt das Ergebnis (2Δ) dieselbe Zehnerstelle wie die Zahl, von der subtrahiert wurde. Das Symbol Π steht demnach für den Wert 2; die Rechnung lautet:

29 − 2 = 27

Das Symbol Δ steht für die Zahl 7.

Zu 849.

A. 8

Anhand der angegebenen Lösungsmöglichkeiten kommen folgende Gleichungen infrage:

48 ÷ 8 = 8 − 2   47 ÷ 7 = 7 − 2
45 ÷ 5 = 5 − 2   49 ÷ 9 = 9 − 2

Durch Ausprobieren lässt sich die richtige Lösung schnell erkennen – das Symbol Ψ muss für die Zahl 8 stehen:

48 ÷ 8 = 6 = 8 − 2

Zu 850.

C. 8

Das Ergebnis Ψ∂ ist die Umkehrzahl des Ausgangswerts ∂Ψ: Erste und zweite Stelle sind vertauscht. Da der Subtrahend ∂ zwischen 0 und 9 liegen muss, kann eine Umkehrzahl nur dann entstehen, wenn ∂ und Ψ genau um 1 auseinanderliegen. Die Differenz zwischen ∂Ψ und Ψ∂ beträgt dann für alle beliebigen Werte immer 9:

32 − 23 = 9
54 − 45 = 9
87 − 78 = 9

Das Symbol ∂ steht also für die Zahl 9. Die Rechnung lautet nun:

9Ψ − 9 = Ψ9

Das Symbol Ψ repräsentiert folgerichtig die Zahl 8:

98 − 9 = 89

Prüfung · Teil 4

4

Logisches Denkvermögen

Zahlenreihen fortsetzen

In diesem Abschnitt haben Sie Zahlenfolgen, die nach festen Regeln aufgestellt sind.

Bitte markieren Sie den zugehörigen Buchstaben der Zahl, von der Sie denken, dass sie die Reihe am sinnvollsten ergänzt.

Hierzu ein Beispiel

Aufgabe

1.

A. 6
B. 7
C. 8
D. 9
E. Keine Antwort ist richtig.

Antwort

 A. 6

Bei dieser Zahlenreihe wird jede folgende Zahl um eins erhöht. Die gesuchte Zahl lautet somit 5 + 1 = 6 und die richtige Antwort lautet A.

Zahlenreihen fortsetzen

Beantworten Sie bitte die folgenden Aufgaben, indem Sie jeweils den richtigen Buchstaben markieren.

851.

| 10 | 16 | 21 | 25 | 28 | ? |

A. 29

B. 31

C. 36

D. 30

E. Keine Antwort ist richtig.

852.

| 4 | 8 | 24 | 96 | ? |

A. 28

B. 240

C. 30

D. 480

E. Keine Antwort ist richtig.

853.

| 40 | 20 | 80 | 40 | 160 | ? |

A. 80

B. 240

C. 420

D. 120

E. Keine Antwort ist richtig.

854.

| 6 | 18 | 19 | 57 | 58 | ? |

A. 59
B. 174
C. 196
D. 278
E. Keine Antwort ist richtig.

855.

| 4 | 7 | 12 | 19 | ? |

A. 26
B. 27
C. 28
D. 32
E. Keine Antwort ist richtig.

856.

| 80 | 8 | 70 | 16 | 60 | 24 | ? |

A. −12
B. 60
C. 50
D. 40
E. Keine Antwort ist richtig.

857.

| 4 | 8 | 14 | 18 | 24 | ? |

A. 30
B. 26
C. 28
D. 32
E. Keine Antwort ist richtig.

858.

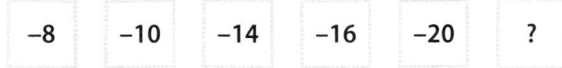

| 40 | 5 | 42 | 6 | 44 | 7 | ? |

A. −30
B. 28
C. 8
D. 46
E. Keine Antwort ist richtig.

859.

| −8 | −10 | −14 | −16 | −20 | ? |

A. −24
B. −22
C. −20
D. −26
E. Keine Antwort ist richtig.

860.

| 3 | 4 | 6 | 10 | 18 | ? |

A. 26
B. 34
C. 22
D. 20
E. Keine Antwort ist richtig.

Lösung

Zu 851.

D. 30

+6 | +5 | +4 | +3 | +2

Zu 852.

D. 480

×2 | ×3 | ×4 | ×5

Zu 853.

A. 80

÷2 | ×4 | ÷2 | ×4 | ÷2

Zu 854.

B. 174

×3 | +1 | ×3 | +1 | ×3

Zu 855.

C. 28

+3 | +5 | +7 | +9

Zu 856.

C. 50

x | y | x−10 | y×2 | x−20 | y×3 | x−30

Zu 857.

C. 28

+4 | +6 | +4 | +6 | +4

Zu 858.

D. 46

40 | 5 | 40+2 | 5+1 | 42+2 | 6+1 | 44+2

Zu 859.

B. −22

−2 | −4 | −2 | −4 | −2

Zu 860.

B. 34

×2 −2 | ×2 −2 | ×2 −2 | ×2 −2 | ×2 −2

Logisches Denkvermögen

Buchstabenreihen fortsetzen

Die Buchstabenfolgen in diesem Abschnitt sind nach festen Regeln aufgestellt.

Ihre Aufgabe besteht darin, das Bildungsgesetz jeder Reihe herauszufinden, um den unbekannten Buchstaben am Reihenende zu ermitteln.

Hierzu ein Beispiel

Aufgabe

1.

A	B	C	D	E	?

A. D
B. E
C. F
D. G
E. Keine Antwort ist richtig.

Antwort

 C. F

Es handelt sich um eine alphabetisch fortlaufende Reihe. Auf das „E" muss daher ein „F" folgen – die richtige Antwort ist C.

Buchstabenreihen fortsetzen

Bearbeitungszeit 5 Minuten

Beantworten Sie bitte die folgenden Aufgaben, indem Sie jeweils den richtigen Buchstaben markieren.

861.

A. N
B. M
C. Q
D. R
E. Keine Antwort ist richtig.

862.

A. D
B. X
C. F
D. W
E. Keine Antwort ist richtig.

863.

A. P
B. T
C. S
D. Z
E. Keine Antwort ist richtig.

864.

K	K	L	M	M	N	O	?

A. P
B. O
C. Q
D. J
E. Keine Antwort ist richtig.

865.

F	E	D	I	H	G	L	K	J	?

A. M
B. N
C. O
D. P
E. Keine Antwort ist richtig.

866.

M	N	O	O	N	M	P	Q	R	?

A. M
B. R
C. N
D. O
E. Keine Antwort ist richtig.

867.

Q	O	M	K	I	G	E	?

A. D
B. H
C. C
D. F
E. Keine Antwort ist richtig.

868.

| A | B | F | G | J | K | ? |

A. P
B. Q
C. N
D. M
E. Keine Antwort ist richtig.

869.

| E | H | F | G | J | H | ? |

A. I
B. L
C. J
D. K
E. Keine Antwort ist richtig.

870.

| K | H | E | K | H | E | ? |

A. F
B. H
C. E
D. K
E. Keine Antwort ist richtig.

Lösung

Zu 861.

D. R

Beginnend beim Buchstaben C wird jeweils der drittnächste in die Reihe aufgenommen.

Zu 862.

B. X

Eine vom A ausgehende vorwärtsschreitende Buchstabenreihe ist abwechselnd mit einer vom Z rückwärtslaufenden Buchstabenreihe verschachtelt.

Zu 863.

C. S

Das P ist abwechselnd mit einer vom Q ausgehenden, im Alphabet aufwärts laufenden Buchstabenreihe verschachtelt.

Zu 864.

B. O

Ausgehend vom K wird alphabetisch vorangeschritten. Dabei wird jeder zweite Buchstabe (begonnen mit K) doppelt aufgeführt.

Zu 865.

C. O

Ausgehend vom F wird zweimal ein Schritt im Alphabet zurückgezählt, um dann fünf Schritte vorwärts zu gehen. Diese Abfolge wird anschließend zweimal wiederholt.

Bewegung in alphabetischer Reihenfolge:

$-1 \mid -1 \mid +5 \mid -1 \mid -1 \mid +5 \mid -1 \mid -1 \mid +5 \mid$

Zu 866.

B. R

Ausgehend vom M geht man alphabetisch zweimal einen Schritt vorwärts, wiederholt den erreichten Buchstaben, schreitet dann zweimal in Einerschritten rückwärts und schließlich drei

Schritte nach vorne. Dies ist die Grundabfolge, die sich wiederholt.

Bewegung in alphabetischer Reihenfolge:

$+1 \mid +1 \mid 0 \mid -1 \mid -1 \mid +3 \mid +1 \mid +1 \mid 0$

Zu 867.

C. C

Beginnend vom Buchstaben Q wird alphabetisch rückwärtsgehend jeweils ein Buchstabe übersprungen.

Bewegung in alphabetischer Reihenfolge:

$-2 \mid -2 \mid -2 \mid -2 \mid -2 \mid -2 \mid -2$

Zu 868.

D. M

Startend mit dem Buchstaben A wechseln hier zwei Operationen einander ab: 1. Gehe zum nächsten Buchstaben. 2. Gehe startend mit vier Schritten im Alphabet voran und reduziere die Schrittweite mit jeder Ausführung um eins.

Bewegung in alphabetischer Reihenfolge:

$+1 \mid +4 \mid +1 \mid +3 \mid +1 \mid +2$

Zu 869.

A. I

Gehe startend mit dem Buchstaben E alphabetisch drei Buchstaben vorwärts, zwei zurück und dann wieder einen vor. Das ist die Grundabfolge, die sich wiederholt.

Bewegung in alphabetischer Reihenfolge:

$+3 \mid -2 \mid +1 \mid +3 \mid -2 \mid +1$

Zu 870.

D. K

Starten Sie mit dem Buchstaben K, gehen Sie zweimal drei Buchstaben zurück und dann zurück auf die Ausgangsposition K.

Bewegung in alphabetischer Reihenfolge:

$-3 \mid -3 \mid +6 \mid -3 \mid -3 \mid +6$

Logisches Denkvermögen

Wörter erkennen *Aufgabenerklärung*

Die folgenden Aufgaben prüfen Ihr Sprachgefühl und Ihren Wortschatz.

Ihre Aufgabe besteht darin, Wörter in durcheinander gewürfelten Buchstabenfolgen zu erkennen. Bitte markieren Sie den Buchstaben, von dem Sie denken, dass es der Anfangsbuchstabe des gesuchten Wortes sein könnte.

Hierzu ein Beispiel

Aufgabe

1.

A. R
B. S
C. P
D. U
E. T

Antwort

 S

In dieser Buchstabenreihe versteckt sich das Wort „SPURT" und die richtige Antwort lautet B.

Wörter erkennen

Beantworten Sie bitte die folgenden Aufgaben, indem Sie jeweils den richtigen Buchstaben markieren.

871.

A	C	O	H	S

A. A
B. C
C. O
D. H
E. S

874.

D	B	N	O	E

A. D
B. B
C. N
D. O
E. E

872.

I	E	H	L	F

A. I
B. E
C. H
D. L
E. F

875.

L	E	K	O	W

A. L
B. E
C. K
D. O
E. W

873.

T	A	F	H	R

A. T
B. A
C. F
D. H
E. R

876.

P	F	R	E	O

A. P
B. F
C. R
D. E
E. O

877.

H	R	L	C	U

A. H
B. R
C. L
D. C
E. U

879.

C	H	I	M	L

A. C
B. H
C. I
D. M
E. L

878.

R	U	N	G	D

A. R
B. U
C. N
D. G
E. D

880.

R	I	T	S	N

A. R
B. I
C. T
D. S
E. N

Lösung

Zu 871.
B. C

Chaos

Zu 872.
C. H

Hilfe

Zu 873.
C. F

Fahrt

Zu 874.
B. B

Boden

Zu 875.
E. W

Wolke

Zu 876.
E. O

Opfer

Zu 877.
C. L

Lurch

Zu 878.
D. G

Grund

Zu 879.
D. M

Milch

Zu 880.
D. S

Stirn

Logisches Denkvermögen

Doppelte Sprachanalogien

In diesem Abschnitt wird Ihre Fähigkeit zu logischem Denken im sprachlichen Bereich geprüft.

Ihnen wird jeweils eine Wortgleichung vorgegeben, der jedoch das erste und letzte Wort fehlt. Um diese Lücken zu füllen, können Sie aus einer Reihe von Lösungsmöglichkeiten wählen.

Hierzu ein Beispiel

Aufgabe

1. _____ verhält sich zu **Tag** wie **Dunkelheit** zu _____

   A. Helligkeit
   B. Dämmerung
   C. Sonne
   D. Wärme

   1. Mond
   2. Kälte
   3. Nacht
   4. Abend

Antwort

   (A.) Helligkeit
   B. Dämmerung
   C. Sonne
   D. Wärme

   1. Mond
   2. Kälte
   (3.) Nacht
   4. Abend

Helligkeit verhält sich zu Tag wie Dunkelheit zu Nacht.

Am Tag ist es hell, in der Nacht dunkel.

Doppelte Sprachanalogien

Bearbeitungszeit 5 Minuten

Beantworten Sie bitte die folgenden Aufgaben, indem Sie jeweils die richtige Buchstabe-Ziffer-Kombination markieren.

881. _____ verhält sich zu **Brot** wie **Ei** zu _____

   A. Teig
   B. Mehl
   C. Butter
   D. Scheibe

   1. Huhn
   2. Küken
   3. Schale
   4. Omelett

882. _____ verhält sich zu **Haus** wie **Tor** zu _____

   A. Zimmer
   B. Fenster
   C. Tür
   D. Wohnung

   1. Platz
   2. Schloss
   3. Hof
   4. Keller

883. _____ verhält sich zu **Schule** wie **Trainer** zu _____

   A. Eltern
   B. Klassensprecher
   C. Rektor
   D. Lehrer

   1. Verein
   2. Platz
   3. Mannschaft
   4. Training

884. _____ verhält sich zu **Wüste** wie **Insel** zu _____

   A. Oase
   B. Kamel
   C. Karawane
   D. Sand

   1. Schiff
   2. Wasser
   3. Meer
   4. Salz

885. _____ verhält sich zu **Pflicht** wie **dürfen** zu _____

   A. Paragraph
   B. Gesetz
   C. Verordnung
   D. Recht

   1. wollen
   2. sollen
   3. müssen
   4. können

886. _____ verhält sich zu **Sonne** wie **Planet** zu _____

    A. Stern
    B. Galaxie
    C. All
    D. Raumfahrt

    1. Mond
    2. Komet
    3. Sternschnuppe
    4. Erde

887. _____ verhält sich zu **Rose** wie **Gemüse** zu _____

    A. Pflanze
    B. Veilchen
    C. Blüte
    D. Blume

    1. Gurke
    2. Wurzel
    3. Suppe
    4. Obst

888. _____ verhält sich zu **Apfel** wie **Strauch** zu _____

    A. Kompott
    B. Baum
    C. Kern
    D. Stiel

    1. Beere
    2. Blatt
    3. Dornen
    4. Frucht

889. _____ verhält sich zu **Liebe** wie **Feind** zu _____

    A. Freund
    B. Frau
    C. Gefühl
    D. Herz

    1. Krieg
    2. Streit
    3. Rache
    4. Hass

890. _____ verhält sich zu **Gebäude** wie **Komponist** zu _____

    A. Plan
    B. Architekt
    C. Bauherr
    D. Stein

    1. Dirigent
    2. Oper
    3. Sänger
    4. Instrument

891. _____ verhält sich zu **Fluss** wie **Weg** zu _____

    A. Bach
    B. Teich
    C. Meer
    D. Küste

    1. Straße
    2. Kreuzung
    3. Zebrastreifen
    4. Autobahn

892. _____ verhält sich zu **wissen** wie **Vermutung** zu _____

A. Anlass	1. lernen
B. Behauptung	2. beschreiben
C. Tatsache	3. glauben
D. Vermutung	4. erklären

893. _____ verhält sich zu **Wolf** wie **Schwarm** zu _____

A. Herde	1. Löwe
B. Gruppe	2. Kuh
C. Familie	3. Wellensittich
D. Rudel	4. Kaninchen

894. _____ verhält sich zu **Tisch** wie **Fuß** zu _____

A. Bein	1. Stuhl
B. Wade	2. Schrank
C. Zeh	3. Hocker
D. Knie	4. Kissen

895. _____ verhält sich zu **Pflaume** wie **Kern** zu _____

A. Dorn	1. Mango
B. Stein	2. Birne
C. Kai	3. Kiwi
D. Stiel	4. Banane

Lösung

Zu 881.
B. Mehl
4. Omelett

Brot wird aus Mehl hergestellt, aus Eiern kann man Omelette machen.

Zu 882.
C. Tür
3. Hof

Durch eine Tür tritt man ins Haus, durch ein Tor auf einen Hof.

Zu 883.
D. Lehrer
1. Verein

Lehrer unterrichten Schüler an einer Schule, Trainer leiten Sportler in einem Verein an.

Zu 884.
A. Oase
3. Meer

Oasen sind Vegetationsflecken in einer Wüste, oft an einer Wasserstelle; Inseln sind Landflecken in einem Gewässer.

Zu 885.
D. Recht
3. müssen

Ein Recht erlaubt einem, etwas tun zu dürfen. Eine Pflicht bedeutet, etwas tun zu müssen.

Zu 886.
A. Stern
4. Erde

Die Sonne ist ein Stern, die Erde ein Planet.

Zu 887.
D. Blume
1. Gurke

Eine Rose ist eine Blume, die Gurke zählt zu den Gemüsen.

Zu 888.
B. Baum
1. Beere

Äpfel wachsen an Bäumen, Beeren an Sträuchern.

Zu 889.
A. Freund
4. Hass

Einen Freund liebt man, einen Feind hasst man.

Zu 890.
B. Architekt
2. Oper

Architekten entwerfen Gebäude, Komponisten konzipieren Opern.

Zu 891.
A. Bach
1. Straße

Einen kleinen Fluss nennt man „Bach", eine kleine Straße bezeichnet man als „Weg".

Zu 892.
C. Tatsache
3. glauben

Wer eine Tatsache kennt, der weiß etwas. Wer eine Vermutung hat, nimmt etwas an, über das er sich nicht sicher sein kann – das heißt, er glaubt es.

Zu 893.

D. Rudel

3. Wellensittich

Wölfe bilden Rudel, Wellensittiche (in freier Natur) Schwärme.

Zu 894.

A. Bein

2. Schrank

„Beine" nennt man die Stützen eines Tisches, „Füße" die tragenden Teile eines Schranks.

Zu 895.

B. Stein

2. Birne

Im Inneren einer Pflaume findet sich ein Stein, Birnen enthalten Kerne.

Logisches Denkvermögen

Oberbegriffe

Nun wird Ihre Fähigkeit zu logischem Denken im sprachlichen Bereich getestet.

In jeder der folgenden Aufgaben werden Ihnen zwei Begriffe vorgegeben, zu denen Sie einen gemeinsamen Oberbegriff finden sollen.

Beantworten Sie bitte die folgenden Aufgaben, indem Sie jeweils den richtigen Buchstaben markieren.

896. Fichte, Tanne

- A. Nadelbäume
- B. Sträucher
- C. Laubbäume
- D. Zimmerpflanzen
- E. Keine Antwort ist richtig.

897. Gelb, Rot

- A. Primärfarben
- B. Sonne
- C. Kontrast
- D. Fahne
- E. Keine Antwort ist richtig.

898. Betrieb, Geschäft

- A. Supermarkt
- B. Institut
- C. Unternehmen
- D. Einzelhandel
- E. Keine Antwort ist richtig.

899. Nil, Donau

- A. Meer
- B. Fluss
- C. Bach
- D. See
- E. Keine Antwort ist richtig.

900. Libelle, Biene

- A. Säugetier
- B. Fisch
- C. Insekt
- D. Reptil
- E. Keine Antwort ist richtig.

901. Ampere, Volt

- A. Widerstand
- B. Elektrizität
- C. Spannung
- D. Leitung
- E. Keine Antwort ist richtig.

902. Krone, Rubel

- A. König
- B. Währung
- C. Land
- D. Politik
- E. Keine Antwort ist richtig.

903. Zugspitze, K2

- A. Eisenbahn
- B. Berge
- C. Gebirge
- D. Alpen
- E. Keine Antwort ist richtig.

904. Bodensee, Main

A. Binnengewässer
B. Fluss
C. See
D. Meer
E. Keine Antwort ist richtig.

905. Knall, Krach

A. Bild
B. Visuell
C. Schall
D. Musik
E. Keine Antwort ist richtig.

906. Kiefer, Eiche

A. Nadelbäume
B. Sträucher
C. Laubbäume
D. Zimmerpflanzen
E. Keine Antwort ist richtig.

907. Blende, Objektiv

A. Fernglas
B. Mikroskop
C. Stethoskop
D. Fotoapparat
E. Keine Antwort ist richtig.

908. schwer, leicht

A. Bauteil
B. Spiel
C. Gewicht
D. Geschmack
E. Keine Antwort ist richtig.

909. Asien, Europa

A. Afrika
B. Länder
C. Kontinente
D. Bevölkerung
E. Keine Antwort ist richtig.

910. Bundespräsident, Bundeskanzler

A. Selbstständige
B. Arbeiter
C. Politiker
D. Minister
E. Keine Antwort ist richtig.

Lösung

Zu 896.

A. Nadelbäume

Fichten und Tannen haben Nadeln und zählen zur Gruppe der Nadelbäume.

Zu 897.

A. Primärfarben

Gelb und Rot zählen – wie auch Blau – zur Gruppe der Primärfarben, aus denen sich alle anderen Farben mischen lassen.

Zu 898.

C. Unternehmen

Der Betrieb und das Geschäft sind Unternehmen.

Zu 899.

B. Fluss

Der Nil ist ein afrikanischer und die Donau ein europäischer Fluss.

Zu 900.

C. Insekt

Libellen und Bienen gehören zur Gruppe der Insekten.

Zu 901.

B. Elektrizität

Ampere und Volt sind Maßeinheiten aus dem Bereich der Elektrizität: In Ampere werden Stromstärken angegeben, in Volt Spannungen.

Zu 902.

B. Währung

Die Krone ist die schwedische Währung und der Rubel die russische.

Zu 903.

B. Berge

Die Zugspitze ist ein europäischer Berg und der K2 ein asiatischer.

Zu 904.

A. Binnengewässer

Der Bodensee ist ein See und der Main ein Fluss. Flüsse und Seen zählen zu den Binnengewässern.

Zu 905.

C. Schall

Der Knall und der Krach sind jeweils Geräusche. Schall ist eine allgemeine Bezeichnung für Geräusche.

Zu 906.

E. Keine Antwort ist richtig.

Die Kiefer ist ein Nadelbaum und die Eiche ein Laubbaum. Eine gemeinsame Kategorie lässt sich unter den angegebenen Begriffen nicht finden.

Zu 907.

D. Fotoapparat

Die Blende und das Objektiv sind Bestandteile eines Fotoapparats.

Zu 908.

C. Gewicht

Schwer und leicht sind Adjektive, die eine ungefähre Gewichtsangabe machen.

Zu 909.

C. Kontinente

Asien und Europa sind Kontinente.

Zu 910.

C. Politiker

Der Bundespräsident und der Bundeskanzler sind Politiker.

Logisches Denkvermögen

Meinung oder Tatsache   *Aufgabenerklärung*

In diesem Abschnitt erhalten Sie verschiedene Aussagen, die Sie dahingehend überprüfen sollen, ob es sich um eine Meinung oder eine Tatsache handelt.

Handelt es sich um eine Meinung, so markieren Sie bitte „A".

Handelt es sich um eine Tatsache, so markieren Sie bitte „B".

Hierzu ein Beispiel

Aufgabe

1. **Alle Katzen sind schwarz.**

    A. Meinung
    B. Tatsache

Antwort

   (A.) Meinung

Es handelt sich um eine subjektive Annahme – noch dazu um eine falsche: Es gibt schließlich auch Katzen mit anderen Haarfarben.

Meinung oder Tatsache

Beantworten Sie bitte die folgenden Aufgaben, indem Sie jeweils den richtigen Buchstaben markieren.

911. **Hunde sind die idealen Haustiere.**

    A. Meinung
    B. Tatsache

912. **Vitamin-C-Mangel kann schlimmstenfalls zum Tod führen.**

    A. Meinung
    B. Tatsache

913. **Die ersten Menschen hießen Adam und Eva.**

    A. Meinung
    B. Tatsache

914. **Der Mondstand hat Auswirkungen auf die Erde.**

    A. Meinung
    B. Tatsache

915. **Menschen, die nicht lesen und schreiben können, sind dumm.**

    A. Meinung
    B. Tatsache

916. **Männer können im Allgemeinen höhere sportliche Leistungen erbringen als Frauen.**

    A. Meinung
    B. Tatsache

917. **Der menschliche Körper besteht zum größten Teil aus Wasser.**

    A. Meinung
    B. Tatsache

918. **Muskeln wiegen mehr als Fett.**

    A. Meinung
    B. Tatsache

919. **Chlorophyll sorgt dafür, dass Pflanzen grün sind.**

    A. Meinung
    B. Tatsache

920. **Jeder ist sich selbst der Nächste.**

    A. Meinung
    B. Tatsache

Lösung

Zu 911.

A. Meinung

Hunde werden seit Tausenden von Jahren von Menschen gezüchtet und gezähmt. Allerdings ist die Frage, ob ein Tier als Haustier ideal geeignet ist, immer abhängig von vielen verschiedenen Faktoren, so dass sich darauf keine allgemeingültige Antwort geben lässt. Somit handelt es sich hier um eine Meinung.

Zu 912.

B. Tatsache

Ein Mangel an Vitamin C (Ascorbinsäure), meist durch zu wenig frisches Obst/Gemüse in der Ernährung, löst die Krankheit Skorbut aus. Oft ist allgemeine Unterernährung die Ursache. Z. B. trat Skorbut gehäuft in den Weltkriegen auf, früher waren Seeleute auf längeren Seereisen oft davon betroffen. Skorbut schwächt den gesamten Körper und das Immunsystem und kann zum Tod durch Herzschwäche führen. Es handelt sich also um eine Tatsache.

Zu 913.

A. Meinung

Dass die ersten Menschen Adam und Eva hießen, steht in der Bibel und gehört somit in den Bereich des Glaubens. Da es aber keine wissenschaftlichen Untersuchungen gibt, die die Version der Bibel stützen, handelt es sich hier um eine Meinung.

Zu 914.

B. Tatsache

Auch wenn viele astrologische Thesen über die Wirkung des Mondes auf die Erde und ihre Bewohner heutzutage eher als Meinung gelten, so ist doch bewiesen, dass der Mond die Erde beeinflusst und z. B. für Ebbe und Flut verantwortlich ist. Also handelt es sich hier um eine Tatsache.

Zu 915.

A. Meinung

Es gibt viele Umstände, die dazu führen können, dass jemand weder lesen noch schreiben kann. Wer beispielsweise in einem Entwicklungsland oder im Krieg aufwächst, hat vielleicht einfach keine Gelegenheit, zur Schule zu gehen. Das ist aber völlig unabhängig von der Intelligenz eines Menschen. Hier handelt es sich offensichtlich um eine Meinung, die außerdem falsch ist.

Zu 916.

B. Tatsache

Dies ist offensichtlich zutreffend, nicht umsonst gibt es bei allen Sportarten getrennte Wettkämpfe für Männer und Frauen. Die unterschiedliche Leistungsfähigkeit der Geschlechter ist durch die körperlichen Unterschiede begründet und somit eine Tatsache.

Zu 917.

B. Tatsache

Diese Aussage ist korrekt, es handelt sich demnach um eine Tatsache.

Zu 918.

B. Tatsache

Ein Kilogramm Muskeln nimmt weniger Raum ein als ein Kilogramm Körperfett. Das bedeutet, dass bei gleichem Volumen das Muskelgewebe schwerer ist. Also handelt es sich um eine Tatsache.

Zu 919.

B. Tatsache

Als „Chlorophyll" oder „Blattgrün" bezeichnet man eine Klasse natürlicher Farbstoffe, die bei der Photosynthese eine wichtige Rolle spielen. Sie sind verantwortlich für die Grünfärbung der Pflanzen. Die Aussage trifft also zu.

Zu 920.

A. Meinung

Dieses Pauschalurteil unterstellt, dass alle Menschen Egoisten sind. Doch zum einen ist es Auslegungssache, ob man ein Verhalten als egoistisch bewertet oder nicht. Zum anderen gibt es keine einschlägige Studie, die jemals das Verhalten aller Menschen untersucht hätte. Hier handelt es sich also um eine Meinung.

Logisches Denkvermögen

Flussdiagramme

Dieser Abschnitt prüft, wie gut Sie komplexe Abläufe strukturell nachvollziehen können. Sie erhalten dazu ein Flussdiagramm.

Flussdiagramme sind eine gute Methode, um Handlungsprozesse mit verschiedenen Verlaufsalternativen grafisch abzubilden. Diese Darstellungsform eignet sich besonders dazu, verzweigte Abläufe zu planen, zu steuern und zu erklären.

Wie funktionieren Flussdiagramme?

Ein Flussdiagramm besteht aus verschiedenen Symbolen, die beschriftet und durch waagerechte oder senkrechte Verlaufspfeile miteinander verbunden sind. Die Symbole lassen sich grob in fünf Gruppen einordnen:

¬ Rechtecke mit abgerundeten Ecken stehen für Prozessbeginn und -ende.
¬ Rauten stellen Bedingungen dar.
¬ Rechtecke symbolisieren eigene, in sich geschlossene Unterprozesse.
¬ Ovale kennzeichnen Entscheidungen oder Konsequenzen.
¬ Parallelogramme repräsentieren prozessinterne Ein- und Ausgaben (In- und Outputs).

Hierzu ein Beispiel

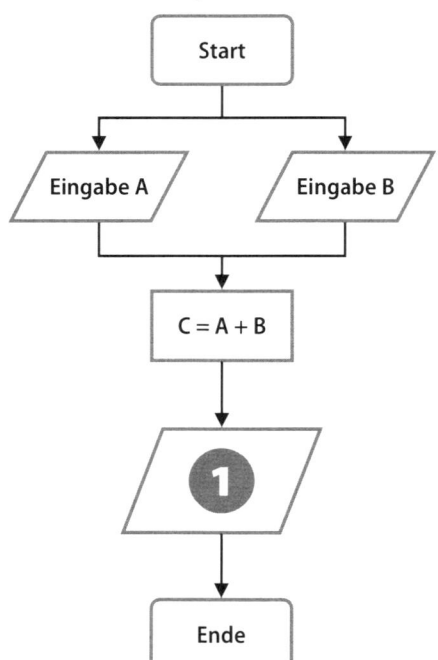

Aufgabe

1. **Durch welche der Antworten wird die Zahl 1 im Flussdiagramm sinnvoll ersetzt?**

   A. Ausgabe C
   B. Ausgabe A
   C. Ausgabe B
   D. Eingabe A
   E. Keine Antwort ist richtig.

Antwort

(A.) Ausgabe C

Im abgebildeten Prozess werden zwei Variablen A und B eingegeben und zum Ergebnis C addiert. Sinnvollerweise wird dieses Ergebnis anschließend ausgegeben, d. h. zum Beispiel auf einem Monitor angezeigt.

Flussdiagramme

Beantworten Sie bitte die folgenden Aufgaben, indem Sie jeweils den richtigen Buchstaben markieren.

Päckchen- und Paketversand

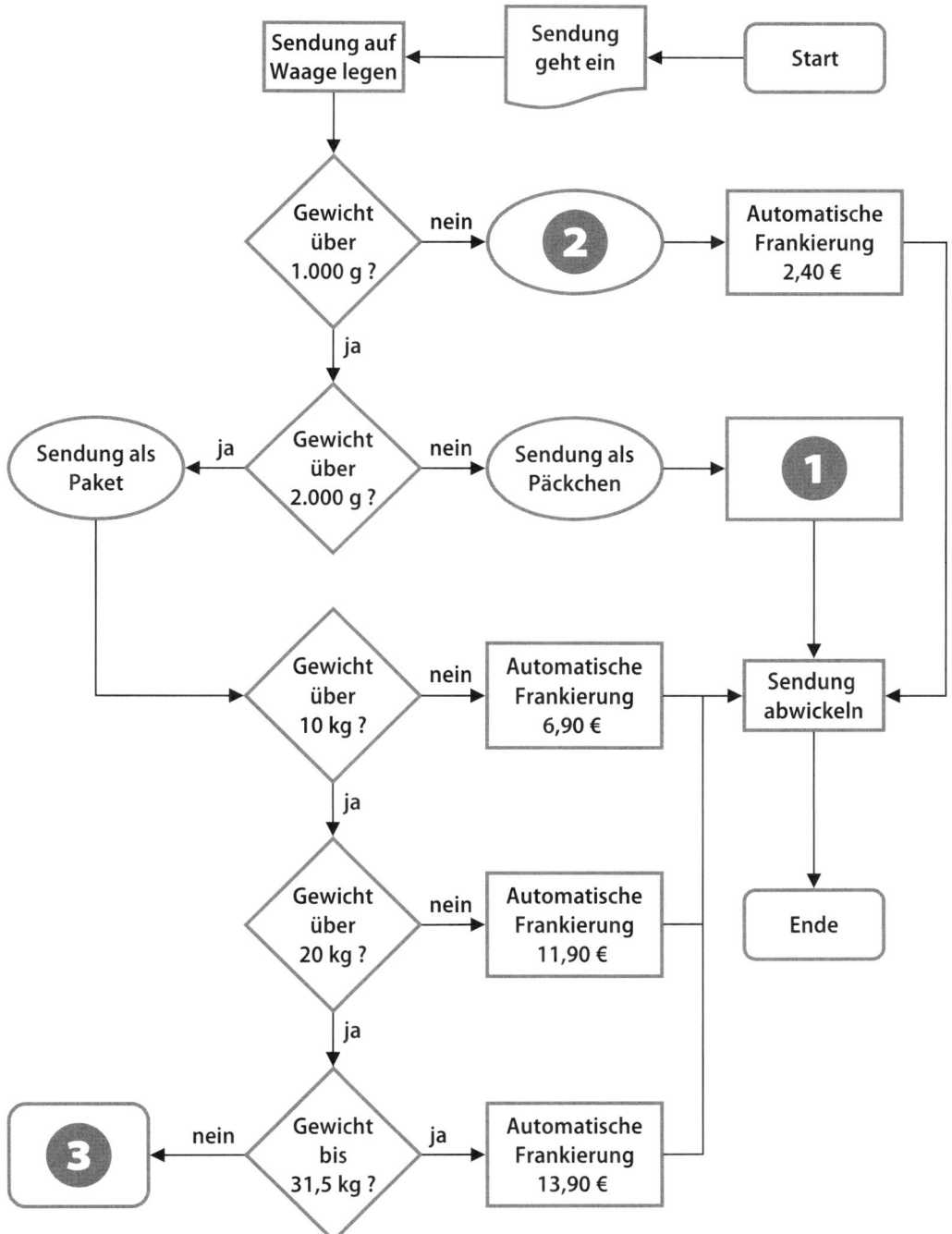

Berücksichtigen Sie zur Lösung der Aufgaben folgende Tabelle:

Artikel	Maxibrief	Päckchen	Paket 1	Paket 2	Paket 3	Dienstleister
Gewicht	über 500 g bis 1.000 g	bis 2.000 g	bis 10 kg	bis 20 kg	bis 31,5 kg	über 31,5 kg
Preis	2,40 €	4,10 €	6,90 €	11,90 €	13,90 €	24,90 €

921. **Wie muss eine Sendung mit einem Gewicht von 1.300 g frankiert werden?**

A. Die Sendung muss als Paket mit 6,90 € frankiert werden.

B. Die Sendung muss als Paket mit 11,90 € frankiert werden.

C. Die Sendung muss als Päckchen mit 6,90 € frankiert werden.

D. Die Sendung muss als Päckchen mit 4,10 € frankiert werden.

E. Die Sendung muss als Brief mit 2,40 € frankiert werden.

922. **Wie muss eine Sendung mit einem Gewicht von 32,5 kg frankiert werden?**

A. Die Sendung muss als Paket mit 6,90 € frankiert werden.

B. Die Sendung muss als Paket mit 11,90 € frankiert werden.

C. Die Sendung muss als Päckchen mit 6,90 € frankiert werden.

D. Die Sendung muss als Päckchen mit 4,10 € frankiert werden.

E. Die Sendung wird an einen externen Dienstleister übergeben.

923. **Durch welche der Antworten wird die Zahl 1 im Flussdiagramm sinnvoll ersetzt?**

A. Sendung nachwiegen.

B. Automatische Frankierung 2,40 €.

C. Automatische Frankierung 4,10 €.

D. Gewicht unter 2.000 g?

E. Sendung abwickeln.

924. **Durch welche der Antworten wird die Zahl 2 im Flussdiagramm sinnvoll ersetzt?**

A. Gewicht über 500 g?

B. Sendung als Päckchen.

C. Sendung als Brief.

D. Automatische Frankierung 2,40 €.

E. Sendung als Paket.

925. **Durch welche der Antworten wird die Zahl 3 im Flussdiagramm sinnvoll ersetzt?**

A. Automatische Frankierung 13,90 €.

B. Sendung als Paket.

C. Gewicht über 31,5 kg?

D. Empfängeradresse auf Rechtschreibung prüfen.

E. Externer Dienstleister.

Lösung

Zu 921.

D. Die Sendung muss als Päckchen mit 4,10 € frankiert werden.

Folgt man dem Flussdiagramm, ist die erste Bedingung „Gewicht über 1.000 g" nicht erfüllt und die darauf folgende Bedingung „Gewicht über 2.000 g" erfüllt. Aus der Tabelle ergibt sich, dass eine Sendung mit diesem Gewicht als Päckchen verschickt und mit einem Wert von 4,10 € frankiert wird.

Zu 922.

E. Die Sendung wird an einen externen Dienstleister übergeben.

Sendungen mit einem Gewicht von mehr als 31,5 kg werden an einen externen Dienstleister übergeben. Der interne Versandablauf ist damit beendet.

Zu 923.

C. Automatische Frankierung 4,10 €.

Möglichkeit D fällt weg, denn die Lösung muss ein Prozess sein (durch Rechteck gekennzeichnet). Das Gewicht wurde bereits bestimmt: Die Sendung ist schwerer als 1.000 g, aber leichter als 2.000 g. Abwickeln lässt sich die Sendung erst nach der Frankierung. Der richtige Frankierwert ergibt sich schließlich aus dem Diagramm und der oben angegebenen Tabelle – der korrekte Wert für ein Päckchen bis 2.000 g beträgt 4,10 €.

Zu 924.

C. Sendung als Brief.

Die vorausgehende Bedingung unterscheidet Sendungen nach ihrem Gewicht und weist ihnen die entsprechende Versandart zu. Wie in der Tabelle angegeben, werden Sendungen als Brief verschickt, wenn sie 1.000 g oder weniger wiegen.

Zu 925.

E. Externer Dienstleister.

Laut Tabelle wird bei allen Sendungen, die schwerer sind als 31,5 kg, ein externer Dienstleister beauftragt. Dass der interne Ablauf hiermit beendet ist, symbolisiert das Rechteck mit abgerundeten Ecken.

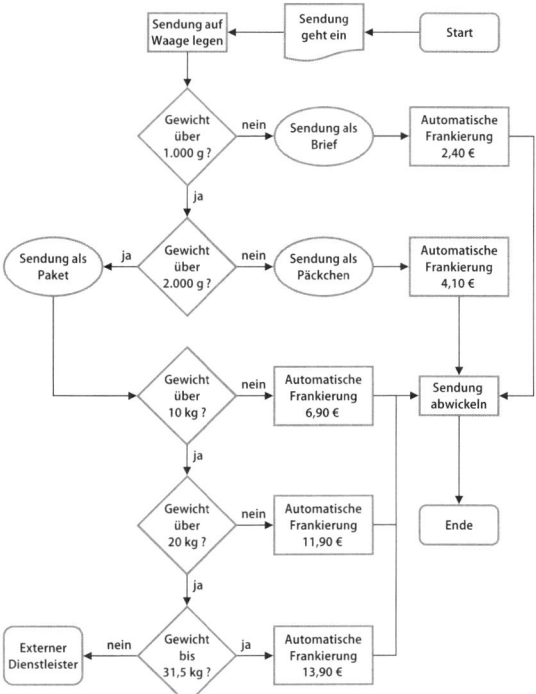

Lösungshinweis

Das Diagramm stellt den Versandablauf einer Poststelle schematisch dar. Geht die Sendung ein, wird sie zunächst gewogen. Je nach Gewicht wird sie als Brief (bis 1 kg), Päckchen (1 kg–2 kg) oder Paket (über 2 kg) mit den in der Tabelle angegebenen Werten frankiert und verschickt. Bei Sendungen, die schwerer sind als 31,5 kg, wird im hier angegebenen Beispiel ein externer Dienstleister beauftragt – der interne Arbeitsablauf ist dadurch beendet.

Logisches Denkvermögen

Logische Schlussfolgerung

In diesem Abschnitt wird Ihre Fähigkeit im Schlussfolgern geprüft.

Zu jeder Aufgabe erhalten Sie Aussagen, aus denen eine Schlussfolgerung gezogen wird. Bitte prüfen Sie, ob diese Folgerung auf Grundlage der getroffenen Aussagen logisch zwingend korrekt ist. Dabei geht es nicht darum, ob die Behauptungen einen sinnvollen Bezug zur Realität haben. Beantworten Sie bitte die folgenden Aufgaben, indem Sie „stimmt" oder „stimmt nicht" markieren.

926. Die Aussage lautet: „Schuhe können lesen. Socken können nur schreiben. Hosen können beides." Daraus wird die Schlussfolgerung gezogen: „Also können die Socken von den Hosen nicht zum Lesen eingesetzt werden." Stimmt diese Behauptung?

    A. stimmt
    B. stimmt nicht

927. Die Aussage lautet: „Alle Bilder sind Flaschen. Die meisten Flaschen sind Dosen. Dosen kann man mieten. Bilder kann man sowohl kaufen als auch mieten, was bei Flaschen und Dosen nicht der Fall ist." Daraus wird die Schlussfolgerung gezogen: „Also kann man alle Flaschen mieten." Stimmt diese Behauptung?

    A. stimmt
    B. stimmt nicht

928. Die Aussage lautet: „Kühe können fliegen, weil sie Flügel haben. Vögel haben keine Flügel." Daraus wird die Schlussfolgerung gezogen: „Also können Vögel nicht fliegen." Stimmt diese Behauptung?

    A. stimmt
    B. stimmt nicht

929. Die Aussage lautet: „Im Sommer werden nur montags Weihnachtsmänner verschenkt. Montags ist es immer kalt." Daraus wird die Schlussfolgerung gezogen: „Im Sommer ist es kalt, wenn Weihnachtsmänner verschenkt werden."

    A. stimmt
    B. stimmt nicht

930. Die Aussage lautet: „Gegenstände, welche verschickt werden sollen, werden ins rote Fach abgelegt. Gegenstände im roten Fach sind zerbrechlich, im grünen Fach nicht." Daraus wird die Schlussfolgerung gezogen: „Wenn Gegenstände nicht zerbrechlich sind, dann sind sie nicht zu verschicken."

    A. stimmt
    B. stimmt nicht

931. Die Aussage lautet: „Wenn Peter das Spiel gewonnen hat, ist Klaus oder Max Zweiter geworden. Wenn Klaus Zweiter geworden ist, hat Peter das Spiel nicht gewonnen. Wenn Alberto Zweiter geworden ist, dann ist es nicht Max geworden. Peter hat das Spiel gewonnen." Daraus wird die Schlussfolgerung gezogen: „Also ist Alberto Zweiter geworden." Stimmt diese Behauptung?

    A. stimmt
    B. stimmt nicht

932. Die Aussage lautet: „Nur schlechte Schüler bekommen Strafarbeiten oder schlechte Noten. Klaus ist ein guter Schüler." Daraus wird die Schlussfolgerung gezogen: „Also bekommt Klaus eine Strafarbeit." Stimmt die Behauptung?

   A. stimmt
   B. stimmt nicht

933. Die Aussage lautet: „Manche schlechten Schüler bekommen Strafarbeiten oder schlechte Noten. Klaus ist ein guter Schüler." Daraus wird die Schlussfolgerung gezogen: „Also bekommt Klaus keine Strafarbeiten oder schlechten Noten." Stimmt diese Behauptung?

   A. stimmt
   B. stimmt nicht

934. Die Aussage lautet: „Alle Gläser sind voll. Wer voll ist, wurde aufgefüllt. Wer aufgefüllt wurde, ist passiv." Daraus wird die Schlussfolgerung gezogen: „Also sind Gläser passiv." Stimmt diese Behauptung?

   A. stimmt
   B. stimmt nicht

935. Die Aussage lautet: „Alle Würfel sind rund. Einige Würfel sind grün. Alle grünen Würfel haben ein Loch." Daraus wird die Schlussfolgerung gezogen: „Also kann es Würfel geben, die weder grün sind noch ein Loch haben." Stimmt diese Behauptung?

   A. stimmt
   B. stimmt nicht

Lösung

Zu 926.

A. stimmt

Socken können nicht lesen, sondern nur schreiben – daher können sie von den Hosen auch nicht zum Lesen eingesetzt werden. Die Behauptung stimmt.

Zu 927.

B. stimmt nicht

Es stimmt zwar, dass alle Bilder Flaschen sind (Satz 1) und dass man Bilder mieten kann (Satz 4). Dass alle Bilder Flaschen sind, heißt jedoch nicht, dass alle Flaschen zugleich auch Bilder sind. Es kann also auch Flaschen geben, die keine Bilder sind und möglicherweise nicht gemietet werden können. Dass die meisten Flaschen Dosen sind und Dosen gemietet werden können, bedeutet ebenfalls nicht, dass alle Flaschen Dosen sind und gemietet werden können. Die gegebene Schlussfolgerung ist also nicht zulässig.

Zu 928.

B. stimmt nicht

Wenn Kühe fliegen können, weil sie Flügel haben (Satz 1), sagt das Fehlen der Flügel nichts über die Flugfähigkeit der Vögel aus. Es wird schließlich nicht festgestellt, dass Tiere nur mit Flügeln fliegen können. Möglicherweise bedienen sich Vögel anderer Hilfsmittel und Techniken, um zu fliegen. Daher ist die aufgestellte Behauptung falsch.

Zu 929.

A. stimmt

Wenn im Sommer nur montags Weihnachtsmänner verschenkt werden (Satz 1) und es montags immer kalt ist (Satz 2), dann ist es folgerichtig immer kalt, wenn im Sommer Weihnachtsmänner verschenkt werden. Die Behauptung stimmt also.

Zu 930.

A. stimmt

Aus den Prämissen „Alle Gegenstände, die verschickt werden sollen, werden ins rote Fach abgelegt" und „Gegenstände im roten Fach sind zerbrechlich" folgt im Umkehrschluss: Wenn etwas nicht zerbrechlich ist, kann es sich nicht im roten Fach befinden und ist folglich auch nicht zu verschicken. Die Schlussfolgerung stimmt.

Zu 931.

B. stimmt nicht

Zunächst ist von der Feststellung in Satz 4 auszugehen: Peter hat das Spiel gewonnen. Die Bedingung aus Satz 1 ist demnach erfüllt, folgerichtig heißt der Zweite entweder Klaus oder Max. Aus dem Folgesatz erkennt man, dass Klaus aber keinesfalls der Zweite sein kann, denn in diesem Fall hätte Peter das Spiel nicht gewonnen. Also kann nur Max Zweiter geworden sein und nicht etwa Alberto.

Zu 932.

B. stimmt nicht

In Satz 1 wird eindeutig festgestellt, dass ausschließlich („nur") schlechte Schüler Strafarbeiten oder schlechte Noten bekommen. Demnach kommen sowohl Strafarbeiten als auch schlechte Noten nur für schlechte Schüler in Frage. Da Klaus jedoch ein guter Schüler ist (Satz 2), gilt für ihn das weder-noch: Er hat weder schlechte Noten noch Strafarbeiten zu befürchten. Die Behauptung ist also falsch.

Zu 933.

B. stimmt nicht

Der in Satz 1 beschriebene Sachverhalt ist genau zu lesen: Es ist nicht die Rede davon, dass ausschließlich schlechte Schüler Strafarbeiten oder schlechte Noten bekommen, sondern nur „manche". Daher kann es vorkommen, dass auch gute Schüler manchmal Strafarbeiten oder schlechte Noten bekommen. Also kann es auch Klaus treffen, obwohl er ein guter Schüler ist (Satz 2). Die Behauptung stimmt also nicht.

Zu 934.

A. stimmt

Da festgestellt wird, dass alle Gläser voll sind (Satz 1), sind auch alle Gläser aufgefüllt (Satz 2).

Da alle Gläser aufgefüllt sind, sind sie darüber hinaus zugleich passiv (Satz 3). Die Schlussfolgerung ist korrekt.

Zu 935.

A. stimmt

Da in Satz 2 festgestellt wird, dass einige Würfel grün sind – das heißt, nicht alle –, kann es demnach auch Würfel in anderen Farben geben. Da nur ausgesagt wird, dass alle grünen Würfel ein Loch haben, bleibt unbekannt, ob die andersfarbigen Würfel ebenfalls ein Loch haben. Es kann also durchaus nicht-grüne Würfel ohne Loch geben: Die Schlussfolgerung ist korrekt.

Logisches Denkvermögen

Plausible Erklärung

In diesem Abschnitt wird Ihre Fähigkeit zu logischem Denken im sprachlichen Bereich geprüft.

In jeder der folgenden Aufgaben wird ein Sachverhalt beschrieben. Welche der angegebenen Antworten liefert eine plausible Erklärung dafür?

Hierzu ein Beispiel

Aufgabe

1. **Landwirt Wilhelm hatte dieses Jahr eine gute Ernte.**

    A. Landwirt Wilhelm hat einen neuen LKW erworben.
    B. Landwirt Wilhelm hat Nachwuchs bekommen.
    C. Landwirt Wilhelm hat ein sehr fruchtbares Land.
    D. Landwirt Wilhelm hat die größten Kartoffeln.
    E. Landwirt Wilhelm hat Geld geerbt.

Antwort

C. Landwirt Wilhelm hat ein sehr fruchtbares Land.

Was könnte eine sinnvolle Erklärung für Landwirt Wilhelms gute Ernte sein? Von den vorgegebenen Antworten kommt nur C in Betracht: Eine gute Ernte kann durchaus auf fruchtbares Land zurückgeführt werden, aber nicht auf möglichen Nachwuchs. Die besonders dicken Kartoffeln können ein Teil der guten Ernte sein, aber nicht deren Ursache; ebenso wenig wie der Kauf des neuen LKW, der erst durch die reiche Ernte überhaupt nötig geworden sein könnte. Und man mag zwar spekulieren, dass Wilhelm nach seiner Erbschaft besseres Saatgut kaufen und mehr Mitarbeiter einstellen konnte, doch dafür gibt es keine Anhaltspunkte – außerdem wäre selbst dadurch nur eine indirekte Verbindung von Erbschaft und Ernte hergestellt. Hier geht es jedoch um unmittelbare und plausible kausale Zusammenhänge.

Plausible Erklärung

Beantworten Sie bitte die folgenden Aufgaben, indem Sie jeweils den richtigen Buchstaben markieren.

936. Leo zieht sich warm an.

- A. Leo hat einen neuen Pullover.
- B. Leo muss nach draußen ins Kalte.
- C. Leo interessiert sich sehr für Kleidung.
- D. Leo zieht sich eine dicke Jacke an.
- E. Leo vermisst den Sommer.

937. Stefans Fahrrad hat einen Platten.

- A. Stefans Rad ist frisch lackiert.
- B. Stefans Mofa ist auch defekt.
- C. Stefan hat eine neue Luftpumpe.
- D. Stefan fährt fast immer mit dem Rad.
- E. Stefan ist über einen Nagel gefahren.

938. Nadine fährt heute mit der Bahn zur Arbeit.

- A. Nadine kommt etwas später zur Arbeit.
- B. Nadines Moped ist kaputt.
- C. Nadines Kollegen fahren mit dem Auto.
- D. Nadine kauft sich eine Wochenkarte.
- E. Nadine könnte auch mit dem Bus fahren.

939. Der Drucker druckt nicht.

- A. Der Drucker hat keine Tinte mehr.
- B. Eine Warnanzeige blinkt.
- C. Es ist ein Tintenstrahldrucker.
- D. Das Papierfach ist aufgefüllt.
- E. Die Kollegen fluchen.

940. Der Laptop geht plötzlich aus.

- A. Der Laptop war gerade in Betrieb.
- B. Der Laptop ist zwei Jahre alt.
- C. Der Laptop hat einen großen Arbeitsspeicher.
- D. Der Laptop-Akku ist alle.
- E. Der Laptop ist relativ groß.

941. Der Gemüsehandel hat heute geschlossen.

- A. Gestern war Sonntag.
- B. Heute gehen viele Leute einkaufen.
- C. Der Gemüsehändler ist im Urlaub.
- D. Das Geschäft hat eine Mailadresse.
- E. Morgen hat es auch geschlossen.

942. Dirk stellt das Radio aus.

- A. Dirk hört oft Radio.
- B. Das Radio stört ihn beim Lernen.
- C. Dirk dreht den Regler auf „aus".
- D. Dirk gibt später eine Party.
- E. Dirk hat Schnupfen.

943. Karla nimmt eine Tablette.

- A. Karla geht morgen zum Arzt.
- B. Karla war gerade in der Apotheke.
- C. Karla hat Halsschmerzen.
- D. Karla löst die Tablette in einem Glas Wasser auf.
- E. Karla nimmt morgen noch eine Tablette.

944. Michael ist hungrig.

    A. Michael hat ein Butterbrot gefrühstückt.

    B. Michael freut sich aufs Abendessen.

    C. Michael hat wenig gegessen.

    D. Michaels Magen knurrt.

    E. Michael ist auch durstig.

945. Ich notiere den Termin im Kalender.

    A. Der Kalender hat viel Raum für Notizen.

    B. Ich nehme den Kalender überall mit hin.

    C. Ich freue mich auf die Verabredung.

    D. Ich bin sehr vergesslich.

    E. Ich benutze dazu meinen Kugelschreiber.

Lösung

Zu 936.

B. Leo muss nach draußen ins Kalte.

Leos neuer Pullover ist höchstens eine Voraussetzung, sich überhaupt warm anziehen zu können, aber noch kein Grund, es auch zu tun. „Eine dicke Jacke anziehen" ist eine konkretere Umschreibung von „sich warm anziehen", aber ebenfalls keine Begründung. Leo zieht sich vielmehr deswegen warm an, weil er ins Kalte muss – Antwort B stimmt. Dass Leo sich für Kleidung interessiert und den Sommer vermisst, ist nicht von Belang.

Zu 937.

E. Stefan ist über einen Nagel gefahren.

Dass der Lack von Stefans Fahrrad frisch und die Luftpumpe neu ist, stellt keinen Grund für einen Plattfuß dar. Die starke Nutzung des Rads erhöht vielleicht das Risiko eines Reifenschadens, verursacht ihn aber nicht – anders als ein eingefahrener Nagel: Antwort E stimmt. Dass Stefans Mofa auch defekt ist, spielt keine Rolle.

Zu 938.

B. Nadines Moped ist kaputt.

Der Kauf einer Wochenkarte und die Verspätung sind möglicherweise eine Folge von Nadines Entscheidung, mit der Bahn zu fahren – aber nicht deren Begründung. Und wenn ihre Kollegen mit dem Auto fahren, zwingt sie dies ebenso wenig zum Bahnfahren wie die alternative Fahrmöglichkeit mit dem Bus. Nadine fährt mit der Bahn, weil ihr Moped kaputt ist: Antwort C stimmt.

Zu 939.

A. Der Drucker hat keine Tinte mehr.

Die blinkende Warnanzeige ist kein Grund dafür, dass der Drucker nicht druckt, sondern die Folge des eigentlichen Problems, das die Kollegen an der Arbeit hindert und sie fluchen lässt. Das aufgefüllte Papierfach ist aber kein solches Problem, und auch Tintenstrahldrucker sollten normalerweise einwandfrei funktionieren. Als Ursache des Druckerproblems kommt nur die leere Tintenpatrone in Frage: Antwort A stimmt.

Zu 940.

D. Der Laptop-Akku ist alle.

Wenn sich ein Laptop plötzlich ausschaltet, ist ein leerer Akku ein plausibler Grund dafür. Ein möglicherweise energiehungriger Arbeitsspeicher könnte zwar zu einer schnelleren Entladung des Akkus beitragen, ebenso wie ein hohes Alter des Geräts. Doch wenn dies die unmittelbaren Ursachen für das Abschalten des Laptops wären, müssten sich alle zwei und mehr Jahre alten Laptops mit großen Arbeitsspeichern plötzlich abschalten. Dass das Gerät gerade in Betrieb war und relativ groß ist, führt ebenfalls nicht unmittelbar zu dessen Abschaltung.

Zu 941.

C. Der Gemüsehändler ist im Urlaub.

Wenn gestern Sonntag war, ist heute Montag. An einem Werktag sollte das Geschäft eigentlich geöffnet haben, ebenso wie am folgenden Dienstag. Dass viele Leute einkaufen gehen, spricht nicht gerade für eine Schließung des Ladens. Diese erklärt sich erst durch Antwort C plausibel: Das Geschäft hat geschlossen, weil sein Inhaber im Urlaub ist. Die Existenz einer geschäftlichen Mailadresse ist kein Grund, um ein Geschäft zu schließen.

Zu 942.

B. Das Radio stört ihn beim Lernen.

Der Schnupfen hindert Dirk sicher nicht am Radiohören. Auch die Party steht in keinem direkten Zusammenhang zum Ausschalten des Geräts. Dass er oft Radio hört, spricht eher für eine lange Einschaltdauer – Dirk stellt das Gerät vielmehr deshalb aus, weil es ihn beim Lernen stört: Antwort B stimmt. Das Drehen des Reglers bezieht sich nur darauf, wie er das Radio ausschaltet.

Zu 943.

C. Karla hat Halsschmerzen.

Der Arztbesuch und der Gang zur Apotheke haben die gleiche Ursache wie die wiederholte Einnahme von Tabletten: nämlich Karlas Halsschmerzen (Antwort C). Das Auflösen der Tablette im Wasser bezieht sich lediglich darauf, wie sie das Medikament einnimmt.

Zu 944.

C. Michael hat wenig gegessen.

Michaels verständliche Freude aufs Abendessen ist – ebenso wie sein knurrender Magen –

eine Folge seines Hungers, aber nicht dessen Ursache. Auch sein Durst verursacht keinen Hunger: Dieser erklärt sich dadurch, dass er in den zurückliegenden Stunden wenig gegessen hat – Antwort C stimmt. Das Butterbrot zum Frühstück lässt nicht auf den gesamten Speiseplan des betreffenden Tages schließen.

Zu 945.

D. Ich bin sehr vergesslich.

Dass der Kalender viel Platz bietet und jederzeit greifbar ist, erleichtert es zwar, darin verschiedenste Vermerke zu machen – ist aber kein Grund, es auch zu tun. Auch die Vorfreude auf die getroffene Verabredung führt nicht unmittelbar zu einer Notiz im Kalender – im Gegensatz zur Vergesslichkeit des Schreibers, die ihn zur Nutzung des Kalenders überhaupt erst motiviert: Antwort D stimmt. Die Benutzung des Kugelschreibers dagegen beschreibt lediglich, wie der Termin notiert wird.

Logisches Denkvermögen

Schaubilder interpretieren

Bearbeitungszeit 5 Minuten

Das Diagramm zeigt die Entwicklung der Zahl der registrierten Arbeitslosen sowie der gemeldeten Stellen in Deutschland. Die Angaben beziehen sich jeweils auf ein Quartal (Vierteljahr; lateinisch durchnummeriert von I–IV), verglichen mit dem entsprechenden Quartal des Vorjahres. Sind die folgenden Aussagen zum abgebildeten Schaubild korrekt?
Beantworten Sie bitte die folgenden Aufgaben, indem Sie „stimmt" oder „stimmt nicht" markieren.

Registrierte Arbeitslose und gemeldete Stellen

Veränderung gegenüber dem Vorjahresquartal in Prozent

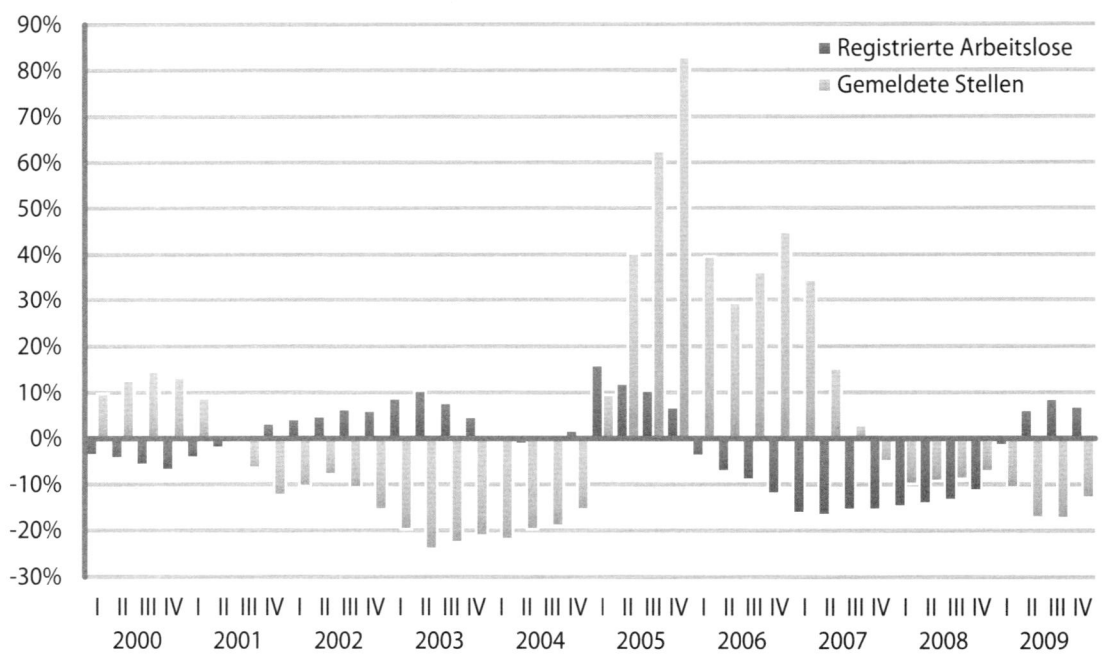

Quelle: Statistisches Bundesamt, Wiesbaden

946. **Im vierten Quartal 2005 waren über 80 Prozent mehr Stellen gemeldet als im dritten Quartal 2005.**

   A. stimmt
   B. stimmt nicht

947. **Von der Jahresmitte 2001 bis Ende 2004 sank die Zahl der gemeldeten Stellen ständig.**

   A. stimmt
   B. stimmt nicht

948. **Im zweiten Quartal 2003 wurden am wenigsten Stellen gemeldet.**

   A. stimmt

   B. stimmt nicht

949. **2004 gab es ungefähr genauso viele registrierte Arbeitslose wie Ende 2003.**

   A. stimmt

   B. stimmt nicht

950. **Wenn die Zahl der gemeldeten Stellen steigt, gibt es gleichzeitig auch weniger Arbeitslose.**

   A. stimmt

   B. stimmt nicht

Lösung

Zu 946.

B. stimmt nicht

Die Aussage ist falsch. Die Grafik weist für das vierte Quartal 2005 zwar einen Anstieg um mehr als 80 Prozent aus, doch bezieht sich diese Zahl nicht auf das vorangegangene Quartal – das dritte Quartal 2005 –, sondern wie angegeben auf das entsprechende Quartal des Vorjahres, also auf das vierte Quartal 2004.

Zu 947.

A. stimmt

Die Aussage ist korrekt. Laut der Grafik nahm die Zahl der gemeldeten Stellen vom dritten Quartal 2001 bis zum vierten Quartal 2004 tatsächlich kontinuierlich ab.

Zu 948.

B. stimmt nicht

Da das Diagramm keine absoluten Zahlen, sondern prozentuale Veränderungen im Vergleich zum Vorjahresquartal angibt, ist diese Aussage falsch. Zwar nahm die Zahl der gemeldeten Stellen – bezogen auf das Vorjahresquartal – im zweiten Quartal 2003 am stärksten ab, doch im Folgejahr 2004 ging die Stellenzahl im

Vergleich zu 2003 nochmals zurück, wenn auch etwas schwächer.

Zu 949.

A. stimmt

Die Aussage trifft zu. 2004 nahm zwar die Zahl der gemeldeten Stellen ab, doch die Veränderung der Arbeitslosenzahl im Vergleich zum Vorjahr 2003 lag in allen Quartalen nahe bei 0 Prozent.

Zu 950.

B. stimmt nicht

Die Entwicklung im Jahr 2005 widerlegt diese Aussage: Obwohl wesentlich mehr gemeldete Stellen als im Vorjahr angeboten wurden, nahm auch die Zahl der registrierten Arbeitslosen zu. Es dauerte gut ein Jahr, bis sich die verbesserte Lage auf dem Stellenmarkt auf die Arbeitslosigkeit auswirkte. Ein ähnlicher Trägheitseffekt lässt sich für 2008 feststellen, als die Abnahme der Stellenzahl bis 2009 noch mit einem Rückgang der Arbeitslosigkeit einherging.

Prüfung · Teil 5

Visuelles Denkvermögen

Dominosteine

In diesem Abschnitt wird Ihr visuelles Denkvermögen getestet.

Ersetzen Sie bitte die Fragezeichen durch den jeweils passenden Dominostein.

Hierzu ein Beispiel

Aufgabe

1. Die Dominosteine sind nach einer bestimmten Logik angeordnet.

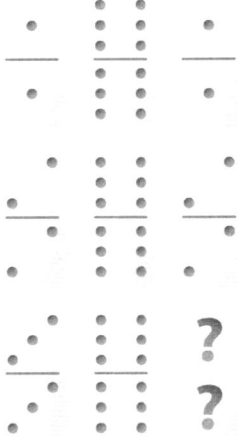

Welcher der Dominosteine von A bis E ersetzt den Dominostein mit den zwei Fragezeichen sinnvoll?

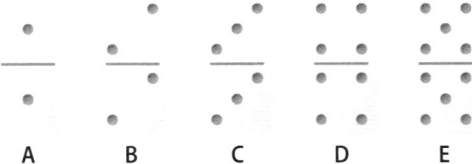

| A | B | C | D | E |

Antwort

| A | B | Ⓒ | D | E |

Die jeweils linken und rechten Steine einer Reihe sind gleich. Darüber hinaus nimmt die Augenzahl bei den Steinen der linken und der rechten Spalte von oben nach unten um eins zu.

Dominosteine

Beantworten Sie bitte die folgenden Aufgaben, indem Sie jeweils den richtigen Buchstaben markieren.

951. **Die Dominosteine sind nach einer bestimmten Logik angeordnet.**

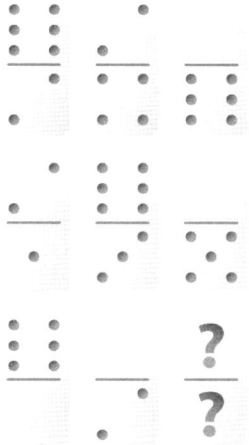

Welcher der Dominosteine von A bis E ersetzt den Dominostein mit den zwei Fragezeichen sinnvoll?

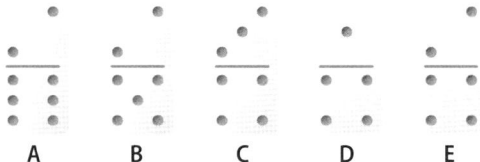

A   B   C   D   E

952. **Die Dominosteine sind nach einer bestimmten Logik angeordnet.**

Welcher der Dominosteine von A bis E ersetzt den Dominostein mit den zwei Fragezeichen sinnvoll?

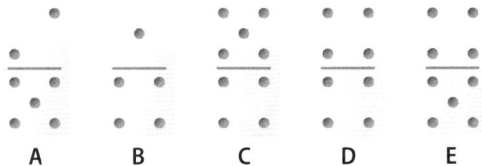

A   B   C   D   E

953. Die Dominosteine sind nach einer bestimmten Logik angeordnet.

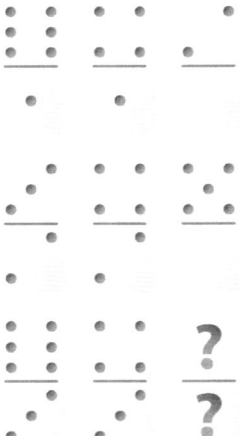

Welcher der Dominosteine von A bis E ersetzt den Dominostein mit den zwei Fragezeichen sinnvoll?

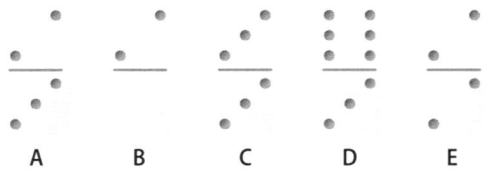

A   B   C   D   E

954. Die Dominosteine sind nach einer bestimmten Logik angeordnet.

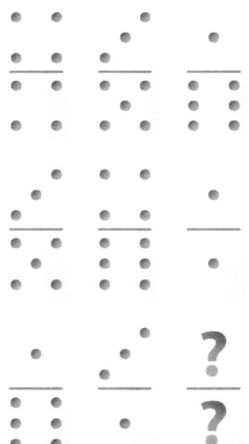

Welcher der Dominosteine von A bis E ersetzt den Dominostein mit den zwei Fragezeichen sinnvoll?

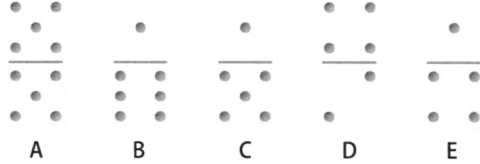

A   B   C   D   E

955. Die Dominosteine sind nach einer bestimmten Logik angeordnet.

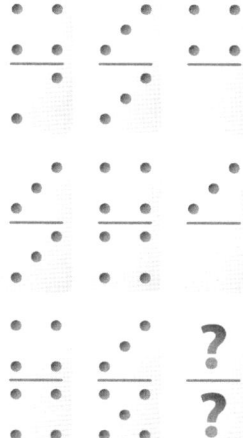

Welcher der Dominosteine von A bis E ersetzt den Dominostein
mit den zwei Fragezeichen sinnvoll?

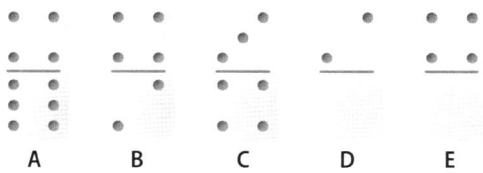

A   B   C   D   E

Lösung

Zu 951.

E

Der gesuchte Stein zeigt oben eine 2 und unten eine 4:

Die untere Augenzahl der Dominosteine nimmt in jeder Reihe von links nach rechts um 2 zu. Pro Reihe kommen darüber hinaus in den oberen Feldern die Zahlen 0, 2 und 6 genau einmal vor.

Zu 952.

D

Der gesuchte Stein zeigt oben und unten die Augenzahl 4.

Betrachtet man nur die oberen Felder der Steine, ergibt sich die logische Folge: (2)/1/(3)/1/(4)

Betrachtet man die unteren Felder, ergibt sich die logische Folge: (6)/3/(5)/4/(4)

Zu 953.

B

Das untere Feld aller Dominosteine der rechten Spalte bleibt frei. Als richtige Antwort kommt somit nur Stein B infrage.

Zu 954.

D

In den oberen Feldern der Dominosteine kommen pro Reihe die Zahlen 1, 3 und 4 genau einmal vor. Das obere Feld des gesuchten Steins muss demnach die Augenzahl 4 zeigen. Darüber hinaus bilden die unteren Felder der Steine in jeder Reihe eine aufsteigende Zahlenfolge, bei der nach 6 wieder mit 1 begonnen wird: 4/5/6 (1. Reihe), 5/6/1 (2. Reihe), 6/1/2 (3. Reihe). Die untere Zahl des gesuchten Steins lautet also 2.

Zu 955.

E

Das untere Feld aller Dominosteine der rechten Spalte bleibt frei. Demnach kommen nur noch die Steine D und E infrage. Außerdem zeigen die oberen Felder des jeweils linken und rechten Steins einer Reihe stets die gleiche Augenzahl. Beide Bedingungen erfüllt nur Stein E.

Visuelles Denkvermögen

Figuren zuordnen   *Aufgabenerklärung*

In diesem Abschnitt wird Ihre Fähigkeit zu logischem Denken im visuellen Bereich geprüft.

Bei jeder Aufgabe werden Ihnen zwei Figurengruppen vorgestellt, in denen verschiedene Elemente abgebildet sind. Die einzelnen Elemente sind innerhalb einer Gruppe nach einem gemeinsamen Schema logisch zusammengestellt. Ordnen Sie bitte die jeweils fünf vorgegebenen Aufgabenmuster ihren zugehörigen Figurengruppen zu.

Hierzu ein Beispiel

Aufgabe

1. Welche der fünf Aufgabenmuster A bis E gehören in die Gruppe 1 und welche in die Gruppe 2?

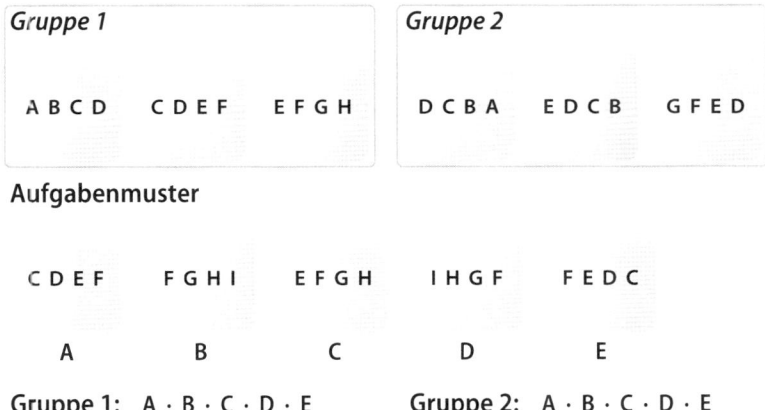

Gruppe 1	Gruppe 2
A B C D C D E F E F G H	D C B A E D C B G F E D

Aufgabenmuster

C D E F	F G H I	E F G H	I H G F	F E D C
A	B	C	D	E

Gruppe 1: A · B · C · D · E   **Gruppe 2:** A · B · C · D · E

Antwort

Gruppe 1: Ⓐ Ⓑ Ⓒ D · E   **Gruppe 2:** A · B · C Ⓓ Ⓔ

In Gruppe 1 bilden die Buchstaben eine alphabetisch vorwärts laufende, in Gruppe 2 eine alphabetisch rückwärts laufende Reihe.

Figuren zuordnen

Beginnen Sie bitte jetzt mit den Aufgaben und markieren Sie die Buchstaben nach Gruppenzugehörigkeit.

956. **Welche der fünf Aufgabenmuster A bis E gehören in die Gruppe 1 und welche in die Gruppe 2?**

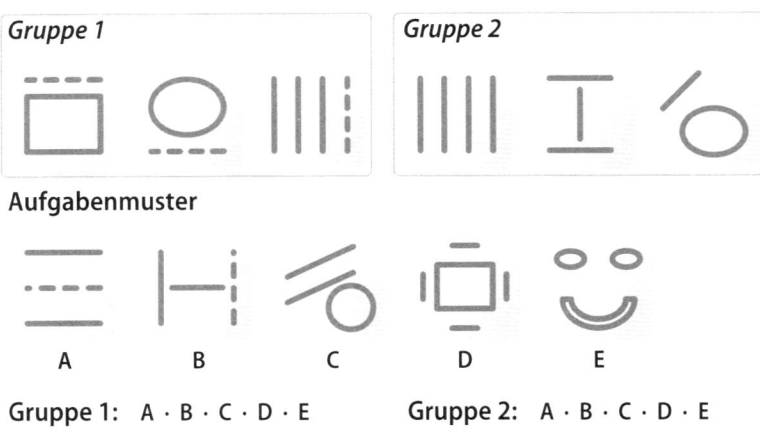

Gruppe 1: A · B · C · D · E   **Gruppe 2:** A · B · C · D · E

957. **Welche der fünf Aufgabenmuster A bis E gehören in die Gruppe 1 und welche in die Gruppe 2?**

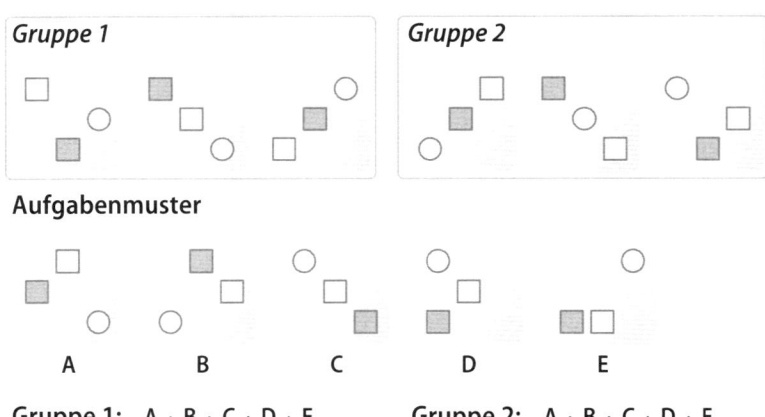

Gruppe 1: A · B · C · D · E   **Gruppe 2:** A · B · C · D · E

958. Welche der fünf Aufgabenmuster A bis E gehören in die Gruppe 1 und welche in die Gruppe 2?

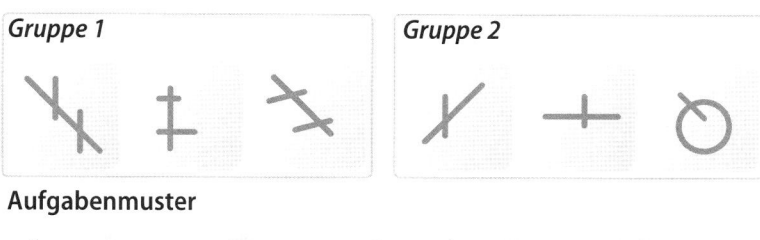

Aufgabenmuster

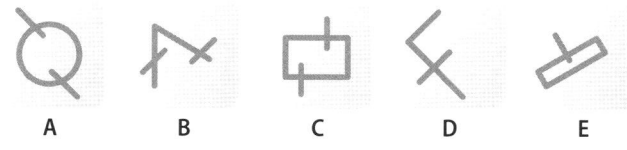

Gruppe 1: A · B · C · D · E   Gruppe 2: A · B · C · D · E

959. Welche der fünf Aufgabenmuster A bis E gehören in die Gruppe 1 und welche in die Gruppe 2?

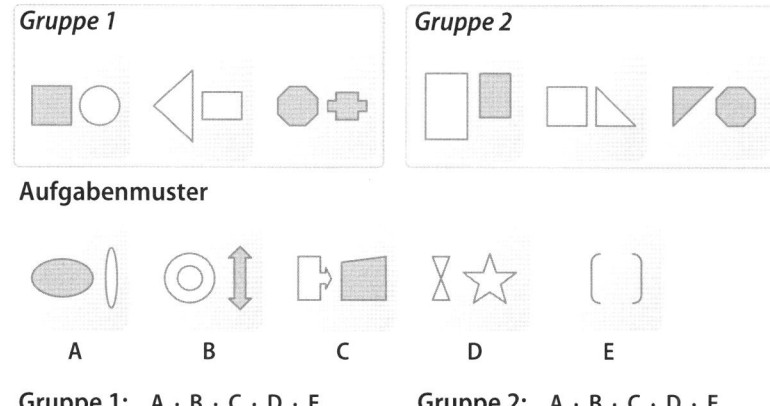

Aufgabenmuster

Gruppe 1: A · B · C · D · E   Gruppe 2: A · B · C · D · E

960. Welche der fünf Aufgabenmuster A bis E gehören in die Gruppe 1 und welche in die Gruppe 2?

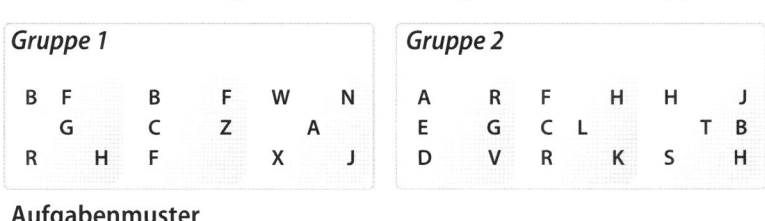

Aufgabenmuster

Gruppe 1: A · B · C · D · E   Gruppe 2: A · B · C · D · E

Lösung

Zu 956.

Gruppe 1: **A**, **B**

Gruppe 2: **C**, **D**, **E**

Nur in Gruppe 1 kommen gestrichelte Linien vor.

Zu 957.

Gruppe 1: **A**, **E**

Gruppe 2: **B**, **C**, **D**

In Gruppe 1 steht das weiße Viereck immer links vom Kreis, in Gruppe 2 stets rechts davon.

Zu 958.

Gruppe 1: **A**, **B**, **C**

Gruppe 2: **D**, **E**

In Gruppe 1 wird eine längere Linie von zwei parallel laufenden kurzen Linien gekreuzt, in Gruppe 2 kreuzt nur eine kürzere Linie.

Zu 959.

Gruppe 1: **A**, **B**, **E**

Gruppe 2: **C**, **D**

Die Figuren in Gruppe 1 sind jeweils in der Mitte horizontal spiegelbildlich teilbar, in Gruppe 2 nicht.

Zu 960.

Gruppe 1: **B**, **D**

Gruppe 2: **A**, **C**, **E**

In Figuren der Gruppe 1 sind immer fünf Buchstaben enthalten, bei Gruppe 2 sind es sechs.

Visuelles Denkvermögen

Figurenreihen fortsetzen

Dieser Abschnitt prüft Ihre Fähigkeit zu logischem Denken im visuellen Bereich.

Pro Aufgabe wird Ihnen eine Muster- bzw. Figurenreihe vorgestellt. Die einzelnen Elemente sind darin logisch so angeordnet, dass sich ein systematischer Zusammenhang zwischen den einzelnen Abbildungen ergibt. Welches der zur Auswahl gestellten Muster führt die abgebildete Reihe logisch fort?

Hierzu ein Beispiel

Aufgabe

1. **Sie sehen drei Abbildungen mit verschiedenen Mustern.**

Welches der folgenden Muster setzt die Reihe logisch fort?

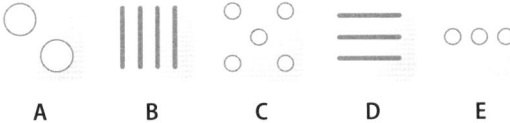

Antwort

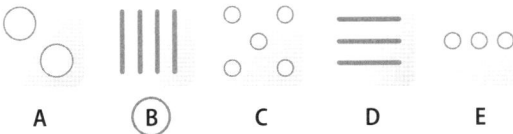

Die Abbildungen zeigen eine steigende Anzahl senkrechter Striche – Abbildung B setzt diese Reihe logisch fort.

Figurenreihen fortsetzen

Bearbeitungszeit 4 Minuten

Beantworten Sie bitte die folgenden Aufgaben, indem Sie jeweils den richtigen Buchstaben markieren.

961. Sie sehen drei Abbildungen mit verschiedenen Mustern.

Welches der folgenden Muster setzt die Reihe logisch fort?

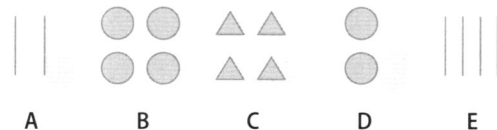

A   B   C   D   E

962. Sie sehen drei Abbildungen mit verschiedenen Mustern.

Welches der folgenden Muster setzt die Reihe logisch fort?

A   B   C   D   E

963. Sie sehen drei Abbildungen mit verschiedenen Mustern.

Welches der folgenden Muster setzt die Reihe logisch fort?

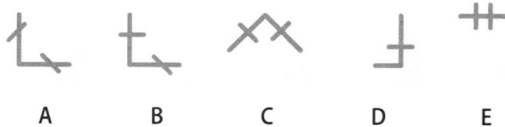

A   B   C   D   E

Visuelles Denkvermögen

Spielwürfel drehen und kippen

Die gegenüberliegenden Seiten eines handelsüblichen Spielwürfels ergeben in der Summe immer die Augenzahl Sieben: Zeigt beispielsweise die Vorderseite eine „6", muss auf der Rückseite die „1" stehen. Daher können Sie von drei sichtbaren Würfelflächen auf die Lage aller anderen Flächen schließen.

Bitte führen Sie bei jeder Aufgabe die vorgegebenen Operationen durch und markieren Sie den Antwortbuchstaben der korrekten Lösung.

Hierzu ein Beispiel

Aufgabe

1. Der abgebildete Spielwürfel wird 90 Grad im Uhrzeigersinn gedreht.

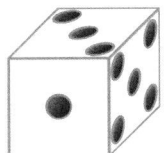

Welche Vorderansicht zeigt der Würfel, nachdem er gedreht wurde?

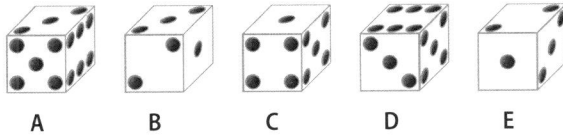

| A | B | C | D | E |

Antwort

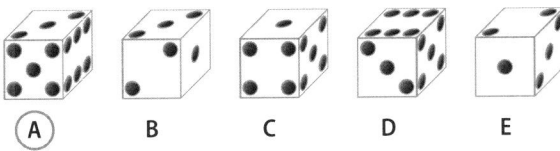

| (A) | B | C | D | E |

Gegenprobe: Drehen Sie Lösungswürfel A 90 Grad gegen den Uhrzeigersinn.

Spielwürfel drehen und kippen

Beantworten Sie bitte die folgenden Aufgaben, indem Sie jeweils den richtigen Buchstaben markieren.

966. Der abgebildete Spielwürfel wird nach links gekippt und 90 Grad gegen den Uhrzeigersinn gedreht.

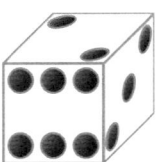

Welche Vorderansicht zeigt der Würfel, nachdem er gedreht und gekippt wurde?

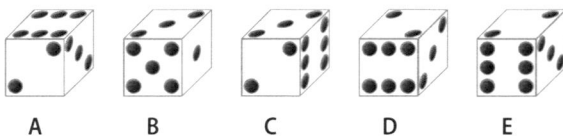

A   B   C   D   E

967. Der abgebildete Spielwürfel wird nach rechts gekippt und 90 Grad im Uhrzeigersinn gedreht.

Welche Vorderansicht zeigt der Würfel, nachdem er gedreht und gekippt wurde?

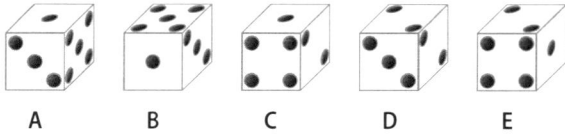

A   B   C   D   E

968. Der abgebildete Spielwürfel wird nach links gekippt und 90 Grad im Uhrzeigersinn gedreht.

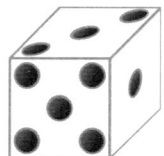

Welche Vorderansicht zeigt der Würfel, nachdem er gedreht und gekippt wurde?

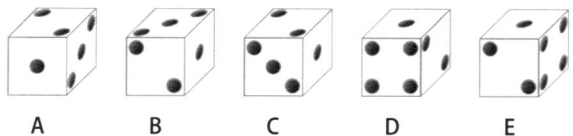

A   B   C   D   E

969. Der abgebildete Spielwürfel wird nach links gekippt und 90 Grad gegen den Uhrzeigersinn gedreht.

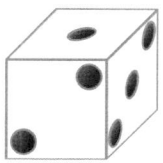

Welche Vorderansicht zeigt der Würfel, nachdem er gedreht und gekippt wurde?

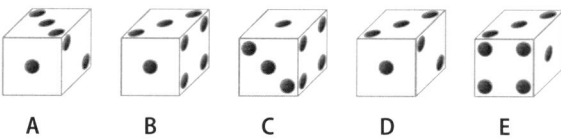

A   B   C   D   E

970. Der abgebildete Spielwürfel wird zweimal nach rechts gekippt und 90 Grad im Uhrzeigersinn gedreht.

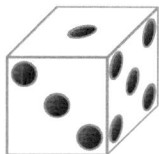

Welche Vorderansicht zeigt der Würfel, nachdem er gedreht und gekippt wurde?

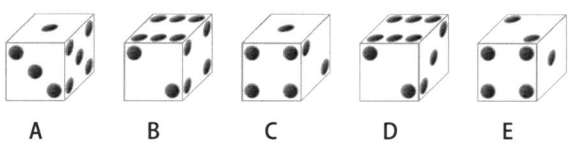

A   B   C   D   E

Lösung

Zu 966.

C

Gegenprobe: Drehen Sie Lösungswürfel C 90 Grad im Uhrzeigersinn und kippen Sie ihn nach rechts.

Zu 967.

C

Gegenprobe: Drehen Sie Lösungswürfel C 90 Grad gegen den Uhrzeigersinn und kippen Sie ihn nach links.

Zu 968.

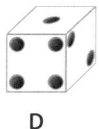

D

Gegenprobe: Drehen Sie Lösungswürfel D 90 Grad gegen den Uhrzeigersinn und kippen Sie ihn nach rechts.

Zu 969.

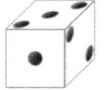

D

Gegenprobe: Drehen Sie Lösungswürfel D 90 Grad im Uhrzeigersinn und kippen Sie ihn nach rechts.

Zu 970.

B

Gegenprobe: Drehen Sie Lösungswürfel B 90 Grad gegen den Uhrzeigersinn und kippen Sie ihn zweimal nach links.

Visuelles Denkvermögen

Figur hat einen Fehler

Bearbeitungszeit 3 Minuten

Mit diesen Aufgaben wird Ihre Fähigkeit zur Erkennung visueller Details geprüft.

Sie erhalten eine Reihe mit scheinbar identischen Figuren. Aber eine Figur unterscheidet sich geringfügig von den anderen.

Beantworten Sie bitte die folgenden Aufgaben, indem Sie in jeder Reihe die fehlerhafte Figur erkennen und markieren.

Block A: Gesichter

Für diesen Aufgabenblock haben Sie **1½ Minuten** Zeit.

Welche der fünf Figuren unterscheidet sich von den anderen in der Reihe?

Block B: Boote

Für diesen Aufgabenblock haben Sie 1½ **Minuten** Zeit.

Welche der fünf Figuren unterscheidet sich von den anderen in der Reihe?

976.
A   B   C   D   E

977.
A   B   C   D   E

978.
A   B   C   D   E

979.
A   B   C   D   E

980.
A   B   C   D   E

Lösung

Block A: Gesichter

Zu 971.   A   (B)   C   D   E

Zu 972.   A   B   C   (D)   E

Zu 973.   A   (B)   C   D   E

Zu 974.   A   (B)   C   D   E

Zu 975.   A   B   C   (D)   E

Block B: Boote

Visuelles Denkvermögen

Figuren ergänzen

In diesem Abschnitt wird Ihr visuelles Denkvermögen getestet.

Sie sehen ein Rechteck mit acht Figuren. Ihre Aufgabe besteht darin, das Fragezeichen durch die entsprechende Figur sinnvoll nach einer bestimmten Regel zu ersetzen.

Hierzu ein Beispiel

Aufgabe

1. Sie sehen ein Quadrat mit acht Figuren.

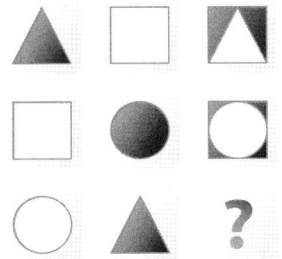

Durch welche der fünf Figuren wird das Fragezeichen logisch ersetzt?

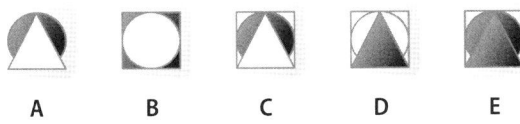

Antwort

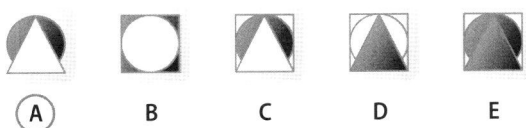

Die beiden linken Figuren einer Reihe werden rechts überlagert, wobei sie ihre Farben tauschen.

Figuren ergänzen

Beantworten Sie bitte die folgenden Aufgaben, indem Sie jeweils den richtigen Buchstaben markieren.

981. Sie sehen ein Quadrat mit acht Figuren.

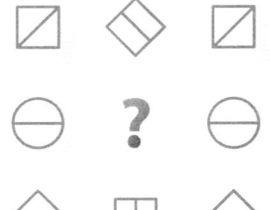

Durch welche der fünf Figuren wird das Fragezeichen logisch ersetzt?

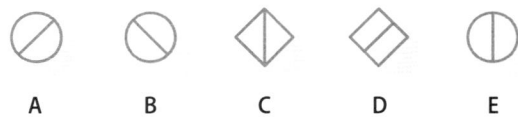

A	B	C	D	E

982. Sie sehen ein Quadrat mit acht Figuren.

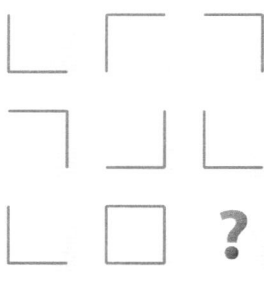

Durch welche der fünf Figuren wird das Fragezeichen logisch ersetzt?

A	B	C	D	E

983. Sie sehen ein Quadrat mit acht Figuren.

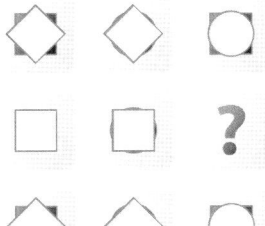

Durch welche der fünf Figuren wird das Fragezeichen logisch ersetzt?

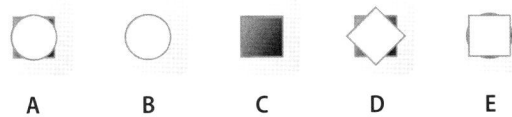

A   B   C   D   E

984. Sie sehen ein Quadrat mit acht Figuren.

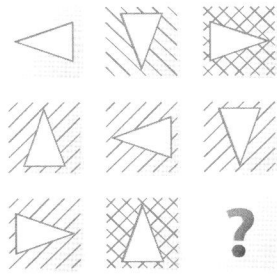

Durch welche der fünf Figuren wird das Fragezeichen logisch ersetzt?

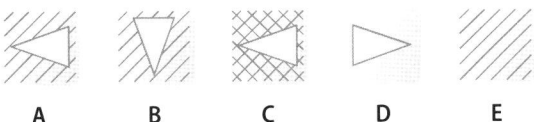

A   B   C   D   E

985. Sie sehen ein Quadrat mit acht Figuren.

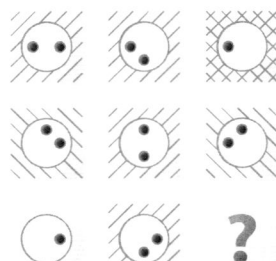

Durch welche der fünf Figuren wird das Fragezeichen logisch ersetzt?

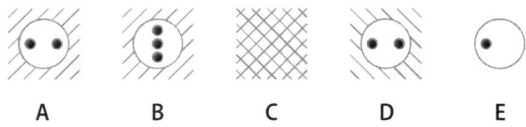

| A | B | C | D | E |

986. Sie sehen ein Quadrat mit acht Figuren.

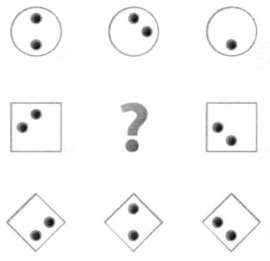

Durch welche der fünf Figuren wird das Fragezeichen logisch ersetzt?

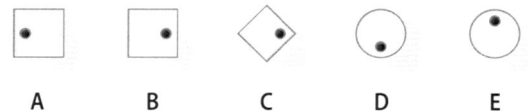

| A | B | C | D | E |

987. Sie sehen ein Quadrat mit acht Figuren.

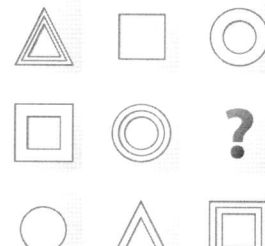

Durch welche der fünf Figuren wird das Fragezeichen logisch ersetzt?

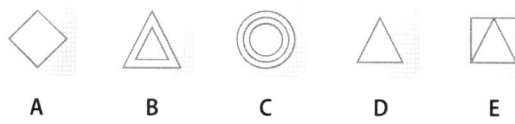

A   B   C   D   E

988. Sie sehen ein Quadrat mit acht Figuren.

Durch welche der fünf Figuren wird das Fragezeichen logisch ersetzt?

A   B   C   D   E

989. Sie sehen ein Quadrat mit acht Figuren.

Durch welche der fünf Figuren wird das Fragezeichen logisch ersetzt?

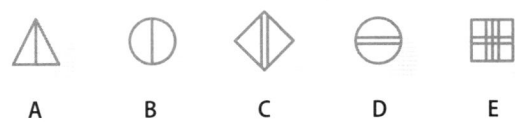

| A | B | C | D | E |

990. Sie sehen ein Quadrat mit acht Figuren.

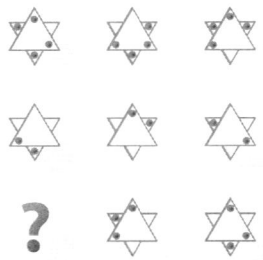

Durch welche der fünf Figuren wird das Fragezeichen logisch ersetzt?

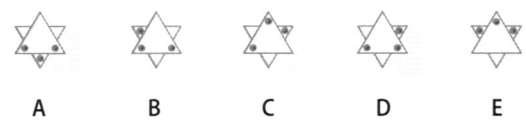

| A | B | C | D | E |

Lösung

Zu 981.

E

Das Fragezeichen wird durch das Objekt E logisch ersetzt.

Gehen Sie in den einzelnen Reihen von links nach rechts vor. Von Feld zu Feld wird das jeweilige Objekt um 45° im Uhrzeigersinn gedreht. Zusätzlich wird auch der Strich innerhalb des Kreises, Vierecks oder Karos immer um 45° im Uhrzeigersinn gedreht, im Vergleich zum vorherigen Feld also um 90°.

Zu 982.

B

Das Fragezeichen wird durch das Objekt B logisch ersetzt.

Gehen Sie in den einzelnen Spalten von oben nach unten vor. Das jeweils oberste Objekt wird mit dem darunter stehenden Objekt „addiert", d. h. beide Objekte werden übereinandergelegt, wobei jedoch das in der 2. Reihe stehende Objekt zuvor an seiner Schrägachse von links oben nach rechts unten zu spiegeln ist. Das direkt über dem Fragezeichen stehende Objekt wird durch die Spiegelung identisch mit dem obersten Objekt der Spalte. Daher ist – wie schon in der linken Spalte – das Objekt des untersten Felds identisch mit dem Objekt des obersten Felds.

Zu 983.

A

Das Fragezeichen wird durch das Objekt A logisch ersetzt.

Gehen Sie in den einzelnen Spalten von oben nach unten vor. In jedem Feld liegen zwei Objekte übereinander. Das jeweils obenauf liegende Objekt wird von Feld zu Feld um 45° im Uhrzeigersinn gedreht, das untere bleibt unverändert. Da in der rechten Spalte das obere Objekt ein Kreis ist, verändert sich das Objekt innerhalb der Spalte nicht.

Zu 984.

C

Das Fragezeichen wird durch das Objekt C logisch ersetzt.

Gehen Sie in den einzelnen Spalten von oben nach unten vor. Jedes Feld zeigt ein keilförmiges Objekt vor einem Hintergrund. Von Feld zu Feld werden die Keile nun um 90° im Uhrzeigersinn gedreht. Der Hintergrund des jeweils untersten Feldes ergibt sich aus der „Addition" der beiden oberen Felder, die übereinandergelegt werden.

Zu 985.

D

Das Fragezeichen wird durch das Objekt D logisch ersetzt.

Gehen Sie von oben nach unten vor. Jedes Feld zeigt ein Objekt vor einem Hintergrund. Von oben nach unten betrachtet, besteht der Hintergrund des untersten Feldes nur aus demjenigen Muster, das in beiden darüber liegenden Feldern ebenfalls vorkommt. In der linken Spalte sind beispielsweise die obersten Felder vollkommen unterschiedlich gemustert, so dass im untersten Feld als gemeinsames Muster nur eine leere Fläche übrigbleibt. Das Objekt ist ein Kreis mit zwei schwarzen Punkten. Von Feld zu Feld wird nun stets ein Punkt in derselben Position wiederholt, wobei der zweite Punkt um 90° im Uhrzeigersinn gedreht wird.

Zu 986.

B

Das Fragezeichen wird durch das Objekt B logisch ersetzt.

Gehen Sie in den einzelnen Reihen von links nach rechts vor. In jeder Reihe kommt nur ein Objekttyp (Viereck, Raute, Kreis) vor. In den Objekten befinden sich zwei Punkte, die mit verschiedenen Geschwindigkeiten innerhalb des Objekts umlaufen: Ein Punkt wandert um 90° im Uhrzeigersinn, der andere um 180°.

Zu 987.

D

Das Fragezeichen wird durch das Objekt D logisch ersetzt.

Die Objekte unterscheiden sich nach Form (Kreis, Quadrat, Dreieck) und Anzahl ihrer Mäntel. In jeder Reihe und in jeder Spalte kommt nur ein Objekt eines Typs und mit einer bestimmten Anzahl von Mänteln vor. Das einzig noch fehlende Objekt ist ein Dreieck mit nur einem Mantel.

Zu 988.

A

Das Fragezeichen wird durch das Objekt A logisch ersetzt.

Gehen Sie in den einzelnen Spalten von oben nach unten vor. Das Zackenmuster bleibt in allen Feldern unverändert. Die Objekte des jeweils obersten Felds werden mit denen des Felds darunter „addiert", d. h. sie werden übereinandergelegt, wobei jedoch die in der 2. Reihe vorkommenden Objekte im untersten Feld ihre Lage verändern: Steht ein Objekt oberhalb des Zackenmusters, wandert es nach unten, steht es darunter, wandert es nach oben.

Zu 989.

D

Das Fragezeichen wird durch das Objekt D logisch ersetzt.

In jeder Spalte und in jeder Reihe wechseln sich waagerechte und senkrechte Linien von Feld zu Feld ab. Eine andere Regel gibt es hierbei nicht.

Zu 990.

D

Das Fragezeichen wird durch das Objekt D logisch ersetzt.

Gehen Sie in den Reihen von links nach rechts vor. Die Punkte im inneren Dreieck wandern im Uhrzeigersinn, die im äußeren gegen den Uhrzeigersinn.

Visuelles Denkvermögen

Räumliches Grundverständnis *Aufgabenerklärung*

In diesem Abschnitt wird Ihr visuelles Denkvermögen getestet.

Sie sehen einen Körper mit mehreren Flächen. Ihre Aufgabe besteht darin, die Anzahl der Flächen zu bestimmen.

Hierzu ein Beispiel

Aufgabe

1. **Aus wie vielen Flächen setzt sich dieser Körper zusammen?**

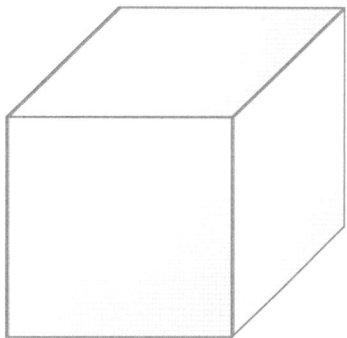

A. 6
B. 7
C. 8
D. 9
E. Keine Antwort ist richtig.

Antwort

 A. 6

Räumliches Grundverständnis

Beantworten Sie bitte die folgenden Aufgaben, indem Sie jeweils den richtigen Buchstaben markieren.

991. Aus wie vielen Flächen setzt sich dieser Körper zusammen?

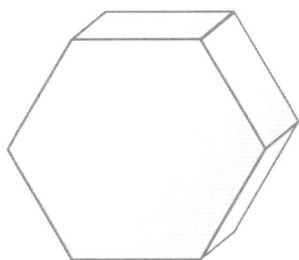

A. 6
B. 7
C. 8
D. 9
E. Keine Antwort ist richtig.

993. Aus wie vielen Flächen setzt sich dieser Körper zusammen?

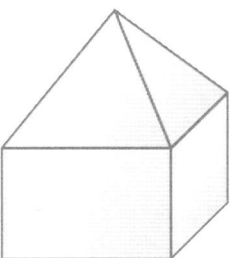

A. 7
B. 8
C. 9
D. 10
E. Keine Antwort ist richtig.

992. Aus wie vielen Flächen setzt sich dieser Körper zusammen?

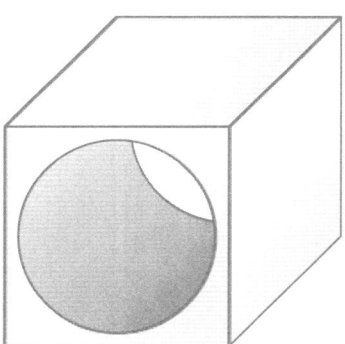

A. 5
B. 6
C. 7
D. 8
E. Keine Antwort ist richtig.

994. Aus wie vielen Flächen setzt sich dieser Körper zusammen?

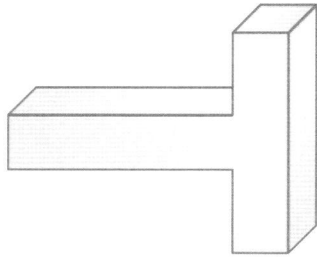

A. 9
B. 10
C. 11
D. 12
E. Keine Antwort ist richtig.

995. **Aus wie vielen Flächen setzt sich dieser Körper zusammen?**

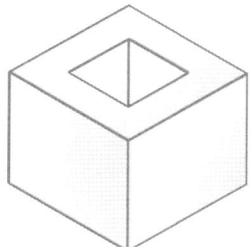

A. 9

B. 10

C. 12

D. 13

E. Keine Antwort ist richtig.

Lösung

Zu 991.

C. 8

Der Körper besteht aus 8 Flächen.

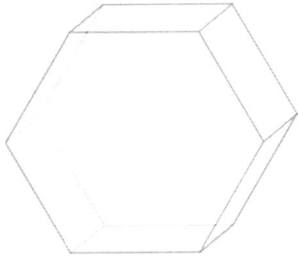

Zu 992.

C. 7

Der Körper besteht aus 7 Flächen – den 6 Außenflächen und einer Innenfläche.

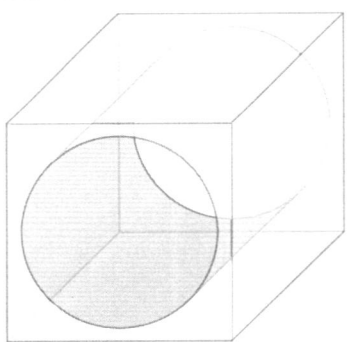

Zu 993.

C. 9

Der Körper besteht aus 9 Flächen.

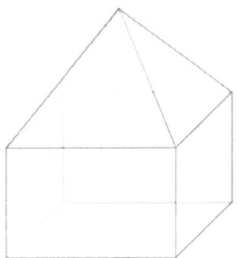

Zu 994.

B. 10

Der Körper besteht aus 10 Flächen.

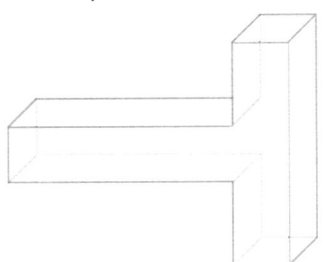

Zu 995.

B. 10

Der Körper besteht aus 10 Flächen.

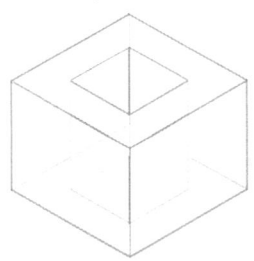

Visuelles Denkvermögen

Dreidimensionale Strukturen   *Aufgabenerklärung*

Die folgenden Aufgaben prüfen Ihre räumliche Vorstellungskraft.

Nun müssen Sie die Perspektive wechseln: Wie sieht das vorgestellte Gebilde aus, wenn man es in Pfeilrichtung betrachtet?

Hierzu ein Beispiel

Aufgabe

1. Gegeben ist folgende Struktur:

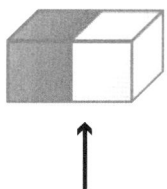

Welche der Abbildungen A bis E entspricht der Sicht in Pfeilrichtung?

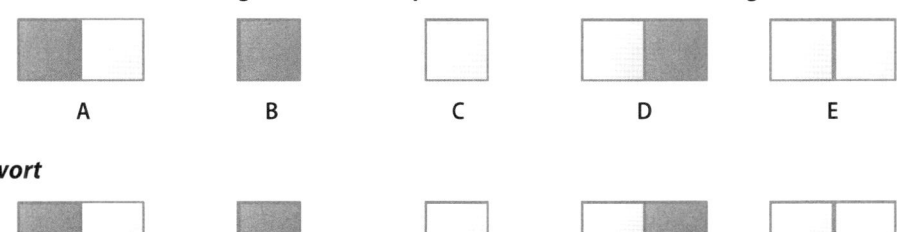

| A | B | C | D | E |

Antwort

| | | | | |
| (A) | B | C | D | E |

Dreidimensionale Strukturen

Beantworten Sie bitte die folgenden Aufgaben, indem Sie jeweils den richtigen Buchstaben markieren.

996. Gegeben ist folgende Struktur:

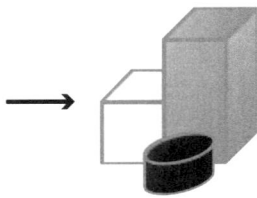

Welche der Abbildungen A bis E entspricht der Sicht in Pfeilrichtung?

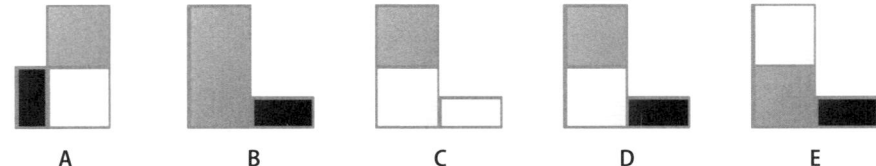

| A | B | C | D | E |

997. Gegeben ist folgende Struktur:

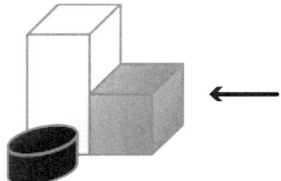

Welche der Abbildungen A bis E entspricht der Sicht in Pfeilrichtung?

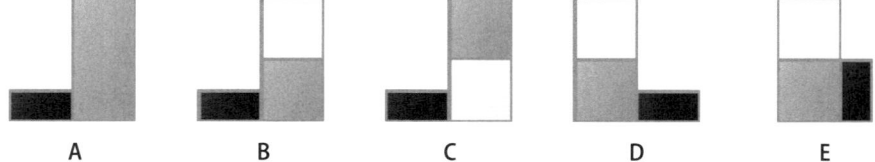

| A | B | C | D | E |

998. Gegeben ist folgende Struktur:

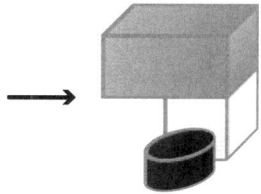

Welche der Abbildungen A bis E entspricht der Sicht in Pfeilrichtung?

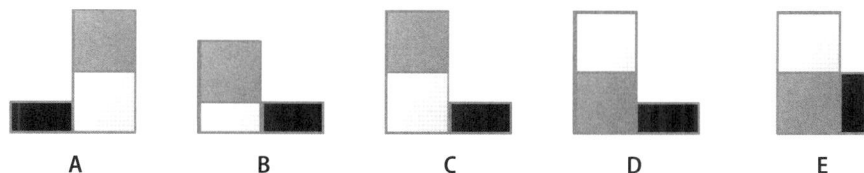

A   B   C   D   E

999. Gegeben ist folgende Struktur:

Welche der Abbildungen A bis E entspricht der Sicht in Pfeilrichtung?

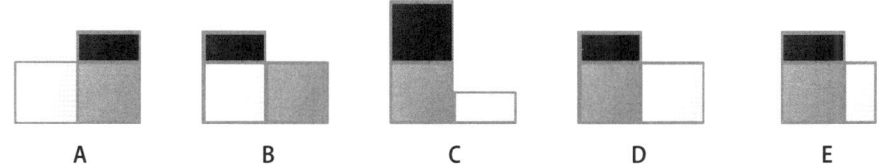

A   B   C   D   E

1000. Gegeben ist folgende Struktur:

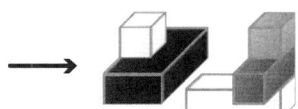

Welche der Abbildungen A bis E entspricht der Sicht in Pfeilrichtung?

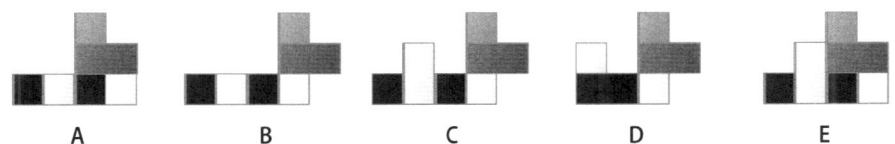

A   B   C   D   E

Lösung

Zu 996.

D

Zu 997.

B

Zu 998.

C

Zu 999.

D

Zu 1000.

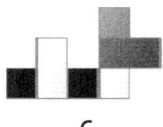

C

Visuelles Denkvermögen

Technisches Verständnis

Mit den folgenden Aufgaben wird Ihre praktische Intelligenz geprüft.

Beantworten Sie bitte die folgenden Aufgaben, indem Sie jeweils den richtigen Buchstaben markieren.

1001. **Welche Glühlampen leuchten, wenn die Schalter 1 und 4 geschlossen werden?**

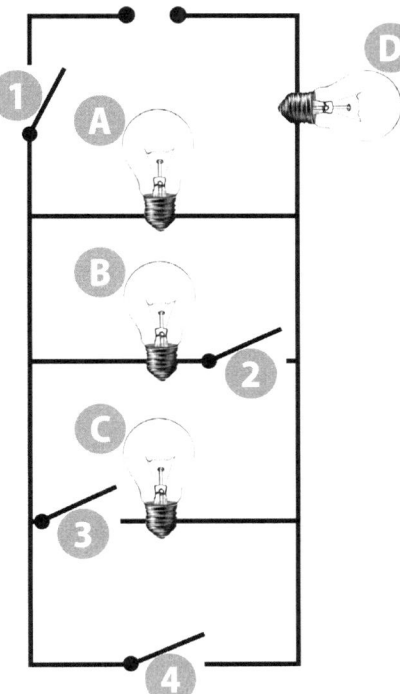

- A. Glühlampen A und D
- B. Glühlampen D und C
- C. Nur Glühlampe A
- D. Nur Glühlampe D
- E. Keine Antwort ist richtig.

1002. **Welches Rad dreht sich am langsamsten?**

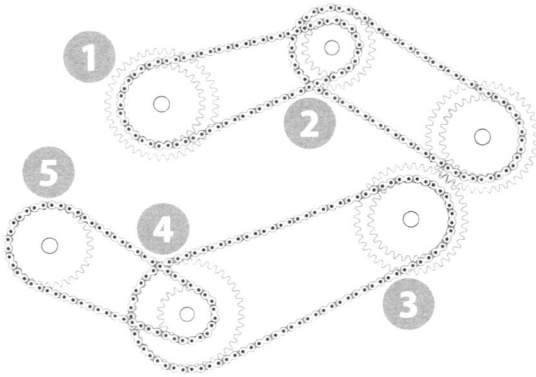

A. Rad 1

B. Rad 3

C. Rad 4

D. Rad 5

E. Keine Antwort ist richtig.

1003. **Auf welches Zahnrad muss der Treibriemen gespannt werden, damit sich die untere Achse schneller dreht als die obere?**

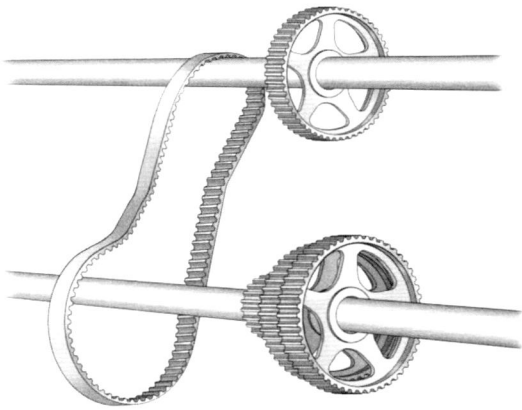

A. Auf das linke Zahnrad

B. Auf das mittlere Zahnrad

C. Auf das rechte Zahnrad

D. Die Geschwindigkeit lässt sich nicht durch die Wahl der Zahnräder ändern.

E. Keine Antwort ist richtig.

1004. Mit welchem Schraubenschlüssel lässt sich die Schraubenmutter am besten festziehen?

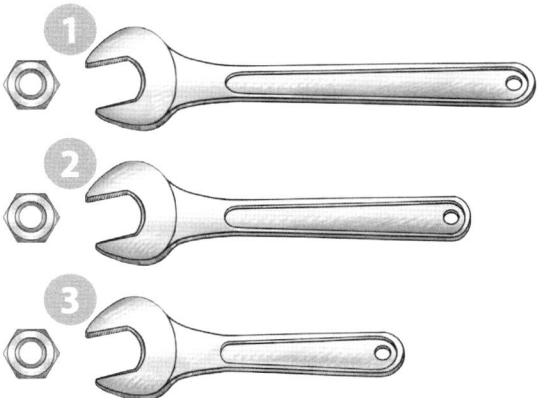

A. Mit Schraubenschlüssel 1
B. Mit Schraubenschlüssel 2
C. Mit Schraubenschlüssel 3
D. Die Schraube lässt sich mit den verschiedenen Schraubenschlüsseln gleich gut festziehen.
E. Keine Antwort ist richtig.

1005. In welche Richtung bewegt sich das große Rad B, wenn sich das Antriebsrad A in Pfeilrichtung dreht?

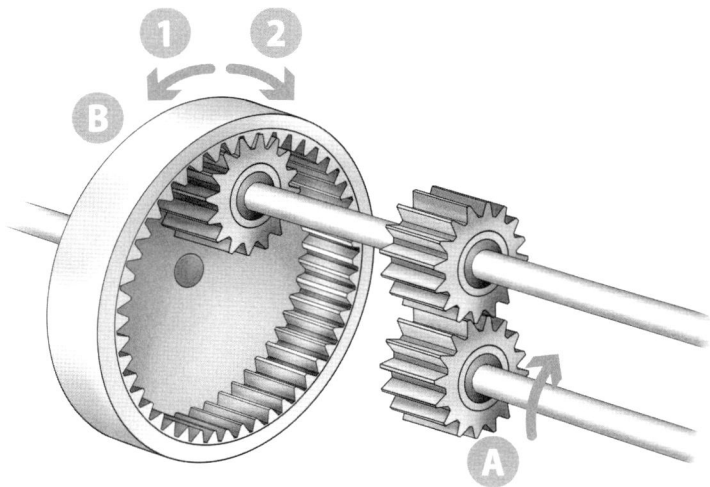

A. In Richtung 1
B. In Richtung 2
C. Hin und her
D. Gar nicht
E. Keine Antwort ist richtig.

1006. Welche der Vasen 1 bis 4 fällt am leichtesten um?

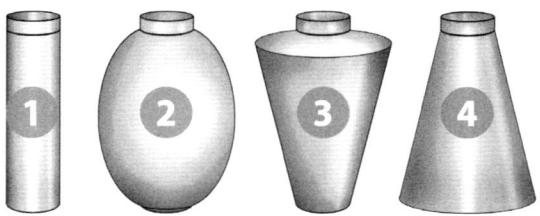

A. Vase 1

B. Vase 2

C. Vase 3

D. Vase 4

E. Keine Antwort ist richtig.

1007. Welche der drei Richtungen nimmt die Kugel ein, wenn sie durch ein flach auf den Boden liegendes Rohr gestoßen wird?

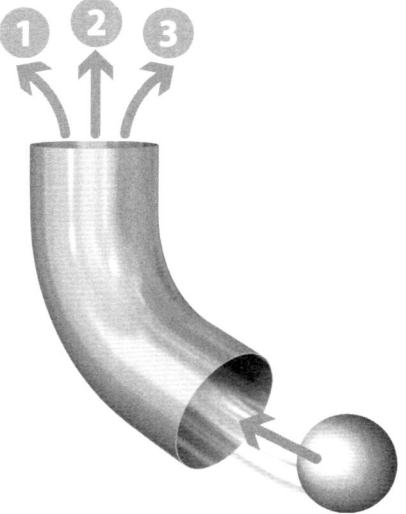

A. Richtung 1

B. Richtung 2

C. Richtung 3

D. Keine der drei Richtungen

E. Keine Antwort ist richtig.

1008. Aus einem Flugzeug wurde ein Paket geworfen. Bei welchem der Punkte 1 bis 4 kommt das Paket auf der Erde an?

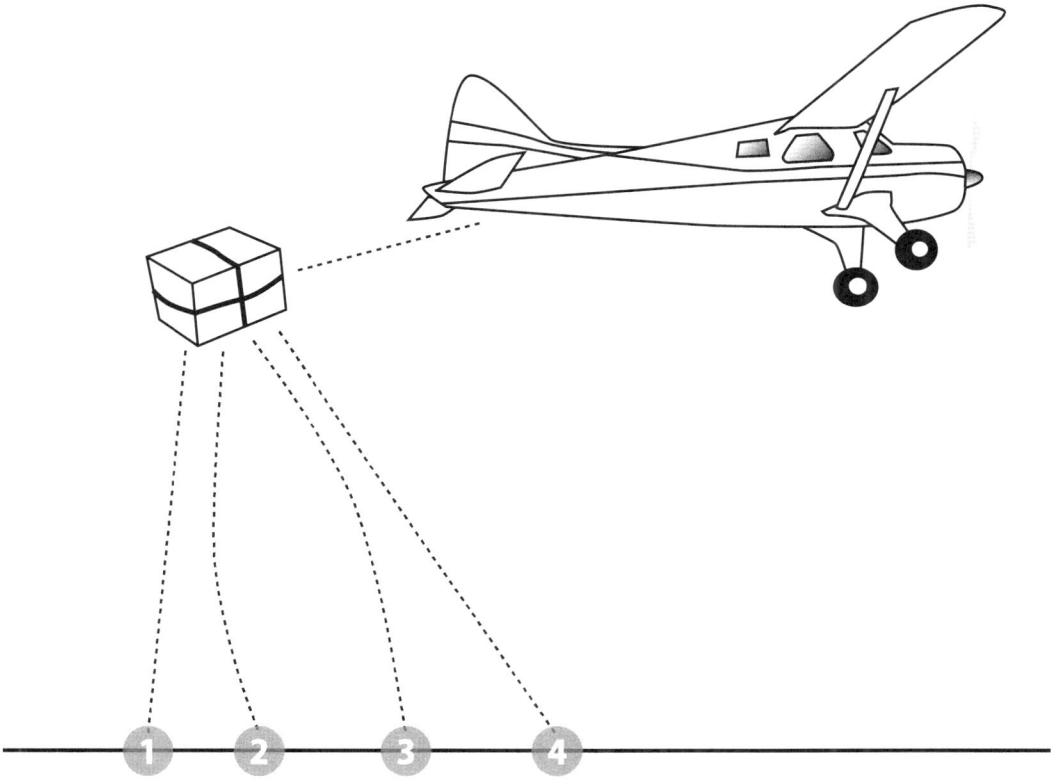

A. Punkt 1

B. Punkt 2

C. Punkt 3

D. Punkt 4

E. Keine Antwort ist richtig.

1009. Mit welcher Sandformation lässt sich die Schubkarre am leichtesten fahren?

A. Mit der Sandformation 1

B. Mit der Sandformation 2

C. Mit der Sandformation 3

D. Es gibt keinen Unterschied.

E. Keine Antwort ist richtig.

1010. Mit welchem Hebel lässt sich der Holzkasten am leichtesten anheben?

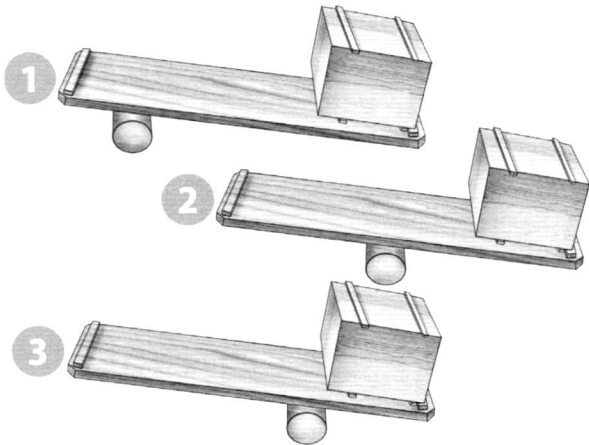

A. Mit dem Hebel 1
B. Mit dem Hebel 2
C. Mit dem Hebel 3
D. Es gibt keinen Unterschied.
E. Keine Antwort ist richtig.

Lösung

Zu 1001.

D. Nur Glühlampe D

Damit eine Lampe leuchten kann, muss sie sich in einem geschlossenen Stromkreis befinden. Um einen Stromkreis zu schließen, muss eine durchgängige Verbindung von und zu der durch zwei schwarze Punkte symbolisierten Spannungsquelle hergestellt werden. Sobald man die Schalter 1 und 4 schließt, befinden sich die Lampen A und D in einem funktionsfähigen Stromkreis; da aber Lampe A einen zusätzlichen Widerstand darstellt und der Strom diesen Widerstand durch die Schließung von Schalter 4 umgehen kann, leuchtet schließlich nur Glühlampe D.

Zu 1002.

D. Rad 5

Eine Antriebskette bewegt sich mit der gleichen Eigengeschwindigkeit um jedes der mit ihr verbundenen Zahnräder. Verbindet sie zwei gleich große Räder, laufen beide gleich schnell. Verbindet sie jedoch Räder unterschiedlicher Größe, läuft das kleinere stets schneller um die eigene Achse als das größere: Wenn sich beispielsweise ein Rad mit einem Umfang von einem Meter einmal um sich dreht, wird auch die Kette um einen Meter weiterbewegt. Überträgt sie nun diese Bewegung auf ein Rad mit einem Umfang von nur einem halben Meter, muss dieses Rad folgerichtig zweimal vollständig rotieren. Zusätzlich gilt: Ist ein Zahnrad starr an einem weiteren Zahnrad befestigt (wie z. B. Rad 2), bewegen sich beide in gleichen Zeiten um die eigene Achse, ihre Umdrehungsfrequenz ist also gleich.

Einen Größenunterschied findet man in der Skizze zunächst zwischen Rad 1 und Rad 2, das sich demnach schneller dreht. Da Rad 2 an einem größeren Rad befestigt ist, besitzen beide die gleiche Umdrehungsfrequenz. Darin entsprechen sie dem äußerst rechten Zahnrad, dem Rad, an dem Rad 3 befestigt ist, und schließlich auch Rad 3 selbst. Von Rad 3 nach 4 und besonders stark von 4 nach 5 nimmt die Geschwindigkeit durch den Größenunterschied allerdings ab. Somit rotiert Zahnrad 5 am langsamsten, noch langsamer als Rad 1.

Zu 1003.

A. Auf das linke Zahnrad

Ein Antriebsriemen bewegt sich mit der gleichen Eigengeschwindigkeit um jedes der mit ihm verbundenen Antriebsräder. Verbindet er zwei gleich große Räder, laufen beide gleich schnell. Verbindet er jedoch Räder unterschiedlicher Größe, läuft das kleinere stets schneller um die eigene Achse als das größere: Wenn sich beispielsweise ein Rad mit einem Umfang von einem Meter einmal um sich dreht, wird auch der Riemen um einen Meter weiterbewegt. Überträgt er nun diese Bewegung auf ein Rad mit einem Umfang von nur einem halben Meter, muss dieses Rad folgerichtig zweimal vollständig rotieren. Damit sich die untere Achse schneller dreht, muss demnach das kleine Zahnrad links gewählt werden.

Zu 1004.

A. Mit Schraubenschlüssel 1

Um die Schraubenmutter mit möglichst wenig Mühe festzuziehen, benötigt man einen Schraubenschlüssel mit einer großen Hebelwirkung. Das heißt: Der Griff des Schraubenschlüssels sollte so lang wie möglich sein. Schraubenschlüssel 1 ist demnach der geeignetste.

Zu 1005.

A. In Richtung 1

Wird das Antriebsrad in Pfeilrichtung gedreht, rotiert das Zahnrad darüber ebenso wie das zweite Zahnrad auf derselben Achse entgegen dem Uhrzeigersinn. Diese Drehrichtung wird auch auf das große Rad übertragen, es dreht sich schließlich in Richtung 1.

Zu 1006.

C. Vase 3

Die Stabilität der Gefäße hängt ab von ihrem jeweiligen Schwerpunkt und ihrer Standfläche: Ideal ist eine große Fläche bei tief sitzendem Schwerpunkt. Vase 3 erfüllt eher das Gegenteil dieser Bedingungen – ihre Masse sitzt größtenteils weit oben, ihr Boden dagegen ist vergleichsweise schmal. Sie fällt daher am leichtesten um.

Zu 1007.

B. Richtung 2

Wenn der Ball aus dem gekrümmten Rohr austritt, behält er die Bewegungsrichtung zum Zeitpunkt seines Austritts bei – er wird also keine Kurve fliegen, sondern sich in gerader Linie vom Rohr entfernen. Antwort B ist korrekt.

Zu 1008.

C. Punkt 3

Wenn das Paket aus dem Flugzeug geworfen wird, beschreibt seine Flugbahn eine Parabel: Direkt nach dem Abwurf ist es – wie das Flugzeug und der Werfer – noch stark in Flugrichtung beschleunigt, erst durch den Luftwiderstand wird die Bewegung in Längsrichtung abgebremst und das Paket fällt immer steiler nach unten. In der Skizze beschreibt diejenige Linie diese Flugkurve, die zu Punkt 3 führt.

Zu 1009.

B. Mit der Sandformation 2

Um die gefüllte Schubkarre mit möglichst wenig Mühe zu bewegen, sollte die Hebelwirkung möglichst groß sein. Dafür gilt: Je weiter die zu bewegende Last nach vorne rückt, desto länger wird der Hebelarm, durch den das Gewicht bewegt werden muss, und desto größer ist die entsprechende Hebelwirkung. In Schubkarre 2 ist der Sand daher am günstigsten aufgeladen.

Zu 1010.

C. Mit dem Hebel 3

Je länger der Hebelarm eines Hebels ist, desto weniger Kraft wird benötigt, um eine Masse zu bewegen. Der Punkt, von dem aus die Last bewegt werden soll – in der Skizze links – muss also möglichst weit weg vom Angriffspunkt des Hebels liegen, der durch die Lage der Rolle bestimmt wird. Diese Rolle muss demnach möglichst weit rechts platziert werden. Antwort C ist korrekt.

Anhang

Lösung

Teil 1 · Sprachbeherrschung und Fremdsprachenkenntnisse

Frage	Antwort	Frage	Antwort	Frage	Antwort
1.	siehe Diktat	46.	Quäntchen	91.	schwimmen
2.	siehe Argumentationshilfe	47.	Tipp	92.	wissen
3.	Sympathie	48.	Litfaßsäule	93.	lassen
4.	–	49.	platziert	94.	mögen
5.	Rhythmus	50.	paar	95.	vorwerfen
6.	Operation	51.	nummeriert	96.	dürfen
7.	Sekretariat	52.	sympathisch	97.	halten
8.	defekt	53.	schuld	98.	klingen
9.	–	54.	Gräuel	99.	sehen
10.	Demokratie	55.	todkrank	100.	fliegen
11.	Tipp	56.	B	101.	graben
12.	Schifffahrt	57.	A	102.	fließen
13.	exklusiv	58.	B	103.	raten
14.	Emotion	59.	A	104.	schlagen
15.	Hörnerv	60.	A	105.	riechen
16.	effektiv	61.	B	106.	einen kleinen Bach
17.	seit Stunden	62.	B	107.	dem Vertrag
18.	Lokomotive	63.	B	108.	der Bürgermeisterin
19.	Kulanz	64.	A	109.	deiner schnellen Hilfe
20.	–	65.	A	110.	zu stören
21.	B	66.	E	111.	Geh
22.	B	67.	A	112.	Dem alten Schulrat
23.	A	68.	A	113.	meinen neuen Nachbarn
24.	C	69.	B	114.	Den meisten Menschen
25.	D	70.	B	115.	des Schocks
26.	B	71.	A	116.	uns
27.	A	72.	D	117.	gegangen wärst
28.	C	73.	C	118.	des schlechten Wetters
29.	D	74.	D	119.	ein derartiger Fehler
30.	A	75.	B	120.	diesen ganzen Vorfällen
31.	C	76.	_ , ,	121.	A
32.	C	77.	_ _ ,	122.	C
33.	B	78.	, , ,	123.	D
34.	A	79.	, , _	124.	C
35.	D	80.	_ _ ,	125.	D
36.	C	81.	, , ,	126.	A
37.	A	82.	, _ _ _	127.	D
38.	C	83.	, ,	128.	E
39.	C	84.	, , ,	129.	A
40.	C	85.	, , , _	130.	D
41.	dass	86.	wollen	131.	veranlasste
42.	widerstanden	87.	fahren	132.	vergeudet
43.	morgen Abend	88.	trinken	133.	erbarmte
44.	Folgende	89.	schwellen	134.	ergeben
45.	Bescheid	90.	fliehen	135.	eingelaufen

Teil 1 · Sprachbeherrschung und Fremdsprachenkenntnisse *(Fortsetzung)*

Frage	Antwort	Frage	Antwort	Frage	Antwort
136.	reduzieren	181.	G	226.	philosophieren
137.	reformiert	182.	H	227.	Politik
138.	auslaufen	183.	B	228.	Psyche
139.	normiert	184.	F	229.	Schicksal
140.	heuchelte	185.	I	230.	Seele
141.	E	186.	A	231.	Selbst
142.	B	187.	E	232.	Sorge
143.	A	188.	J	233.	unbewusst
144.	C	189.	D	234.	urteilen
145.	D	190.	C	235.	verbergen
146.	E	191.	B	236.	vermuten
147.	B	192.	J	237.	Verständnis
148.	C	193.	G	238.	voraussetzen
149.	A	194.	H	239.	Wissen
150.	D	195.	A	240.	zeitlos
151.	B	196.	I	241.	Deutschen Demokratischen Republik
152.	A	197.	C	242.	Kalten Kriegs
153.	E	198.	D	243.	Maastricht-Verträge
154.	C	199.	F	244.	der Europäische Binnenmarkt
155.	B	200.	E	245.	Zollkontrollen
156.	A	201.	ahnen	246.	Schengener Abkommens
157.	D	202.	allgemein	247.	Polen und Ungarn
158.	B	203.	annehmen	248.	das Gemeinschaftsrecht
159.	C	204.	Bedeutung	249.	Binnengrenzen
160.	E	205.	bewusst	250.	der Schwarzarbeit
161.	C	206.	Charakter	251.	A3, B6, C7, D1, E4, F2, G5
162.	B	207.	Denken	252.	A5, B3, C1, D4, E6, F2, G7
163.	A	208.	Eifersucht	253.	A5, B7, C1, D4, E2, F3, G6
164.	D	209.	Einstellung	254.	A2, B5, C4, D3, E1
165.	C	210.	empfinden	255.	A2, B5, C4, D3, E1
166.	A	211.	Erkenntnis	256.	B
167.	B	212.	ermuntern	257.	B
168.	D	213.	feststellen	258.	A
169.	C	214.	Folge	259.	B
170.	A	215.	formlos	260.	A
171.	A	216.	Gefühl	261.	
172.	C	217.	Geheimnis	262.	
173.	D	218.	Geist	263.	siehe Musterantworten
174.	B	219.	glauben	264.	
175.	A	220.	Ideal	265.	
176.	D	221.	imaginär	266.	
177.	C	222.	interpretieren	267.	
178.	B	223.	Kopfrechnen	268.	siehe Musterantworten
179.	C	224.	Liebe	269.	
180.	A	225.	Neigung	270.	

Teil 1 · *Sprachbeherrschung und Fremdsprachenkenntnisse* (Fortsetzung)

Frage	Antwort	Frage	Antwort	Frage	Antwort	Frage	Antwort
271.	D	281.	C	291.	B	301.	D
272.	C	282.	B	292.	A	302.	A
273.	E	283.	A	293.	C	303.	A
274.	B	284.	E	294.	D	304.	C
275.	D	285.	B	295.	B	305.	C
276.	A	286.	A	296.	C	306.	E
277.	A	287.	B	297.	D	307.	C
278.	B	288.	C	298.	D	308.	A
279.	A	289.	B	299.	B	309.	B
280.	D	290.	E	300.	A	310.	A

Teil 2 · *Fachwissen, Allgemeinwissen und Erinnerungs- und Konzentrationsvermögen*

Frage	Antwort	Frage	Antwort	Frage	Antwort	Frage	Antwort
311.	E	341.	C	371.	D	401.	B
312.	A	342.	B	372.	C	402.	A
313.	D	343.	C	373.	D	403.	D
314.	B	344.	C	374.	D	404.	B
315.	C	345.	E	375.	D	405.	C
316.	A	346.	A	376.	B	406.	D
317.	C	347.	D	377.	B	407.	C
318.	C	348.	A	378.	B	408.	B
319.	D	349.	D	379.	D	409.	B
320.	D	350.	C	380.	D	410.	C
321.	C	351.	A	381.	D	411.	C
322.	D	352.	D	382.	B	412.	C
323.	C	353.	B	383.	C	413.	B
324.	E	354.	C	384.	A	414.	A
325.	A	355.	C	385.	D	415.	D
326.	B	356.	1E, 2B, 3D, 4C, 5A	386.	B	416.	C
327.	C	357.	1D, 2E, 3A, 4B, 5C	387.	C	417.	C
328.	A	358.	1A, 2B, 3D, 4E, 5C	388.	D	418.	C
329.	B	359.	1D, 2B, 3E, 4C, 5A	389.	D	419.	D
330.	A	360.	1B, 2C, 3A, 4E, 5D	390.	B	420.	A
331.	A	361.	C	391.	C	421.	D
332.	D	362.	C	392.	A	422.	C
333.	A	363.	D	393.	C	423.	D
334.	D	364.	C	394.	A	424.	C
335.	C	365.	D	395.	A	425.	D
336.	B	366.	C	396.	C	426.	C
337.	D	367.	C	397.	B	427.	B
338.	E	368.	D	398.	B	428.	C
339.	C	369.	C	399.	C	429.	A
340.	A	370.	C	400.	B	430.	D

Teil 2 · Fachwissen, Allgemeinwissen und Erinnerungs- und Konzentrationsvermögen (Fortsetzung)

Frage	Antwort	Frage	Antwort	Frage	Antwort	Frage	Antwort
431.	B	476.	siehe Aufgabe	521.	0104	566.	C
432.	A	477.	siehe Aufgabe	522.	0503	567.	B
433.	B	478.		523.	0809	568.	C
434.	C	479.		524.	0208	569.	A
435.	B	480.		525.	0307	570.	B
436.	C	481.		526.	0601	571.	C
437.	B	482.	siehe Aufgabe	527.	0705	572.	B
438.	A	483.		528.	0406	573.	A
439.	C	484.		529.	0910	574.	B
440.	D	485.		530.	1002	575.	B
441.	C	486.		531.	0210	576.	A
442.	B	487.		532.	0609	577.	C
443.	A	488.	siehe Aufgabe	533.	0805	578.	A
444.	C	489.	siehe Aufgabe	534.	0402	579.	A
445.	C	490.	D	535.	0501	580.	C
446.	B	491.	C	536.	0103	581.	B
447.	D	492.	D	537.	0306	582.	C
448.	A	493.	A	538.	0703	583.	B
449.	D	494.	D	539.	0907	584.	C
450.	B	495.	C	540.	1008	585.	B
451.	B	496.	D	541.	0509	586.	A
452.	A	497.	E	542.	0806	587.	C
453.	D	498.	C	543.	0410	588.	C
454.	D	499.	D	544.	0201	589.	B
455.	D	500.	B	545.	0109	590.	C
456.	A	501.	D	546.	0704	591.	8
457.	C	502.	C	547.	0302	592.	2
458.	D	503.	D	548.	0605	593.	25
459.	A	504.	E	549.	1003	594.	13
460.	C	505.	A	550.	0908	595.	13
461.	A	506.	D	551.	A	596.	25
462.	D	507.	B	552.	A	597.	8
463.	B	508.	A	553.	B	598.	33
464.	C	509.	B	554.	A	599.	25
465.	B	510.	E	555.	A	600.	13
466.	A	511.	0404	556.	A	601.	2
467.	C	512.	0101	557.	B	602.	16
468.	B	513.	0202	558.	B	603.	13
469.	A	514.	0808	559.	A	604.	6
470.	C	515.	0707	560.	B	605.	17
471.	A	516.	0606	561.	A	606.	23
472.	C	517.	0505	562.	A	607.	14
473.	B	518.	0303	563.	B	608.	11
474.	A	519.	0909	564.	B	609.	33
475.	B	520.	1010	565.	A	610.	9

Teil 2 · Fachwissen, Allgemeinwissen und Erinnerungs- und Konzentrationsvermögen *(Fortsetzung)*

Frage	Antwort	Frage	Antwort	Frage	Antwort	Frage	Antwort
611.	25	641.	1	671.		701.	7
612.	32	642.	1	672.		702.	5
613.	33	643.	2	673.	siehe Aufgabe	703.	7
614.	6	644.	1	674.		704.	5
615.	2	645.	3	675.		705.	9
616.	24	646.	5	676.	7	706.	5
617.	25	647.	3	677.	6	707.	6
618.	2	648.	4	678.	5	708.	1
619.	1	649.	3	679.	7	709.	8
620.	2	650.	1	680.	8	710.	7
621.	13	651.	1	681.	7	711.	6
622.	25	652.	2	682.	8	712.	10
623.	11	653.	1	683.	5	713.	7
624.	2	654.	1	684.	6	714.	5
625.	2	655.	2	685.	6	715.	2
626.	8	656.	3	686.	6	716.	A
627.	13	657.	2	687.	5	717.	C
628.	20	658.	2	688.	3	718.	A
629.	32	659.	2	689.	6	719.	B
630.	7	660.	3	690.	4	720.	C
631.	2	661.	3	691.	7	721.	D
632.	3	662.	3	692.	9	722.	D
633.	2	663.	8	693.	5	723.	A
634.	2	664.	5	694.	3	724.	D
635.	2	665.	2	695.	6	725.	B
636.	1	666.	3	696.	6		
637.	2	667.	2	697.	8		
638.	1	668.	4	698.	6		
639.	2	669.	2	699.	6		
640.	3	670.	2	700.	3		

Teil 3 · Mathematisches Verständnis

Frage	Antwort	Frage	Antwort	Frage	Antwort	Frage	Antwort
726.	1.000,5	736.	B	746.	B	756.	$7 - 2 \times 3 = 1$
727.	0	737.	B	747.	E	757.	$15 \div 3 + 4 = 9$
728.	20	738.	D	748.	A	758.	$2 \times 8 - 7 = 9$
729.	0,8	739.	A	749.	B	759.	$9 \div 3 \times 4 = 12$
730.	1.002,27	740.	C	750.	B	760.	$6 \times 4 - 5 = 19$
731.	−65,75	741.	A	751.	D	761.	$1 + 4 \times 4 = 17$
732.	2,16	742.	C	752.	D	762.	$7 + 9 \div 3 = 10$
733.	25,1	743.	D	753.	C	763.	$8 - 2 + 1 = 7$
734.	4,9	744.	D	754.	D	764.	$14 \times 2 \div 7 = 4$
735.	2	745.	B	755.	B	765.	$18 \div 3 - 2 = 4$

Teil 3 · *Mathematisches Verständnis* (Fortsetzung)

Frage	Antwort	Frage	Antwort	Frage	Antwort	Frage	Antwort
766.	$12 \times 2 - 8 = 16$	791.	D	816.	A	841.	D
767.	$3 \times 6 \div 2 = 9$	792.	A	817.	B	842.	C
768.	$17 - 9 + 3 = 11$	793.	D	818.	D	843.	C
769.	$11 - 6 \div 2 = 8$	794.	D	819.	C	844.	D
770.	$7 \times 2 - 9 = 5$	795.	D	820.	B	845.	D
771.	$2 \times 3 \times 2 = 12$	796.	C	821.	A	846.	C
772.	$8 \times 7 \div 4 = 14$	797.	A	822.	D	847.	A
773.	$9 \div 3 + 5 = 8$	798.	C	823.	B	848.	B
774.	$7 - 8 \div 4 = 5$	799.	D	824.	D	849.	A
775.	$16 \div 2 + 6 = 14$	800.	B	825.	B	850.	C
776.	6	801.	C	826.	D		
777.	24	802.	D	827.	B		
778.	5	803.	B	828.	C		
779.	5	804.	D	829.	D		
780.	11	805.	C	830.	A		
781.	10	806.	D	831.	B		
782.	7	807.	C	832.	D		
783.	64	808.	C	833.	C		
784.	24	809.	D	834.	B		
785.	85	810.	A	835.	D		
786.	B	811.	C	836.	B		
787.	B	812.	C	837.	A		
788.	A	813.	B	838.	D		
789.	C	814.	C	839.	C		
790.	C	815.	A	840.	C		

Teil 4 · *Logisches Denkvermögen*

Frage	Antwort	Frage	Antwort	Frage	Antwort	Frage	Antwort
851.	D	866.	B	881.	B4	896.	A
852.	D	867.	C	882.	C3	897.	A
853.	A	868.	D	883.	D1	898.	C
854.	B	869.	A	884.	A3	899.	B
855.	C	870.	D	885.	D3	900.	C
856.	C	871.	B	886.	A4	901.	B
857.	C	872.	C	887.	D1	902.	B
858.	D	873.	C	888.	B1	903.	B
859.	B	874.	B	889.	A4	904.	A
860.	B	875.	E	890.	B2	905.	C
861.	D	876.	E	891.	A1	906.	E
862.	B	877.	C	892.	C3	907.	D
863.	C	878.	D	893.	D3	908.	C
864.	B	879.	D	894.	A2	909.	C
865.	C	880.	D	895.	B2	910.	C

Teil 4 · Logisches Denkvermögen *(Fortsetzung)*

Frage	Antwort	Frage	Antwort	Frage	Antwort	Frage	Antwort
911.	A	921.	D	931.	B	941.	C
912.	B	922.	E	932.	B	942.	B
913.	A	923.	C	933.	B	943.	C
914.	B	924.	C	934.	A	944.	C
915.	A	925.	E	935.	A	945.	D
916.	B	926.	A	936.	B	946.	B
917.	B	927.	B	937.	E	947.	A
918.	B	928.	B	938.	B	948.	B
919.	B	929.	A	939.	A	949.	A
920.	A	930.	A	940.	D	950.	B

Teil 5 · Visuelles Denkvermögen

Frage	Antwort	Frage	Antwort	Frage	Antwort	Frage	Antwort
951.	E	966.	C	986.	B	1006.	C
952.	D	967.	C	987.	D	1007.	B
953.	B	968.	D	988.	A	1008.	C
954.	D	969.	D	989.	D	1009.	B
955.	E	970.	B	990.	D	1010.	C
956.	Gruppe 1: A, B	971.	B	991.	C		
	Gruppe 2: C, D, E	972.	D	992.	C		
957.	Gruppe 1: A, E	973.	B	993.	C		
	Gruppe 2: B, C, D	974.	B	994.	B		
958.	Gruppe 1: A, B, C	975.	D	995.	B		
	Gruppe 2: D, E	976.	B	996.	D		
959.	Gruppe 1: A, B, E	977.	D	997.	B		
	Gruppe 2: C, D	978.	A	998.	C		
960.	Gruppe 1: B, D	979.	C	999.	D		
	Gruppe 2: A, C, E	980.	B	1000.	C		
961.	C	981.	E	1001.	D		
962.	C	982.	B	1002.	D		
963.	E	983.	A	1003.	A		
964.	E	984.	C	1004.	A		
965.	D	985.	D	1005.	A		

Die Rechtschreibung

Die wichtigsten Regeln der deutschen Rechtschreibung

Allgemeines

Ohne ein gewisses Regelwerk wäre es schwer möglich, klar zu kommunizieren. Daher verfügt jede Sprache über feste Begriffe und Regeln. Würde jeder Mensch so sprechen und schreiben, wie er persönlich es gerade für richtig hielte, käme es mit Sicherheit zu großen Komplikationen und die Sprache wäre nicht Mittel der Verständigung. Die Grammatik einer Sprache bildet also für die Sprecher den notwendigen Rahmen, um sich so ausdrücken zu können, dass andere Mitglieder der Sprachgemeinschaft das Gesagte verstehen können. In der Schriftsprache ist die Grammatik besonders wichtig: Sie strukturiert das Geschriebene und verleiht ihm eine Aussage – Funktionen, die beim gesprochenen Wort auch von der Betonung, der Rhythmik und der Gestik übernommen werden können.

Schon im Einstellungstest spielt die Rechtschreibkompetenz eine Rolle, daher werden wir hier eingehend die wichtigsten Regeln der deutschen Rechtschreibung darstellen. Wir richten uns natürlich nach dem aktuellsten Stand, also nach den mit der Rechtschreibreform von 2006 festgelegten Vorgaben.

Im Voraus sollen einschlägige Begriffe kurz erläutert werden, die zum Verstehen der nachfolgenden Abschnitte unbedingt notwendig sind.

Fachbegriff	Erklärung
Adjektiv	**Eigenschaftswort:** Mit dem Adjektiv werden Substantiven (Hauptwörtern) Eigenschaften zugewiesen. Die Adjektive verändern die Form nach Geschlecht, Zahl und Fall: z. B. *neu, richtig, hässlich*.
Adverb	**Umstandswort:** Sie geben den Umstand einer Situation/eines Ereignisses an, zudem sind sie nicht veränderbar: z. B. *jetzt*, *später*, *direkt*.
Artikel	**Geschlechtswort:** Mit den Artikeln wird im Deutschen das Geschlecht signalisiert, die Artikel sind Substantiven zumeist vorangestellt. Formveränderung nach Geschlecht, Zahl und Fall: z. B. *der* Mann, *die* Frau, *das* Haus, *die* Autos.
Beugen	**Veränderung:** Mit diesem Begriff wird das Verändern von Verben (*Konjugation*) und Substantiven, Artikeln, Pronomen, Adjektiven (*Deklination*) beschrieben. Vgl. Konjugation und Deklination.

Fachbegriff	Erklärung
Deklination	**Beugung:** Wenn Substantive, Artikel, Pronomen oder Adjektive verändert werden, dann spricht man von der Deklination: z. B. in dem Haus stinkt es → in *den Häusern* im Marbachweg stinkt es (Substantiv); die Frau besitzt dieses Haus → *der Frau* gehört dieses Haus (Artikel); ihre Mutter besitzt dieses Haus → das ist das Haus *ihrer Mutter* (Pronomen), dieser Wein ist teuer → das ist der *teure Wein* (Adjektiv).
Infinitiv	**Grund- oder Nennform:** Wenn Numerus (Zahl) und Person eines Wortes undefiniert sind, steht das Wort im Infinitiv. Man spricht auch von der Nennform, da die Wörter so im Wörterbuch auftreten und demnach so genannt werden: z. B. *gehen*, *schwimmen*, *fliegen*.
Konjugation	**Beugung:** Wenn Verben verändert werden, dann werden sie konjugiert. Infinitiv: *gehen, schwimmen, fliegen*. Konjugierte Form: Sie *geht*, ihr *schwimmt*, der Spatz *fliegt*.
Konjunktion	**Bindewörter:** Diese Wörter haben die Aufgabe, einzelne Satzteile miteinander zu verbinden. Es handelt sich hierbei um unveränderliche Wörter, die weder dekliniert noch konjugiert werden können. Leicht möglich ist eine Verwechslung mit Adverbien. Zur Unterscheidung sollte man schauen, ob das Bindewort auch allein vor dem Verb stehen kann. Ist dies der Fall, handelt es sich um ein Adverb; andernfalls haben wir es mit einer Konjunktion zu tun. Beispiele sind: *und, oder*, *weil*, *dass*.
Konjunktiv	**Möglichkeitsform:** Die Möglichkeitsform wird mit Verben gebildet. Es wird hiermit ausgedrückt, dass ein/e Ereignis/Geschehen/Situation erwünscht, möglich oder nicht wirklich sei: z. B. sie *habe* (schmunzelte sie) den Kuchen selbst gebacken; *Wäre* sie doch hier, *könnte* sie mir helfen; gern *käme* ich mit (aber ich habe keine Zeit).
Konsonant	**Mitlaut:** Konsonanten sind Hemmnis überwindende Laute, Beispiele sind *r, t* oder *q*. Es handelt sich hierbei um Laute, nicht um Buchstaben. I. d. R. werden die Buchstaben, mit denen die Konsonanten schriftlich ausgedrückt werden können, als Konsonantenbuchstaben bezeichnet.
Partizip	**Mittelwort:** Bei den Mittelwörtern unterscheidet man eine Gegenwarts- (*Partizip I*) und eine Vergangenheitsform (*Partizip II*). Für die Gliederung der Partizipien ist also die Zeitform entscheidend. Zudem ist festzustellen, dass die Partizipien wie Adjektive dekliniert werden können: z. B. *lachend, bangend, träumend* (*Partizip I*) oder für die Vergangenheitsform (*Partizip II*) *gelacht, gebangt, geträumt*.

Fachbegriff	Erklärung
Präposition	**Verhältniswort:** Mit den Präpositionen (z. B. *auf, in, zu*) kann das Verhältnis/die Beziehung zwischen Wörtern gekennzeichnet werden. Die Präpositionen sind nicht beugbar, zudem bestimmen sie das Geschlecht des folgenden Substantivs: z. B. Er steht *auf* der Straße, Das Kind geht *in* den Kindergarten, Wir gehen heute *zu* Oma und Opa.
Pronomen	**Fürwort:** Das Pronomen kann entweder als Begleiter oder Vertreter eines Substantivs auftreten. Ein Pronomen verändert die Form nach Fall, Geschlecht und Zahl. Beispiele sind: *er, sie, dieser* Hund, *meine* Dienstwaffe.
Substantiv	**Hauptwort/Nomen:** Die Nomen haben ein festes Geschlecht, man kann ihnen einen Artikel zuweisen und sie verändern die Form nur nach Zahl und Fall: z. B. die *Polizei*, der *Diebstahl*, das *Hauptkommissariat*, das *Gerichtsverfahren* (Sing.); die *Polizeien*, die *Diebstähle*, die *Hauptkommissariate*, die *Gerichtsverfahren* (Pl.); *Wessen* Fall ist das? Der Fall *der* Polizei (Genitiv/2. Fall); *Wem* obliegt es, zu ermitteln? *Der* Polizei (Dativ/ 3. Fall).
Substantivierung	**Nominalisierung/Hauptwortbildung:** Aus Adjektiven und Verben können im Verfahren der Substantivierung Nomen gebildet werden: z. B. ich *rede* ohne Probleme → das *Reden* macht mir keine Probleme; wir *gehen* jeden Tag zur Arbeit → Das *Gehen* am Morgen ist eine Freude; kann ich von dir *abschreiben*? → ich habe nicht gelernt, nur *Abschreiben* könnte mir jetzt noch helfen.
Verb	**Tätigkeitswort:** Das Verb wird verwendet, um eine Tätigkeit, ein Geschehen, einen Zustand oder einen Vorgang zu bezeichnen. Verben sind in ihrer Form nach Zahl und Person veränderbar, zudem können sie in allen Zeitformen verwendet werden: z. B. *stehen* (ich stehe, ich stand, ich werde stehen); *schwimmen* (Du schwimmst, Du schwammst, Du wirst schwimmen); *verfolgen* (er verfolgt, er verfolgte, er wird verfolgen).
Vokal	**Selbstlaut:** Bei der Bildung von Vokalen kann der Luftstrom, der zum Sprechen notwendig ist, ungehemmt ausströmen. Beispiele sind *a, e* und *o*. In der Regel werden die Buchstaben, mit denen die Vokale schriftlich ausgedrückt werden können, als Vokalbuchstaben bezeichnet.
Numerale	**Zahlwort:** Das Numerale wird angewendet, um entweder eine Zahl zu bezeichnen oder eine Menge: z. B. *ein, neuntel, hunderte, viel, etwas*.

1. Sprechen und Schreiben – Laute und Buchstaben

Wenn wir sprechen, nutzen wir die gesprochene Sprache. Schreiben wir, so bedienen wir uns der Schriftsprache. Letztere bezeichnet nichts weiter als ein Zeichensystem, mit welchem die gesprochene Sprache, in Textform, festgehalten werden kann.

Die Schriftsprache des Deutschen basiert auf einer Buchstabenschrift, verwendet werden lateinische Buchstaben – im Russischen hingegen werden kyrillische Buchstaben (!) verwendet. Wir unterscheiden zudem zwischen Schreib- und Druckschrift, in beiden Formen existieren Klein- und Großbuchstaben. Wenn Fremdwörter verwendet werden, können auch Buchstaben Anwendung finden, die in dem für die deutsche Sprache vorgesehenen Buchstabenbestand nicht vorliegen (z. B. Č č, É é, Œ œ).

Jedem Sprachlaut entspricht ein einfacher Buchstabe oder eine bestimmte Buchstabenfolge. Es handelt sich um ein Zuordnungsverhältnis (vgl. [a] → a (h*a*t) [a:] → a (R*a*t) [ai] → ei (R*ei*be)), das hier jedoch nicht weiter vertieft werden soll. Wer sich genauer mit der Zuordnung von Lauten und Buchstaben auseinandersetzen möchte, kann im Internet oder im Duden nachschlagen.

Interessante Links finden Sie hier:

¬ http://www.canoo.net/services/GermanSpelling/Amtlich/LautBuchst/index.html
¬ http://www.duden.de/sprachwissen/rechtschreibregeln/laut-buchstaben-zuordnung

Zum Laut-Buchstaben-Verhältnis ist noch festzuhalten, dass in einigen Fällen die Zuordnung auch distinktiv ist, also bedeutungsunterscheidend. Beispiele sind in diesem Fall: ein Bild m*a*len bzw. den Kaffee m*a*hlen; einen Schüler etwas l*eh*ren bzw. den Mülleimer l*ee*ren. Diese Ausnahmen sollten auswendig gelernt werden, um missverständliche Verwechslungen zu vermeiden. Schreibt man, man wolle einen Schüler etwas l*ee*ren, denkt der Leser, man wolle mit dem Schüler wie mit dem Mülleimer verfahren, was ja augenscheinlich nicht der Fall ist. **Hier also aufgepasst!**

Für die Fremdwörter, die in einem späteren Abschnitt ausführlich behandelt werden, gilt: entweder wird die originale, fremdsprachliche Schreibweise verwendet, oder aber eine eingedeutschte Version. Wird aus einer Fremdsprache zitiert, dann muss die Originalschreibweise verwendet werden (z. B.: „Barack Obama betonte während des Wahlkampfes immer, alles sei möglich. Sein Slogan war das heute schon fast Abgedroschene: Yes we can!"). Das gleiche gilt für international festgelegte Termini (z. B. City).

Für Eigennamen ist die Schreibweise zumeist amtlich festgelegt. Beispiele können Städtenamen sein: Im Englischen wird Shanghai mit einem (sh) geschrieben, im Deutschen als Schanghai hingegen mit einem (sch).

Im folgenden Abschnitt wollen wir nun auf Vokale und Konsonanten eingehen, um so die Laut-Buchstaben-Zuordnung strukturiert erläutern zu können.

a) Vokale

Bei den Vokalen wird zwischen kurzen und langen Vokalen unterschieden. In der gesprochenen Sprache ist der Unterschied (also kurz oder lang) distinktiv und macht Verstehen möglich. In der geschriebenen Sprache gibt es auch Möglichkeiten, einen kurzen von einem langen Vokal zu unterscheiden.

Die kurzen Vokale

Es gilt: *Ein Vokal ist dann als kurzer Vokal zu kennzeichnen, wenn nach dem Vokal nur **ein** Konsonant folgt. Ist dies der Fall, so wird die Kürze des Vokals durch die Verdopplung des Konsonanten angezeigt*: z. B. Ra*tt*e, Wo*ll*e, Ka*mm* etc.

Ausnahmen bilden hier nur die Konsonanten K und Z. Statt (kk) schreibt man (ck), statt (zz) schreibt man (tz). Vgl. in diesem Zusammenhang: Ma*ck*e, Fra*tz*e, Gla*tz*e, Schla*ck*e etc.

Ausnahmen bilden die Regel, heißt es ja. So gibt es **acht Gruppen**, in denen die oben angeführte Regel nicht wirksam ist. *Hier erfolgt keine Buchstabenverdopplung nach betontem Vokal*, auch wenn dies logisch aus dem oben angeführten Grundsatz abgeleitet werden müsste. Im Folgenden sollen die acht Gruppen ausgeführt werden:

a. Bei einsilbigen Fremdwörtern (z. B. aus dem Englischen) folgt kein Doppelkonsonant nach betontem Vokal: z. B. B*u*s, Cl*u*b, J*o*b etc. Jedoch werden die verbalen Ableitungen (z. B. clu*bb*en, jo*bb*en) mit doppeltem Konsonanten geschrieben.

b. Bei einigen mehrsilbigen Fremdwörtern folgt kein Doppelkonsonant nach betontem Vokal: z. B. R*o*boter, An*a*nas, Hot*e*l etc.

c. Bei Wörtern mit unklarer Wortkomposition oder Wortteilen, die autonom nicht auftreten, folgt kein Doppelkonsonant nach betontem Vokal: z. B. H*i*mbeere, *I*mbissstube, W*a*lnuss etc.

d. Bei Wörtern, die auf die Endung (-ik) oder (-it) auslaufen folgt kein Doppelkonsonant nach betontem Vokal: z. B. Dynam*it*, Prof*it*, Robot*ik*, Kybernet*ik* etc.

e. Bei Wörtern, die z. B. auf die un-produktiven Suffixe (Endungen) (-d), (-st), (-t) auslaufen, folgt kein Doppelkonsonant nach betontem Vokal: z. B. R*a*nd (jedoch re*nn*en), Ger*ü*st, Gesch*ä*ft (jedoch scha*ff*en) etc.

f. Bei einigen Verbformen folgt kein Doppelkonsonant nach betontem Vokal: sie h*a*t (sie hatte), ich b*i*n etc.

g. Bei einsilbigen Wörter, die grammatische Funktion haben, folgt kein Doppelkonsonant nach betontem Vokal: z. B. b*i*s, d*e*s (jedoch de*ss*en), w*a*s etc.

h. Bei den folgenden Ausnahmen folgt kein Doppelkonsonant nach betontem Vokal: Dritt*e*l, Mit*t*ag, denn*o*ch.

Zudem gibt es **vier Gruppen**, in welchen der Konsonant verdoppelt wird, obwohl kein betonter kurzer Vokal vorausgeht. Bei diesen Gruppen handelt es sich um die Folgenden:

i. Bei Fremdwörtern, in denen das scharfe s vorkommt, verdoppelt man den Konsonanten, obwohl kein kurzer betonter Vokal vorausgeht: z. B. Ka*ss*ette, Karu*ss*ell etc.

j. Bei einigen Wörtern, die auf die Endung (tz) auslaufen, verdoppelt man den Konsonanten, obwohl kein kurzer betonter Vokal vorausgeht (erinnere in diesem Fall, dass (-tz) für (zz) als Doppelkonsonant funktioniert!): z. B. Berlin-Stegl*itz*, Kieb*itz* etc.

j. Bei einer gewissen Zahl von Fremdwörtern, die nicht näher klassifiziert werden, verdoppelt man den Konsonanten, obwohl kein kurzer betonter Vokal vorausgeht: z. B. Pat*iss*erie, B*att*erie, Gr*amm*atik etc.

k. Bei Wörtern, die auf das Suffix (-in), (-nis), (-as), (-is), (-os) und (-us) enden, verdoppelt man in **erweiterten Formen** den Konsonanten, obwohl kein kurzer betonter Vokal vorausgeht: z. B. König*in* → König*inn*en, Rhinozeros → Rhinozer*oss*e etc.

Die langen Vokale

Ein Vokal ist immer dann als langer Vokal zu bezeichnen, wenn *auf einen betonten Vokal im Wortstamm kein Konsonant folgt*. Wenn **nur ein** Konsonant folgt, kann es sich um einen kurzen oder langen Vokal handeln.

Folgt auf einen *betonten einfachen langen Vokal* ein *unbetonter kurzer Vokal* (unmittelbar oder in erweiterten Formen), so wird der lange Vokal, auf der Buchstabenebene, durch das Anhängen eines (**h**) sichtbar verlängert. So wird hier die Länge der Vokale gekennzeichnet: z. B. bef*ah*ren, Schu*h*e (aber Schule), dr*oh*en etc.

In diesem Fall folgt das (**h**) auch auf den Diphthong [**ai**], in Beispielen wie: Wei*h*er (aber Schleier), lei*h*en (aber Leier) etc.

Wenn auf einen betonten langen Vokal die Konsonanten [**l**], [**m**], [**n**] oder [**r**] folgen, muss einer Vielzahl von Fällen – problematischerweise nicht in der Mehrzahl der Fälle – nach dem Vokal ein (**h**) folgen.

Beispiele:

Folgt kein weiterer Konsonant, dann verlängert das (**h**) den Vokal z. B. in den folgenden Fällen: Ba*h*re, Befe*h*l, Hu*h*n, Mö*h*re, Bü*h*ne, So*h*n etc.

Zudem gilt diese Regel für die Wörter a*h*nden und fa*h*nden, auch wenn hier auf den Konsonant ein weiterer Konsonant folgt.

Zusatz: Es gilt zu beachten, dass hier das (**h**) als bedeutungsunterscheidende Einheit benutzt wird. So können gleichlautende Wörter auf der schriftlichen Ebene unterschieden werden. Wir müssen hier gleichlautende Paare wie: **leh**ren (Mathematik) und **lee**ren (den Mülleimer), **mah**len (Kaffee) und **mal**en (ein Bild) oder w**ähr**en (d.h. dauern) und w**är**en (sie wären die Richtigen) beachten.

Ausnahmen bilden die folgenden (**!**) Wörter: Blume, Blüte, Glut, Nadel.

Für Fremdwörter gilt, dass in der Regel kein (**h**) auf lange Vokale folgt. Ausnahmen bilden hier z. B. Allah und Shah.

Wenn man für die Vokale [**a:**], [**e:**] und [**o:**] die Länge ausdrücken will, so kann in einer begrenzten Zahl von Wörtern dies durch die Verdopplung der Vokale (aa), (ee) und (oo) geschehen: z. B. W*aa*ge (aber Sage), L*ee*re (aber Lehre) und B*oo*t etc.

Für den langen Vokal [**i:**] muss festgehalten werden, dass in nur wenigen deutschen und eingedeutschten Wörtern dieser Laut in der Schriftsprache durch den Buchstaben (**i**) dargestellt wird. Dies gilt z. B. für: B*i*bel, F*i*bel, *I*gel, d*i*r, m*i*r etc.

Im Gegensatz zu der gerade angeführten Regel, dass in wenigen Fällen ein [i:] durch den Buchstaben (i) dargestellt werden kann, existiert eine weitere Regel: *ein langes [i:] wird in den fremdsprachigen Endungen* (-ie), (-ier) *und* (-ieren) *durch die Buchstaben* (ie) *repräsentiert.* Vgl. Patisser*ie*, Juwel*ier*, protest*ieren*.

Ausnahmen bilden z. B. Saph*ir*, Souven*ir* oder Vamp*ir*.

In wenigen Einzelfällen kann die Länge des Vokals [i:] auch zusätzlich durch ein (h) gekennzeichnet werden. Dann schreibt man (-ih) oder aber (-ieh).

(-ih) wird in den folgenden Fällen geschrieben: *ih*m, *ih*n, *ih*r, *ih*nen, *ih*rer, *ih*res, I*h*re;

(-ieh) wird in den folgenden Fällen geschrieben: fl*ieh*en, w*ieh*ern, V*ieh*, z*ieh*en.

b) Umlaute

Die Umlaute stellen lautliche Veränderungen eines Vokals dar. So gibt es zu den Vokalen (a), (o), und (u) Umlautentsprechungen (ä), (ö) und (ü).

Für ein kurzes [ɛ] schreibt man immer dann (ä) statt (e), wenn es eine Grundform mit (a) gibt. Das trifft zu für die Beispiele: F*ä*lle (von F*a*ll), K*ä*lte (von k*a*lt) und B*ä*lle (von B*a*ll). Zudem gilt für langes [e:] und [ɛ:] – in der Aussprache sind die beiden kaum zu unterscheiden – es wird immer dann (ä) geschrieben, wenn eine Grundform mit (a) vorhanden ist. So in den folgenden Fällen: qu*ä*len (von Qu*a*l), sch*ä*len (von Sch*a*le). Ausnahmen bilden die Wörter B*ä*r, *Ä*hre, oder s*ä*gen.

In einigen wenigen Wörtern, wird (ä) ohne Grund geschrieben, es handelt sich hier um Ausnahmen. Dies gilt z. B. für: *ä*tzend, D*ä*mmerung, L*ä*rm, M*ä*rz, Sch*ä*rpe, Sch*ä*rfe u. a.

In einigen Wörtern die eigentlich mit (ä) geschrieben werden **müssten** – wenn man die Regel befolgt: wenn in der Grundform ein (a) vorkommt, ist die Erweitung ein (ä) – schreibt man ausnahmsweise (e) statt (ä). Dies gilt z. B. für Worte wie: E*l*tern (von *a*lt bzw. die *Ä*lteren), schw*e*nken (von Schw*a*nk), ged*e*nken (von Ged*a*nke).

Der Diphthong [ɔɪ] wird graphisch immer dann (-äu) geschrieben statt (-eu), wenn es eine Grundform gibt, die mit (-au) geschrieben wird. So z. B. in den Fällen: Geb*äu*de (von B*au*), vers*äu*ern (von s*au*er) und B*äu*erin (von B*au*er). Hinzu kommen einige Ausnahmen, für welche die Regel nicht wirksam ist, für die wir aber trotzdem (-äu) statt (-eu) schreiben: r*äu*spern, S*äu*le, t*äu*schen etc.

Der Diphthong [ai] in der Regel (-ei) geschrieben, wird in einigen Wörtern – hierbei handelt es sich um Ausnahmen – als (-ai) statt (-ei) geschrieben. Dies trifft beispielsweise zu für die Fälle: der/die W*ai*se (im Unterschied zu die Art und W*ei*se), H*ai*, K*ai* (wo Boote anlegen) oder M*ai*.

Wenn auf (-ee) und (-ie) die Beugungsendungen (-e), (-en), (-er), (-es) oder (-ell) folgen, so fällt ein (e) weg. Beispiele sind: die F*ee*, die F*eee*n, die F*ee*n bzw. die Id*ee*, die Id*eee*n, die Id*ee*n, bzw. die Industr*ie*, industr*ieell*, industr*iell*.

c) Konsonanten

Die Konsonanten sind das Gegenstück zu den Vokalen. Hierbei handelt es sich um solche Laute, die bei der Artikulation ein Hindernis überwinden müssen. Aus diesem Grund werden sie auch Hemmnis überwindende Laute oder Mitlaute genannt. Bei der Aussprache wird der austretende Luftstrom behindert, die hierbei entstehenden Luftwirbelungen werden dann als Konsonant hörbar. Auf der Buchstabenebene werden die Zeichenentsprechungen oft auch als Konsonanten bezeichnet. Der Vollständigkeit halber sollten wir in diesem Fall jedoch eher von Konsonantenbuchstaben sprechen.

Die Verhärtung der Konsonanten [d], [b], [g], [v] und [z] wird am Silbenende und vor anderen Konsonanten innerhalb der Silbe in der Schriftsprache nicht berücksichtigt. Dies zeigen die folgenden Beispiele: Hausbrand (statt Hausbrant), Lob und belobigen (statt Lop), Trieb (aber Prinzip), Fahrrad (statt Fahrrat), Sieg und siegen (statt Siek), naiv (statt naif) und Preis (statt Preiß) etc. Die Schreibung kann einfach erschlossen werden, wenn man sich die Ableitungen der einzelnen Wörter anschaut. So wie oben in der Klammer angeführt.

Nicht bei allen Wörtern kann eine Ableitung durchgeführt werden, jedoch verwendet man trotzdem die oben angeführten Konsonanten. Dies trifft zu für: Jugend, ab, Flug etc.

Der Laut [ç] wird schriftlich immer als (g) festgehalten, wenn die erweiterten und abgeleiteten Formen mit einem [g] gesprochen werden. Dies trifft zum Beispiel zu für: ewig (vgl. ewiges Leben), König (vgl. königliches Recht), heilig (vgl. die Heiligen). Um den Unterscheid deutlich zu machen: unglaublich (vgl. unglaubliche Schönheit).

Eine mit der Rechtschreibreform eingeführte Regel, die häufig zu Verwirrung führt, bezieht sich auf die Schreibung der S-Laute. Hierbei handelt es sich um (-s), (-ss) und (-ß). Es gilt: das scharfe [s] wird nach einem *langen Vokal* oder einem *Diphthong* als (-ß) geschrieben, wenn *kein weiterer Konsonant* folgt. Von dieser Regel betroffen sind Beispiele der folgenden Art: Straße, Fleiß, Schweiß, außen etc. Die einzige Ausnahme bildet hier das Wörtchen aus.

Wenn die Vokallänge in eine gebeugten oder abgeleiteten Version wechselt, dann schreibt man (-ss) statt (-ß). Vgl. fließen aber Fluss, wir wissen und er weiß etc.

Schreibt man in Großbuchstaben, so musste man bis vor kurzem für ein (-ß) in der Großschreibung (-SS) verwenden. Seit 2008 gibt es im Deutschen nun die Möglichkeit, das große Eszett zu verwenden.

Wenn auf (-s), (-ss), (-ß), (-x) oder (-z) im Adjektivstamm die Endung (-st) der 2. Person Singular (Du) oder die Endung (-ste) des Superlativs folgt, fällt das Endungs-(s) weg. Das trifft z. B. zu für die Beispiele: reisen (Du reist), hassen (Du hasst), groß (der/das/die größte) u. a.

Der Laut [ʃ] wird in der Regel schriftsprachlich als (-sch) dargestellt. Wenn aber dieser Laut am Anfang des Wortstamms auftritt, vor einem [p] oder [t], dann wird ein (-s) zur Darstellung verwendet. Es handelt sich hierbei um Worte wie: spielen (statt schpielen), Stündlich (statt schtündlich), Spannung (statt Schpannung).

Der Laut [ŋ] wird geschrieben als (-ng). Tritt dieser Konsonant im Wortstamm vor [k] und [g] auf, so schreibt man (-n) statt (-ng). Dies gilt z. B. für: Dank, sinken, Enkel.

Für den Laut [**f**] wird in der schriftlichen Darstellung (-*v*) verwendet, wenn es sich um die Vorsilbe *ver-* handelt; das gleiche gilt am Wortanfang einiger weiterer Wörter. **Beispiele:** *ver*trauen, *V*orfall, *V*orurteil, *V*ogel, *Ver*handlung etc. Weitere Ausnahmen sind die Wörter Ner*v* und Fre*v*el, wo das (-*v*) als Darstellung des [**f**] auch in der Wortmitte auftreten kann.

Für den Laut [**v**] gilt ähnliches, hier gibt es eine Entsprechung mit dem (-*w*). In einigen Fremdwörtern und in eingebürgerten Entlehnungen wird das (-*v*) anstelle des (-*w*) verwendet. Dies trifft in den folgenden Fällen zu: *V*irus, *V*ariable, Re*v*isionist, Passi*v*ität (aber passi*v*) etc.

Der Doppellaut [**ks**] wird normalerweise graphisch als (-*x*) dargestellt. Es gibt jedoch eine Zahl von Wortstämmen, in denen man (-*chs*) oder (-*ks*) anwendet. So z. B. bei: se*chs*, we*chs*eln, schla*ks*ig, Wa*chs* etc. In diesen Fällen wird die Lautverbindung [**ks**] nach dem Stammwort geschrieben. D. h.: Du le*gs*t dich nieder (von le*g*en), Du stin*ks*t nach Schweiß (von stin*k*en), wir hä*cks*eln den Baum zu Rindenmulch (wegen ha*ck*en).

2. Fremdwörter

Da die meisten Sprachgemeinschaften nicht isoliert von einander koexistieren, sondern einander beeinflussen, gibt es in jeder Sprache aus anderen Sprachen übernommene Begriffe oder Wörter. Hier sprechen wir dann von Fremdwörtern, oft wird auch von Fremd- und Lehnwörtern gesprochen: Letztere sind grammatikalisch integriert, Erstere nicht. Da jedoch in der Sprachwissenschaft diese Trennung abgelehnt wird, wollen wir diese Wörter als *Entlehnungen* oder *Lehnwörter* bezeichnen.

Es gibt eine Vielzahl von Entlehnungen (Fremdwörtern), die im Deutschen häufig benutzt werden und schon in die deutsche Schreibung eingegangen sind. Ein Beispiel wäre das Telefon, das auf die griechischen Termini tele (fern, weit) und phone (Stimme) zurückgeht. Viele Wörter, die aus dem Griechischen entlehnt sind, werden auch heute noch mit den Diphthongen (-*th*), (-*ph*), (-*rh*) oder mit dem griechischen (*y*) geschrieben. Beispiele sind *Th*eater, *Rh*etorik, *Ph*legma, *Gy*mnastik etc. Jedoch gibt es ebenso Wörter, die an die neue deutsche Rechtschreibung angepasst wurden bzw. eingedeutscht sind. Diese eingedeutschten Entlehnungen sind jedoch nicht verpflichtend, man kann selbst entscheiden, ob man *Th*unfisch oder *T*unfisch, Gra*f*ik oder Gra*ph*ik, Del*f*in oder Del*ph*in schreibt. Weit extremer sind schon die schriftsprachlichen Anpassungen von Wörtern wie Mayonn*aise* – was eingedeutscht jetzt als Majon*äse* geschrieben werden kann – oder Ke*tch*up – was wir heute auch Ke*tsch*up schreiben können.

Hier sollen jetzt noch einige spezifische Regeln für die Benutzung von Fremdwörtern aufgeführt werden.

I. Englische Entlehnungen (Fremdwörter) bekommen, wenn sie auf (-*y*) enden und im Englischen Plural auf (-*ies*) enden, ein (-*s*) als Endung angehängt. Die gilt z. B. für: das Bab*y* bzw. die Bab*ys*; die Lad*y* bzw. die Lad*ys*; die Cit*y* bzw. die Cit*ys* etc.

II. Für Entlehnungen (Fremdwörter) wird entweder die originale, fremdsprachliche, Schreibweise verwendet, oder aber eine eingedeutschte Version. Wird aus einer Fremdsprache zitiert, dann muss die Originalschreibweise verwendet werden (z. B. „Barack Obama betonte während des Wahlkampfes immer alles sei möglich. Sein Slogan war das heute schon fast Abgedroschene: Yes we can.“). Das gleiche gilt für international festgelegte Termini (z. B. City).

III. Für Eigennamen ist die Schreibweise zumeist amtlich festgelegt. Beispiele können Städtenamen sein: im Englischen wird Shanghai mit einem (sh) geschrieben, im Deutschen als Schanghai hingegen mit einem (sch).

Zusatz: Im Allgemeinen kann festgestellt werden, dass keine einheitliche Regelausweisung für fremdsprachliche Entlehnungen möglich ist. Aus diesem Grund sollte im Zweifelsfall immer ein Wörterbuch konsultiert werden.

3. Zusammen oder getrennt? Wortgruppen und Zusammensetzungen

Die Zusammen- bzw. Getrenntschreibung bezieht sich auf Texteinheiten (Wörter und Wortgruppen), die in unmittelbarer Nähe zueinander liegen. Grundsätzlich gilt: Wortgruppen werden getrennt geschrieben, Zusammensetzungen hingegen werden häufig zusammengeschrieben.

Auch in diesem Bereich sind mit der Rechtschreibreform einige der alten Regeln verfallen, neue haben sich dazu gesellt. Wir wollen auch hier ein wenig Ordnung in das Grammatikchaos bringen. Nacheinander sollen Verben, Adjektive, Substantive und andere Wortarten auf die Zusammen- bzw. Getrenntschreibung hin untersucht werden.

a) Verben

Neben der grundsätzlichen Unterscheidung zwischen Wortgruppen (**zur Zeit Goethes**) und Zusammensetzungen (**zurzeit**) muss bei den Verben auch noch die Ebene trennbar und untrennbar mit bedacht werden.

Die *untrennbaren Zusammensetzungen* haben einen Verbstamm, dem ein Substantiv-, Adjektiv- oder Partikelstamm vorangestellt ist. Man erkennt sie zudem daran, dass die Reihenfolge statisch und nicht veränderbar ist: z. B. handhaben, langweilen, überleben etc.

Bei den *trennbaren Zusammensetzungen* (für Verben) wird in einem Hauptsatz in den nach Person und Numerus bestimmten Verbformen das Präfix abgetrennt und hinter das Verb an den Schluss des Satzes gestellt (z. B. *heimfahren: Wir fahren jetzt heim*). Sie werden nicht immer zusammengeschrieben, die Reihenfolge ihrer Einzelteile ist dynamisch, kann wechseln: z. B. hinzukommen, er kommt hinzu, sie wollen hinzukommen etc.

I. **Untrennbare Zusammensetzungen:** Untrennbare Zusammensetzungen können auf der Verbebene aus Zusammensetzungen mit Substantiven, Adjektiven, Präpositionen und Adverbien gebildet werden. Diese werden zusammengeschrieben.

Substantiv + Verb: schlafwandeln, bruchrechnen, sonnenbaden.

Adjektiv + Verb: vollbringen, tiefgefrieren, erstveröffentlichen.

Präposition/Adverb + Verb: übersetzen, durchqueren, wiederholen.

Zusatz: In manchen Fällen kann es sowohl eine Zusammen- als auch eine Getrenntschreibung geben. Beispiele sind: danksagen und Dank sagen, gewährleisten und Gewähr leisten, brustschwimmen und Brust schwimmen etc.

II. **Trennbare und untrennbare Zusammensetzungen:** Wenn Partikel, Adjektive, Substantive oder Verben als Verbzusatz eingesetzt werden, können so trennbare Zusammensetzungen gebildet werden. Nur in den Infinitivformen, den Partizipien und in Nebensatzkonstruktionen (wenn das Verb am Ende steht) werden sie zusammengeschrieben.

Dies gilt für:

¬ Zusammensetzungen mit **Verbpartikeln**, die wie Präpositionen sind (vgl. *abreisen, wir reisen ab, abreisend*); mit Verbpartikeln, die wie Adverbien sind – insbesondere mit solchen, die Richtung, Ort und Zeit angeben (*auseinandergehen, wir gehen auseinander, auseinandergehend*); mit Verbpartikeln, die nicht als freie Wörter vorkommen könnten (*abhandenkommen, sie sind uns abhanden gekommen, abhandenkommend*).

¬ Zusammensetzungen mit **Adjektiv** im ersten Teil werden zusammengeschrieben, wenn durch Verb und Adjektiv eine neue Bedeutung entsteht, die nicht durch jedes Einzelteil bestimmt werden kann (*festnageln, krankschreiben, freisprechen*). Sie können zusammen oder getrennt geschrieben werden, wenn ein einfaches Adjektiv eine Eigenschaft als Resultat des Verbvorgangs bezeichnet (*kleinschneiden bzw. klein schneiden, blank putzen bzw. blankputzen*). In allen anderen Kombinationen mit einem Adjektiv wird getrennt geschrieben, insbesondere wenn die Adjektive morphologisch komplex oder erweitert sind (z. B. bewusstlos schlagen, schachmatt setzen etc.).

¬ Für Zusammensetzungen mit Substantiven im ersten Wortteil gilt, dass Sie nur im Infinitiv, in Partizipform oder im Nebensatz zusammengeschrieben werden *(teilnehmen, wir werden teilnehmen, ich nahm teil, teilnehmend)*.

¬ Verbindungen, die aus zwei Verben bestehen, werden getrennt geschrieben (vgl. *laufen gehen, lesen lernen, schreiben üben*). Wenn mit den Verben *bleiben* und *lassen* kombiniert wird, kann man zusammenschreiben, das gleiche gilt für die Zusammensetzung kennenlernen bzw. kennen lernen.

Zusatz: Alle Verbindungen, die mit *sein* gebildet werden, sind getrennt zu schreiben: *zusammen sein, verliebt sein, kriminell sein* etc.

b) *Adjektive*

Zusammensetzungen können, wenn der zweite Bestandteil adjektivistisch ist, zusammen mit einem Substantiv, einem Adjektiv, einem Verb oder anderen Wörter gebildet werden. Diese werden dann **zusammengeschrieben**, wenn:

I. der erste Bestandteil durch eine Wortgruppe ersetzt werden könnte. z. B. *milieubedingt* (durch das Milieu bedingt), *geschlechtsreif* (für den Geschlechtsakt reif), *lernbegierig* (begierig zu lernen);

II. beide Wortbestandteile nicht autonom vorkommen könnten. z. B. *großspurig, einfach, blauäugig* etc.;

III. es sich um gleichrangige Adjektive handelt, z. B. *blaugrau, grünweiß, nasskalt, taubstumm* etc.;

IV. das Verb, mit dem das Partizip gebildet wird, mit dem ersten Teil zusammengeschrieben wird, beispielsweise: *wehklagend, teilnehmend, herunterfallend* etc.;

V. durch den ersten Wortbestandteil die Bedeutung verstärkt oder abgeschwächt wird, wie in den folgenden Fällen: *bitterböse, todernst, leichenblass* etc.;

VI. mehrteilige Kardinalzahlen unter einer Million und normale Ordinalzahlen gemeint sind: der *dreizehntausendste* Besucher, *siebzehn, vierundzwanzig* etc.;

Für den Fall, dass die Zusammensetzung auch als syntaktische Fügung verstanden wird, kann der Schreibende selbst entscheiden, ob er **Zusammenschreibung** oder **Getrenntschreibung** bevorzugt. Dies gilt für die folgenden Fälle:

I. für Zusammensetzungen, die zu adjektivistisch nutzbaren Partizipien werden, z. B. *Rat suchen – ratsuchend; alleinerziehend – allein erziehend* etc.;

II. für Zusammensetzungen mit einem unflektierten Adjektiv als graduierter Bestimmung. Beispiele sind: *eng verwandt* bzw. *engverwandt; allgemein gültig* bzw. *allgemeingültig; schwer krank* bzw. *schwerkrank* etc.;

III. Verbindungen, die durch das Wort **nicht** und Adjektive zustande kommen. z. B. *nichtöffentlich* bzw. *nicht öffentlich; nichtumweltfreundliches* Auto bzw. *nicht umweltfreundliches* Auto; eine *nicht modische* Hose bzw. eine *nichtmodische* Hose etc.

c) Substantive

Für den Fall, dass Substantive gemeinsam mit anderen Substantiven, Adjektiven, Verbstämmen, Partikeln oder Pronomen eine Zusammensetzung bilden, schreibt man sie **zusammen**. Dies trifft immer dann zu, wenn:

I. ein substantivistisches Erstglied vorliegt. z. B.: *Türstopper, Ballpumpe, Fahrradschloss* etc. Das ganze funktioniert auch mit Eigennamen: *Berlinfahrt, Goethehaus, Polizeiobermeister* etc.;

II. ein adjektivistisches Erstglied vorliegt. z. B.: *Hochbahn, Neustadt, Schnellzug* etc.;

III. ein verbales Erstglied vorlegt. z. B.: *Spülmaschine, Kochtopf, Stricknadel, Schreibschrift* etc.;

IV. ein pronominales Erstglied vorliegt. z. B.: *Niemandsland, Ichsucht* etc.;

V. Elemente unflektierter Wortarten auftreten. z. B.: *Nichtraucher, Selbstverständnis, Eigennutz* etc.;

VI. es sich um mehrteilige Substantivierungen handelt. z. B.: *Holzholen, Inkrafttreten, Gefallenwollen* etc.

Für Ableitungen geographischer Eigennamen, die auf (-er) enden, gilt, dass sie von dem Substantiv getrennt geschrieben werden. z. B.: *Frankfurter Hof, Westfälischer Frieden, Berliner Bär* etc.

d) Andere Wortarten

Es gibt sowohl Adverbien, Konjunktionen, Präpositionen als auch Pronomen, die aus mehreren Elementen entstanden sind. Diese werden dann zusammengeschrieben, wenn Wortart, Wortform oder Bedeutung der Einzelteile nicht mehr direkt erkennbar ist.

I. Für Adverbien der folgenden Art trifft dies zu: *bergauf, tagsüber, derzeit, irgendwo, heimwärts* etc.

II. Für Konjunktionen der folgenden Art gilt es ebenfalls: *indem, inwiefern, sooft* etc.

III. Präpositionen der folgenden Art sind betroffen: *inmitten, zufolge, anhand* etc.

IV. Ebenso trifft dies zu für Pronomen dieser Art: *irgendein, irgendwer, irgendwas* etc.

Weiterhin getrennt geschrieben wird in den Fällen, in denen Wortart, Wortform oder Bedeutung deutlich zu erkennen sind. Dabei handelt es sich um die folgenden Fälle:

I. Fügungen adverbialer Verwendung, z. B.: sich *zu Lande bewegen*, einen Weg *zu Fuß gehen*, ein Lied *zu Ende singen* etc.

II. Mehrteilige Konjunktionen, z. B.: *ohne das* Messer zu nehmen, *außer dem* Hund, *mit dessen* Einverständnis etc.

III. Fügungen in präpositionaler Verwendung, z. B.: *zur Zeit* Hegels, *zu Zeiten* Hegels etc.

IV. Bei Zusammensetzungen aus *so, wie, zu* + Adjektiv, Adverb oder Pronomen, z. B.: der Lehrer hat es *zu oft* gesagt, *wie viel* Geld habe ich dir gegeben, *so teuer* kann es nicht sein.

Der Schreibende kann in den folgenden Fällen selbst entscheiden, ob Zusammen- oder Getrenntschreibung bevorzugt werden:

I. Wenn es um Fügungen in adverbialer Verwendung geht, z. B.: zu Rande kommen bzw. zurande kommen; zu Schulden kommen lassen bzw. zuschulden kommen lassen; infrage stellen bzw. in Frage stellen etc.

II. Wenn es sich um die Konjunktion *sodass* bzw. *so dass* handelt.

III. Wenn wir von Fügungen in präpositionaler Verwendung sprechen, z. B.: *auf Grund* bzw. *aufgrund*; *an Stelle* bzw. *anstelle*; *zu Gunsten* bzw. *zugunsten* etc.

4. Mit oder ohne? – Der Bindestrich

Mit dem Bindestrich können Texte und speziell einzelne Zusammensetzungen gegliedert und geordnet werden. So können für den Lesenden die Einzelteile hervorgehoben und verdeutlicht werden. Ein Bindestrich kann in den folgenden Fällen verwendet werden: **(I.)** bei Zusammensetzungen, die keine Eigennamen beinhalten und **(II.)** bei Zusammensetzungen, die Eigennamen als Bestandteil inkorporieren.

I. Zusammensetzungen ohne Eigennamen: Bei solchen Zusammensetzungen setzt man den Bindestrich: **(1.)** wenn Ziffern, Einzelbuchstaben und Abkürzungen zusammentreffen; **(2.)** wenn Suffixe mit einem Einzelbuchstaben verbunden werden; **(3.)** bei Verbindungen aus Ziffern und Suffixen; **(4.)** in substantivistischen Aneinanderreihungen, insbesondere bei Infinitiven mit mehr als zwei Gliedern; **(5.)** wenn in Zusammensetzungen Wortgruppen mit Bindestrich auftreten; gleiches gilt für unübersichtliche Zusammensetzungen aus gleichrangigen, nebengeordneten Adjektiven und **(6.)** zur Hervorhebung von Einzelteilen, beim Zusammentreffen von drei gleichen Buchstaben, zur Vermeidung von Missverständnissen und zur Gliederung von unübersichtlichen Zusammensetzungen.

Beispiele:

1. **a.** 12-*T*onner, 1-*s*ilbig, 50-*p*rozentig
   b. E-*M*ail, O-*B*eine, x-*b*eliebig
   c. Handball-*EM*, dpa-*M*eldung, Kfz-*M*echaniker
2. **a.** der x-*te* Wurf, das x-*te* Mal etc

3. a. die 68er-*G*eneration, in den 80er-*J*ahren, eine 100stel-*S*ekunde

4. a. das Entweder-*o*der, das Teils-*t*eils, das Walkie-*T*alkie

   b. das An-*d*en-*H*aaren-*H*erbeiziehen, das Am-*H*ungertuch-*N*agen

5. a. der Dipl.-Ing.-Phil., der D-Zug-*W*agon, das 2-Euro-*S*tück, der Hals-*N*asen-*O*hren-*A*rzt, die Sommer-*H*erbst-*K*ollektion

   b. das wissenschaftlich-*t*echnische Gespräch, das deutsch-*f*ranzösische Abkommen, meine manisch-*d*epressive Tante

6. a. das Nach-*D*enken, der Ich-*E*rzähler, es ist deine Hoch-*Z*eit – keine Beerdigung

   b. die Dann-*N*egation, der Kaffee-*E*rsatz, der See-*E*lefant

   c. Drucker-*Z*eugnis und Druck-*E*rzeugnis

   d. die Küchenwaren-*A*usstellungsmesse, der Arbeitnehmerverbands-*V*orschlag

II. Zusammensetzungen mit Eigennamen: Es gibt einige Fälle, in denen der Bindestrich unverzichtbar ist und eingesetzt werden muss. Dann gibt es andere Fälle, in denen ein Bindestrich gesetzt werden **kann**. (**1.**) Zusammensetzungen werden immer dann mit Bindestrich geschrieben, wenn sie aus zwei Eigennamen bestehen oder zumindest ein Bestandteil ein Eigenname ist. Wenn es sich (**2.**) um Ableitungen handelt, in denen der zweite Bestandteil ein Eigenname ist, wird ebenfalls ein Bindestrich verwendet. (**3.**) Man benutzt den Bindestrich bei Ableitungen mit vielen Eigennamen, mehrteiligen Eigennamen sowie Eigennamen und Titeln. (**4.**) Alle mehrteiligen Zusammensetzungen, die einen Eigennamen als ersten Bestandteil haben, werden mit Bindestrich geschrieben. (**5.**) Man kann einen Bindestrich setzen, wenn es sich um Zusammensetzungen handelt, deren erster Teil ein Eigenname ist, der besonders hervorgehoben werden soll; oder wenn der zweite Teil der Zusammensetzung ebenfalls eine Zusammensetzung ist. Ebenfalls **kann** man (**6.**) einen Bindestrich setzen, wenn ein geographischer Name durch ein folgendes Substantiv näher bestimmt ist.

Beispiele:

1. a. Frau Mülle*r*-*S*chulze, Blume*n*-*R*issper; Bäcke*r*-*W*ülfler;

   b. Flughafen Rhei*n*-*M*ain, Nordrhei*n*-*W*estfalen, Ne*u*-*B*randenburg (bzw. Neubrandenburg);

2. a. nordrhei*n*-*w*estfälisch; ne*u*-*b*randenburgisch, bade*n*-*w*ürttembergisch;

3. a. das sank*t*-*g*allische Schloss, die hegelianisc*h*-*m*arxistische Philosophie, der kaiserlic*h*-*p*reußische Schlossgarten;

   b. die Ne*w*-*Y*orker (bzw. New Yorker) Metro, das Ba*d*-*H*omburger Palais;

4. a. Konra*d*-*A*denauer-*G*ymnasium, Rhei*n*-*M*ain-*G*ebiet, Johan*n*-*W*olfgan*g*-*G*oeth*e*-*U*niversität;

   b. Ode*r*-*N*eiß*e*-*G*renze, Dortmun*d*-*E*ms-*K*anal, Ingebor*g*-*B*achman*n*-*P*reis;

5. a. Bachs Matthäu*s*-*P*assion, Stali*n*-*f*reundlich, Polize*i*-*K*odex;

   b. Goeth*e*-*J*ubiläumsausgabe, For*t*-*K*no*x*-*G*oldreserven, Schille*r*-*W*ohnhaus in Weimar

6. a. Kölner Dom bzw. Kölne*r*-*D*om, Frankfurter Römer bzw. Frankfurte*r*-*R*ömer, Münchener Freiheit bzw. Münchene*r*-*F*reiheit.

5. Groß- und Kleinschreibung

All denen, die sich schriftlich ausdrücken, ist klar, dass nicht jedes Wort großgeschrieben werden kann. Ebenso wenig ist es möglich, jedes Wort kleinzuschreiben. Das klingt alles schon wieder sehr verwirrend. Wir wollen versuchen, den Kuddelmuddel ein bisschen zu entzerren, indem wir hier die Regeln der Groß- und Kleinschreibung erläutern.

Großgeschriebene Wörter, also solche, bei denen der Anfangsbuchstabe großgeschrieben wird, können auftreten bei: *Überschriften* und *Titeln*, am *Satzanfang*, bei *Substantiven* oder *substantivierten Wörtern*, bei *Eigennamen*, in bestimmten festen *nominalen Wortgruppen* und in der *Anrede*. Es gibt jedoch in diesem Zusammenhang nicht nur Regeln der Großschreibung, sondern auch solche, die die Kleinschreibung festlegen. Hier soll auf beides eingegangen werden.

a) Am Anfang von Texteinheiten großschreiben

I. Grundsätzlich gilt: Das erste Wort in einer Überschrift, einem Werktitel, einer Anschrift etc. wird **groß**geschrieben, z. B.: *Der Alte, Vom Winde verweht, Jenseits von Afrika, Die Räuber etc.*

Ebenso verhält es sich mit offiziellen Titeln, Gesetzen, Verträgen u. a. Beispiele sind: *D*emokratische Verfassung, *H*essisches Landesrecht, *P*olizeiliche Dienstvorschrift etc.

Das gleiche gilt für die Datums-, Adress-, Anrede- und Grußzeilen in Briefen oder anderen offiziellen Dokumenten.

Beispiel:

Max Mustermann
Musterstraße 1
60123 Musterort

Sehr geehrter Herr Meier,

nachdem wir schon telefonisch korrespondiert haben, sende ich Ihnen hier nun den … ich hoffe, dass Sie … und dann ….

Bitte melden Sie sich, wenn Sie eine Entscheidung getroffen haben.

Mit freundlichen Grüßen
Max Mustermann

II. Ein Wort wird natürlich immer dann **groß**geschrieben, wenn es **am Anfang eines Ganzsatzes** steht. Dies gilt für ausnahmslos alle Fälle(!), z. B. für: *I*ch gehe heim.; *A*n einer Straße stehen zwei Frauen und warten.; *W*er will noch Eis?

Wenn ein Satz, der auf einen **Doppelpunkt** folgt, als **Ganzsatz** verstanden wird, dann muss am Satzanfang **groß**geschrieben werden. Ist dies nicht der Fall, muss kleingeschrieben werden. z. B: Sehen Sie hier: *D*ie Löwenmutter säugt ihre Kinder. bzw. Achtung: *d*ie U-Bahn fährt ein!

Wenn es sich um das **erste Wort der wörtlichen Rede** handelt, wird dies ebenso **groß**geschrieben, z. B.: Die Mutter sprach: „*K*ommt herein Kinder, das Essen ist fertig!" Ein anderes Beispiel wäre: Am Ende des Verhörs sagte der Kommissar: „*S*ind Sie sicher, dass Sie alles gesagt haben?"

III. Wenn auf die wörtliche Rede ein **Begleitsatz**, **Zusatz** oder ein **Teil des Satzes** folgt, dann wird immer nach den Abführungszeichen **klein**geschrieben. Dies gilt in den folgenden Fällen: „Steh auf!", sagte der Polizist.; bzw. „Hör mir gut zu!", flüsterte der Charmeur.; bzw. „Hände hoch und Geld raus!", schrie der Gangster den schlotternden Bankangestellten an.

Für den Fall, dass in **Parenthesen** *(grammatisch selbstständigen Einschüben)* keine andere Regel vorliegt, wird das erste Wort **klein**geschrieben, z. B. hier: Der alte Mann – *g*anz runzlig war seine Stirn und an den Händen konnte man die jahrelange Feldarbeit ablesen – seufzte und setzte sich auf die Bank. Ein anderes Beispiel wäre: An einem Sommertag, *u*ngefähr vor zwei Jahren, traf ich Marie zum ersten Mal. Und ein drittes Beispiel: Der Dieb leugnete – *s*o eine Unverfrorenheit! –, er habe nichts mit dem Diebstahl zu tun, es müsse eine Verwechslung vorliegen.

Stehen am Anfang eines Ganzsatzes **Zahlen**, **Apostrophe** oder **Auslassungspunkte**, dann wird dies als Satzanfang verstanden. Die Schreibung verändert sich nicht, z. B.: Sie blickte an die Decke, wirkte verträumt … *u*nd gab keine Antwort.; bzw. *23 l*ange Tage saß er allein auf dieser Insel fest.

In solchen Fällen, in denen ein Satz durch eine an den Anfang gestellte Ziffer, einen Paragrafen oder einen Buchstaben gegliedert wird, wird das folgende Wort großgeschrieben. Die Gliederungszeichen sind nicht Teil des Ganzsatzes.

Beispiele:

(1) Der junge Goethe und die Frauen …

§ 29. Jeder Mitarbeiter muss sich verpflichten, die Firmeninterna nicht nach außen zu kommunizieren.

(a) Langsame Läufer
(b) Schnelle Läufer
(c) Kriechende Tiere

b) Groß- und Kleinschreibung bei Substantiven und Desubstantivierungen

I. Substantive werden i. d. R. immer **großgeschrieben**, sie dienen als Bezeichnung für Lebewesen, Gegenstände und abstrakte Begriffe. Beispiele sind: der *G*arten, die *M*ütter, der *H*und, ein *H*aus etc.

Im Weiteren gilt die Großschreibung auch für:

a. nichtsubstantivistische Wörter, die zu Anfang einer durch Bindestriche kombinierten Zusammensetzung stehen, welche den Charakter eines Substantivs trägt, z. B.: deine Schwester hat aber extreme *O*-Beine, das war eine *Ad*-hoc-Entscheidung, ich möchte gern das *In*-den-Tag-leben genießen etc.;

b. Substantive, die als Teil einer Bindestrichzusammensetzung auftreten, z. B.: das *100-Meter-Schwimmen*, der *20-Kilometer-Lauf*, das *Aus-der-Haut-Fahren* etc.;

c. fremdsprachliche Substantive, wenn sie nicht im Zitat auftreten, z. B.: der *Drink*, der *Run* auf die Sonderangebote, die *Chicken Wings* etc.;

d. solche Substantive, die als Teil fester Gefüge auftreten und mit anderen Teilen nicht zusammengeschrieben werden, z. B.: in *Bezug* auf, von *Grund* auf, in *Kauf* nehmen, *Modell* sitzen, *Ernst* machen, *Schuld* tragen etc. Handelt es sich um fremdsprachliche Entleihungen, dann wird die Kleinschreibung angewendet: de *jure* Regierung, a *cappella* Konzert, wir haben sie in *flagranti* erwischt etc.;

e. die Zahlsubstantive, z. B.: das *Dutzend*, die *Milliarden*, das *Tripel* etc.;

f. die Zeitangaben, die auf die Adverbien vorgestern, gestern, heute, morgen, übermorgen folgen. Z. B.: gestern *Mittag*, morgen *Früh*, morgen *Abend* etc.

II. Die **Kleinschreibung** muss immer dann angewendet werden, wenn solche Wörter verwendet werden, die formgleich auch als Substantive vorkommen, jedoch in diesem Zusammenhang **keine substantivistischen** Merkmale aufweisen. Das trifft zu für:

a. Wörter, die prädikativ verwendet werden, z. B.: mir wird *angst*, das Spiel der Mannschaft war *klasse*, Du bist *schuld* an diesem Unheil etc.;

b. zusammengesetzte Verben, deren erster Bestandteil in getrennter Stellung stehen kann, z. B.: Das Spiel *findet* morgen *statt* (stattfinden), Sie nehmen daran *teil* (teilnehmen), Es tat ihm wirklich *leid* (leidtun) etc.;

c. Konjunktionen, Adverbien und Präpositionen die auf (-s) und (-ens) enden, z. B.: *abends*, *morgens*, *seitens*, *andernfalls*, *bestens* etc.;

d. die vorliegenden Präpositionen: *laut*, *statt*, *dank*, *kraft*, *wegen*, *trotz*, *an ... statt*, *von ... wegen*, *zeit*, *um ... willen*;

e. folgende Zahlwörter: ein *bisschen*, ein *wenig*, ein *paar*;

f. Bruchzahlen, die vor eine Maßangabe oder Uhrzeit stehen, z. B.: eine *hundertstel* Sekunde, ein *viertel* Meter, eine *halbe* Stunde etc. In allen anderen Fällen werden die Bruchzahlen großgeschrieben (das *Drittel*, die *Hundertstel*, das *Dreiviertel*).

c) Groß- und Kleinschreibung bei Substantivierungen

I. Für den Fall, dass andere Wörter (z. B. Verben oder Adjektive) als Substantive gebraucht werden – man spricht dann auch von einer Substantivierung –, müssen diese Wörter großgeschrieben werden.

Fraglich ist nur, wie Substantivierungen erkannt werden können?! Wir sprechen von einer Substantivierung immer dann, wenn wir **(1)** vor dem Wort einen Artikel (das Inkrafttreten), ein Pronomen (mein Inkrafttreten) oder Zahlwort (wenig Inkrafttreten) finden; wenn **(2)** ein adjektivistisches Attribut voran- oder nachgestellt ist, welches auf das Substantiv Bezug nimmt (das langsame Inkrafttreten) oder wenn **(3)** das Wort kasusbestimmt ist (So soll *Gleiches* nicht mit *Gleichem* vergolten werden).

a. Werden **Adjektive** substantiviert, so werden sie großgeschrieben: alles *Gute*, ich esse gern *Saures* und *Salziges*, in der *Ferne* erlebten wir nicht nur *Angenehmes*, ich wollte das *Richtige* und tat das *Falsche*, bezahlen sie die Miete bitte zum *Ersten* des Monats, ich habe *Unzählige* getroffen, im *Großen* und *Ganzen* ein voller Erfolg etc.

b. Werden **Verben** substantiviert, so werden sie großgeschrieben: das *Trinken*, hörst Du das *Tropfen*?, sehen Sie dies *Plätschern*?, etc.

c. Werden **Pronomen** substantiviert, so werden sie großgeschrieben: ich biete dir das *Du* an, Du hast dieses gewisse *Etwas*, Es geht um *Alles*, Sie stehen vor dem *Nichts* etc.

d. Werden **Grundzahlen als Bezeichnung von Ziffern** substantiviert, so werden sie großgeschrieben: Jetzt gibt es voll auf die *Zwölf*, die Uhr schlug *Elf*, ich setzte mich auf alle *Viere* etc.

e. Werden **Adverbien**, **Präpositionen**, **Konjunktionen** oder **Interjektionen** substantiviert, so werden sie großgeschrieben: Was ein *Durcheinander*, das ist ein ewiges *Hin* und *Her*, hier gab es kein *Entweder* und auch kein *Oder*, da war das neidische *Oh* seiner Freunde etc.

II. Es gibt einige Fälle – die wir im Anschluss anfügen wollen –, in denen wir die Kleinschreibung anwenden, auch wenn es sich formal um Substantivierungen handeln würde. Dies gilt für:

a. **Adjektive**, **Partizipien** und **Pronomen,** die sich auf ein vorangestelltes oder folgendes Substantiv beziehen: die *aufmerksamste* und *schönste* Schülerin der ganzen Schule, alte Hüte sind meist angenehmer zu tragen als *neue*, dort lagen all die T-Shirts: Es gab *blaue*, *braune*, *grüne* und *schwarze* etc.;

b. **Superlative** die mit **-am** gebildet werden und die mit dem Fragewort **Wie?** entschlüsselt werden können: diese Schere schneidet am *besten* (wie schneidet sie?), eine Boeing fliegt am *effektivsten* (wie fliegt sie?), diese Schuhe sind wirklich am *schönsten* (wie sind sie?) etc.;

c. **feste Verbindungen** aus Präpositionen und nichtdeklinierten Adjektiven ohne Artikel: *von weitem* sah man den Turm, *ohne weiteres* kommen sie hier nicht herein, *binnen kurzem* werden wir wieder hier sein etc.;

d. **Pronomen**, auch wenn sie stellvertretend für Substantive funktionieren: Hier hat sich schon *mancher* verlaufen, sie nehmen *alles* zu ernst, *weniger* ist oft *mehr* etc.;

e. folgende **Zahladjektive** inkl. ihrer Flexionsformen: *viel*, *wenig*, *andere*, *eine*. Beispielsweise: ich habe schon *viele* wie dich gesehen, du bist zu *wenig* zu gebrauchen etc.;

f. die Kardinalzahlen unter einer Million: wenn *drei* schreien, schreit bald der Vierte auch, wenn *zwei* sich streiten freut sich der Dritte, kannst du nicht bis *drei* zählen?

d) *Groß- und Kleinschreibung bei Eigennamen*

Eigennamen sind Bezeichnungen für Personen, Orte, Zeiten, Institutionen usw. Bei vielen Eigennamen handelt es sich um abgeleitete, zusammengesetzte oder einfache Substantive, zudem gibt es auch mehrteilige Eigennamen, die teilweise auch nichtsubstantivistische Elemente haben.

I. In der Regel schreibt man **Eigennamen** groß: *Peter*, *König* von *Spanien*, *Amerika*, *Ostsee*, *Bundestag* etc.

a. In **zusammengesetzten Eigennamen** werden alle Wörter, ausgenommen von Artikeln, Präpositionen und Konjunktionen, großgeschrieben, z. B.: der *Alte Fritz*, *Hänschen Klein*, der *König* von *Spanien*, das *Kap* der *Guten Hoffnung*, Sächsische Schweiz, die *Russländische Föderation*, die *Frankfurter Straße*, das *Rote Meer*, der *Kleiner Bär*, das *Rote Rathaus* (in Berlin), der *Schiefe Turm* (von Pisa), der *Friedenspreis* des *Deutschen Buchhandels*, die *Grüne Partei*, die *Dresdner Bank*, die *Frankfurter Allgemeine*, der *Nahe Osten*, der *Dreißigjährige Krieg* etc.

b. **Ableitungen** geographischer Eigennamen, die auf -er enden, schreibt man groß: die *Münchener* Freiheit, der *Frankfurter* Römer, der *Kölner* Dom etc.

II. Kleingeschrieben werden die **Ableitungen** von Eigennamen, die auf -(i)sch enden, wenn man **nicht** mit einem **Apostroph** den Eigennamen kennzeichnet: *Darwin`sche* Theorie bzw. *darwinsche* Theorie; das *kopernikanische* Weltbild etc.

e) *Groß- und Kleinschreibung bei festen Verbindungen aus Adjektiv und Substantiv*

I. Für Wortgruppen, die als substantivistisch gekennzeichnet werden können und eine feste Verbindung darstellen, aber keine Eigennamen sind, gilt: die Adjektive werden in diesen Verbindungen kleingeschrieben z. B.: das *neue* Jahr, die *höhere* Philosophie, das *avantgardistische* Kino, der *bunte* Hund etc.

II. In bestimmten substantivistischen Wortgruppen werden die auftretenden Adjektive großgeschrieben, auch wenn es sich nicht um Eigennamen handelt. Dies trifft zu für:

a. Amts- bzw. Funktionsbezeichnungen, Ehrenbezeichnungen, Titel, kulturell konventionalisierte Wortgruppen, z. B.: der *Heilige* Vater, die *Heilige* Jungfrau, die *Königliche* Hoheit, der *Künstlerische* Direktor, der *Technische* Direktor, der *Regierende* Ministerpräsident/Bürgermeister etc.

b. Einzelne Kalendertage, z. B.: der *Heilige* Abend, der *Erste* Mai, das *Neue* Jahr, der *Internationale* Kindertag etc.

c. Bezeichnungen aus der zoologischen und botanischen Fachsprache zur Klassifizierung von Arten, Rassen etc., z. B.: die *Schwarze* Witwe, das *Fleißige* Lieschen, der *Gemeine* Nagekäfer, etc.

d. Einige andere Verbindungen, die in anderen Fachsprachen Anwendung finden, z. B.: die *Rote* Karte, der *Graue* Star, die *Erste* Hilfe etc.

f) *Groß- und Kleinschreibung bei Anrede und dazugehörigen Pronomina*

I. In offiziellen Schreiben – beispielsweise in Bewerbungsschreiben, Anfragen oder allgemeinen Korrespondenzen – werden das Anredepronomen *Sie* und das dazugehörige Possessivpronomen *Ihr* (inkl. aller Flektionsformen) immer großgeschrieben, z. B.: Ich möchte *Sie* bitten, mir eine Antwort zukommen zu lassen!; Ich bewerbe mich auf einen Ausbildungsplatz in *Ihrem* Betrieb!; Besteht *Ihrerseits* noch Bedarf einer Ergänzung?

II. (**a.**) Die Anredepronomen *du* und *ihr*, inklusive der Possessivpronomen *dein* und *euer* sowie des Reflexivpronomens *sich* werden **klein**geschrieben. (**b.**) Will man in Briefen die **Höflichkeitsform** wahren, so können die Pronomina auch **groß**geschrieben werden.

Beispiele:

a. Kannst *du* mir helfen?, Haben sie *dir* schon gesagt, wie es um *deine* Bewerbung steht?, Kannst *du* abschätzen, wann *ihr euch* treffen wollt?

b. Mein lieber Freund, ich wollte *dir/Dir* schon lange schreiben, habe jedoch nie die Zeit gefunden. Wie geht es *dir/Dir*, wie läuft *dein/Dein* Leben, geht es *euch/Euch* gut?

6. Zeichensetzung – Interpunktion

Durch die Zeichensetzung, auch Interpunktion, wird jeder Satz, jeder Text nachvollziehbar und deutlich. Ein Text wird mittels der Zeichen gegliedert. Die Satzzeichen erfüllen für AUTOR und LESER eines Textes gleichermaßen eine Funktion: Der Autor kann mittels der Interpunktion Absichten zum Ausdruck bringen, Betonungen setzen und zudem stilistisch hervorheben, was er sagen möchte. Der Leser kann das Geschriebene besser nachvollziehen, da ein Text durch die Zeichensetzung überschaubar wird.

Die verschiedenen Zeichen – also Punkt, Ausrufezeichen, Fragezeichen, Komma, Doppelpunkt, Semikolon, Gedankenstrich, Klammern, Anführungszeichen, Apostroph, Ergänzungsstrich und Auslassungspunkte – haben eine je eigene Funktion, auf die wir im folgenden Abschnitt eingehen wollen.

a) Satzzeichen, die das Ende eines Satzes kennzeichnen

Der Punkt

Mit dem Punkt wird der Schluss von Ganzsätzen gekennzeichnet, hierfür können auch Frage- und Ausrufezeichen verwendet werden, jedoch muss dann entweder eine Frage oder ein Ausruf vorliegen. Ist dies nicht der Fall, handelt es sich um einen **neutralen** Ganzsatz, dann wird der Punkt als Satzabschluss verwendet. Dies gilt für einteilige sowie für mehrteilige Sätze.

Beispiele:

Bald ist Sommer.

Wenn es dich interessiert, solltest du mitkommen.

Zusatz: Zudem kann der Punkt auch anderweitig eingesetzt werden, denn nur als bloßes Kennzeichen für den Abschluss eines Satzes. So beispielsweise nach ausgesprochenen Abkürzungen (etc. *et cetera*; z. B. *zum Beispiel*; u. a. *unter anderem*), wenn Zahlen in einer Aufzählung verwendet werden (der 23. Mai 2005 statt der dreiundzwanzig*ste* Mai 2005) und dreimal hintereinander gesetzt als Auslassungszeichen. D.h. wenn z. B. in einem Zitat an einer Stelle Wörter oder Satzteile weggelassen werden, kann das Auslassungszeichen (…) eingefügt werden. Es sollte in Klammern stehen, um deutlich zu machen, dass es sich um **ein** Zeichen handelt.

Achtung: Kein Punkt wird verwendet, wenn es sich um freistehende Zeilen handelt, d.h. im Titel von Büchern, Texten oder Aufsätzen; in der Anschrift-, Datums-, Unterschrift- oder Grußzeile bei Briefen, nach Auslassungspunkten, in Überschriften (…).

Das Ausrufezeichen

Neben dem Punkt gibt es noch weitere Satzzeichen, mit denen das Ende eines Ganzsatzes gekennzeichnet werden kann. So kann beispielsweise das Ausrufezeichen verwendet werden, wenn einem Satz (bzw. einer Aussage) besonderer Nachdruck verliehen werden soll. Will man schriftlich einen Ausruf, eine Behauptung, einen Wunsch etc. äußern, so bedient man sich des Ausrufezeichens. Die erste nachgewiesenermaßen grammatikalische Verwendung des Ausrufezeichens in der deutschen Schriftsprache findet sich in einer Lutherbibel aus dem 18. Jahrhundert.

Beispiele:

Die Zeit ist rum, geben Sie jetzt bitte den Test ab!

Frag deine Mutter bitte, ob sie morgen zum Essen kommt!

Achtung! Zurücktreten!

Gute Nacht, mein Kind!

Zusatz: In besonderen Fällen, wenn man einem Satz explizite Betonung schenken will, kann man ein Ausrufezeichen auch am Ende eines freistehenden Satzes einfügen (in einem Buch, Aufsatz oder Zeitungsartikel z. B. *Der Kampf um die Zukunft!*).

Ebenso kann man mit dem Ausrufezeichen in der Anrede eines Briefes etc. eine Betonung setzen (*Sehr geehrte Damen und Herren!* **bzw.** *Sehr geehrte Frau Dr. Müller!*).

Das Ausrufezeichen steht auch in den Ausrufesätzen am Satzende, welche in Form einer Frage auftreten (*Wie viele Stunden soll ich noch hier warten!*). In einigen Fällen können Ausrufe- und Fragezeichen auch nacheinander gesetzt werden, um einen Ausrufesatz gleichzeitig als Fragesatz zu kennzeichnen (*Verstehst Du das nicht?!*).

Will man innerhalb eines Satzes ein bestimmtes Wort oder eine gewisse Aussage zusätzlich betonen und keine orthographischen Hilfsmittel wie Fett- oder Kursivschreibung verwenden, dann ist es möglich, ein Ausrufezeichen in Klammern einzufügen **(!)** und somit die Betonung deutlich zu machen (*Man verdächtigte ihn nach dem ersten Banküberfall in Mainz, in den umliegenden Städten 15 (!) weitere Bankhäuser ausgeraubt zu haben.*).

Das Fragezeichen

Neben dem Punkt und dem Ausrufezeichen ist das Fragezeichen das dritte Interpunktionszeichen, welches am Ende von ganzen Sätzen stehen kann. Dieses Satzzeichen kennzeichnet den Ganzsatz dann als Frage.

Beispiele:

Wie lange dauert es noch, bis wir in Frankreich sind?

Hast du den Hund gesehen?

Kannst Du morgen um 12.00 Uhr bei mir sein?

Achtung: In besonderen Fällen, wenn man einem Satz explizite Betonung schenken will, kann man ein Fragezeichen auch am Ende eines freistehenden Satzes einfügen (in einem Buch, Aufsatz oder Zeitungsartikel z. B. *Der Kampf um das Klima?*).

Zusatz: In einigen Fällen können Ausrufe- und Fragezeichen auch nacheinander gesetzt werden, um einen Ausrufesatz gleichzeitig als Fragesatz zu kennzeichnen oder einen Fragesatz gleichzeitig als Ausruf zu kennzeichnen (*Was fällt dir denn, ein mich so zu beschimpfen?!*).

Will man innerhalb eines Satzes ein bestimmtes Wort oder eine gewisse Aussage als fraglich klassifizieren, dann ist es möglich, ein Fragezeichen in Klammern einzufügen **(?)** und somit die Fragwürdigkeit einer Aussage/Tatsache deutlich zu machen (*Das Mädchen soll ausgesagt haben, dass sie den Ring nicht gestohlen, sondern gefunden (?) hat.*).

b) Satzzeichen, die innerhalb von Ganzsätzen Verwendung finden

Das Komma:

Kommaregeln stellen für viele ein großes Problem dar. Mit der neuen Rechtschreibreform sind viele alte Regeln verfallen, dies gilt auch für das Komma. Wir wollen diesem Abschnitt eine größere Aufmerksamkeit schenken, da das Komma das wichtigste Satzzeichen ist. Mit dem Komma wird innerhalb von Sätzen Struktur zugewiesen. Ein falsch gesetztes Komma kann die ganze Aussage eines Satzes umdrehen und die Bedeutung verschieben. In den folgenden Unterpunkten wollen wir die Kommasetzung abhandeln.

I. **Gleichrangige Wörter, Wortgruppen und nebengeordnete Teilsätze:** Für die angeführten Fälle gilt, dass ein Komma immer gesetzt werden muss, um die Satzteile voneinander abzugrenzen. Wörter (**1.**), Wortgruppen (**2.**) und nebengeordnete Teilsätze (**3.**) können so voneinander unterschieden werden.

Beispiele:

1. a. Meine Mutter versprach mir, während der Ferien ins Schwimmbad zu gehen, einen Ausflug zu machen, in den Süden zu fahren.
   b. Woher, wohin, wofür?
   c. Die Lehrerin ärgerte sich häufig über Tim, Jonas, Malte und Paul.
   d. Am Morgen, Mittag und Abend sollen sie die Tabletten einnehmen.
2. a. Die Zuschauer nahmen Platz, das Licht ging aus, der Vorhang öffnete sich, der Film begann.
   b. Der Bankräuber log, er wisse von nichts, er sei nicht vor Ort gewesen, er habe zudem auch keine Waffe.
   c. Ich dachte nach, versuchte zu erinnern, konnte ihren Namen aber nicht im Wirrwarr meiner Gedanken finden.
   d. Wenn es stimmt, wenn du dir sicher bist, wenn alle Zweifel ausgeräumt werden können, dann brauchst du dich nicht zu sorgen.

Zusatz: Es wird **kein** Komma zwischen gleichrangigen Wörtern, Wortgruppen und nebengeordneten Teilsätzen eingesetzt, wenn diese durch *und, oder, beziehungsweise/bzw., sowie, entweder … oder, nicht … noch, sowohl … als (auch), sowohl … wie (auch), weder … noch* verbunden sind.

Beispiele:

1. a. Meine Mutter versprach mir, während der Ferien *sowohl* ins Schwimmbad zu gehen *und* einen Ausflug zu machen *als auch* in den Süden zu fahren.
   b. Woher *und* wohin *und* wofür?
   c. Die Lehrerin ärgerte sich häufig über Tim *und* Jonas *sowie* Malte *und* Paul.
   d. *Sowohl* am Morgen *als auch* am Mittag *und* am Abend sollen sie die Tabletten einnehmen.
2. a. Die Zuschauer nahmen Platz *und* das Licht ging aus *und* der Vorhang öffnete sich *und* der Film begann.
   b. Der Bankräuber log *und* sagte, er wisse von nichts; er sei *weder* vor Ort gewesen *noch* habe er eine Waffe.

c. Ich dachte nach *und* versuchte zu erinnern, konnte ihren Namen aber nicht im Wirrwarr meiner Gedanken finden.

d. Wenn es stimmt *und* wenn du dir sicher bist *oder* wenn alle Zweifel ausgeräumt werden können – dann brauchst du dich nicht zu sorgen.

II. Selbstständige Sätze: Werden selbstständige Sätze aneinandergereiht und durch die Wörter *und, oder, beziehungsweise/bzw., entweder ... oder, nicht ... noch, weder ... noch* getrennt, so steht es dem Schreibenden selbst zu, ein Komma zu setzen. Es **kann** verwendet werden, um dem Ganzsatz eine deutliche Gliederung zu geben.

Beispiele:

1. Der Bankräuber ist *entweder* ins Ausland geflohen(,) *oder* er versteckt sich im Land.
2. Am Abend aßen wir Muscheln(,) *und* meine Frau konnte nicht genug bekommen von dem Blick aufs Meer.
3. Ihr solltet uns besuchen kommen(,) *bzw.* wir könnten uns im Allgäu treffen.
4. Das Haus brannte vollständig aus(,) *und* die Polizei begann mit den Ermittlungen am Folgetag.

III. Nebensätze: Grundsätzlich werden Nebensätze immer mit einem Komma vom Hauptsatz abgetrennt. Es handelt sich um eine neben der Hauptaussage formulierte zweite und damit zusätzliche Aussage. Wenn Nebensätze eingeschoben werden, dann klammert man sie in paarigen Kommata ein. Nebensätze können **(1.)** am Anfang des Ganzsatzes stehen, **(2.)** eingeschoben werden, **(3.)** am Ende des Ganzsatzes folgen.

Beispiele:

1. a. Obschon wir Sonne erwartet hatten, fuhren wir auch bei Regen in die Berge.
  b. Ist dir der Berg zu steil, kannst du mit der Gondel fahren und oben warten.
2. a. Die Waffe, die der Bankräuber bei sich trug, war eine Walther PPK.
  b. Die Vermutung, der Mann habe die Frau wissentlich geschlagen, erwies sich als falsch.
3. a. Wir fuhren auch bei Regen in die Berge, obschon wir Sonne erwartet hatten.
  b. Du kannst mit der Gondel fahren und oben warten, wenn dir der Berg zu steil ist.

1. Zusatz: Für formelhafte Nebensätze gilt, dass man das Komma nicht notwendigerweise setzen **muss**. Man **kann** es ebenso weglassen:

Beispiele:

1. a. Wenn nötig(,) schicken wir ihnen ein weiteres Exemplar.
2. a. Du solltest(,) wenn möglich(,) auf der Stelle kommen.

2. Zusatz: Mit dem Setzen des Kommas kann der Schreibende zudem auch verdeutlichen, welche Wörter einem Nebensatz zugeordnet werden sollen.

Beispiele:

1. a. Ich freue mich auch, wenn wir uns morgen treffen.
  b. Ich freue mich, auch wenn wir uns morgen treffen.
2. a. Die Lehrerin ärgerte sich so, dass sie vor Wut ganz rot wurde.

b. Die Lehrerin ärgerte sich, sodass sie vor Wut ganz rot wurde.

3. Zusatz: Vergleiche, die mit *als* oder *wie* in Verbindung mit einem Wort oder einer Wortgruppe auftreten, sind **keine** Nebensätze!

Beispiele:

1. a. Früher *als* sonst ging er nach Hause.

   b. Der Thomas ist viel schneller *als* seine Freunde.

2. a. *Wie* im letzten Sommer blühten auch heute die Rosen besonders schön.

   b. Der Vater kam *wie* immer am Freitag früh von der Arbeit und ging dann zum Sport.

IV. Infinitivgruppen: Um Infinitivgruppen mit einem Komma abzugrenzen, muss eine der folgenden Voraussetzungen erfüllt sein. Man setzt ein Komma wenn: **(1.)** die Infinitivgruppe mit den Wörtern *um, ohne, statt, anstatt, außer, als* eingeleitet wird; **(2.)** die Infinitivgruppe von einem Substantiv abhängt; **(3.)** die Infinitivgruppe von einem Korrelat (Platzhalter, Stellvertreter) oder einem Verweiswort abhängt.

Beispiele:

1. a. Wir sollten die Tür öffnen, *um* frische Luft hereinzulassen.

   b. Der Junge will Zigaretten kaufen, *ohne* zu bedenken, dass er noch zu jung ist.

   c. Sven sollte zur Arbeit gehen, *anstatt* im Bett zu liegen und auf krank zu machen.

   d. Jeder Schüler, *außer* der kleinen Maria, will ins Schwimmbad.

   e. Sie wusste sich nicht anders zu helfen, *als* die Polizei zu verständigen.

2. a. Er wurde beim *Versuch*, den Tresor zu knacken, vom Sicherheitsdienst überführt.

   b. Die Mafiabande fand ihren *Plan*, einen Geldtransporter auszurauben, sehr intelligent.

3. a. Peter liebt es sehr, am Sonntag Fußball zu spielen.

   b. Am Sonntag Fußball zu spielen, das liebt Peter sehr.

V. Zusätze und Nachträge: Für Zusätze und Nachträge kann die grundsätzliche Regel aufgestellt werden, dass sie immer mit Komma abgegrenzt werden. Treten sie als Einschübe auf, so werden sie mit paarigen Kommata eingeklammert. Dies gilt **(1.)** für Parenthesen (Einschübe), **(2.)** für Substantivgruppen, **(3.)** für Orts-, Wohnungs-, Zeit- und Literaturangaben **ohne** Präposition, **(4.)** für Erläuterungen, **(5.)** für angekündigte Wörter oder Wortgruppen, **(6.)** für Infinitivgruppen und **(7.)** für Partizip- und Adjektivgruppen.

Beispiele:

1. a. Die Forderung von fünf Millionen, um das noch einmal zu betonen, halten wir für utopisch und daher nicht machbar.

2. a. Frankfurt ist die Geburtsstadt Johann Wolfgang von Goethes, des Dichterfürsten. **Bzw.** Johann Wolfgang von Goethe, der Dichterfürst, wurde in Frankfurt geboren.

3. a. Peter Müller, Darmstadt, Leipzigerstraße 23(,) hat diesen Tisch im Internet angeboten.

   b. Das Seminar wird Freitag, den 17. Juli, 10:45(,) beginnen.

   c. In der Zeitschrift Die Polizei, Heft 5, S. 134(,) finden sie den angegebenen Text.

4. a. Am liebsten esse ich Kartoffeln, insbesondere als Kartoffelpuffer.

b. Wir treffen uns am Wochenende, das heißt am Samstagabend.

c. An der Veranstaltung nahmen viele europäische, insbesondere französische Ärzte teil.

5. a. Er, der Müller, weiß, wie das Mehl zu mahlen ist.

b. Sie, die Malerin, weiß, wie das Bild auszusehen hat.

c. Genau so, mit einem Lächeln auf den Lippen, empfing mich die Gastgeberin.

d. Du und ich und Peter, wir wissen genau, wie man mit solch einer Situation umzugehen hat.

6. a. Sie stand, statt zu helfen, nur da und schaute zu.

b. Diese Jungen, ohne jegliches Benehmen, wollten den Hund am Schwanz ziehen.

7. a. Suche Aushilfe, höflich und gepflegt, für kleinen Blumenladen.

b. Der Sommer, heiß und trocken, führte zu einer Dürre.

c. Die Sträflingsgruppe, zur Arbeit bereit, versammelte sich auf dem Gefängnishof.

Zusatz: Für die Zusätze und Nachträge gilt, dass es häufig im Ermessen des Schreibenden liegt, ob etwaige Zu- und Nachträge mit Komma gekennzeichnet werden oder nicht. Dies gilt für Gefüge mit Präpositionen (**1.**), für Gefüge mit dem Wort *wie* (**2.**), für Infinitiv-, Partizip- und Adjektivgruppen (**3.**), für Eigennamen, die auf einen Titel, eine Berufsbezeichnung etc. folgen (**4.**).

Beispiele:

1. a. Die Frau hatte(,) bedauerlicherweise(,) ihren Schirm vergessen und wurde nass.

2. a. Etwaige Ausgaben(,) wie Fahrt- oder Verpflegungskosten(,) werden Ihnen zurückerstattet.

3. a. Die Sträflingsgruppe war(,) zur Arbeit bereit(,) auf dem Gefängnishof versammelt.

4. a. Der Dichterfürst(,) Johann Wolfgang von Goethe(,) wurde in Frankfurt geboren.

VI. Anreden, Ausrufe, Ausdrücke einer Stellungnahme: Auch für (**1.**) Anreden, (**2.**) Ausrufe oder (**3.**) Ausdrücke einer Stellungnahme (z. B. Bejahung oder Verneinung) gilt, dass, wenn sie hervorgehoben werden sollen, sie mit einem Komma angezeigt werden müssen. Handelt es sich um Einschübe, so werden diese in paarige Kommata gesetzt.

Beispiele:

1. a. Liebe Genossinnen und Genossen, ich möchte euch alle herzlich begrüßen.

b. Kinder, nun hört auf zu streiten!

2. a. Oh Gott, wie sollen wir das nur wieder aufräumen!

b. Ach ja, ich wusste das schon zu Beginn!

3. a. So sehe ich es, wirklich.

b. Ja, ich würde dir zustimmen.

Der Doppelpunkt

Der Doppelpunkt wird grundsätzlich dazu verwendet anzuzeigen, dass etwas Weiterführendes folgt. Dies gilt (**1.**), wenn es sich um wiedergegebene Äußerungen handelt und der Begleitsatz vorgestellt ist, (**2.**) wenn Aufzählungen, Angaben, Erklärungen gemacht werden und (**3.**) wenn etwas vorher Gesagtes zusammengefasst werden soll oder Schlussfolgerungen daraus gezogen werden.

Beispiele:

1. a. Sie fragte: „Haben wir denn heute schon Mittwoch?"

    b. Der Pressesprecher des HSV erklärte: „Wir werden keine Neuinvestitionen in dieser Saison stemmen können."

2. a. Im Krieg haben die Familien viel verloren: ihre Brüder, Schwestern, Väter und Kinder, ihre Häuser, ihre Arbeit und den Mut.

    b. Wir haben im vergangenen Jahr eine Asienrundreise gemacht. Dabei waren wir in: Thailand, Vietnam, Japan, Laos, China, Taiwan und Südkorea.

3. a. Nach der eingehenden Lektüre des Buches kann ich nur sagen: Von diesem Auto hätte man mehr erwarten können.

    b. Ein Messer, eine Machete, zwei Schusswaffen, 20 g Kokain und eine ganze Kiste voll gestohlener DVD Mobiltelefone: All das fand die Polizei bei dem Verdächtigen aus Stuttgart.

Das Semikolon

Dieses Satzzeichen, häufig auch Strichpunkt genannt, ist in seiner Funktion eine Mischung aus Komma (Strich) und Punkt. Mit dem Semikolon können gleichrangige Teilsätze oder Wortgruppen getrennt werden, ähnlich wie mit dem Komma. Jedoch ist der Grad der Abgrenzung hier größer als beim Komma und kleiner als beim Punkt. Das Semikolon liegt also zwischen Punkt und Komma. **(1.)** Dieses Zeichen kann verwendet werden, um gleichrangige längere Hauptsätze (mit Nebensatz) zu trennen. Außerdem können **(2.)** gleichrangige Wortgruppen *gleicher Struktur* in einer Aufzählung mit dem Semikolon getrennt werden.

Beispiele:

1. a. Wie immer kam mein Partner zu spät; zur falschen Zeit am falschen Ort zu sein, war eine seiner wenig lobenswerten Fähigkeiten.

    b. Wir müssten bald entscheiden, welchen Flug wir buchen wollen; nehmen wir den späten, dann haben wir zwar einen Tag weniger Zeit, aber es wird auch günstiger werden.

2. a. Im Restaurant wurden verschiedene Speisen angeboten. Es gab Suppen, Salate und Vorspeisenteller; Fisch-, Fleisch- und Sojagerichte; Pasta, Pizza und Pommes; Desserts, Eis und Kuchen.

    b. Am Wahlabend gab es die Möglichkeit für Bündnisse zwischen Liberalen, Christdemokraten und Grünen; Sozialdemokraten, Grünen und Sozialisten; Liberalen, Sozialdemokraten, Grünen und Sozialisten.

Der Gedankenstrich

Der Gedankenstrich wird ähnlich wie der Doppelpunkt verwendet, zudem können in manchen Fällen auch Semikolon und Gedankenstrich ähnlich verwendet werden. So kündigt man **(1.)** mit dem Gedankenstrich an, dass etwas Weiterführendes oder etwas Unerwartetes folgen wird. Zudem kann dieses Zeichen **(2.)** auch zwischen zwei Ganzsätzen verwendet werden, um deutlich zu machen, dass ein Absatz folgt, ein neues Thema beginnt. **(3.)** Zusätze oder Nachträge können ebenfalls mit dem Gedankenstrich gekennzeichnet werden. In diesem Zusammenhang werden Ausrufe-

oder Fragezeichen – wenn es sich bei den Nachträgen oder Zusätzen um Ausrufe oder Fragen handelt – in die paarigen Gedankenstriche gesetzt.

Beispiele:

1. a. Die Menge tobte und dann plötzlich – eisige Stille.

    b. Ich öffnete die Tür, aus der Wohnung erklang ein Röcheln. Ich spitzte die Ohren, lauschte und dann – ein Schrei und gleich darauf Stille.

2. a. Diese Frage kann letztendlich nicht beantwortet werden! – Kommen wir nun zum nächsten Punkt.

    b. Herr Müller, würden Sie bitte auf die Bühne kommen! – Ja, ich bin schon auf dem Weg.

3. a. An diesem Tag – zwischen Halbfinale und Endspiel – war überall eine angenehme Anspannung zu spüren.

    b. Mein Onkel – der alte Umweltfreund – trennt seinen Müll schon seit dreißig Jahren.

Die Klammern

Allgemein werden Klammern (**1.**) verwendet, um Zusätze oder Nachträge anzufügen. In diesem Sinne können (**2.**) neben ganzen Sätzen, auch größere Textstellen auf diese Art eingeschlossen und so als eigenständige Texteinheiten ausgewiesen werden. Verwendet man in diesem Zusammenhang (**3.**) Satzzeichen, beispielsweise um einen Ausruf oder eine Frage zu kennzeichnen, so müssen diese vor der abschließenden Klammer gesetzt werden.

Beispiele:

1. a. An diesem Tag (irgendwann im Winter) schien die Sonne wie an einem Tag im Mai.

    b. Dieses Buch (das wohl wichtigste Werk des Autors) wurde in über 70 Sprachen übersetzt.

2. a. Die politische Freiheitsbewegung der Iraner forderte in den vergangenen Tagen viele Opfer. Diejenigen, die auf der Straße für Freiheit demonstrieren, haben den Wunsch nach einer besseren Gesellschaft. (Das zeigen zumindest die massenhaften Aufrufe im Internet, die die Weltgesellschaft erinnern, dass die Menschen im Iran heute internationaler Solidarität bedürfen. Und das zeigen auch die wütenden Ausrufe der Demonstranten. Die anschuldigenden Rufe an die „politischen und religiösen Diktatoren".) Aber die politischen Führer, die sich auf die religiöse Demokratie berufen, wollen dieser Forderung nach Freiheit nicht nachkommen.

3. a. Du hattest mir ein Buch geliehen (zum Glück!), das ich dir jetzt wiedergeben möchte.

    b. Wenn ich mich an die Schulzeit erinnere (sind seitdem wirklich schon siebenundzwanzig Jahre vergangen?), dann wird mir ganz warm ums Herz!

Die Anführungszeichen

Will man in einem Text aus einem anderen Text zitieren, d. h. das gesprochene/geschriebene Wort einer berühmten Persönlichkeit wiedergeben bzw. eine Textstelle aus einem Zeitungsartikel anführen oder auf das Protokollierte eines Verbrechers verweisen, dann bedient man sich der Anführungszeichen.

Mit den Anführungszeichen wird (**1.**) das wörtlich Wiedergegebene eingeschlossen. Dabei ist (**2.**) zu beachten, dass zum Zitierten gehörige Satzzeichen vor dem abschließenden Anführungszeichen gesetzt werden, wohingegen jene, die zum Begleitsatz gehören, danach folgen. Weiter ist (**3.**) wichtig, dass sowohl Begleit- als auch Zitatsatz Frage- und Ausrufezeichen behalten. Der Schlusspunkt wird beim zitierten Satz weggelassen, wenn der Satz am Anfang oder in der Mitte des Ganzsatzes steht. Wenn (**4.**) nach dem zitierten Satz der Begleitsatz (ganz oder teilweise) folgt, wird nach dem abschließenden Anführungszeichen ein Komma gesetzt; wird in den zitierten Satz ein Begleitsatz eingeschoben, so muss dieser mit paarigen Kommas angezeigt werden. Wenn (**5.**) in einem zitierten Satz ein anderes Zitat auftritt, dann wird dieses durch halbe Anführungszeichen gekennzeichnet. Zudem können (**6.**) mit Anführungszeichen auch einzelne Wörter innerhalb eines Satzes gekennzeichnet werden, um zu zeigen, dass man sich auf einen Text, eine Überzeugung etc. bezieht.

Beispiele:

1. a. „Dieser Tag ist ein großer Tag für uns", sagte der Präsident.
   b. „Wissen Sie, wo ich den Bäcker finde?", fragte die alte Dame.
2. a. „Komm bitte zum Eingang, Peter!", sagte die Mutter und fluchte.
   b. „Wo finde ich denn den Herrn Oberbürgermeister?", fragte der Mafiosi grinsend den Wachmann.
3. a. „Morgen bin ich bei Dir!", versicherte der Freund.
   b. Der Mann fragte: „Haben Sie Ihren Ausweis bei sich?", und blinzelte durch das dünne Glas den Wartenden an.
4. a. „Wo sind wir hier?", fragte das Mädchen ihren Vater.
   b. „Wo", fragte das Mädchen ihren Vater, „sind wir hier?"
5. a. Wie Hoffmann (2004) feststellt: „Der Autor dieses Textes stellt unmissverständlich richtig: ‚Jesus war auch eine historische Person' und nicht nur die Figur in der Bibel."
   b. Der Radiosprecher sagte: „Die deutsche Post hatte schon im letzten Jahr deutlich gemacht: ‚Wir wollen die Briefbeförderungsbedingungen korrigieren', was sie bis jetzt jedoch nicht wahrmachen konnte."
6. a. In der Schule haben wir Brechts „Die Dreigroschenoper" gelesen und es hat mir gut gefallen.
   b. In der „Frankfurter Rundschau" habe ich heute den Artikel „Ohne Moos nix los" gelesen.

Der Apostroph

Der Apostroph wird verwendet, um anzuzeigen, dass in einem Wort einzelne oder mehrere Buchstaben ausgelassen werden. Es gibt Fälle, in denen der Apostroph gesetzt werden muss, und solche, in denen es dem Schreibenden frei steht, einen Apostroph zu setzen. Ein Apostroph **muss** in den folgenden Fällen immer gesetzt werden: (**1.**) Wenn bei Eigennamen, die in der Grundform auf einen S-Laut enden (z. B. Hans oder Ines), kein Artikel, Possessivpronomen und dergleichen beigefügt wird, muss im Genitiv der Apostroph angehängt werden. (**2.**) Wenn Wörter mit Auslassungen geschrieben werden, die andernfalls schwer lesbar sind, wird ein Apostroph angehängt und (**3.**)

wenn Wörter im Wortinnern Auslassungen aufweisen, muss dies ebenfalls durch einen Apostroph gekennzeichnet werden.

Beispiele:

1. **a.** Hans' Mutter stand an der Tür und wartete auf ihren Jungen.

   b. Ines' kleine Schwester heulte, weil sie auf die Nase gefallen war.

2. **a.** In wen'gen Tagen ist schon Weihnachten, 's ist doch einfach schön an Weihnachten, oder?!

3. **a.** Treffen wir uns also am Mittwoch in D'dorf (Düsseldorf)?

   b. Ja, dort können wir uns treffen. Ich komme dann aus M'gladbach (Mönchengladbach) direkt zu Dir nach D'dorf.

Zusatz: Ein Apostroph **kann** gesetzt werden, wenn die gesprochene Sprache andernfalls in geschriebener Form nicht nachvollziehbar wäre. Dies gilt z. B. für: der Käp*t'n* der Flotte; wir fuhren mit*'m* Rad nach Holland; Bitte, nehmen *S'* (= Sie) doch Platz etc.

Der Ergänzungsstrich

Dieses Zeichen zeigt an, dass in einer Aufzählung gleiche Bestandteile ausgelassen werden, die sinngemäß ergänzt werden müssten.

Beispiele:

Textilgroß- und Textileinzelhandel bzw. Textilgroß- und -einzelhandel

Na*h*- und Fernverkehr

Einkaufstasche und -*w*agen

Die Auslassungspunkte

Werden einzelne oder mehrere Wörter (es können auch ganze Sätze sein) in einem Text ausgelassen, dann wird dies durch Auslassungspunkte (**...**) gekennzeichnet.

Beispiele:

Du alter *E...*, geh doch zum *T...*! (Du alter Esel, geh doch zum Teufel!)

In Grimms Märchen Rapunzel heißt es (**ganzer** Text): „Rapunzel hatte lange prächtige Haare, fein wie gesponnenes Gold. Wenn sie nun die Stimme der Zauberin vernahm, so band sie ihre Zöpfe los, wickelte sie oben um einen Fensterhaken, und dann fielen die Haare zwanzig Ellen tief herunter, und die Zauberin stieg daran hinauf."

In Grimms Märchen Rapunzel heißt es (Text **mit Auslassungen**): „Rapunzel hatte lange prächtige Haare *(...)*. Wenn sie nun die Stimme der Zauberin vernahm, so band sie ihre Zöpfe los, wickelte sie oben um einen Fensterhaken, und dann fielen die Haare *(...)* herunter, und die Zauberin stieg daran hinauf."

II. Wenn die Auslassungspunkte am Ende eines Satzes stehen, dann wird der Schlusspunkt weggelassen. Dies trifft zu für z. B.: Häufig beginnen Märchen mir dem Satz: „Es war einmal ..."

Der Schrägstrich

Mit einem Schrägstrich (/) kann verdeutlicht werden, dass die so zusammengefassten Wörter zusammengehören.

Beispiele:

> Die Schülerinnen/Schüler der Klasse 7a.

> Bitte zahlen Sie die Rechnung für die Monate März/April/Mai/Juni im Voraus.

Zusatz: Zudem können mit dem Schrägstrich Adressen etc. gegliedert und Verhältnisangaben gekennzeichnet werden.

Beispiele:

> Leipziger Straße 23/1.OG. links/Müller

> 0175/2345623

> 100 *km/h*

7. Die Worttrennung am Zeilenende

Beim Schreiben eines Textes kommt man häufig an das Ende einer Zeile. In diesem Fall ist es möglich, das folgende Wort in die nächste Zeile zu verschieben. Will man jedoch ökonomisch schreiben und den vorhandenen Platz optimal nutzen, so kann am Zeilenende auch getrennt werden. Trennbar sind jedoch nur, das ist wichtig zu bemerken, die mehrsilbigen Wörter.

I. Mehrsilbige Wörter: Grundsätzlich gilt die Regel, dass mehrsilbige Wörter am Zeilenende getrennt werden können. Trennsilben sind in diesem Zusammenhang meist identisch mit den Silben, die auch beim langsamen Lesen auftreten würden.

Beispiele:

1. **a.** Po-li-zei
   b. Ver-brecher
   c. Über-fall

1. Zusatz: Einzelne Vokale am Wortanfang oder Wortende werden nicht getrennt: z. B. Abend (aber: Som-mer-abend), Bio (aber: Bio-müll).

2. Zusatz: Es sollen solche Trennungen vermieden werden, die zu Verwirrung oder Unklarheit führen könnten: z. B. A*n-a*lphabet statt Ana*l-p*habet; Spre*ch-e*rziehung statt Sprech*er-z*iehung; U*r-i*nstinkt statt Urin*-s*tinkt.

II. Zusammengesetzte und präfigierte (mit Präfix versehene) Wörter: Diejenigen Wörter, die als Zusammensetzung auftreten oder mit einem Präfix versehen sind, werden zwischen den einzelnen Elementen getrennt.

Beispiele:

1. **a.** Spiel-feld
   b. Haus-flur

    c.   Schul-bus

    d.   Er-fahrung

    e.   syn-chron

    f.   Ab-schied

III. Mehrsilbige einfache und suffigierte Wörter: Hier gibt es zwei Fälle, für die unterschiedliche Regeln gelten. Entweder stehen an der Grenze zweier Silben Konsonanten(buchstaben) oder nicht. Es ergeben sich für die unterschiedlichen Fälle dann verschiedene Regeln: **(1.)** Stehen zwei Vokal(buchstaben), die unterschiedlichen Silben angehören, nebeneinander, kann getrennt werden. **(2.)** Steht zwischen einfachen oder suffigierten Wörtern ein einzelner Konsonant(enbuchstabe), wandert dieser in die folgende Zeile; stehen **(3.)** an dieser Stelle mehrere Konsonanten(buchstaben), so wandert nur der letzte in die neue Zeile.

Beispiele:

1. a.   Bau-er, Muse-um, Fei-er; re-al, Lai-en etc.

2. a.   Au-ge, Wie-se, Spie-le, vie-le, we-nig etc.

3. a.   Mül-ler, Wet-ter, Vier-tel, kämp-fen etc.

IV. Buchstabenverbindungen für Konsonanten: Wenn Buchstabenverbindungen wie *ch, sch, ph, rh, sh, th* oder *ck* in Wörtern auftreten, dann werden diese Verbindungen nicht getrennt.

Beispiele:

1. ch. la-chen, wa-chen, Rie-chen, etc.

2. sch. wi-schen, mi-schen, auf-ti-schen, Deut-sche etc.

3. ph. Nym-phe, Sa-phir etc.

4. rh. Myr-rhe etc.

5. sh. Fa-shion etc.

6. th. Ma-the-ma-tik, Zi-ther etc.

7. ck. Zu-cker, zu-cken, We-cken etc.

Tabelle: Maße und Einheiten

Einheit	Einheitenzeichen	Umrechnung
Länge		
Kilometer	km	1 km = 1.000 m
Meter	m	1 m = 10 dm = 100 cm
Dezimeter	dm	1 dm = 10 cm = 100 mm
Zentimeter	cm	1 cm = 10 mm
Millimeter	mm	1 mm = 1.000 µm
Mikrometer	µm	
Fläche		
Quadratkilometer	km^2	$1\ km^2 = 100\ ha$
Hektar	ha	$1\ ha = 10.000\ m^2$
Quadratmeter	m^2	$1\ m^2 = 100\ dm^2$
Quadratdezimeter	dm^2	$1\ dm^2 = 100\ cm^2$
Quadratzentimeter	cm^2	$1\ cm^2 = 100\ mm^2$
Quadratmillimeter	mm^2	
Volumen		
Kubikkilometer	km^3	$1\ km^3 = 1.000.000.000\ m^3$
Kubikmeter	m^3	$1\ m^3 = 1.000\ dm^3$
Kubikdezimeter	dm^3	$1\ dm^3 = 1.000\ cm^3$
Kubikzentimeter	cm^3	$1\ cm^3 = 1.000\ mm^3$
Kubikmillimeter	mm^3	
Hektoliter	hl	1 hl = 100 l
Liter	l	1 l = 10 dl
Deziliter	dl	1 dl = 10 cl
Zentiliter	cl	1 cl = 10 ml
Milliliter	ml	1 ml = 1.000 µl
Mikroliter	µl	

Einheit	Einheitenzeichen	Umrechnung
Masse		
Tonne	t	1 t = 20 z = 1.000 kg
Zentner	ztr	1 ztr = 50 kg
Kilogramm	kg	1 kg = 1.000 g
Pfund	pf	1 pf = 500 g
Gramm	g	1 g = 1.000 mg
Milligramm	mg	1 mg = 1.000 µg
Mikrogramm	µg	
Zeit		
Jahr	a	1 a = 365 d
Woche	w	1 w = 7 d
Tag	d	1 d = 24 h
Stunde	h	1 h = 60 min
Minute	min	1 min = 60 s
Sekunde	s	1 s = 1.000 ms
Millisekunden	ms	
Geschwindigkeit		
Kilometer pro Stunde	km/h	1 km/h = 0,2778 m/s
Meter pro Sekunde	m/s	1 m/s = 3,6 km/h
Druck		
Bar	bar	1 bar = 100.000 Pa
Pascal	Pa	1 Pa = 0,00001 bar
Temperatur		
Grad Celsius	°C	$T_{Celsius} = T_{Kelvin} - 273,15$
Kelvin	K	$T_{Kelvin} = T_{Celsius} + 273,15$
Kraft		
Newton	N	$1\ N = 1\ kg \times m / s^2$

Ausbildungspark Verlag

Bettinastraße 69 • 63067 Offenbach
Tel. (069) 40 56 49 73 • Fax (069) 43 05 86 02
E-Mail: kontakt@ausbildungspark.com
Internet: www.ausbildungspark.com

Mit Ausbildungspark erfolgreich bewerben

Der Eignungstest / Einstellungstest zur Ausbildung

Sicher durch den Einstellungstest: Originale Prüfungsmappen speziell für Ihren Ausbildungsberuf ermöglichen die optimale Testvorbereitung. Inklusive Musterprüfungen und ausführlich erklärten Lösungswegen.

Polizei, Feuerwehr, Zoll und Bundeswehr
ISBN 978-3-941356-34-4
39,90 €

Polizei und Zoll
ISBN 978-3-941356-25-2
39,90 €

Öffentlicher Dienst (Verwaltung)
ISBN 978-3-941356-21-4
39,90 €

Technischer öffentlicher Dienst
ISBN 978-3-95624-039-3
39,90 €

Kaufmann im Einzelhandel, Verkäufer, Fachverkäufer, Kaufmann im Groß- und Außenhandel, Handelsassistent
ISBN 978-3-95624-034-8
39,90 €

Kaufmann / Kauffrau für Büromanagement
ISBN 978-3-95624-020-1
39,90 €

Bankkaufmann und Kaufmann für Versicherungen und Finanzen
ISBN 978-3-941356-47-4
39,90 €

Fachinformatiker, Informatikkaufmann und IT-System-Kaufmann
ISBN 978-3-95624-036-2
39,90 €

Kaufmann für Spedition und Logistikdienstleistung, Fachkraft für Lagerlogistik und Fachlagerist
ISBN 978-3-95624-033-1
39,90 €

Industriekaufmann / Industriekauffrau
ISBN 978-3-941356-67-2
39,90 €

Kfz-Mechatroniker, Mechaniker für Land- und Baumaschinentechnik, Zweiradmechaniker, Karosserie- und Fahrzeugbaumechaniker
ISBN 978-3-941356-50-4
39,90 €

Mechatroniker, Industriemechaniker, Zerspanungsmechaniker, Teilezurichter, Maschinen- und Anlagenführer, Metallbauer
ISBN 978-3-941356-68-9
39,90 €

Elektroniker, Elektroniker für Betriebstechnik, IT-System-Elektroniker, Elektroniker für Geräte und Systeme
ISBN 978-3-95624-035-5
39,90 €

Anlagenmechaniker für Sanitär-, Heizungs- und Klimatechnik, Tischler, Zimmerer (Handwerksberufe)
ISBN 978-3-941356-19-1
39,90 €

Gesundheits- und Krankenpfleger, Altenpfleger, Gesundheits- und Kinderkrankenpfleger, Physiotherapeut
ISBN 978-3-95624-001-0
39,90 €

Steuerfachangestllter, Rechtsanwaltsfachangestellter, Rechtsanwalts- und Notarfachangestellter
ISBN 978-3-95624-003-4
39,90 €

Hotelfachmann, Koch, Restaurantfachmann, Fachkraft im Gastgewerbe, Fachmann für Systemgastronomie, Konditor, Bäcker
ISBN 978-3-95624-008-9
39,90 €

Automobilkaufmann, Immobilienkaufmann, Tourismuskaufmann, Veranstaltungskaufmann, Sport- und Fitnesskaufmann
ISBN 978-3-95624-011-9
39,90 €

Medizinischer Fachangestellter, Zahnmedizinischer Fachangestellter, Zahntechniker, Pharmazeutisch-kaufmännischer Angestellter
ISBN 978-3-95624-038-6
39,90 €

Gärtner, Forstwirt, Landwirt, Florist und Fachkraft Agrarservice
ISBN 978-3-95624-013-3
39,90 €

Mediengestalter, Gestalter für visuelles Marketing, Kaufmann für Marketingkommunikation, Technischer Produktdesigner
ISBN 978-3-95624-037-9
39,90 €

Erfolgreich bewerben

Wie überzeugen Sie mit Anschreiben, Lebenslauf & Co.? Worauf kommt es an im Vorstellungsgespräch und im Assessment-Center? Die Ausbildungspark Bewerbungshandbücher verraten es.

**Die Bewerbung zur
Ausbildung bei Polizei
und Zoll**
ISBN 978-3-95624-022-5
29,90 €

**Die Bewerbung zur
Ausbildung bei Feuerwehr
und Bundeswehr**
ISBN 978-3-95624-023-2
29,90 €

**Die Bewerbung
zur Ausbildung im
öffentlichen Dienst
(Verwaltung)**
ISBN 978-3-941356-11-5
29,90 €

**Die Bewerbung zur
Ausbildung im technischen
öffentlichen Dienst**
ISBN 978-3-941356-15-3
29,90 €

**Die Bewerbung zur
Ausbildung zum Bank-
kaufmann und Kaufmann
für Versicherungen und
Finanzen**
ISBN 978-3-95624-018-8
29,90 €

**Die Bewerbung
zum Studium**
ISBN 978-3-941356-02-3
24,90 €

So bestehen Sie Ihren Sporttest

Alle Disziplinen und Anforderungen, die besten
Übungen zum Kraft- und Ausdauertraining,
maßgeschneiderte persönliche Trainingspläne
und Test-Countdown.

**Der Sporttest
zur Ausbildung
bei der Polizei**
+ Extraheft Trainingspläne
ISBN 978-3-95624-028-7
29,90 €

**Der Sporttest
zur Ausbildung bei
Feuerwehr und Bundeswehr**
+ Extraheft Trainingspläne
ISBN 978-3-95624-005-8
29,90 €

Testtrainer Mathematik

Sicher rechnen im Eignungstest und Einstel–
lungstest. Kompakt und verständlich erklärt
der Testtrainer Mathematik die gängigen
mathematischen Testaufgaben – und zeigt, wie
man sie sicher löst.

Testtrainer Mathematik
ISBN 978-3-95624-027-0
12,95 €

Die Bewerbung zur Ausbildung

**Anschreiben, Lebenslauf, Online-Bewerbung –
die besten Bewerbungsmuster für über 40 Berufe**

Der Türöffner zum Ausbildungsplatz: Erfahren Sie, wie Sie aussagekräftige Bewerbungen verfassen, die Ihre Stärken wirksam transportieren! Maßgeschneiderte Musterbeispiele mit Tipps aus der aktuellen Bewerbungspraxis zeigen, wie Sie überzeugen – egal ob per Online- oder Post-Bewerbung.

**Schritt für Schritt zur Wunschausbildung –
so schaffen Sie den Berufseinstieg!**

Die Bewerbung zur Ausbildung
ISBN 978-3-95624-017-1
24,95 €

Das Vorstellungsgespräch zur Ausbildung

**Die häufigsten Fragen, die besten Antworten –
sicher zum Ausbildungsplatz**

Die Pflichtlektüre fürs Bewerbungsgespräch: Praxisnah und verständlich zeigt dieses Handbuch, wie sich Ausbildungsbewerber in ihrem Auswahlinterview sicher in Szene setzen. Ohne Standardfloskeln – denn nur individuelle Antworten überzeugen den Personaler!

**Über 100 Originalfragen mit Beispiel-Antworten,
Tipps und Kommentaren!**

Das Vorstellungsgespräch zur Ausbildung
ISBN 978-3-95624-000-3
19,95 €

Der Testtrainer

Testerfolg ist keine Glückssache!

Das unverzichtbare Kompendium für Ausbildung, Studium und Beruf mit mehr als 2.000 Aufgaben aus sämtlichen Themengebieten. Geeignet für alle Arten von Fähigkeits- und Intelligenztests, Eignungs- und Einstellungstests.

Bekämpfen Sie Prüfungsstress und Unsicherheit durch gezieltes Training – für eine Prüfung ohne böse Überraschungen!

Testtrainer
ISBN 978-3-941356-03-0
19,95 €